rowohlt
BERLIN

Stefan Schwarz

Als MÄNNER noch nicht in BETTEN STARBEN

Deutsche Heldensagen

Rowohlt · Berlin

Mit Illustrationen von Tanja Székessy

1. Auflage November 2018

Gesetzt aus der Adobe Caslon PostScript (InDesign)
bei Dörlemann Satz, Lemförde
Druck und Bindung CPI books GmbH, Leck, Germany
ISBN 978 3 7371 0035 9

INHALT

EIN PAAR WORTE VORAB

Es war bei irgendeiner Familienfeier, als ich mit einem meiner Neffen über Fantasyliteratur sprach. Als ich ihm die Deutschen Heldensagen ans Herz legen wollte, meinte er nur verächtlich: «Deutsche Heldensagen? Das ist doch ‹Game of Thrones› für Arme!» Das traf mich sehr, denn ich erinnerte mich gern an die Helden um Dietrich von Bern, Meister Hildebrand, Wieland den Schmied, Walter von Aquitanien, Ortnit und Wolfdietrich und natürlich an die Nibelungen mit Siegfried, Hagen, Gunther und den umwerfenden, gleichwohl furchterregend kompromisslosen Damen Kriemhild und Brünhild. Also nahm ich, kaum dass ich wieder zu Hause war, das Buch hervor und las. Und verstand meinen Neffen. Allzu altertümelnd war die Sprache. Mit lauter blumigen Redensarten wurden die blutigen Schlachten, die Ränke und Missetaten abgehandelt. Hier «erheischte» jemand Streit, da war jemand «trefflich gerüstet». Man «kündete neue Märe» und «spendete Wehr». Das war ja alles ganz furchtbar. Das waren nicht die Heldensagen, die ich gelesen hatte! Und doch war es dasselbe Buch! Was war passiert?

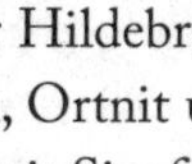

Damals hatte ich einfach durch den Schwulst hindurchgeschaut. Ich hatte meine Heldensagen mit dem natürlichen Argwohn eines Heranwachsenden gelesen, der es gewohnt ist, von Erwachsenen die Welt schöngeredet zu bekommen. Aber all ihre edelmütigen Binnen-Es hatten die Nacherzähler umsonst gepinselt. Nur weil da jemand «Ergreifet und hänget ihn!» rief, war es für mich immer noch Henkerswerk. Nein, nein, die Helden meiner Jugend waren allesamt grausame Krieger, jähzornig, verschlagen, wütend und nachtragend. Und selbst dort, wo sie sich ritterlich gaben, strotzten sie vor Eitelkeit. Von zwei möglichen Lösungen eines Konfliktes wählten sie immer das Blutvergießen. Und brutal waren sie nicht nur gegen ihresgleichen. Siegfried zum Beispiel schlägt Kriemhild wegen ihres Gezänks, um es in heutigen Worten auszudrücken, einfach mal krankenhausreif. Auch Wieland der Schmied «legt sich nicht heimlich zur Königstochter», sondern vergewaltigt sie schlicht und ergreifend. Und von wahllosem Kindermord (in den «Nibelungen» schlägt Hagen von Tronje König Etzels Sohn bei einem Festessen nur deswegen den Kopf ab, um, ich sage mal, die Dinge ein bisschen zu forcieren) und der Beinahe-Auslöschung einer lokalen Kleinwüchsigenpopulation («Dietrich von Bern» ist ein ausgesprochen zwergenfeindliches Machwerk, und die Riesen werden auch nicht eben als intellektuell anregend beschrieben) wollen wir erst gar nicht reden. Dagegen ist «Game of Thrones» ein netter Versuch.

In den oft für die Jugend bearbeiteten Übertragungen der letzten beiden Jahrhunderte ist davon natürlich wenig zu spüren. Die Helden sollten vor allem edelmütig und tapfer sein, wie es dem erzieherischen Ideal der Zeit entsprach. Die Damen waren liebreizend und keusch, nicht selten sogar namenlos, als wäre der Name der Geliebten für die Liebe ohne Belang. (Nun ja, es gibt solche Situationen …)

Und Treue wurde gefeiert, als bestünde das Heldische nur darin, den Tod zu verachten, ganz egal, wofür. Dieses Lob der hirnlosen Treue wurde den so nacherzählten Heldensagen später oft und mit Recht zum Vorwurf gemacht, aber es steckt nicht zwingend in den Originaltexten, wie ich finde.

Mit einem Wort: Alle bisherigen Nacherzählungen hatten einen wirklich schweren Makel. Sie waren nicht von mir! Ich beschloss, dass es mit den bis zur Ungenießbarkeit verzuckerten Helden ein Ende haben musste. Schluss mit Walledeutsch und Männertrutz! Die Heftigkeit dieser Texte musste wieder ans Licht. In den Deutschen Heldensagen geht es zu wie in einer Mischung aus Tollhaus und Schlachthof. Und Sex gibt es in allen Formen und Farben! Von melancholisch bis rüde. Auch die Gadgets können sich sehen lassen. Die Schwerter sind so scharf, dass man sich in die Zunge schneidet, wenn man sie nur beschreiben will. Tarnkappen und Gürtel mit Zwölfmännerkraft wechseln die Besitzer. Drachen, Riesen und Zwerge gibt es üppig noch obendrauf. Es ist eine Welt, die, anders als die unsrige, vor Selbstbewusstsein strotzt und ganz natürlich davon ausgeht, dass Handeln immer besser ist, als gar keine Fehler zu machen. Da ist manches für unseren Geschmack lächerlich, aber sehr oft auch zum Lachen, und das ist mein eigentliches Metier.

Ich habe aus der Vielzahl der vorliegenden Sagen die ausgewählt, die mir am konfliktträchtigsten erschienen. Und natürlich jene, die das «Heldenuniversum» zusammenhalten. Denn wie im modernen Comic-Zeitalter, etwa bei den

«Avengers», tauchen auch die Helden der deutschen Sagenstoffe immer wieder in anderen Sagen auf, und manche Sage (das gilt für «Dietrich von Bern» besonders, aber auch für «Wieland der Schmied» und das Waltherlied) wird nur erzählt, um andere besser zu verstehen. Ich habe hier und da Psychologie hinzugefügt und überflüssiges Schwertgeklingel und Dutzendabenteuer herausgenommen. Ausgesucht habe ich aber vor allem jene, wo es zu lernen gibt, und wenn es nach mir ginge, sollten Lehrer neben dem kuriosen deutschen Nationaldrama, in welchem ein Professor «aus Wissensdurst» eine Minderjährige schwängert und ins Unglück stürzt (ich spreche vom «Faust»), auch mal die Heldensagen mit ihren Schülern diskutieren. Heldentum ist einfach eine Tatsache des Lebens. Im Konflikt zwischen Dietrich von Bern und dem Riesen Ecke geht es zum Beispiel um eine Ruhmestat, mit der sich Ecke endlich in das Bett seiner Geliebten jubeln will, und das ist ja nun nicht so weit entfernt vom Leben junger Männer, die sich «beweisen» und «etwas draufhaben» müssen, wenn sie bei den Damen reüssieren wollen. (Und ja: Das «Draufhaben» kann auch ein furztrockener Magister in Altphilologie sein.)

Zwischen Witege und Dietrich von Bern geht es darum, ob es Ruhm ohne Tugend geben kann. Überfürsorgliche Eltern treffen wir in dutzend Gestalten in den Heldensagen. In «Ortnit und Wolfdietrich» ist es der Zwerg Alberich, der den Helikoptervater gibt und seinen Sohn damit am Reifen hindert. «Wieland der Schmied» ist eine düstere Erzählung über Verhärtung und Verlust in grausamen Zeiten und hat einen seltsam unheldischen Helden zum Mittelpunkt, der tötet und schändet, ohne dass er dadurch das Mitgefühl des Lesers verliert. «Walther und Hildegunde» ist nichts als eine Meditation über das Motto «Pick your fight carefully!». Die «Nibelungen» schließlich verhandeln im Grunde das alte 68er-Thema, dass das Private politisch ist. (Hier geht, salopp gesagt, wegen eines Jungfernhäutchens ein ganzes Volk unter.) Fragen über Fragen prasseln auf den Nibelungenleser ein: Was passiert, wenn ich meinen übermächtigen Feind zu meinem Freund mache? Was, wenn ich mit seiner Hilfe plötzlich an Status gewinne, der mir gar nicht zusteht? Was, wenn der übermächtige Freund sich ein paar Freiheiten herausnimmt, die ich keinem anderen durchgehen lassen würde? Was geschieht, wenn das alles öffentlich wird? Und ist es wirklich gute Politik, alles eskalieren zu lassen? (Angela Merkel hätte sicher eher «Nein» gesagt.)

Das also sind «meine» Heldensagen. Ich habe mir einige Freiheiten herausgenommen, aber Not kennt kein Gebot. Ich wollte diese alten Stoffe wiederbeleben, damit auch noch meine Enkel Freude an ihnen haben. Das ist das Urmotiv aller Nacherzählung. Wenn meinem Unternehmen Erfolg beschieden sein sollte, wissen Sie danach wieder richtig Bescheid, haben hoffentlich viel gelacht und können mit Ihrem bildungsbürgerlichen Wissen vor den Damen oder Herren glänzen. So wie es jeder echte Held machen würde.

DIETRICH VON BERN

HILDE UND GRIM

In einer Zeit, als Männer den Tod weniger fürchteten als ein ödes Leben, lebte König Dietwart, der der Herrscher war über die Amelungen. Die Amelungen führten ihr Geschlecht bis tief in den Nebelgrund der Zeit zurück, bis auf Gaut, den Stammvater der Goten. Von Gaut wiederum meinten einige, es sei dies nur ein anderer Name für Odin gewesen, den Göttervater. Mochte auch ein Unsterblicher ihr Ahnherr sein, die Amelungen waren es nicht, und als König Dietwart kein Gefallen mehr am Weib fand, ihm nichts mehr schmeckte und das Atmen zur Last wurde, rief er seine drei Söhne zu sich.

«Kinners», sagte er, denn die Goten stammen ja aus dem hohen Norden, «mit mir ist nicht mehr viel Staat zu machen. Ich glaub, ich muss bald davon. Aber ich war nicht faul zu Lebzeiten und habe einen ordentlichen Batzen Land zusammengebracht. Ich mach's kurz: Es reicht für drei. Du, Ermanarich, bekommst Rom, du, Dieter, darfst alles Land um Breisach im Rheingau dein Eigen nennen, und du, Dietmar, erbst das Lampartenland mit dem stolzen Bern mittendrin. Freut euch also und heult nicht, wenn ich geh, denn Heulen macht den Rotz fließen und der Rotz wird dann hochgezogen und das hört sich grauslich an und schickt sich nicht.»

Dann sagte er nichts mehr, weil er wollte, dass dies seine letzten Worte wären. Drei Monate später starb er.

Dietwarts Sohn Dietmar, nunmehr Herr über das Lampartenland, wurde ein gerechter König. Er wusste, wann er Milde walten lassen durfte und wann er strafen musste. Freunde ließ er niemals hängen, Feinde hingegen schon. Seine Frau Odilia bewunderte ihn dafür, und auch deswegen war die Ehe glücklich. Sie hatten zwei Söhne, Dietrich und Dieter, der erst geboren wurde, als Dietrich schon seine ersten Abenteuer bestand. Dietrich liebte seinen kleinen Bruder, scherzte aber gern, die Eltern hätten ihn nur als Ersatz gezeugt, für den Fall, dass der Erstgeborene seine Fahrten nicht überleben würde.

Eine Furcht, die unbegründeter nicht hätte sein können. Dietrich von Bern übertraf alle Kinder seines Alters an Wuchs, hatte Beine und Arme wie Baumstämme und Schultern, so breit, dass auf jeder Seite eine üppige Matrone mit beiden Pobacken darauf Platz fand. Dietrich war stark wie zwei, und diese Kraft verdoppelte sich noch, wenn er in Wut geriet. Ja, es wurde sogar geraunt, dass in seinem Atem rote Flammen züngelten. Trotzdem nannten ihn selbst Männer, die sich nicht für Knaben begeisterten, anmutig und schön. Langes blondes Haar wellte sich über seine Schultern, und braune Augen funkelten dazu im Kontrast in vornehmer Unergründlichkeit. Dietrich wuchs nie ein Bart, und das verleitete manche Recken dazu, ihn für unerfahrener zu halten, als er war. Ein fast immer tödlicher Fehler, denn Dietrich von Bern war eher mit dem Kriegshandwerk vertraut gemacht worden als mit dem Alphabet. Und zwar von einem Mann, der schon dem Gefolge seines Vaters vorgestanden hatte. Meister Hildebrand, der Geist des Schwertes, geübt in allen Finten des Kampfes mit bloßer und gewappneter Hand.

Hildebrand war der Sohn des Herzogs von Venedi, was viele mit Staunen zur Kenntnis nahmen, da sie es mit Venedig verwechselten. In Wirklichkeit aber war Hildebrand ein Sohn vom Stamme der Wenden, welche nur die Mönche in ihrem pfauenhaften Latein als die Venedi bezeichneten. Er war, mit einem Wort, ein Slawe. Hell an Haut und Haar, welches gekräuselt war wie Sägespäne, hatte er ein breites Gesicht und eine gerade Nase. So gerade wie der ganze Mann. Rechtschaffen und besonnen, aber gewitzt und entschlossen, wenn es galt. Und es galt oft.

Mit dreißig Jahren trat Hildebrand vor seinen Vater und sagte: «Mir ist langweilig. Weit und breit ist keiner, mit dem ich meine Kampfkunst messen könnte. Mich dürstet nach Abenteuern und Schlachten mit anderen Helden. Denn nur wer umgeben ist von jenen, die ihm das Wasser reichen können, hat stets genug zu trinken.»

«Die Metapher scheint mir trüb, aber ich habe verstanden», sagte sein Vater. «Jedoch: Du hast eine Frau und ein neugeborenes Kind. Sie werden unglücklich sein.»

«Sie werden unglücklicher sein, wenn ich mein Lebtag mürrisch meine Wege ziehe.»

«Dann geh. Aber sag mir doch, wohin willst du?»

«Zu König Dietmar von Bern ins Lampartenland. Dort spielt die Musik.»

Hildebrand zog also zu König Dietmar und wurde dort

herzlich aufgenommen. Wie es der Zufall wollte, suchte König Dietmar einen Lehr- und Waffenmeister für seinen Sohn Dietrich und setzte Hildebrand als solchen ein. Dieser mochte den gerade mal fünfjährigen Knaben, der ihm wie an Sohnes statt zur Bildung übergeben wurde. Er brachte ihm bei, nicht zu plärren, nicht zu mäkeln, sich den Schmerz zu verbeißen und es noch einmal zu versuchen. Er lehrte ihn, zwischen Schwachen und Feigen zu unterscheiden, und unterwies ihn in der Kunst, bis drei zu zählen. Er ermahnte ihn, sich nicht so wichtig zu nehmen, nicht länger zu reden, als andere zuhören können, und dabei zu bedenken, dass die meisten Menschen überhaupt nicht zuhören. Dann zeigte er ihm noch, wie der Mordhau und der Halbschwertstoß gehen und wie man sich verhalten muss, wenn man am Steigbügel hängend von einem durchgehenden Pferd fortgeschleift wird. Dietrich hörte also auf zu plärren und zu mäkeln und verbiss sich den Schmerz und versuchte es noch einmal, und so wurden die beiden Freunde. Sie wurden so enge Freunde, dass man keine Geschichte erzählen kann, in der sie nicht zusammen vorkommen. Fast scheint es, als habe Meister Hildebrand in Dietrich so etwas wie den Sohn gesehen, den er verlassen hatte, um der Held zu werden, als den ihn sein Sohn nie bewundert hätte, wenn er geblieben wäre. Hier beißt sich die Schlange des Schicksals in den Schwanz, aber nur so entstehen Legenden.

Eines Tages, Dietrich lebte nun schon sieben Jahre unter Hildebrands Obhut, ritten die beiden in den Wald, um zu jagen. Sie ließen die Hunde los, die das Wild aufstöbern sollten, und galoppierten hinterher, die Lanzen fest im Griff. Da brach ein Hirsch aus dem Dickicht, ein stolzer Achtzehnender in der Pracht seiner Mannesjahre. Dietrich von Bern setzte ihm schon nach, als er plötzlich im Busch neben sich einen Zwerg entdeckte. Jetzt musste Dietrich sich entscheiden. Und weil ihm der Hirsch in seiner ganzen Herrlichkeit dann doch zu schade war, um als Hirschbraten zu enden, und ein Junge, der sich erst anschickt, ein Mann zu werden, sowieso lieber fängt als tötet, riss er sein Pferd herum. Der Zwerg versuchte eilends, in einer nahen Höhle unter einer Baumwurzel zu verschwinden, aber Dietrich warf sich auf die Seite des Pferdes, wie er es geübt hatte, um im Ritt verlorene Waffen aufzunehmen, und erwischte ihn gerade noch an der Kapuze.

«Herr», jammerte der Zwerg, «lasst mich frei. Ich bin nur ein einfacher Wald- und Wiesenzwerg, der weder Kunststücke kann noch Witze reißen.»

«Mir egal. Ich hab noch keinen Zwerg», sagte Dietrich, steckte den Zwerg in seine Satteltasche und ritt zu Meister Hildebrand zurück.

«Aber habt doch ein Einsehen, edler Ritter», barmte der Zwerg aus der Satteltasche hervor. «Ich bin wirklich zu gar nichts nutze.»

«Da mach dir mal keine Sorgen! Gleich morgen lade ich meine Kämpen zum Zwergenwerfen ein. Das wird ein Riesenspaß!»

Bei Hildebrand angekommen, zog Dietrich seine Beute am Nacken aus der Satteltasche. «Guck mal, was ich hier habe, einen Zwerg!»

«Das ist nicht irgendein Zwerg», sagte Hildebrand, «das ist Alberich, der Meisterschmied.»

«Ooch», schnaufte Alberich resigniert, «das war jetzt wohl nötig, oder? Gut. Ich bin Alberich. Wenn Ihr mich freilasst, soll es nicht Euer Schaden sein. Ich habe Kenntnis von Dingen, die Euch sehr nützlich sein könnten.»

«Wir hören!», sagte Dietrich.

«Ich weiß einen Schatz, doppelt so groß wie der Eures Vaters Dietmar. Er liegt in einer Höhle, die ich Euch zeigen werde. Dem Riesenpaar Hilde und Grim gehört der Schatz, aber das muss nicht so bleiben, wenn Ihr kühn und gut gewappnet seid. Grim ist zwar so stark wie ein ganzes Dutzend Männer, und sein Weib übertrifft ihn noch, aber mit dem rechten Schwert könntet Ihr vielleicht den Sieg davontragen.»

Dietrich zog frohgemut sein Schwert aus der Scheide und wedelte damit in der Luft.

«Na ja», sagte Alberich, «was ihr Menschen so Schwerter nennt. Die beiden Riesen könnt Ihr damit nicht beeindrucken. Das geht einzig mit Nagelring, einem Schwert, das ich selbst geschmiedet habe. Es ist ein Riesentöter, wie es keinen zweiten gibt. Das ist der Grund, warum die beiden Riesen es mir weggenommen haben. Aber ich will es Euch verschaffen, und dann könnt Ihr damit Euer Glück versuchen!»

«Worauf du einen lassen kannst», rief Dietrich. Meister Hildebrand hingegen wiegte bedächtig den Kopf.

«Ich höre nur könnte und vielleicht. Wir sollen dich also freilassen, damit wir im Gegenzug möglicherweise, unter Umständen, mit viel Glück und so weiter.»

«Ja, aber he», rief Dietrich, «das wäre doch sonst kein Abenteuer, wenn wir da reingehen, die beiden umhauen, ohne dass die auch nur Muff oder Meff sagen können, und uns dann mühelos den Schatz krallen.»

«Ich meine ja nur, Zwerge erzählen viel, wenn der Tag lang ist», erklärte Meister Hildebrand. «Wer weiß, ob uns da nicht noch anderes erwartet als nur zwei gewaltige Riesen.»

«Mein Meister hat recht», sagte Dietrich und nahm sich den Zwerg vors Gesicht. «Schwöre, dass du die Wahrheit sagst und uns dieses Schwert Nagelring verschaffst wie versprochen!»

Alberich schwor bei seinem Leben und versprach, das Schwert Nagelring zur neunten Stunde an den Eingang einer nahen Schlucht zu bringen. Erst dann ließ Dietrich ihn frei, und die beiden Recken vertrieben sich die Zeit mit der Jagd auf Auerhähne. Als sie am Abend zum vereinbarten Ort kamen, wartete Alberich schon auf sie. Er räumte ein paar Äste beiseite, und da lag es: ein Schwert, so blank und schnittig, wie die beiden noch nie eines gesehen hatten.

«Das ist Nagelring», sagte Alberich. «Ich habe es Hilde und Grim gestohlen. Man kann damit einen Riesen töten. Wenn man es kann. Wenn nicht, gehört es bald wieder Hilde und Grim. Dort oben am Berg ist ihre Höhle. Ich wünsch Euch Glück. Behaltet mich in guter Erinnerung, solange Euer Leben noch währt, denn wiedersehen werden wir uns gewiss nicht.» Kaum hatte er zu Ende gesprochen, verschwand der Zwerg zwischen den Steinen, und als Dietrich dahinter nachsah, fand er nichts, wo ein Zwerg sich hätte verstecken können.

«Die haben Tricks drauf, die Zwerge», meinte er. «Aber ist irgendwie auch klar. Sonst hätten die ja gar keine Überlebenschance.»

Gespannt kletterten Dietrich von Bern und Meister Hildebrand den Berg hinauf, bis sie zur Höhle kamen. Irgendwie hatte Dietrich gehofft, dass es nicht ganz so riesenhafte Riesen wären, aber als er vor der Höhle die mannsdicken, ausgerissenen Bäume sah, die dort zum Trocknen gestapelt lagen, schnürte er seine Brünne stramm und band den Helm fest. Dann nahm er das Schwert Nagelring in beide Hände, nickte Hildebrand zu und ging mit klammer Kühnheit hinein. Das Erste, was er sah, war der Riese Grim vor einem Höhlenfeuer, der in einer Kiste nach etwas suchte und es nicht fand.

«Suchst du vielleicht das hier?», rief Dietrich, wenn auch weniger forsch, als er es vorgehabt hatte, und winkte mit dem Schwert. Grim entdeckte Dietrich, ließ die Suche sein, riss einen lodernden Baumstamm aus dem Feuer und schleuderte ihn gegen den Eindringling. Wie er diesem nun auswich, fragte sich Dietrich im kurzen Nasenwisch vorbeirauschender Holzglut, wieso er das Gefühl hatte, dass der Anfang der Geschichte fehlte. Denn eigentlich hätte der Riese ja erst nach dem Schwert suchen dürfen, sobald er seiner ansichtig wurde, und nicht schon vorher. Es sei denn, ihr Kommen wäre bemerkt worden, und das würde auch erklären, warum er nirgends die Riesin …

In diesem Augenblick hörte Dietrich von Bern hinter sich ein Gerumpel und Geschrei. Er fuhr herum und sah, dass Meister Hildebrand von Hilde angefallen und umgerissen worden war. Jetzt lag er auf dem Boden, das Schwert noch in der Hand, aber unfähig, es einzusetzen. Die Riesin hatte eine Hand um Hildebrands Hals, und Dietrich sah, wie die Gesichtsfarbe seines Waffenmeisters ins Bläuliche wechselte. Fast wäre er ihm zu Hilfe geeilt, wenn er nicht in den weit aufgerissenen Augen seines Gefährten gesehen hätte, dass er sich zuerst um den Riesen Grim am Feuer kümmern müsse. Denn dieser schlug nun mit einem weiteren flammenden Baumstamm nach ihm. Links von ihm ging er nieder, also rollte Dietrich nach rechts, dann wieder nach links, kam auf die Füße, sah den Riesen noch gebeugt vom Niederschlag, lief sein Schienbein hinauf, als wär's eine Treppe, sprang auf seinen Rücken und schlug Grim, der sich gerade wieder erhob, den Kopf mitsamt der Zottelhaare ab. In seiner Not und Hast schlug Dietrich doppelt so gewaltig zu, wie das Schwert scharf war, und so mühelos glitt Nagelring, der Riesentöter, durch den Hals des Unholds, dass es Dietrich wie einen Schmied, dem man unversehens unterm Hammerschlag den Amboss wegzieht, gleich wieder von den Füßen riss, und er kobolzte vom Riesen hinunter, noch ehe dieser tot zu Boden fiel.

Am Eingang der Höhle lag Hilde auf Meister Hildebrand, der kaum noch röchelte. Dietrich lief hinzu und schlug der Riesin das Schwert aufs Haupt, dass sie in zwei Teilen nach links und rechts auseinanderbrach. Dann reichte Dietrich Meister Hildebrand die Hand und zog ihn hoch.

«Drecksweib, elendes», krächzte Meister Hildebrand, der eigentlich nicht so schnell aus der Fassung zu bringen war.

«Das tut mir leid, aber ich hab die auch nicht kommen hören», sagte Dietrich. «Das ist schon ganz schön heimtückisch, sich so anzuschleichen, während wir uns hier anschleichen. Und überhaupt: Wie kann etwas so Großes so leise sein?»

«Das fragten sich schon viele», war die Antwort, aber aus Meister Hildebrands Mund kam sie nicht. Dietrich hob seinen Blick vom Hals Hildebrands und sah, wie hinter diesem die Riesin Hilde, wie wunderbar zusammengewachsen, auferstanden war.

«Magie!», schrie Dietrich und schubste Hildebrand beiseite, den sich Hilde fast aufs Neue geschnappt hätte. Diesmal hieb Dietrich die Riesin nicht längs, sondern quer entzwei, doch noch ehe er begriff, was vor sich ging, war Hilde schon wieder zusammengefügt. Panisch drehte sich Dietrich nach Grim um, aber zu seiner Beruhigung lag dieser, Kopf vom Leib getrennt, an der Feuerstelle rum und rührte sich nicht.

«Was ist denn das?», rief Dietrich zu Hildebrand. «Wird das jetzt so ein Sisyphus-Ding?» Und säbelte die anrennende Riesin übellaunig schnaufend zum dritten Mal durch. Doch wie sie da lag, zerschnitten in Ober- und Unterteil, und sich schon wieder regte, rief Meister Hildebrand: «Tretet dazwischen! Das sollte den Zauber hindern!» Erst mit einem, dann mit dem anderen Fuß trat Dietrich zwischen die beiden Hälften der Riesin. Und tatsächlich: Zwar schienen sie sich noch zu begehren, aber sie bewegten sich nicht mehr aufeinander zu, und die Lebenskraft ward schwächer.

«Ihr Männer mit eurem Waffenwahn», stöhnte Hilde. «Hätte Grim nicht dieses dämliche Schwert gesucht, sondern sich rechtzeitig in den Hinterhalt gelegt, wie ich ihm riet, dann wäret ihr beide jetzt schon Mus!»

«Da ist was dran», meinte Dietrich, der das Schwert immer noch bereithielt.

«Er hätte wenigstens seinen Helm aufsetzen sollen», sagte die Riesin mit ersterbender Stimme, «dann hättest du halber Knabe ihm auch mit dem besten Schwert der Welt nicht den Kopf abschlagen können.»

«Hätte, hätte, Perlenkette. Aber verrate mir doch jetzt mal: Wie machst du das? Dass du wieder zusammenwächst?»

«Das möchteste wissen», sagte Hilde und grinste verächtlich, aber dann sanken ihr die Mundwinkel, und sie war tot. Zur Sicherheit nahm Meister Hildebrand den unteren Teil und warf ihn ins Feuer.

«Da kann man mal sehen, wie wichtig es ist, rechtzeitig dazwischenzugehen», erklärte Dietrich und küsste sein neues Schwert, bevor er es liebevoll in die Scheide schob. Dann suchten und fanden die beiden Recken in der Höhle den Schatz, von dem Alberich gesprochen hatte. Er war so groß, dass sie sich Säcke aus den zugeknoteten Hosenbeinen des Riesen machen mussten. Die Pferde konnten ihn kaum tragen. Und am Ende fanden sie in der Kiste, in der Grim nach dem Schwert Nagelring gesucht hatte, noch den wundersamen Helm, von dem Hilde gesprochen hatte. Dietrich nannte ihn Hildegrim, um sein erstes echtes Abenteuer zu würdigen.

Als sie, so reich beladen, wieder heimwärts gingen, sagte Meister Hildebrand zu Dietrich eher mahnend als vorwurfsvoll: «Ich bin Euch zu Dank verpflichtet, aber ich muss Euch auch sagen, dass Ihr mich ebenfalls in zwei Teile hättet spalten können, als Ihr auf die liegende Riesin einschlugt. Und ich wäre nicht wieder zusammengewachsen!»

«Keine Bange», erwiderte Dietrich, «ich hatte das doch vorher genau berechnet!»

Dann lachten alle beide, weil es natürlich ausgemachter Quatsch war.

EIN RAUFBOLD AUS SCHWABEN

Unweit der Burg Seegart im Schwabenland lebte der Pferdezüchter Studas, welcher seinesgleichen suchte und nie fand. Seine Pferde waren schnell wie der Wind. Das machte den Ritt angenehm windstill, wenn man mit dem Wind ritt, aber sehr stürmisch, wenn man in die Gegenrichtung wollte. Sein Stutengarten war so berühmt, dass man später den ganzen Ort Stuttgart nannte. Studas nun hatte einen Sohn, den man Heime rief. Nicht, weil er wirklich so hieß, sondern weil er alle Leute an den griesgrämigen Drachen Heime erinnerte, der einst in dieser Gegend gelebt hatte. Studas' Sohn Heime war klein und starrköpfig, aber außerordentlich gewandt und stark und streitlustig noch dazu. Überall wollte er der Erste sein, und die braven Schwaben hätten Heime sicher nur zu gerne den dicken Kopf zurechtgerückt, aber keiner konnte gegen ihn im Kampf bestehen. Das war schlecht, denn so wurde er noch überheblicher und mochte sich überhaupt nicht mehr für die Pferdezucht begeistern. Eines Tages nahm Heime sein Schwert Blutgang, das er mangels Vergleich für ganz vorzüglich hielt, holte Studas' bestes Pferd, den herrlichen Hengst Rispe, aus dem Stall und ging zu seinem Vater. Der sagte:

«Was machst du in diesem Aufzug hier? Warum bist du nicht beim Ausmisten?»

«Vater», sagte Heime, «ich bin kurzbeinig und kurzarmig, aber bevor ich auch noch kurzatmig werde, will ich was erleben.»

«Das lässt du schön bleiben», erwiderte Studas. «Erleben

ist was für Leute, die nichts zu tun haben. Du wirst Pferdezüchter wie ich.»

«Nein. Ich werde immer in deinem Schatten stehen. Du bist der beste Pferdezüchter der Welt, und wenn ich selbst der beste Pferdezüchter der Welt würde, wäre ich nur so gut wie du. Das ist mir zu wenig.»

«Und wohin willst du gehen? Hä? Nach Wolkenkuckucksheim?»

«Nach Bern, übers Gebirge. Dort lebt Dietrich, der Sohn von König Dietmar. Von dem wird gesagt, er sei unbezwingbar. So wie ich. Zwei Unbesiegbare sind aber einer zu viel. Wir werden es ausfechten müssen.»

Studas griff sich an den Kopf.

«Deine Logik ist so krumm wie deine Beine. Dietrich von Bern ist stark wie zwei, und wenn er wütend wird, spuckt er Feuer. Er hat Hilde und Grim, die furchtbaren Riesen, erschlagen. Mit zwölf!»

«Ich bin siebzehn!»

«Aber nicht hier oben», sagte Studas und tippte sich an die Stirn. «Da bist du noch drei!»

Heime drehte sich wütend um, schwang sich auf Rispe und ritt davon. Studas brüllte noch: «Wenn du tot bist, krieg ich den Gaul aber wieder! Der ist für die Zucht!», aber Heime hörte ihn schon nicht mehr.

Ohne groß Rast zu machen, ritt Heime nach Bern und trat in die Halle, wo König Dietmar thronte, neben ihm sein Sohn Dietrich. Heime grüßte Dietmar kurz, dann wandte er sich an Dietrich.

«Alle reden davon, wie stark du bist. Niemand redet davon, wie stark ich bin. Das muss sich ändern. Hiermit fordere ich dich zum Zweikampf! Wenn du mich unterkriegst, kannst du mein Schwert Blutgang haben.»

Dietrich musterte den kleinen Schwaben vor ihm und blies sich eine blonde Locke aus dem Gesicht.

«Ich hab schon ein Schwert. Nagelring heißt es. Mit dem habe ich ganz gute Erfahrungen gemacht.»

«Du kannst zudem noch mein Pferd haben», ergänzte Heime, «und das würde ich mir nicht lange überlegen. Ich bin des Pferdezüchter Studas' Sohn. Was Besseres findest du nicht.»

Dietrich zeigte Unlust. Abenteuer zu suchen, war das eine, aber so ganz unerwartet zum Zweikampf herausgefordert zu werden, war das andere. Außerdem gab es bald Essen. Und unwillkommen sind alle Entscheidungen, die wir mit leerem Magen treffen sollen. Fragend blickte er erst zu König Dietmar, der es seinem Sohn freistellte, und dann zu Meister Hildebrand.

«Ihr solltet den Zweikampf annehmen», flüsterte Hildebrand, «allein schon, um etwaige Nachahmer abzuschrecken.»

«Ja, gut», erklärte sich Dietrich daraufhin, «ich nehme an. Aber dann muss es schnell gehen. Ich habe Hunger.»

Als Dietrich in prächtiger Rüstung auf den Kampfplatz geritten kam, stand Heime auf seinem Hengst Rispe schon bereit. Die Recken grüßten einander nach dem Brauch, doch unwirsch und ohne jede Grazie. Auf das Zeichen hin stürmten sie aufeinander los. Mit Sorge sah Meister Hildebrand, dass der Hengst Rispe wie ein Katapult in den Galopp sprang und der kurzbeinige Heime auf dem Ross stand, als wäre er ein Teil von ihm. Doch beim ersten Mal verfehlten sowohl Heimes als auch Dietrichs Lanze ihren Gegner. Beim zweiten Mal prallten die Waffen an den Schilden ab, aber wie sie es taten, ließ die anwesenden Ritter schon merklich zusammenzucken. Beim dritten Mal schließlich hatten die Kontrahenten Vorwissen genug. Die Speere trafen die Mitte der Schilde und zerbrachen. Die Recken sprangen aus den Sätteln und zogen ihre Schwerter. Dietrich, begierig, sein Schwert Nagelring an Heimes Rüstung zu erproben, stürmte auf Heimc zu, doch der stellte seine kurzen Beine so breit und fest in die Erde, dass er, selbst als Dietrich ihn schließlich traf, nicht wankte. Schild gegen Schwert, Schwert gegen Schwert hieben sich die beiden von Patt zu Patt. Egal, von welcher Seite Dietrich auf Heime einschlug, der stand, als hätte er drei Beine.

«Schont Eure Kräfte!», rief Meister Hildebrand. «Er will, dass Ihr Euch müde schlagt!» Dietrich sah sofort, dass nun die Zeit gekommen war, sein Material zu testen. Schon beim nächsten Gegenhieb von Heime wich er zurück. Gab sich geschwächt und täuschte sogar ein paar unsichere Schritte an. Als Heime, so ermuntert, auf ihn lossprang und zuschlug, ließ Dietrich schließlich seinen Schild sinken, und Heimes Schwert Blutgang ging wie der Blitz auf Dietrichs Helm nieder. Doch die Riesin hatte nicht gelogen. Mit einem grausigen Klingen zerbrach das Schwert. Heime, eben noch siegesgewiss, starrte zu Tode erschrocken auf den bloßen Schwertgriff in seiner Hand. Dietrich, kaum dass er die gesprungene Klinge zu Boden fallen sah, holte noch einmal tief Luft und warf Heime mit einem gewaltigen Fußtritt nieder.

Mit Dietrichs Schwertspitze zwischen den Augen erklärte Heime schließlich: «Nehmt mir das Leben und nehmt Euch mein Pferd!» Dann empfahl er seine Seele Gott und bat ihn um Vergebung für die Sünde der Eitelkeit. In der bangen Stille, die nun eintrat, ertönte plötzlich ein wildes Knurren. Und manch einer sagte später, hätte Dietrichs Magen nicht geknurrt, er hätte Heime wohl den Todesstoß gegeben. Aber so ließ Dietrich das Schwert sinken, tippte Heime kurz auf die Schulter und sagte: «Dein Pferd kannst du behalten. Worauf sollst du denn sonst reiten, wenn du zu meinem Gefolge gehörst?»

Heime, stolz und grimmig, wie er war, rappelte sich auf, ging auf die Knie und senkte knapp das Haupt zum Zeichen des Danks. Dann endlich nahm Dietrich seinen Helm ab, streckte ihn hoch in die Luft und rief den Anwesenden zu: «Ist das ein Helm, Leute? Ist das ein Helm?»

Alle jubelten. Nur ein kleiner Junge, der dem Kampf an der Hand seiner Amme gefolgt war, krähte: «Natürlich ist das ein Helm! Das weiß doch jedes Kind!»

DAS SCHÄRFSTE SCHWERT DER WELT

Hoch oben auf Seeland, das einst die Riesen mit einem Pflug vom dänischen Festland abschnitten, lebte Wieland der Schmied. Er hatte einen Sohn, Witege mit Namen, den ihm Bödwild, die Tochter König Nidungs, geboren hatte. Schon als Witege fünfzehn Jahre alt war, sahen Wieland und jeder andere Mensch, der Augen hatte, dass sein Sohn ein überaus stattlicher Schmied werden würde. Wenn er denn Schmied werden würde … Denn Witege weigerte sich trotz seiner großen Kraft, dem Vater zur Hand zu gehen.

«Den ganzen Tag sehe ich dich hauen und fechten, aber wenn du mal auf den Amboss schlagen oder ein Stück Eisen halten sollst, höre ich immer Ausreden», sagte Vater Wieland. «Aber nun ist die Zeit gekommen, da du was Rechtes lernen musst.»

Witege zog einen Flunsch und meinte: «Da sei Gott vor, dass ich mal mit einer Lederschürze in dieser Gluthitze stehe und mit dem Schmiedehammer auf irgendwas herumkloppe. Ich bin ja nicht nur eines Vaters Sohn, sondern auch einer Mutter, und deren Name ist Bödwild, was so viel heißt wie ‹Komm zum Kampf!› Wenn ich also schon auf etwas einschlage, dann sollen es Männer sein!»

«Ja, mein Sohn, aber im Gegensatz zum Eisen auf dem Amboss schlagen Männer auch mal zurück. Manchmal sogar mit Glück. Und Glück kannst du nicht lernen, nur schmieden. Wenn du bei mir in die Lehre gehst, verspreche ich dir, dass es keinen dritten Schmied auf dieser Welt geben wird, der das kann, was wir beide können. Jeder will eines Meisterschmiedes Freund sein.»

«Ich will nicht geliebt, ich will gefürchtet sein», sprach Witege. «Ich gehe ins Lampartenland, zu König Dietmar. Sein Sohn Dietrich ist genauso alt wie ich, aber hat schon viele starke Ritter und sogar Riesen besiegt. Den will ich zum Zweikampf fordern.»

Wieland seufzte und führte Witege in seine Schmiede. Er kroch unter den Schmiedebalg und holte dort ein Schwert hervor, das er nie einem anderen als seinem Sohn überlassen hätte.

«Das ist Mimung. Für seinen Stahl habe ich drei Riesenseeadler am anderen Ende der Welt in ihren Felsenhorsten mit Eisenspänen gefüttert, dann fleißig ihren Kot gesammelt, diesen nun geschmolzen, gehärtet, zerrieben und wieder verfüttert, insgesamt dreimal hintereinander.»

«Auch ein Grund, warum ich kein Schmied werden will», sagte Witege.

«Ja, aber nur so wurde es der härteste und leichteste Stahl, den je ein Mensch in der Hand führen wird. Es ist ein Schwert, das jeden Mangel an Erfahrung wettmacht. So leicht zu führen, dass es in einem Schwung fünf Arme von Händen trennt, die nach der Waffe greifen. So scharf, dass der Getroffene noch lacht über den scheinbar vergeblichen Streich, bevor er niederfällt.»

Als Witege es probeweise durch die Luft schwang, sang es so laut und schrill den Tod, dass sich alle im Dorf zu Boden warfen, weil sie meinten, es kreisten Harpyien über ihnen.

«Ach du Scheiße», sagte Witege.

«Vogelscheiße», sagte Wieland, und beide lachten.

Nun gab Wieland seinem Sohn den Hengst Schimming, den er einst von einer Meerfrau bekommen hatte. Witege schwang sich in voller Rüstung hinauf, ohne den Steigbügel zu benutzen, was sein Vater mit einem anerkennenden Blick quittierte. Der Wahrheit zuliebe sei gesagt, dass Witege es Hunderte Male vorher geübt hatte, um genau diesen Eindruck zu schinden, denn wie allen Kindern viel beschäftigter Eltern ging es Witege vor allem um Aufmerksamkeit.

Die schenkte ihm jetzt auch seine Mutter Bödwild, die herbeikam, um ihn zu verabschieden. Sie drückte ihm verschämt drei Mark Gold in die Hand. Witege sagte betreten: «Mutter!» Aber Bödwild meinte zärtlich: «Falls mal was ist!»

Wieland begleitete Witege noch ein Stück und gab ihm

eine Reihe von Tipps und Hinweisen, die Witege schon vergessen hatte, als Wieland sie aufzuzählen begann.

Der Weg ins Lampartenland war lang. Viele Tage ritt Witege durch Marschen und Heiden, durch Eichenwälder und Haselnussgestrüpp. Als er endlich in das Gebirge kam, das Norden und Süden trennte und hinter welchem das heißersehnte Bern lag, versperrte ihm ein reißender Fluss den Weg. Jetzt rächte es sich, dass Witege seinem Vater nicht genauer zugehört hatte, denn dieser hatte ihm eine Furt bezeichnet, an der man das strömende Wasser in Hüfthöhe durchqueren konnte. Er ritt eine ganze Weile den Fluss auf und ab, ohne jedoch eine Stelle zu finden, die einer Furt auch nur nahekam. Verdrossen sprang Witege vom Pferd, band es an einen Baum und entledigte sich seiner Rüstung und der Waffen, die er sorgsam unter Zweigen und Laub versteckte. Dann stieg er selbst in den Fluss, um die Furt zu suchen.

Während er tastenden Fußes über den Kieselgrund stak, hörte er plötzlich Hufgetrappel und Männerstimmen. Drei Männer kamen das Ufer entlanggeritten. Als sie Witege sahen, rief einer von ihnen: «Wenn das mal kein Zwerg ist, der hier durch den Fluss schwimmen will!» Da meinte der Zweite: «Den fangen wir. Vielleicht ist es Alberich, der Meisterzwerg, und wir können von ihm ein schönes Lösegeld erpressen oder wertvolles Schmiedezeug!»

Sie ritten näher, sprangen ab, warfen Steine und wollten schon mit ihren Lanzen nach Witege langen, als dieser rief: «Hört mal auf mit dem Scheiß! Lasst mich raus, dann werdet Ihr schon sehen, ob ich ein Zwerg bin.»

Die Ritter ließen also von ihm ab, und Witege stieg langsam stapfend aus dem Fluss. Die Gesichter der drei wurden denn auch lang, und zwar mindestens so lang, wie Witege brauchte, um aus dem Wasser zu kommen. Denn Witege war, wie gesagt, von stattlicher Statur, und es gab keine Stelle seines Leibes, die nicht stattlich war, selbst jetzt nach dem kalten Bad im Gebirgsfluss.

«Herrgott! Wer bist du?», fragte einer der Ritter, der kräftig, aber kurzbeinig war. Es war Heime, denn vor Witege standen keine anderen als Meister Hildebrand, Heime und Herzog Hornboge, die auf dem Heimritt nach Bern waren. Witege, der das nicht wissen konnte, fand es geraten, seinen Namen und seine Herkunft nicht im unbekleideten Zustand preiszugeben.

«Das ist keine Frage, auf die ich nackt antworten werde», sagte Witege, und Meister Hildebrand zeigte Heime ein Gesicht, dem dieser entnehmen konnte, dass er in unschicklicher Weise vorgeprescht war. Witege entfernte sich also ins Gebüsch und schnürte sich, so schnell es ging, in seine Rüstung. Dann trat er wieder vor, in vollem Harnisch, so neu und glatt und prächtig, dass sich Dietrichs Mannen gleich noch mal ein bisschen schlecht fühlten.

«Ich komme aus Seeland. Meine Mutter entstammt einem edlen Geschlecht, sie ist die Tochter König Nidungs, und mein Vater ist Wieland, genannt der Schmied. Ist 'ne komplizierte Geschichte, wie die beiden zusammengekommen sind. Ich will nach Bern, zu König Dietmar, um seinen Sohn Dietrich zum Kampf zu fordern.»

Heime wollte etwas sagen, aber Meister Hildebrand gebot ihm mit einer Geste zu schweigen, und zwar einer, in der überdies zu erkennen war, dass Heime auch zu allem, was er jetzt hören werde, schweigen solle.

«Zeit wird's», entgegnete Meister Hildebrand denn auch

listig, der noch keinen Jüngling von solcher Statur und Ausstattung gesehen hatte und Arges für seinen Herrn befürchtete, «dass einer dem übermütigen Dietrich mal die Flügel stutzt. Er hält sich ja mittlerweile für sonder was. Wir reiten auch nach Bern. Lass uns zusammen reisen! Vielleicht können wir dir was raten, wenn du uns erzählst, wie und womit du diesen hochnäsigen Königssohn besiegen willst!»

Witege, der ja auf dem platten Land, fernab aller städtischen Ränke und Verstellungen, groß geworden war, fand das prima. Kaum ein paar Tage geritten, und schon hatte er drei Waffenfreunde.

«Also, ich bin Witege», sagte er. Meister Hildebrand sann einen Moment nach und erklärte dann, er sei Boltram, Sohn des Herzogs von Venedig, wies dann auf Heime und ergänzte, hier neben ihm sei, sag noch mal schnell, Dings, Sistram, Heribrands Sohn, und der Dritte im Bunde sei … Herzog Hornboge. Herzog Hornboge trat sofort hinter Meister Hildebrand und zischte ihm ins Ohr, was das solle, dass Hildebrand sich und auch Heime mit ausgedachten Namen vorstelle, er aber mit dem richtigen genannt werde.

«Mir ist in der Eile kein dritter Ersatzname eingefallen», fauchte Meister Hildebrand zurück, «außerdem bist du nicht so bekannt wie wir beide.»

«Ich bin bekannt.»

«Aber nicht so bekannt.»

«Doch. Ich bin sogar ziemlich bekannt.»

Genervt trat Meister Hildebrand vor und zeigte auf Herzog Hornboge.

«Bester Witege! Herzog Hornboge kennt Ihr bestimmt schon. Sein Name hat in vielen Ländern einen guten Klang.»

Witege schüttelte den Kopf. «Nein, nie gehört.»

«Ich bitte Euch. Herzog Hornboge ist auf beiden Seiten der Berge bekannter als etwa … Meister Hildebrand.»

«Tut mir leid. Meister Hildebrand, klar, den kennt jedes Kind, aber den Herzog Horn…, wie war noch mal der Name … Wie auch immer, ich freue mich, Euch kennenzulernen.»

Meister Hildebrand schlug vor, einander die Schwurbruderschaft zu schwören, wie es wahre Ritter nun mal täten. Witeges Augen begannen zu leuchten. Dass er gleich bei der ersten Begegnung, ohne jedes Verdienst, ein so inniges Band mit Herren von Rang eingehen würde, hatte er sich nicht im Traum vorgestellt. Hildebrand forderte also Witeges Hände, legte die seinen hinein und sprach das Gebet, dass sie einander helfen und lieben würden, wie die heiligen Apostel Petrus und Paulus einander geholfen und geliebt hätten. Dies taten nachher auch Heime und Herzog Hornboge.

Als sie wieder auf die Pferde stiegen, ließ es sich Meister Hildebrand nicht nehmen, dem Herzog zuzuraunen: «So viel zur Bekanntheit, mein lieber Hornboge.»

Gemeinsam ritten sie zur Furt, die an der breitesten Stelle des Flusses zu finden war, weil, wie Meister Hildebrand erklärte, die meisten Furten an den breitesten Stellen zu finden seien. Witege, der von seinem Vater nicht den simpelsten Rat angenommen hatte, staunte, nickte und fühlte sich bestens belehrt und unterrichtet. Sie durchquerten den Strom und ritten ein paar Meilen, bis sie an einen Scheideweg kamen.

«Jetzt müssen wir uns entscheiden», sagte Meister Hildebrand. «Der rechte Weg dauert etwas länger und führt durch holpriges Terrain, aber er ist gefahrlos und sicher. Der linke geht geradewegs auf Bern zu, führt aber leider über eine Brücke mit einem Kastell davor, in dem zwölf Räuber hausen. Sie nehmen jedem Pferd und Waffen ab, und man kann froh sein, wenn man mit seinem Leben davonkommt. Ich denke, wir nehmen den langen, unbequemen Weg und weichen den Räubern großräumig aus.»

Witege sah das anders. «Zwölf Räuber gegen vier Ritter? Das sind drei für jeden. Sollte für uns Waffenbrüder kein Problem sein.»

«Junger Mann», erklärte Meister Hildebrand, «das sind keine dahergelaufenen Strauchdiebe, sondern wilde Krieger. Sogar Dietrich von Bern hat sie bislang nicht vertreiben können.»

«Jetzt bin ich aber ein bisschen enttäuscht von Euch», meinte Witege, «hier, hallo, Herzog Hornboge, Euer Name wird doch wohl sicher nur deswegen so bekannt sein, weil Ihr ihn mit dem Blut Eurer Feinde geschrieben habt?»

Herzog Hornboge machte eine verlegene Grimasse, weil er wohl seinen Namen verteidigen, andererseits Meister Hildebrands so offensichtlichen Plan nicht vereiteln wollte. Heime sprang ihm bei: «Wir sind lange unterwegs. Warum ohne Not Streit suchen? Wir reiten einen Tag länger und halten ein Schwätzchen. Das ist doch besser, als sich mit diesen kranken Typen da vorne einzulassen.»

Witege verdrehte die Augen. «Was seid Ihr denn für Sonntagsritter? Ich reite da jetzt mal hin und sprech mit denen. Die werden ja wohl so viel Anstand besitzen und einem landfremden Mann den Weg freigeben.»

Witege gab seinem Schimming die Sporen und galoppierte munter in den Hohlweg. Die drei sahen ihm mit großen Augen und schmalen Mündern hinterher. Heime meinte: «Das war's. Eigentlich können wir weiterreiten.»

Aber Meister Hildebrand wollte noch warten, bis er mit eigenen Ohren gehört hätte, dass dieser allzu stattliche Jüngling mit der allzu stattlichen Ausrüstung von den Räubern in Stücke gehackt worden sei. Witege indessen hatte fast schon die Brücke erreicht, als ihm drei der Räuber entgegenritten.

«Grüßt euch, edle Brückenwärter», sprach Witege mit erhobener Hand, «ich komme von fern und bin ein Fremdling in diesem Land! Gerne zahl ich euch einen Silberpfennig für eure Mühe bei der Brückenwacht!»

«Klappe! Absteigen! Ausziehen!», rief der Vorderste der Räuber. «Wir brauchen deine Rüstung, deine Waffen und dein Pferd. Dazu hacken wir dir noch die Hände ab und reißen dir die Zunge raus, damit du später nicht irgendwelche miesen Gesten machst oder schlecht über uns redest!»

Witege setzte sich gerade auf und spreizte die Beine im Sattel, zum Zeichen, dass er seinem Pferd eher die Sporen zur Attacke geben werde, als es zur Flucht zu wenden.

«Wenn das eine Drohung sein soll, dann habt ihr aber in der Schule nicht aufgepasst, als Drohen und Einschüchtern dran waren», sagte Witege. «Wer, bitte schön, überlässt euch Rüstung und Waffen, nur um sich dann verstümmeln zu lassen? Damit macht ihr doch selbst einen kleinen Krämer zum rasenden Berserker. Seid ihr so heiß auf maximalen Widerstand?»

Die Räuber, die Rückfragen nicht gewöhnt waren und außerdem die imposante Gestalt Witeges mitsamt seiner Rüstung langsam in Augenschein genommen hatten, wurden plötzlich von Unschlüssigkeit heimgesucht. Unter schlecht artikulierten Flüchen drehten sie um und ritten zum Kastell zurück, um sich mit ihrem Räuberhauptmann zu beraten. Der beschloss, nicht lang zu fackeln und mit allen zwölfen anzurücken.

«Ihr habt gehört, was wir fordern», verkündete der Räuberhauptmann, «Rüstung, Waffen, Pferd, dazu Hand und Zunge, aber wenn du keine langen Zicken macht, sind wir gnädig und lassen dich nackt von dannen ziehen!»

«Ihr seid allesamt echt schlecht im Verhandeln», erwiderte Witege. «Kein Wunder, dass ihr Räuber werden musstet. In jedem anderen Beruf ist man mit so einer sinnlosen Taktik ja sofort unten durch. Ich zeig euch mal, wie das geht: Also, ihr gebt den Weg frei und braucht dafür im Gegenzug – Achtung, jetzt kommt das Angebot! – nicht sterben. Das ist quasi Weiterleben für lau. Da fällt die Entscheidung leicht, oder? Weg freigeben, mal kurz beiseitereiten, ist schnell gemacht, kost' nix, und für diese kleine Geste wird das ganze Füllhorn des Lebens über euch ausgeschüttet: heute Abend schön am Feuerchen sitzen, vielleicht ein Schläuchlein Wein austrinken, ein Hühnchen verputzen und morgen ausgeschlafen in einen neuen Tag, dem viele andere folgen werden, alles nur», jetzt wurde Witege erheblich lauter, «für einmal kurz die elenden Mähren und Klappergäule aus dem Weg nehmen, die schmutzigen Finger von den Schrottschwertern lassen und vielleicht noch mal höflich grüßen, falls die Huren und Bastarde, von denen ihr abstammt, euch so was beigebracht haben!»

«Zieht blank!», schrie da der Hauptmann, dem Wut und Hass die Stimme heiser machten, und ritt mit gezogenem Schwert auf Witege zu. Die anderen zehn ihm hinterdrein. (Einer blieb zurück, weil er das Angebot «Weg frei – Weiterleben» tatsächlich zu begrübeln versuchte.) Witege, der es bis zu diesem Tag noch nie mit derart ernst gemeinten und hasserfüllten Hieben und Schlägen zu tun bekommen hatte, brauchte einen Moment, um festen Sitz im Sattel und einen harten Schildarm zu bekommen. Aber dann war er links und rechts den Schwerthieben gewachsen, die nun auf ihn niedergingen. Mimung, leicht und scharf wie kein zweites Schwert auf der Welt, trotzte den Streichen, und als Witege nach dem verfehlten Hieb eines Räubers mehr zur Abwehr denn zum Angriff zweimal auf denselben einschlug, fiel dem erst der Arm ab und dann auch noch der verwundert hinterherblickende Kopf. Ein Vorgang, der nun auch seinen Kumpan neben ihm so irritierte, dass Witege ihm im nächsten Augenblick den Oberschenkel von der Hüfte trennte. Nicht gewohnt, mit nur einem Bein im Steigbügel zu stehen, fiel er vom Pferd. Witege, jetzt doch sehr ermuntert von den Fähigkeiten seines Schwertes, schlug gleich darauf zur anderen Seite, wobei er einem Pferd den Hals durchschnitt, sodass sein Reiter für die Dauer eines kurzen Schocks ungewohnt freie Sicht voraus hatte, bevor er mit dem Rest des Tiers niederstürzte. Die Attacke erstarb, und ein Umdenken setzte unter den Räubern ein.

Meister Hildebrand, Heime und Herzog Hornboge hörten ein paar hundert Meter entfernt das Schwertergeklirr verebben. «Das ging ja schnell», sagte Heime zu Hildebrand, «vielleicht war er doch nicht so ein gefährlicher Gegner für Dietrich, wie Ihr meintet.»

«Er sah jedenfalls nach mehr aus», stimmte Hildebrand nachdenklich zu.

Dann aber ging der Kampfeslärm drüben weiter. Nur

diesmal fehlte das Geräusch gekreuzter Klingen. Stattdessen drangen dumpfe Hiebe und entsetzliche Schmerzensschreie an die Ohren der Wartenden.

«Ich kann mir so was nicht anhören. Lasst uns hinüberreiten und Witege zur Seite stehen», forderte Meister Hildebrand schließlich.

«Wir sollten erst einmal nachsehen, wie es läuft», meinte Heime. «Wenn er siegt, kommen wir hinzu, damit wir nicht wie Feiglinge wirken. Wenn er aber unterliegt, so sollten wir uns nicht weiter einmischen. Es war seine Entscheidung.»

«Das geht mir gegen die Ehre», sagte Hildebrand, der sich allerdings eingestehen musste, dass sein feines Ohr ihm schon zugeflüstert hatte, dass die vielen Schmerzensschreie nicht aus einem, sondern aus vielen Mündern schallten, als sei ein Fuchs zwischen die Hühner gefahren. Und Hildebrand war sich beinahe sicher, dass der Fuchs den Namen Witege trug.

Als sie langsam Richtung Brücke trabten, kam ihnen ein Räuber, dem die obere Hälfte fehlte, auf einem blindlings davongaloppierenden Pferd entgegen. Die Brücke war frei. Witege saß auf seinem Ross, das zwischen sechs Leichen tänzelte, und wischte sein Schwert sauber.

«Habt Ihr die halbe Portion Räuber gesehen, die an Euch vorbeipreschte? Der dachte erst, der Streich hätte ihn verfehlt. Ging aber mittendurch. Die anderen sind leider alle auf und davon, sonst hätte ich Euch das noch mal vorgeführt!» Witege schwang begeistert sein Schwert in der Luft, dass es kreischte wie hundert Möwen über einem Heringsschwarm, dann schob er es in die Scheide.

Herzog Hornboge sah entgeistert zu Heime, und Heime holte einmal sehr tief und sehr bedeutend Luft. Meister

Hildebrand hingegen flüsterte, starren Auges auf die toten Räuber: «So eine Waffe habe ich mein Lebtag nicht gesehen, noch habe ich davon gehört. Der junge Berner ist in großer Gefahr!»

Meister Hildebrand kreuzte auf seinem Pferd behutsam zwischen den Leichen und warf lange Blicke auf die Wunden. Und was Hildebrand sah, gefiel ihm gar nicht. Schließlich fand er seine Fassung wieder und erklärte leutselig, nach so einem fulminanten Sieg sei es wichtig, ein bisschen runterzukommen und die Eindrücke zu verarbeiten. Sicher sei das Räuberkastell voller Speis und Trank. Er schlage vor, zu rasten und die Nacht hier zu verbringen. Tatsächlich fanden sich in der Burg Speck und Grütze und ein Bottich trüben Bieres. So schlugen sich die Ritter die Wänste voll und legten sich nieder. Doch Meister Hildebrand blieb lange wach. Er grübelte. Witege war wohl ein kräftiger und gewandter, aber noch kein besonders raffinierter Kämpfer. Bedenklich war nur, dass sein Schwert alles um ihn herum in Butter verwandelte. Wenn er nur ein einfaches Schwert führte, könnte Dietrich ihn wohl niederhalten, dachte Hildebrand. Der Mond stand hoch, und draußen zerrten die Wölfe knurrend an den Kadavern, als Meister Hildebrand schließlich zu Witege schlich und dessen Schwert gegen seines tauschte.

Am nächsten Morgen sagte er zu Witege: «Lieber Witege! Jetzt, wo du uns gezeigt hast, was für ein Recke du bist, können wir uns nicht länger verstellen. Die Männer, mit denen du seit zwei Tagen reitest, sind keineswegs irgendwelche Boltrams oder Sintrams. Um die Wahrheit zu sagen: Ich bin Meister Hildebrand, der Waffenmeister Dietrich von Berns, und das ist der gewaltige Heime, und das ist …»

«Oh, das ist ja listig. Deswegen kannte ich auch diesen komischen Herzog Hornboge nicht», rief Witege erstaunt.

«Also, nun ja», quälte sich Meister Hildebrand, während der Herzog neben ihm zu kochen begann, «Herzog Hornboge gibt es wirklich. Und eigentlich kennt man ihn. Vielleicht nicht überall. Aber … im kleinen Kreis schon. Wie auch immer, dein Kampfesmut hat uns alle schwer beeindruckt. Dietrich von Bern wird diese Ruhmestat nicht unbelohnt lassen.»

Die vier Waffengefährten stiegen auf die Rösser und ritten weiter. Als sie einen zweiten Fluss erreichten, sahen sie, dass die geflohenen Räuber die einzige Brücke zerstört hatten und die Recken vom anderen Ufer schmähten und verlachten. Witege zögerte nicht lang, nahm mit seinem Pferd Schimming gehörigen Anlauf und sprang zum Entsetzen der Räuber über den Fluss. «Das kann ich auch», meinte Heime darauf, hieß seinen wunderstarken Apfelschimmel Rispe ein paar Schritte rückwärts gehen und setzte nach kurzem Galopp über den Fluss. Nun wurde den fünf übrig gebliebenen Räubern klar, dass sie nichts mehr zu verlieren hatten. Mit dem Mut der Verzweiflung stürzten sie sich zuallererst auf Witege, da Heime sich deutlich abseits hielt.

«Was ist mit dir?», rief Witege Heime zu. «Zieh dein Schwert und kämpfe an meiner Seite wie ein Schwurbruder!»

Heime aber antwortete: «Immer langsam. Ich will erst mal sehen, ob du wirklich so ein tolldreister Degen bist.»

Als Hildebrand dies hörte, wurde ihm klar, dass Witege nun merken würde, dass sein Schwert vertauscht war. Also versuchte er, gleichfalls über den Fluss zu springen, landete jedoch im Wasser und musste eilends an Land schwimmen, um Witege beizustehen. Wie ein Besessener preschte er an ihm vorbei und begann, auf die Räuber einzuhacken, als hätten sie seine Mutter geschändet. Witege schaffte es gerade, «Aber Mei…» zu rufen, als schon alle fünf tot am Boden lagen.

«Tut mir leid, bester Witege», erklärte Meister Hildebrand, erleichtert, dass Witege keine Gelegenheit gehabt hatte, den Tausch der Schwerter zu bemerken. «Aber nach deinem Meisterstück von gestern musste ich mir mal beweisen, dass ich noch nicht zum alten Eisen zähle.»

Dietrich von Bern saß beim Essen, als ihm die Rückkehr seiner Männer gemeldet wurde. Er wischte sich den Mund mit dem Ärmel sauber, dann ging er sie begrüßen. Neben den dreien stand jedoch einer, den er nicht kannte. Dietrich hatte den Seinen kaum den Willkommenskuss gegeben, als der Fremde ihn schon ansprach:

«Ihr seid offenbar Dietrich von Bern! Nun, ich komme aus dem fernen Dänemark …»

Inmitten von Rittern und Knappen, die ihr Erschrecken kaum zu verbergen wussten, wandte Dietrich fassungslos sein Gesicht dem Fremden zu.

«Aus Dänemark, wo man keine Manieren hat? Aus Dänemark, wo man nicht weiß, dass es dem Hausherrn zusteht, das erste Wort an einen Fremden zu richten?»

Witege zuckte mit den Schultern und rümpfte die Nase, zum Zeichen, dass er dies als nebensächlich erachte.

«Ich komme aus dem Land, wo man die Geschichten über Eure Unbesiegbarkeit nicht glauben mag. Ich bin hier, um

Euch zum Zweikampf zu fordern. Meine Name ist Witege, und das ist mein Handschuh!»

Mit diesen Worten warf er Dietrich einen silberverzierten Handschuh zu Füßen, worauf eine kleine Welle des Tuschelns und Kopfschüttelns durch die Anwesenden ging. Dietrich, der es schon nicht leiden konnte, vom Essen fortgerufen zu werden, entdeckte, dass es ihn mit noch größerem Hass erfüllte, wenn er mit vollem Bauch zum Duell herausgefordert wurde. Er atmete schwer, und Männer, die ihn besser kannten, machten sich bereit, ihn von einem unwürdigen Faustkampf abzuhalten.

«Ich werde dafür sorgen, dass sich noch etwas anderes herumspricht in allen Ländern zwischen den Meeren! Nämlich dass jeder Dahergelaufene, der mich zum Zweikampf fordert, dies am Galgen büßt!»

«Ich bitte Euch, Herr», sagte leise Meister Hildebrand. «Wählt Eure Worte! Er mag dreist sein, aber er ist der Sohn einer Königin. Auch ist Euer Sieg nicht so sicher, wie Ihr meint. Witege ist ein furchtloser Kämpfer. Ich habe es mit eigenen Augen gesehen.»

Dietrich krallte seine Hände in die Oberarme seines Lehrmeisters.

«Wie könnt Ihr für diesen Rüpel eintreten? Ich weiß, Ihr habt diese Vermittlungsmacke und wollt immer, dass alle bis drei zählen. Aber heute bemüht Ihr Euch umsonst.»

Eine Stunde später war der Turnierplatz mit allem Volk gefüllt, selbst mit denen, die nicht mehr laufen konnten oder blind waren. Spiegelfunken huschten über die Zuschauer, wo immer Dietrich sich in seiner silbernen Rüstung auf seinem schwarzen Ross zeigte. Aber auch Witege auf seinem Hengst Schimming sah nicht übel aus. Und manch einer meinte sogar, Witege ähnele in Haltung und Schwung dem ganz jungen Dietrich, als dieser noch frisch und frank und von keinem Kampf verhärtet gewesen sei.

Die Kontrahenten legten ihre Lanzen ein und sprengten gegeneinander an. Witeges Schild wehrte Dietrichs Lanze ab, und Witeges Lanze stieß in Dietrichs Schild hinein, blieb stecken und brach, sodass keiner von beiden aus dem Sattel geworfen wurde. Wenn Dietrich nun angenommen haben sollte, dass Witege wegen seiner zerbrochenen Lanze einem zweiten Anrennen ausweichen würde, so sah er sich getäuscht. Im Gegenteil. Witege gab seinem Schimming erst recht die Sporen, und als Dietrichs Lanze Witeges Schild fast erreicht hatte, hieb er sie einfach mit dem Schwert entzwei. Das Kunststück verursachte großes Raunen im Rund. Beinahe rasend angesichts dieser Anerkennung für den Fremdling, stieg Dietrich vom Pferd, um Witege im Kampf Schwert gegen Schwert zu besiegen. Witege sprang ebenfalls vom Pferd, doch um einiges jungenhafter. Er schwang das rechte Bein über den Sattelknauf, und schon stand er neben seinem Ross. Sie zogen die Schwerter und kreuzten die Klingen. Sogleich merkte Dietrich, dass Meister Hildebrand nicht umsonst Respekt für diesen Gegner eingefordert hatte. Hieb für Hieb lagen die beiden Streitenden gleichauf. Doch dann suchte Witege die Entscheidung, wagte einen besonders kühnen Ausfall und schlug Dietrich sein Schwert mit aller Macht aufs Haupt. Zu Witeges fürchterlicher Überraschung zerbrach nicht der Helm, sondern sein eigenes Schwert. Verzweifelt warf er es in den Staub und rief: «Schande über dich, Vater Wieland! Schande über mich, der ich deinen Künsten vertraut habe! Ein schlechtes Schwert hast du geschmiedet!»

Dietrich indessen fragte sich nach diesem letzten ungeheuren Schlag auf seinen Helm Hildegrim, wer er überhaupt noch mal war und warum er von der Welt nur einen schmalen Ausschnitt sah. Über den Turnierplatz wankend, erwog er unter Zweifeln, ob er Dietrich von Bern sei, der durch ein Visier starrte. Erst als er Witege erblickte, der, das zerbrochene Schwert zu Füßen, hilflos dastand, kehrten die versprengten Lebensgeister zurück. Dietrich von Bern packte sein Schwert mit beiden Händen und rannte auf Witege zu, um ihm den Kopf abzuschlagen.

In diesem Moment sprang Meister Hildebrand zwischen die beiden. «Dietrich! Haltet ein und bedenkt, was für einen Kampf dieser Mann Euch lieferte. So einem Recken seid Ihr noch nicht begegnet. Ein Dutzend Räuber am Brückenkastell im Lyrawald hat er ganz allein erschlagen. Schenkt ihm das Leben und nehmt ihn in Euer Gefolge auf! Er wird es Euch mit großen Taten danken!»

«Nein, nein, mein Freund», schnaufte Dietrich wutentbrannt, «hier sind mir in letzter Zeit zu viele übergeschnappte Glücksritter zum Zweikampf aufgelaufen. Irgendwann hat die Großmut mal ein Ende. Geht mir aus dem Weg, sonst haue ich Euch zuerst in Stücke!»

Meister Hildebrand sah, dass er Dietrich nicht umstimmen würde. Er hatte seinen Herrn schützen wollen, als er die Schwerter vertauschte, doch angesichts von Dietrichs starrsinniger Wut wurde ihm die Last dieser List nun doch zu groß.

«Gut», meinte Hildebrand erbittert, «dann soll das Kind bekommen, wonach es schreit.»

Er zog Mimung hervor und warf das Schwert Witege zu, der gar nicht verstand, was vor sich ging.

«Verzeiht mir, wenn du kannst, bester Witege», sagte Hildebrand, «ich habe in der Nacht im Kastell dein Schwert mit meinem vertauscht, weil ich um Dietrichs Leben fürchtete. Aber jetzt, wo er dir die Gnade verwehrt, mag er selber sehen, welche Waffen Wieland schmiedete.»

Witege hatte Mimung kaum in der Hand, als er schon den ersten Hieb Dietrichs empfing. Er hielt ihm stand, doch als er seinerseits auf Dietrichs Schild einschlug, brach diesem gleich ein Stück heraus. Zehn Hiebe später trug Dietrich fast keinen Schild mehr am Arm, sondern nur noch einen Riemen mit einem Stückchen Holz. So ein Schwert hatte die Welt noch nicht gesehen!

«Vergib mir, Vater Wieland», rief Witege in den Himmel, wo die Wolken gen Norden zogen, «vergib mir jedes böse Wort!»

Dietrich, nun fast ohne Schutz, konnte sich der Schläge kaum erwehren, noch konnte er die Streiche zurückgeben, um sich etwas Luft zu verschaffen. Schon war ihm die Brünne an mehreren Stellen zerschlagen, und Blut floss aus der Rüstung. Verwundet an Arm und Bein, Leib und Schultern, wich er stolpernd vor dem nahen Tod zurück, bis er schließlich fiel.

«Genug», hörte man da die Stimme König Dietmars, der, nur mit einem roten Schild bewaffnet, zwischen die Streitenden trat. «Der Sieg gehört dir, Witege! Du hast bekommen, was du wolltest! Lass den Kampf nun enden, und ich will dich reich beschenken!»

«Nichts da», keuchte Witege, «wo wart Ihr, als Euer Sohn mir den Kopf abschlagen wollte?» Da raufte der greise König sein Gewand, um vor Witege auf die Knie zu gehen, und die Mütter hielten ihren Kindern erschrocken die Augen zu, damit sie nicht sahen, wie ein Mann von so viel Macht und Autorität sich erniedrigte.

«Vergelte nicht Gleiches mit Gleichem. Beweise, dass du ein Ritter von wahrhaft edler Gesinnung bist!»

Witege ließ das Schwert durch die Luft kreischen.

In diesem Moment griff eine Hand nach Witeges Arm. Es war Meister Hildebrand.

«Dann höre wenigstens mir zu, denn ich bin dein Schwurbruder, der ich dir noch gestern fünf heimtückische Räuber vom Leib gehalten habe.»

«Das war ja wohl mit meinem Schwert!»

«Ach Gott, nun seid doch nicht so kleinlich. Bedenkt lieber, welch große Tage Euch erwarten, wenn Ihr Dietrich schont und unter seine Männer aufgenommen werdet. Tötet Ihr ihn, werdet Ihr einsam und ohne Freude durch die Welt ziehen, immer in Furcht vor einem Fremden aus dem Norden, der Euch den Ruhm neidet und mit Euch kämpfen will.»

Witege war klug genug, um sich in diesem Fremden wiederzuerkennen. Trotzdem machte er sich los und ging hinüber zu Dietrich, der in Erwartung seines Todes starr auf dem Boden lag, aus vielen Wunden blutend. Entsetzt schrien die Massen auf, als er sein Schwert hob und es niederstieß. Allerdings in den Boden, wenn auch kurz vor Dietrichs Hoden.

«Dietrich von Bern», sagte Witege, während er sich vor sein Schwert Mimung kniete und die Stirn auf den Knauf legte, «ich bitte um Aufnahme in Eure Schar!»

«Gewährt», antwortete Dietrich mit dem letzten Fitzelchen Luft, das ihm der Schrecken noch gelassen hatte.

AUS LIEBE TÖTEN

Dietrich von Bern blieb niedergeschlagen, auch nachdem man ihm wieder auf die Füße geholfen hatte. Und zwar noch Tage und Wochen. Er humpelte missmutig und mit schmerzenden Wunden über den Hof, wollte von niemandem angesprochen oder gar gutmütig auf die kaputte Schulter geschlagen werden. Den lieben langen Tag murmelte er mürrische Worte und erging sich in müßigen Grübeleien, was geworden wäre, wenn er diesen Schlag rechts oder jenen links pariert hätte. Es lief alles auf ein und dasselbe hinaus. Dietrich von Bern war besiegbar. Von nun an eilte ihm der Ruf der Besiegbarkeit voraus. Wo immer er vorüberritt, würden Bauern und Mägde das elende Wort in die vorgehaltene Hand flüstern. Die hünenhafte Gestalt, das blonde Haar, der strahlende Blick aus den braunen Augen – alles Theater! Ein entschlossener Mann mit einem guten Schwert konnte ihn fertigmachen. Das waren die Fakten. Dietrich wurde schnell klar, dass er den üblen Ruch der Besiegbarkeit nur loswerden würde, wenn er seinerseits einen bislang Unbesiegbaren niederstreckte.

Dietrich von Bern musste hinaus in die Welt der Gefahren, hoch in den Norden, wo in Wäldern und Sümpfen noch Unholde und Untiere hausten. Er ließ sein Pferd satteln, seine Waffen bringen und rüstete sich. Saß ächzend auf und versuchte, probehalber das Schwert zu ziehen. Es war eine einzige Qual.

Sieben Tage und Nächte ritt Dietrich, bis seine Wut von Durst und Hunger geschwächt war. Als der achte Abend kam, machte er, schlammbespritzt und dreckverschmiert, an einer Herberge halt, warf dem Wirt ein paar Silberpfennige hin und ließ sich vier Humpen trüben Bieres bringen, aß einen Zuber Schwarzsauer und einen ganzen geschmorten Hammel sowie einen Schock Schnepfenpasteten, schloss das Mahl mit Aptekenkonfekt aus Cannel, Kobeben und Koriander und goss zu guter Letzt noch zwei Maß Lautertrank und Hypocras darauf. Dann rülpste er so gewaltig, dass die Männer im Wirtshaus sich erhoben und klatschten. Dietrich dankte und wollte weiter. Da kam der Wirt und fragte besorgt, wo er denn in dieser tiefschwarzen, nach Unwetter riechenden Nacht noch hinwolle, denn vor ihm läge nur der Osningenwald.

«Ja», lachte Dietrich, «und morgen früh liegt er hinter mir.»

«Aber», stotterte der Wirt, «es ist der Osningenwald, mein Herr! Mir scheint, Ihr wisst nichts von ihm!»

Jetzt kamen auch andere Gäste hinzu und unterrichteten Dietrich in vielerlei Stimmen, dass dort im Wald der Riese Ecke sein Unwesen treibe. Er sei liebestoll und darum närrisch vor Ruhmsucht, und streiche die ganze Zeit im dunklen Tann umher, um reisende Recken anzufallen. Schuld an dieser Raserei sei die Königin Seeburg auf der Feste Jochgrim, in deren Namen Ecke den Damendienst verfolge. Königin Seeburg seien seine Taten jedoch nie genug. Jüngst habe sie sogar gefordert, Ecke solle den namhaftesten aller Helden, den herrlichsten aller Krieger, die Sonne des Reckentums, den bis vor kurzem für unbesiegbar gehaltenen …

«Haltet alle mal die Klappe!», schnauzte Dietrich von Bern die durcheinander erzählenden Gäste an. «Wer hier wen irgendwo irgendwann ein einziges Mal – mit viel Glück wohlgemerkt – besiegt hat, wer will das wissen?»

Viele Hände hoben sich. Dietrich resignierte.

Jedenfalls diesen berühmten Herrscher über das Lampartenland, erzählte einer vorsichtig weiter, habe sie aus Eckes Hand gefordert. Wenn er den edlen Dietrich von Bern nach Jochgrim schaffen könne, würde sie endlich ihr Schatzkästlein seiner Riesigkeit öffnen.

«Ich interpretiere das so», sagte Dietrich von Bern, «dass sie ihn um keinen Preis ranlassen will. Die Gute kann er sich abschminken. Dietrich von Bern, in den Händen eines Riesen? Das hat es ja noch nie gegeben. Im Gegenteil, gilt er nicht als Riesenschlächter? Erinnert ihr euch noch an Hilde und Grim? Ratzfatz ging das, und dann war aber aus die Maus!»

Ein Knabe fasste Dietrich ans Hosenbein und fragte: «Was war mit Hilde und Grim?»

Dietrich von Bern sah in die Runde und sagte: «Das meine ich. Genau das meine ich. Die wirklich entscheidenden Heldentaten, die Spitzenleistungen, die werden totgeschwiegen! Aber so eine einzige, unwichtige, völlig zu vernachlässigende Niederlage dieses kühnen Recken in einem … ich sage jetzt mal … Gerangel unter Freunden, das wird hier ohne Ende breitgetratscht!»

Der Wirt bat den Königssohn, sich nicht so zu erregen, er tue ja geradezu, als wäre Dietrich von Bern sein Bruder oder bester Freund. Der murrte etwas Unverständliches, wischte sich grimmig ein bisschen Fett aus dem Mundwinkel, winkte ab und ging. Nachdem er unter schmerzvermeidenden Verrenkungen auf sein Pferd gestiegen war, kam der Wirt und wollte ihm eine Laterne geben.

«Es ist pechschwarze Nacht. Nehmt wenigstens das Licht. Ihr könntet Euch sonst verirren, mein Herr!»

Dietrich von Bern wollte schon die Hand ausstrecken, als ihm einfiel, dass seine körperliche Verfassung trotz des guten Essens immer noch nicht die beste war. In diesem Zustand hell beleuchtet durch den Osningenwald zu reiten, war vielleicht keine gute Idee. Andersherum: Wenn er nichts sah, würden der Riese ihn wahrscheinlich auch nicht sehen. Denn bei Lichte wie bei Dunkelheit betrachtet, Dietrich fühlte sich noch nicht bereit, eine neue Riesensauerei anzurichten. Er dankte dem Mann und zog davon.

Warum, dachte Dietrich von Bern, als er auf seinem schwarzen Pferd in den schwarzen Wald ritt, verblasst der Ruhm von Heldentaten nur so schnell? Die Welt wäre ein friedlicherer Ort, wenn Ruhm haltbar wäre und man nicht jeden Tag aufs Neue zeigen müsste, was für ein unerschrockener Kerl man ist.

Dietrich war noch keine zwei Stunden auf seinem Rappen Falke durch den Osningenwald getrabt, als ein heftiger Sturzregen auf ihn niederging. Die Gegend war felsig, und links und rechts des Weges standen nichts als Krüppelkiefern. Nirgends ein Vorsprung oder ein größerer Baum, unter dem Dietrich hätte Schutz suchen können. Als der Regen vorbei war, entdeckte Dietrich zu seinem Verdruss, dass das Unwetter ihn sauber gewaschen hatte und der Glanz seines Helmes in den Wald strahlte. Er hatte es noch nicht ganz zu Ende bemerkt, da hörte er auch schon eine dröhnende Stimme aus dem Felsgewirr: «Wen haben wir denn da?»

Dietrich von Bern fasste die Zügel etwas straffer und antwortete: «Noch haben wir überhaupt niemanden!»

«Oh», meinte die Stimme, «ein kühner Ritter ohne Furcht! Hat so viel Mut auch einen Namen?»

«Wer will das wissen?»

Da brach ein riesenhafter Jüngling in vollem Harnisch aus den Kiefern und stellte sich ihm in den Weg.

«Ich bin's. Der Ecke!»

Dietrich von Bern konnte seine Narben summen hören vor lauter Unlust, sich kalt und patschnass mit einem solchen Ungetüm zu streiten. Trotzdem sagte er: «Ich bin Dietrich von Bern, und ich werde jetzt weiterreiten. Schön, dich getroffen zu haben!»

«Ich wusste es», sagte Ecke und schlug sich in die Faust. «Heute ist mein Glückstag! Steig ab, Berner, lass uns kämpfen!»

Dietrich von Bern streckte sich im Sattel und drehte seine Hände, um den Schultern mehr Spiel zu geben, bewegte den Kopf hin und her, dass es im Nacken knackte.

«Pass mal auf, Ecke! Ich weiß, dass dir diese Landpomeranze auf ihrer zugigen Moosburg eingeblasen hat, mit mir als Trophäe dürftest du sie endlich besteigen. Du bist jung und willst endlich mal ficken. Das verstehe ich. Aber das kannst du einfacher haben. Findest du nicht, dass die Dame ein bisschen zu hoch von sich denkt? Ich bin ja nicht irgendein Nieselpriem. Ich bin Dietrich von Bern! Wer mich erledigt, darf die ganze Welt ficken!»

«Hast du gerade den Schatz meiner hohen Minne, meine Königin Seeburg, beleidigt?» Ecke griff an sein Schwert. Dietrich blieb gefasst. Ganz hatte er die Hoffnung, ohne Kampf davonzukommen, noch nicht aufgegeben.

Ecke jedoch zog sein Schwert, so schnell, dass die Luft vor lauter Schneid zu klirren begann. «Das ist Eckesachs, mein Schwert», erklärte er. «Der Zwergenmeister Alberich hat es geschmiedet. In neun Königreichen musste er suchen, bis er das Quellwasser fand, um es zu härten. Es ist so scharf, dass man sich in die Zunge schneidet, wenn man nur versucht, es näher zu beschreiben. Und sieh hier: Wenn ich das Schwert auf der Spitze drehe, ringelt sich eine goldene Schlange durch den Stahl. Weißt du, warum? Sie will dein Blut saufen.»

Dietrich von Bern musste sich eingestehen, dass seine Gefühle gegenüber Eckesachs, nun ja, zweischneidig waren. Einerseits ließ ihm schon der Anblick des Schwerts einen Schauer über den Rücken laufen, andererseits war es genau die Waffe, die er gewinnen musste, um die Schmach der Niederlage gegen Witege zu tilgen.

«Trotzdem nicht», meinte Dietrich zu Ecke, «mit so einem Quatsch fangen wir gar nicht erst an. Sonst wird das noch Mode, Leute zu schlachten, nur um sich damit bei den Weibern ins Bett zu prahlen.»

«Na dann, gute Reise!», sagte Ecke jetzt und trat, sein Schwert einmal lose durch die Luft schwingend, zur Seite. «Aber so schnell kannst du nicht reiten, wie ich allen erzählen werde, dass Dietrich von Bern ein elender Feigling ist!» Und hieb im selben Moment Dietrichs rechten Zügel durch. Falke, der stolze Rappe, sprang vor Schreck in die Luft und warf Dietrich ab. Doch der landete wie durch ein Wunder auf seinen Füßen, brachte sein Pferd zum Stehen und band es hurtig an einen Ast. Dann zog er sein Schwert, und diesmal, als wäre Wut ein Wundermittel für die geschlagenen Wunden, fühlte es sich halbwegs gesund an.

«Ich mach uns jetzt Licht, und dann will ich mal sehen, was du kannst», schrie Dietrich und schlug sein Schwert an den nächsten Felsen, sodass ein kleines Dutzend roter Funken in die Nacht schwebte und die Szene heimelig beleuchtete. «Jawohl», brüllte Ecke und zog sein Schwert gleichermaßen über einen Stein, und sogleich taten sich hunderttausend blaue Pritzelfunken wie ein Lichterdom über den Kriegern auf. Dieser erneute Beweis von Eckes Schwertmacht machte Dietrich rasend, und um ein Haar wäre er blind auf den Riesen losgestürmt. Gerade noch rechtzeitig fielen ihm Meister Hildebrands «Allgemeine Merksätze zur Riesenbekämpfung» ein. Erstens: Landen Riesen ein Treffer, hilft dir weder Salz noch Pfeffer! Zweitens: Steht der Riese auf zwei Sohlen, brauchst du gar nicht auszuholen! Drittens: Fällt der Riese in den Trab, bremst ihn nichts gleich wieder ab! Viertens: Hebt das Schwert er übers Haupt, ist ein Stich ins Herz erlaubt! Also zwang Dietrich sich, stehen zu bleiben, und lockte stattdessen den Riesen mit Schmähworten.

«Lass dir ruhig Zeit, Ecke! Ich hörte, deine Königin Seeburg hatte schon so viele Schiffe im Hafen, da kann die Jungfernfahrt deiner kleinen Nuckelpinne ruhig noch warten.»

Ein Riesengebrüll ertönte.

«Wahrscheinlich schickt sie dich dauernd in den Wald, damit sie mit ihren Freundinnen in Ruhe Witze über deinen kurzen Schniedel machen kann!»

Sofort erbebte der Boden unter gewaltigen, immer schneller werdenden Schritten. Als Ecke fast vor Dietrich stand, wollte dieser beiseitespringen, aber er hatte Eckes Jugend und Gewandtheit unterschätzt. Krachend biss das zauberscharfe Schwert Eckesachs in Dietrichs Helm und hätte ihn wohl gespalten, wenn es nicht eben Hildegrim, der Helm aller Helme, gewesen wäre. Dietrich zielte auf Eckes Knie, doch der war schnell, zog es weg und hieb seinem Gegner das Schlangenschwert auf die geharnischte Schulter, dass dieser sein Schild und sein Schwert verlor und vor dem Riesen über den Boden kollerte. Der sah sich das nicht lange an, sprang auf Dietrichs Oberkörper und hielt ihn bald an den Armen niedergedrückt. Mit seiner ganzen jugendlichen Riesengewalt presste er den Berner zusammen, bis dem die Äderchen in den Augenbällen platzten. Unfähig, noch einmal Luft zu holen, sah Dietrich seine Kräfte schwinden. Plötzlich glaubte er im Dunkel des Nachthimmels ein gleißendes Licht zu sehen, welches ihn magisch anzog. Offenbar gibt es eine Welt, die einem nur erscheint, dachte Dietrich, wenn man zu atmen aufhört. Wie sie wohl sein mag? Ecke über ihm keuchte und zitterte am ganzen Leib vor ungeheurer Anstrengung, sich mit dieser tödlichen Umarmung endlich die süße Umarmung seiner Liebsten zu verdienen.

Doch mit einem Mal ertönten ein Wiehern und Trappeln, und noch ehe Ecke oder Dietrich begriff, was vor sich ging, fuhr ein gewaltiger Stoß durch die Kämpfenden, und ein dumpfes Knacken löste Ecke alle Glieder. Dietrich schob sich mit letzter Kraft unter dem plötzlich reglosen Riesen hervor und sah, dass Falke, der stolze Rappe, sich losgerissen und seinem Widersacher mit einem Huftritt das Rückgrat zertrümmert hatte. Der Riese lag, ein lebender Kopf an einem toten Körper, auf dem Boden. Der entsetzlichste Schmerz aller Schmerzen, der Schmerz, keinen Schmerz mehr zu spüren, verzog dem Riesen das Gesicht.

«Töte mich!», stöhnte er.

«Gleich», japste Dietrich, der neben Ecke lag und noch nicht wieder zu Atem gekommen war. Schließlich wälzte er sich zur Seite und begab sich auf alle viere, aber die Welt schwindelte noch um ihn herum, sodass Dietrich es nicht wagte, sich ganz zu erheben.

«Lass nicht zu, dass man mich so findet», bat der gelähmte Riese. «Schlag mir den Kopf ab!»

Dietrich kroch zu seinem Schwert und kam überhaupt nur mit dessen Hilfe in die Höhe. Er schwankte auf den Riesen zu, erhob unter Mühen das Schwert und torkelte fünf Schritte zurück.

«Was soll das werden? Töte mich endlich!», rief Ecke.

«Ich töte dich schon noch.» Dietrich rang um Luft und Fassung. «Du wirst ja wohl … diese eine Minute … warten können.»

Erneut holte er mit dem Schwert aus. Doch er hielt wieder inne, gestoppt von einem Gedanken. «Ich brauche deine Rüstung», erklärte Dietrich, immer noch ziemlich außer Atem.

«Schlag mir endlich den Kopf ab, wenn du ein echter Recke bist!»

«Ja, aber vorher muss die Rüstung runter, sonst ist die nachher voller Blut, und das fängt dann an zu riechen. Das möchte ich nicht, schließlich bin ich noch eine Weile unterwegs.»

Er drehte Ecke auf den Rücken und montierte ihm die Rüstung ab, während der Riese sein Schicksal verfluchte, gegen einen solchen Zierpimpel und Weißkragenritter verloren zu haben, der wegen ein bisschen Blutes gleich die Krise kriegte.

«Hast ja recht!», meinte Dietrich, nahm Eckesachs, das

neben Ecke lag, trat breitbeinig an des Riesen Haupt und hieb ihm mit dem schärfsten aller Schwerter den Hals durch. Nicht der geringste Widerstand war zu spüren.

«Was für eine Klinge», raunte Dietrich, die goldene Schlange betrachtend, die das Schwertblatt hinaufzüngelte. «Tausend Engel müssen mich beschützt haben!»

Er grub ein Grab für den enthaupteten Leichnam, warf ihn hinein und bedeckte ihn mit Erde und Steinen. Dann schnürte er sich Eckes Rüstung um, setzte sich Eckes Helm auf, warf dessen Kopf in einen Sack und ritt ins Morgengrauen, das mit dem Grauen dieser Nacht nicht zu vergleichen war. Dietrich ließ den Osningenwald hinter sich und sah im Frühnebel die Zinnen der Feste Jochgrim, auf der die Königin Seeburg lebte. Dorthin lenkte er seinen Rappen.

Als die Königin Seeburg an diesem Morgen aus dem Fenster schaute, rief sie: «Da kommt Ecke auf einem blauschwarzen Ross geritten. Dabei ging er gestern zu Fuß in den Wald. Und an seiner Seite hängt ein Beutel voll mit Beute. Das kann bei Gott nicht der Geringste aller Ritter gewesen sein, den er da niedergehauen hat!» Ihre Kammerzofen bestürmten sie daraufhin, endlich ihre Zurückhaltung aufzugeben und dem Riesen die Tore zu öffnen.

«Ich werde ihn in der großen Halle empfangen, aber ihm die Tore öffnen werde ich nicht! Das hat noch Zeit!», bestimmte die Königin Seeburg und raschelte sogleich in die Halle, um sich dort auf dem hölzernen Königinnenschemel niederzulassen. Mehrfach probte sie Sitz und Haltung, mehrfach gruppierte sie die Kammerjungfern um, als endlich die harten Schritte eines Ritters erklangen.

Der Mann, der da in die Halle schritt, schien auf den ersten Blick der ungestüme Riese. Er trug auch dessen Rüstung und seinen Helm. Doch zu aller Damen Entsetzen und fürchterlichem Rätsel hielt er Eckes Kopf an den struppigen Haaren in seiner geharnischten Faust.

«Ihr verlangtet, mich zu sehen», sagte Dietrich. «Da bin ich. Nicht tot und nicht in Fesseln, aber Ihr mögt wissen, es war knapp! Ecke war ein großer Krieger, und Ihr seid nur eine eingebildete Spinatwachtel. Ihr verdientet seine Minne nicht!»

Er nahm den Helm ab.

«Dietrich von Bern!», erschrak die Königin Seeburg.

«Wie Ihr wisst, spröde Dame, war es Eckes größter Wunsch, seinen Kopf in Euren Schoß zu betten. Ich bin gekommen, um ihn zu erfüllen!»

Sprach's und warf der Königin den blutigen Schädel auf den Rock. Dietrich wandte sich um, das Kreischen und das Aufspringen der Königin sowie das Poltern des starräugigen Kopfes hinter sich lassend, ging und saß schon wieder auf seinem Pferd, als man im Hof erst zu schreien anfing, nicht Ecke, sondern ein Fremder sei in der Burg. Auf dem Rappen Falke flog Dietrich von Bern in den Wald hinein, mitten zwischen Busch und Berg, wohin kein Mann von Verstand ihm folgen wollte.

DIETLEIB

Wer zu jener Zeit von Herzog Biterolf aus Dänemark sprach, der kam nicht umhin, ihn in höchsten Tönen zu loben und gleichzeitig sein tiefstes Bedauern zu äußern. Ja, je höher das Lob ausfiel, desto tiefer war für gewöhnlich auch das Bedauern. Denn Herzog Biterolf war ein Mann ohne Fehl und Tadel, herrlich anzuschauen und gepflegt bis zu den gebimsten Fußsohlen, trotzdem kühn im Streit, immer der Erste auf der Sturmleiter oder der Letzte, der am Tor noch focht, bevor die Zugbrücke hochgezogen wurde, strebsam und gelehrsam, aber auch so freigiebig und gerecht, dass jedermann sein Freund sein wollte oder wenigstens ihm nachzueifern strebte.

Der einzige Mensch in ganz Dänemark, der sich kein Beispiel an ihm zu nehmen versuchte, hieß Dietleib und war sein Sohn. Während Künhild, Dietleibs Schwester, von verträumtem Liebreiz war und eine gute Partie erwarten ließ, hing Dietleib den lieben langen Tag in der Küche ab, briet sich Hühnchen und Enten am Spieß und scherte sich nicht um Fechtunterricht und Reiterspiele. Lag zwischen den Mehlsäcken, schnarchte und rülpste. Wusch sich nicht, kämmte sich nicht und kratzte sich vor allen Leuten am Hosenlatz. Aller Ruhm und Reichtum, alle Macht, die Herzog Biterolf in seinem Leben erworben hatte, schienen vergebens angesichts dieses Taugenichts von einem Sohn. Als wäre dies nicht Verdruss genug, war Dietleib schon in jungen Jahren um einiges größer und stärker als sein Vater, geradezu ein Hüne, und hätte sicher mit bestem Erfolg ein Schwert geführt. Aber nein, er raufte lieber mit den Küchenjungs, stopfte Unmengen von mit Honig bestrichenen Buchweizenfladen in sich hinein oder starrte stundenlang in die Flammen.

«Von mir hat er das nicht», klagte Biterolf.

«Von mir aber auch nicht», antwortete Oda, seine Gattin.

«Du meinst, dass noch ein Dritter im Spiel war?»

Oda antwortete ihm mit einer spontanen und knappen Bemerkung, und als Biterolf nachfragte, ob er das richtig gehört habe, erklärte Oda sehr bestimmt, nein, sie habe «Ach, ich verstick mich noch!» gesagt. Und stach betont konzentriert mit ihrer Sticknadel in das Linnen im Stickrahmen.

So verging Jahr um Jahr. Als eines Tages Biterolf und seine Gattin sich anschickten, das Fest eines dänischen Großen zu besuchen, stand mit einem Mal Dietleib vor seinen Eltern und sagte: «Ich will mit!»

«Wie kommst du darauf, dass wir dich plötzlich zu einem Fest mitnehmen könnten?», fragte Oda. «Sieh dich doch mal im Spiegel an! Wo warst du all die Jahre, als wir dir Manieren und männliche Tugend beibringen wollten? In der Küche warst du, und da bleibst du auch!»

«Wenn ich zu Euch kam, gab es nur Belehrung», sagte Dietleib, «aber ein Kind braucht Wärme. Deswegen blieb ich in der Küche. Am Ofen fand ich die Wärme, die ich suchte.»

Da ging Dietleib, während Biterolf noch eine Weile mit viel «Man glaubt's ja nicht!» und «Der hat sie wohl nicht mehr alle! Jetzt sind wir die Schuldigen!» in der Halle auf und ab ging.

Dietleib jedoch besorgte sich bei einem Bauern ein altes,

rostiges Schwert. Er steckte es lose in seinen Gürtel, trat damit wieder vor seinen Vater und sagte: «Ich komme mit zum Fest, ob du willst oder nicht!» Biterolf verfluchte Dietleibs Beharrlichkeit, warf die Hände in Richtung Himmel und fragte, woher sein Sohn das nur habe. Er sei als junger Mann nie so beharrlich … jedenfalls nicht so … und, ach. «Na, gut», meinte er dann und fügte hinzu: «Aber nur gewaschen!»

Dietleib fiel seinem Vater um den Hals und quetschte ihm vor Freude ein paar Halswirbel. Eilends wurde also ein Badezuber hergerichtet und eine Waschmagd bestellt, die Dietleib oben und auch unten schrubbte und rubbelte, dass ihm ganz festlich zumute wurde. Dann massierte sie sein Haar mit einem Sud aus Brennnessel, Pimpernell und Rosmarin, kämmte es mit dem Fünfzackenkamm, mit dem Siebenzackenkamm, dem Zwanzigzackenkamm und dem Läusekamm, nahm die Brennschere aus der Glut und rollte sein blondes Haar zu artigen Innenwellen. Als er hernach in Wams und Hose herauskam, glaubte die Dienerschar, noch nie einen so schmucken Jungherren gesehen zu haben.

«Jetzt, wo er gewaschen und geputzt ist, sieht er dir doch etwas ähnlich», sagte denn auch Oda zu Biterolf, und dieser meinte stolz: «Das ist mein Sohn.»

Auch beim Fest gefiel Dietleib seinen Eltern. Er sprach sehr wenig und aß sehr viel und hinterließ dadurch allgemein einen guten Eindruck, wie überhaupt in jener Zeit ein großer Appetit als Zeichen von Gottes Segen galt.

Als sie wieder heimritten, kamen von überall her Händler, Kaufleute und Bauern gezogen, die Pech und Harz und Bienenwachs, Flachs und Hanf und Wolle, Stockfisch und Salz und Sauerbier auf ihren Karren schleppten.

«Wo wollt ihr alle hin?», rief Dietleib.

«Nach Raben zu Dietrich von Bern», antworteten die Reisenden. «Er führt ein großes Haus. Viele Ritter gehen bei ihm ein und aus. Es gibt Turniere und Kampfspiele mit Bannerträgern und Posaunenkrach, dass einem die Mütze wegfliegt. Und getafelt wird, was die Tafeln tragen können, bis spät in die Nacht.»

«Ich glaube, das wäre auch was für mich», sagte Dietleib während eines Ausritts zu seinem Vater. «Groß bin ich sowieso, und einen großen Appetit habe ich auch. Vielleicht nimmt mich Dietrich von Bern als Dienstmann in sein Gefolge auf.»

«Da könnte jeder kommen. Das sind ausgesuchte Helden. Lauter Recken, die in ihrem Leben schon ein bisschen was geleistet haben. Lerne du erst mal. Schau, ich habe mich von der Pike auf hochgearbeitet, das war kein Zuckerschlecken. Als ich so alt war wie du, da habe ich …»

Dietleib nickte, und das freute Biterolf, aber nur, weil er nicht sah, dass Dietleib auf dem gemütlich vor sich hin trabenden Pferd eingeschlafen war, als sein Vater von seinen Lehrjahren zu berichten begann.

Einige Zeit später trat Dietleib vor seinen Vater und erklärte, er wolle seinen Großvater mütterlicherseits im Sachsenland besuchen, der dort ein großer Herzog war.

«Ja, besuche deinen Großvater. Wer weiß, wie lange du ihn noch besuchen kannst», sagten seine Eltern und gaben ihm sogar dreißig Goldmark mit, was mehr als ausreichend war.

Vielleicht wollte Dietleib seinen Großvater wirklich besuchen, vielleicht suchte er auch nur einen Vorwand, um einen Abstecher zu Dietrich von Bern zu machen. Wie auch immer, am zweiten Abend saß er in einer Schenke, als er schon wieder vom Nebentisch ein großes Geraune von Dietrich und den Seinen hörte. Von Riesen war die Rede und schönen Fräuleins, abgeschlagenen Köpfen und Zauberschwertern.

«Diesen Dietrich würde ich mir schon mal gerne angucken.» Dietleib wandte sich zu den Männern am Nebentisch. «Ist das weit von hier?»

Ihm wurde erklärt, momentan und itzo sei Dietrich gar nicht daheim, sondern auf Reisen zu seinem Oheim Ermanarich, welcher in Rom residiere und zu einem Fest geladen habe. Die Nacht über grübelte Dietleib, ob es nicht insgesamt besser wäre, seinen Großvater auf der Rückreise von Rom zu besuchen, weil er dann schließlich mehr zu erzählen hätte, vorausgesetzt, dass noch jemand da war, dem er es erzählen konnte. Der Großvater war zwar schon sehr alt, aber wer schon sehr alt geworden sei, der werde sicher auch noch etwas älter werden, denn er hat ja schon bewiesen, dass er das Älterwerden beherrscht. So dachte Dietleib sich die Sache zurecht, und als der Morgen graute, hatte er sich von allen kleinlichen Zweifeln befreit, und er ritt in den sonnigen Süden. Er war schon zwei Handvoll Tage unterwegs und etwas wund am Hintern, als er an eine Burg kam, die dem Harlungenherzog Dieter gehörte. Im Burghof fragte er die nächstbeste Gruppe von Männern, ob er hier ein weiches Lager für die Nacht bekäme. Wer er sei und was er wolle, gab man ihm zur Antwort.

«Ich komme aus Dänemark und bin auf der Reise zu Dietrich von Bern.»

«Deine Reise ist zu Ende», sagte einer der Männer,

«Dietrich steht hier neben mir. Ich bin übrigens Witege, und das ist mein Schwert Mimung. Sicher hast du schon davon gehört.»

Dietrich von Bern, der nicht ganz zu Unrecht befürchtete, dass Witege mehr von seinen unglaublichen Siegen mit diesem Schwert erzählen wollte, schob diesen beiseite und trat vor. Er fragte Dietleib, weshalb er gekommen sei. Dietleib rutschte vom Pferd und stellte sich vor Dietrich hin.

«Ich will in Euren Dienst treten, edler Dietrich! Ich hörte, Ihr führt ein großes Haus, und ich dachte, da könnte einer wie ich gerade recht kommen. Nehmt mich also auf in Euer Gefolge!»

Dietleib breitete die Arme aus für die sicher gleich stattfindende Umarmung. Dietrich aber musterte den ungeheuren Jüngling von oben bis unten und erinnerte sich zugleich, was seine feurigen Rösser zuweilen mit seinen schlappen Knappen anstellten. Dann rief er: «Es sei!»

Dietleib, immer noch die Arme erhoben, zog die Augenbrauen zusammen und spähte unsicher in die Runde der Männer. Doch diese sahen nur würdig zurück.

«Gewährt!», sprach Dietrich, der merkte, dass Dietleib mit der zuvor gewählten Formel nicht vertraut war.

Dietleib zuckte mit den Schultern, und neuerliches Unverständnis zerrte ihm eine verlegene Grimasse ins Gesicht.

«Dietrich meint, ja», mischte sich Witege jetzt ein, und da umklammerte Dietleib endlich so herzlich und kräftig den Berner, dass dieser ihn mit leichten Klopfern auf den breiten Rücken beschwichtigte.

Dietleib wurde alsdann in die Stall- und Rüstangelegenheiten eingeführt, und schon am nächsten Tag ritt er mit dem Tross, der Dietrich und seinen Recken folgte, gen Rom.

Als sich dort König Ermanarich, Dietrichs Oheim, dieser selbst und viele große Helden aus Ost und West in der großen Königshalle an die Tafel setzten und die Knappen gebackene und glasierte Schweine hereintrugen, aus denen lauter Leber- und Blutwürste purzelten, und hinterher gebratene Schwäne mit kandierten Schnäbeln, die voller Zuckereier waren, dazu noch schweren Malsavierwein und Bilsenbier, da saß Dietleib mit den anderen Stallknechten bei den Pferden und rührte in einem Kessel Gerstengrütze.

«Männers, das kann nicht sein», sagte Dietleib schließlich verdrießlich, «dass wir hier den ganzen Tag machen und tun und dann so schmale Kost in uns hineinlöffeln, während da hinten im Palazzo geprasst wird. Gott sei Dank habe ich ein paar Mark Gold hier im Säckel, und ich denke, wir holen uns fürs Erste drei Dutzend Pfund Krabben in Essig, dazu Tintenfische mit geröstetem Gemüse, geselchte Fischwürste von Rotbarbe und Knurrhahn, zwei, drei Sudeltöpfe voll Kichererbsen und Fresskastanien, einen großen Kessel mit venezianisch gesottenen Kaninchen in lauter Zimt und Zwiebeln und gießen ein paar Fässer Konditorwein hinterher, bis unsere Zungen vor Dattelpfeffer, Lorbeermastix und Safranhonig wie Lebkuchen aussehen.»

Den Stallknechten troff bei solchen Reden derart das Wasser aus dem Mund, dass sie kaum noch «Hurra!» gurgeln konnten. Gleich rannten zehn von ihnen auf den Markt und zu den Garküchen, und als sie wiederkamen, hatten sie nicht nur all diese Leckereien herbeigekarrt, sondern auch viel Glotzvolk und Mitesser angeschleppt.

«Ich seh schon», meinte Dietleib, «wo so viel geschlungen

und gerülpst wird, wird die Luft schnell stockig. Wir brauchen noch Gaukler, Feuerspucker und Schleiertänzerinnen, die uns wallen und ventilieren und das Blut in den Kaldaunen flüssig halten. Ein Spruchredner und ein Deklamator müssen auch heran, damit uns der Kopf nicht leer bleibt und am Ende die Dünste aus dem Bauch in den Schädel aufsteigen und uns alle blöde machen.» Mit diesen Worten warf er ein paar weitere Goldstücke hin, und wie er sagte, so geschah es. Ein solches Gelage wurde zwischen Stall und Zeughaus gefeiert, dass bei Ermanarichs Fest in der Königshalle die Knappen knapp wurden, denn alles Dienstvolk wollte so bald wie möglich mit Dietleib zechen und tafeln.

Nach drei Tagen waren die dreißig Goldmark, die ihm seine Eltern mitgegeben hatten, verprasst. Das Fest Ermanarichs war immer noch im Gange, und so meinte Dietleib: «Wir können unmöglich mit der Völlerei aufhören, nur weil mein Beutel leer ist. Da man mit Geld Pferd und Schwert kaufen kann, folgere ich nach der Logik des Umkehrschlusses, dass man mit Pferd und Schwert auch Geld kaufen kann.»

Ermächtigt von dieser Erwägung durchmusterte Dietleib Stall wie Zeughaus, griff Heimes Schwert Nagelring und dessen Pferd Rispe heraus und versetzte es beim Pfandleiher für zehn Mark Gold. So konnte das Fest der Knechte erst einmal weitergehen. An die dreitausend Leute feierten in den Stallungen und sangen und tranken bis in den frühen Morgen. Kein Wunder, dass Dietleib schon am nächsten Tag noch einmal zum Pfandleiher musste. Diesmal versetzte er Witeges Schwert Mimung und dessen Ross Schimming für zwanzig Goldmark. Das reichte für zwei weitere Tage. Doch da Ermanarichs Fest hoch oben im Palast immer noch nicht enden wollte und Dietleib überhaupt nicht einsah, warum er fasten sollte, wenn anderswo der Becher kreiste und die Bratenstücke von den Spießochsen geschnitten wurden, tauschte er Dietrichs stolzen Rappen Falke und das Schwert Eckesachs gegen dreißig Goldmark. Das reichte nun bis zum Ende aller Gelage.

Als Dietrich von Bern anderntags die Heimreise antreten wollte, ließ er Dietleib kommen und gab ihm Order, die Pferde zu satteln und die Waffen bereitzuhalten.

«Dazu müsstet Ihr sie erst mal wieder auslösen», erklärte Dietleib. «Uns ging beim Feiern das Geld aus, und deswegen habe ich Eure Pferde und Waffen ins Pfandhaus bringen müssen.»

Dies war der einzige Moment in der Geschichte Dietrichs, in dem eine umfassende Verblüffung ihn einfror. Er stand da, bar aller Worte und Gesten, und versuchte, sein Dasein in einer Welt, in der solches möglich war, neu zu bestimmen. Schließlich gelang es ihm, Kiefer und Zunge zu lösen.

«Du hast mein Pferd Falke und mein Schwert Eckesachs …?»

«Nicht nur Euer Pferd und Schwert, auch das von Witege und Heime», antwortete Dietleib ungerührt. «Sie alle stehen beim Pfandleiher und warten, dass einer der hohen Herren seinen Beutel lüpft und die sechzig Goldmark bezahlt, für die sie verpfändet wurden.»

Dietrich, der so viel Gold gar nicht dabeihatte, fasste in einer spontanen Regung an seine Seite und hätte Dietleib sicher mit dem Schwert in Stücke gehauen, wenn es nicht beim Pfandleiher gestanden hätte. Dieser Möglichkeit des wahnsinnigen Ausbruchs beraubt, blieb Dietrich von Bern nur noch die kleine Vernunft des klammen Gastes, und deswegen sagte er fast schon mütterlich: «Na, dann komm mal mit, Dietleib! Wir fragen meinen Onkel!»

Sie gingen durch den Palast zu Ermanarich, der sich gerade die Füße massieren ließ, eine Wohltat nach den Tagen des Prassens. Neben ihm stand sein Lehnsmann Walther von Wasgenstein, der die Gunst der entspannten Stunde nutzte, um mit dem König ein paar Amtsfragen zu besprechen.

«Oheim», sagte Dietrich, «würdet Ihr mir den Gefallen tun und die Kosten übernehmen, die meine Knechte während unseres Festes hatten?»

«Sehr gern», sprach Ermanarich, der sich wegen ein paar Kleinigkeiten wie Grütze und Sauerbier nicht lange bitten lassen wollte. «Wie viele Silberpfennige soll Euch mein Schatzkanzler geben?»

Dietrich zog Dietleib nach vorn und meinte: «Sag's ihm selber!»

«Nun, mein König», begann Dietleib, «alles in allem haben wir für neunzig Goldmark getafelt. Dreißig gehen auf meine Kappe. Ihr müsst also nur sechzig bezahlen!»

Ermanarich lachte herzlich und Walther von Wasgenstein ebenso, und der König meinte, wieso dieser komische Kerl nicht an seiner Tafel Witze gerissen hätte, er hätte das Zeug zu einem ausgezeichneten Narren.

«Ich wollte, es wäre ein Witz», sagte Dietrich von Bern mit großem Ernst. «Aber nein. Er spricht die Wahrheit. Wir brauchen sechzig Goldmark.»

Ermanarich fuhr auf und brüllte, so viel habe sein ganzes Fest nicht gekostet. Dietleib erklärte, sie hätten viele Gäste von der Straße gehabt, da seien die Kosten etwas aus dem Ruder gelaufen. Ermanarich meinte, wer so spräche, sei entweder ein großer Herr oder ein großer Dummkopf. Und Dummköpfe sehe er lieber rollen als auf irgendeines Mannes Schultern. Walther von Wasgenstein neigte sich zu ihm und flüsterte, dass man mit einem Gefolgsmann eines Gastes wie Dietrich nicht so leichtfertig umspringen solle. Ermanarich nickte und sprach: «Wenn du deinen Kopf retten willst, dann tritt mit meinem treuen Ritter Walther von Wasgenstein in den Wettstreit. Verlierst du, bist du Krähenfutter. Gewinnst du, kannst du ihm von mir aus die Rübe abhauen.»

Dietleib meinte, das ginge völlig in Ordnung. Er kenne sich mit Wettstreiten aus. Seine Freunde und er hätten seinerzeit viele in der heimischen Küche betrieben, und er hätte fast immer gewonnen. Sogar das Spiel, bei dem man einen Holzlöffel nach hinten über den Kopf in einen Krug werfen musste … «Na los», rief er, «gehen wir!»

Die Kämpen begaben sich in den Hof, wo sofort alles Volk zusammenströmte. Dort lag ein riesiger Stein, der das Gewicht von zwei Männern hatte. Walther hob ihn mit einer Hand, was schon für erhebliches Staunen und Raunen sorgte, und schleuderte ihn zehn Fuß weit. Beifall brandete auf. Dietleib bohrte derweil in der Nase, klatschte auch ein bisschen, ging dann hin, nahm den Findling auf und warf ihn fort. Er kam bei elf Fuß zu liegen. Und obwohl Walthers Freunde zu bedenken gaben, dass Dietleib beim Werfen nicht übermäßig angestrengt, um ehrlich zu sein, sogar etwas desinteressiert ausgesehen habe, versuchte Walther es ein zweites Mal, und diesmal warf er dreizehn Fuß weit. Jubel umbrandete Walther, der sich lässig die Hände säuberte. Dietleib nahm den Stein, trug ihn noch eine Weile vor den Gaffern herum, tat, als wolle er ihn Kindern in die

Hand geben, ging dann zurück in die Mitte des Hofes und warf den Stein, ohne noch einmal Schwung zu holen, über eine Länge von fünfzehn Fuß.

«Sieht so aus, als würdest du deinen Stallknecht heute nicht verlieren», flüsterte Ermanarich seinem Neffen auf dem Weg zurück in den Palast zu. Walther indes wurde wütend, sah sich um, erblickte an einer Wand eine riesige Stange, an der sonst das Banner des Königs flatterte. Er packte sie und schleuderte sie durch die große Königshalle, sodass sie erst am anderen Ende niederfiel. Dietleib holte sich die Stange, stellte sich auf, wo Walther gestanden hatte, und warf sie weit ausholend von sich. Dann schlug er sich kurz die Hand vor den Mund, rief «O mein Gott, der kostbare Wandteppich!» und rannte, nein, wetzte der Bannerstange hinterher, die quer durch die Halle auf den Wandteppich zuflog, welcher am Ende aufgehängt war. Er holte die Bannerstange im Flug ein und fing sie gerade noch rechtzeitig vor dem Aufprall ab.

«Hui, das war knapp», erklärte er, indes alle Münder um ihn herum offen standen, Walthers eingeschlossen. «Wir sollten zum Werfen besser aufs Feld gehen!»

«Gut, Junge», sagte Ermanarich, «lassen wir es dabei bewenden. Du hast uns gezeigt, dass du nicht nur ein großes Maul hast. Was verlangst du als Lösegeld für Walthers Kopf, der mir doch lieber ist als irgendwelche Wetten?»

«Ich weiß nicht, was Walthers Kopf wert ist. Nachher nenne ich irgendeine kleine Summe, und dann ist er sauer, weil er viel mehr wert ist», erwiderte Dietleib. «Bezahlt einfach das Pfandgeld für die Waffen und die Pferde.»

Ermanarich tat dies und ersetzte Dietleib auch noch seine dreißig Goldmark.

Als Dietleib die Pferde und die Waffen ausgelöst hatte, ging Dietrich zu ihm und legte die starken Arme um seine Schultern.

«Du wirst sicher verstehen, dass ich nicht zulassen kann, dass irgendwelche Knechte die besten Recken des Reiches im Wettstreit besiegen. Das würde ja den Grundgedanken der Aristokratie ad absurdum führen.»

Dietleib erwiderte, er sei eigentlich kein Knecht, sondern der Sohn des großen Dänen Biterolf, was er nur verschwiegen habe, um dessen Ruf nicht zu beflecken, solange er noch ein bisschen ungelenk im höfischen Betragen sei. Dietrich musterte ihn einen Moment, als suche er nach Bestätigung für etwas, das er schon immer vermutet hatte, kehrte aber dann zu seinem Anliegen zurück.

«Das trifft sich gut, denn dann habe ich dich ja mit vollem Recht in den Adelsstand erhoben.»

Dietleib fragte, wie und wo das geschehen sei.

«Hab ich dir nicht bei unserem ersten Treffen auf die Schultern geklopft?»

«Könnte sein.»

«Da habe ich dich zum Ritter geschlagen, mein Lieber. Hast du vielleicht nicht mitgekriegt, war aber so. Nennt man den stillen Ritterschlag. Gibt es nur bei mir. Du bist seitdem Dietleib von Steiermark, und dass du deine Erhebung in den Adelsstand lieber im Stall feiern wolltest, stand natürlich völlig in deinem Belieben. Schuldenmachen eingeschlossen. Edelleute sind ja alle etwas schrullig.»

Und fort ging er, der Dietrich von Bern, nur einen klitzekleinen Seitenblick warf er Dietleib noch zu, darinnen der Schalk blitzte.

DER KAMPF MIT DEM ZWERGENKÖNIG

So gingen die Jahre dahin. Recht und Ordnung machten die Menschen selbstsicher und kühn. Wo man sich früher von Tag zu Tag gerettet hatte, bekam plötzlich alles Zukunft. Die Ferkel eine Zukunft als fettes Schwein, die Trauben eine Zukunft als süßer Wein. Im Herbst goss er in Strömen in die Becher der Helden. Die saßen zusammen und vertrieben sich die Zeit mit Lobreden, denn in jenen wunderbaren Tagen galt ein Mann als groß, der aus ganzer Seele loben und preisen konnte. An einem Abend sagte Witege, der Waffenfreund: «Viele können manches, aber Dietrich von Bern kann wirklich alles. Der eine mag ihm mit der Lanze überlegen sein, der andere mit dem Schwert, aber die Kombi macht's. So ist der Dietrich. Ein echter Alleskönner, wie er hoffentlich eines Tages im Buche steht. Nenn mir einen Helden von Wert, den er nicht zu guter Letzt bezwungen hätte.»

Meister Hildebrand, der an jenem Abend Witeges Trinkgeselle war, wiegte bedächtig den Kopf. Und bei dieser vieldeutigen, nichtssagenden Geste hätte er es belassen sollen. Denn im gleichen Moment erschien Dietrich von Bern selbst am Eingang des Saales, in dem die Männer tafelten und tranken. Er wäre wohl gleich zu ihnen gegangen, aber nach dem, was er nun zu hören bekam, blieb er lieber im Schatten stehen. Denn der Wein hatte Meister Hildebrand die Zunge gelockert. Und so sprach er: «Ja, Dietrich hat viele große Männer geschlagen. Das ist wohl wahr. Nur kleine Männer hat er nicht geschlagen. Nämlich Zwerge.»

«Zwerge? Wo soll da der Reiz sein?», fragte Witege.

«Weil sie so klein sind, sind sie so gefährlich. Man sieht sie kaum und trifft sie schlecht. Viele Helden, die den Kampf mit ihnen suchten, mussten es mit ihrem Leben bezahlen. Schnell und hell sind die Zwerge. Eben hast du sie noch am Hacken, schon packen sie dich im Nacken.»

«Das reimt sich. Das kann man sich gut merken!», sagte Witege.

«Darum fehlt einem Mann, der noch keinen Zwerg besiegt hat, der letzte Beweis seines Geschicks. Und solange Dietrich im Tiroler Bergland, wo die Zwerge hausen, nicht durch einen Zwergenkampf den Ruhm seines Namens verbreitet hat, kann er auch nicht der Allesbezwingende genannt werden.»

Witege nickte überzeugt.

«Das sagen wir ihm aber nicht. Da wird er sauer.»

Dietrich überlegte, ob er einfach wieder davongehen sollte, ohne die Freunde wissen zu lassen, dass er diese Unterhaltung mit angehört hatte. Aber es gab dann doch einen Unterschied zwischen Zuhören und Belauschen. Das Erstere war männlich und eines Königs würdig, das Zweite war weibisch und feige. Also trat Dietrich mit großen Schritten die Stufen in den Saal hinab und rief: «So gefährlich können deine Zwerge nicht sein, Hildebrand, sonst hättest du mir sicher schon einen zünftigen Kampf mit einem von ihnen empfohlen. Oder warst du in Sorge, ich könnte ihn verlieren?»

«Nun ja», sagte Hildebrand, «ich wäre zumindest vorsichtig. Zwerge stehen nicht im Ruf, besonders großmütig zu sein. Wer gegen sie verliert, dem schlagen sie die linke Hand und den rechten Fuß ab.»

«Das nenne ich Ansporn!» Dietrich von Bern lachte. «Erzähl mal ein bisschen was von diesen Wurzelbärten. Ich denke, da könnte ein kleines Abenteuer herausspringen.»

«Der Anführer der Tiroler Zwerge ist König Laurin. Er ist gerade mal drei Spannen lang. Geht euch also höchstens bis zum Sack, aber Recken hat er gefällt, die dreimal so groß waren wie er. Laurin ist reicher als reich. Gold und Edelsteine hortet er unten im Berg. Sein größter Schatz aber ist von zarterer Natur. Ein Rosengarten inmitten von Felsen, Eis und Schnee. Ein kleines Wunder, das er mit keinem Zaun, sondern nur mit einem seidenen Faden umspannt hat.»

«Das ist also mehr so symbolisch, oder?», fragte Witege.

«Jeder Zaun ist symbolisch für den, der eine Leiter hat», antwortete Hildebrand, «aber ich würde es trotzdem nicht riskieren, denn kaum ist der seidene Faden gerissen, erscheint Laurin, du weißt nicht, wie und wo, und schlägt dir die linke Hand und den rechten Fuß ab.»

«Und keiner hat ihn je besiegt?», fragte Dietrich.

«Keiner.»

«Das ist mein Zwerg. Einen rasenden, schäumenden Zwergenkönig aufspießen, das gibt sicher hohes Lob und Moritaten auf den Jahrmärkten. Genau die Kerbe im Schwertknauf, die ich noch brauche.»

«Ich komme mit», rief Witege. «Wir reiten die Berge hoch, bis wo es nicht mehr geht, und finden diesen Rosengarten, zerreißen den Faden und hauen den ganzen Blütenzauber kurz und klein.»

«Wenn ihr Laurin hervorlocken wollt, reicht es, den Faden zu zerreißen», sagte Hildebrand bedächtig.

«Ja, ja», winkte Witege ab, «aber das wäre nun echt zu

mädchenhaft. Einen seidenen Faden zerfingerschnipsen und dann dumm stehen bleiben und die Rosen anstaunen? Nein, wenn ich das Schwert mal in der Hand habe, zerhaue ich den Garten gleich mit. Da bin ich schon warm, wenn der kleine Kerl angewackelt kommt.»

Hildebrand wollte noch was Allgemeines zur Schonung von Gärten einwenden, aber Dietrich winkte bereits dem Knappen, er möge den Rüstmeister wecken. Morgen wollte er mit seinem Gefährten Witege ins Tiroler Land reisen, und zwar in besten Waffen.

Am nächsten Tag ritten die beiden hinaus aus der Stadt Bern, und Hildebrand sah ihnen voller Sorge hinterher. Irgendwas hatte er ihnen noch sagen wollen. Grübelnd ging er in die Stadt zurück, als er seinen Neffen Wolfhart traf. Wolfhart wollte Hildebrand aufmuntern, drum legte er seinen Arm um den Oheim und sagte: «Dietrich von Bern und Witege sind zwei unerschrockene Kämpfer. Sie werden mit dem Zwergenkönig und seinen Zaubertricks schon fertig!»

Hildebrand schlug sich die Faust in die Hand.

«Zaubertricks! Verflucht! Genau das war es! Ich wollte sie vor dem Zauberwerk der Zwerge warnen!»

Alles Grimmen half nicht. Ohne Vorwissen hatte man gegen Zwerge schnell das Nachsehen. Hildebrand fürchtete Schlimmes und beschloss wohl oder übel, den beiden hinterherzureiten. Zur Sicherheit mit seinem Neffen Wolfhart und dem überstarken Dietleib im Gefolge.

Dietrich und Witege hatten bald die Tiroler Berge erreicht und kamen durch dunklen Tann. Es war hoch in den Bergen, und wenn die Rösser schnaubten, fuhr Dampf aus ihren Nüstern, als wär es weißes Feuer aus einem Drachenmaul, was aber eigentlich nur hieß, dass es feucht und sehr kalt war. Endlich lichtete sich der Wald und gab den Blick auf eine Hochebene frei, in deren Mitte ein wundersamer Rosenhag mit seinen Blüten prunkte und funkelte. Als sie näher ritten, sahen sie, dass das Funkeln von lauter goldenen Ketten und Edelsteinen stammte, die an jeder Rose hingen. Zudem lag ein süßer Duft in der Luft, der die Ritter ganz benommen machte.

Dietrich von Bern rieb sich die Augen. «Das muss es sein. Und bei Gott, das ist der prächtigste Rosengarten, den ich jemals zu sehen bekommen habe. Wenn dieser Zwergenkönig nur halb so gut kämpft, wie er gärtnert, dann wird es ein harter Gang!»

«Wir dürfen nicht so lange staunen, das will er doch nur!» Witege sprang vom Pferd, hieb mit dem Schwert den seidenen Faden entzwei und köpfte schwertschwingend die Rosenblüten, dass es Blütenblätter und Karfunkelsteine regnete. In diesem Moment ertönte ein schriller Schrei, und als die beiden sich umsahen, entdeckten sie den Zwergenkönig Laurin, der wutentbrannt auf einem Zwergenpferd, nicht größer als ein Reh, herangaloppiert kam. Er war trotz seiner geringen Größe nicht zu übersehen, denn er glänzte und funkelte ebenso wie sein Garten. Sein Pferd war mit Edelsteinen geschmückt, und sein Leibpanzer war aus purem Gold. Mit seinem Zwergenschwert fuchtelnd schrie er: «Was fällt euch ein, meinen Garten zu verwüsten? Das sollt ihr mir büßen! Eure linke Hand und den rechten Fuß müsst ihr mir dalassen! Als Erinnerung an euren Frevel!»

Dietrich sagte: «Sehen wir aus wie Bauern, denen man zur Strafe irgendwelche Gliedmaßen abhaut? Ich bin Dietrich von Bern, Herrscher über das Lampartenland, und das ist mein Waffenbruder Witege. Den Wert deines Gartens könnte ich dir zweimal ersetzen.»

«Ja, ich verstehe überhaupt nicht, warum er sich so aufregt», meinte Witege. «In einem Jahr ist das alles wieder nachgewachsen.»

Laurin lachte verächtlich. «Ihr benehmt euch wie Bauern. Verwüstet meinen Rosengarten, nur weil es euch juckt. Habt Ihr Angst vor einem ehrlichen Zweikampf?»

Witege sah fassungslos zu Dietrich, aber dieser schien von der Schmähung nicht übermäßig gereizt. Witege hingegen war der Meinung, dass wer auch immer ihm Angst unterstellte, einen unbewussten Todeswunsch hegte. Er rief: «Dietrich! Du kannst dir von diesem Zwerg nicht dummkommen lassen! Hau ihn in Stücke oder erlaube wenigstens, dass ich ihn an seinen kurzen Beinen packe und ihm sein großes Maul am nächsten Stein einschlage.»

«Ich sehe, du hast noch nie mit einem Zwerg gekämpft. Lass uns gegeneinander anrennen, dann bist du um eine Erfahrung reicher, aber um eine Hand und einen Fuß ärmer!»

Jetzt sprang Witege auf sein Pferd, mit einem gewaltigen Sprung und ohne den Steigbügel zu benutzen, legte die Lanze ein und stürmte auf Laurin zu. Doch sein Ziel war nicht nur klein, sondern auch behände, und als Witege mit der Lanze zustieß, wich der Zwerg ihm aus und traf gleich darauf den ebenso großen wie breiten Helden mit der Kraft von zwölf Männern vor der Brust. Witege stürzte aus dem Sattel, als wäre er gegen eine unsichtbare Schranke geritten. Kaum lag er, war Laurin auch schon über ihm und wollte ihm Hand und Fuß abhacken. Da ging endlich Dietrich dazwischen und rief: «Hier wird nicht verstümmelt! Hatte ich mich nicht klar ausgedrückt? Glaubst du, ein Dietrich von Bern sieht ruhig zu, wie ein Zwerg seinen Freund amputiert?»

Laurin erklärte, irgendwelche persönlichen Ehrbegriffe wären ihm völlig schnuppe. Jeder wisse, dass der verwüstete Rosengarten ein paar Gliedmaßen koste, und wenn er mit Witege fertig sei, werde er mit Dietrich weitermachen. Dietrich verstand, dass gutes Zureden hier nicht fruchten wollte. Also warf er sich aufs Pferd und hob den Speer, um Laurin aufzuspießen. Doch in diesem Moment traten drei Reiter aus dem Wald. Es waren Meister Hildebrand und seine Kämpen.

«Ihr müsst ihn zu Fuß bezwingen», rief Hildebrand. «Seht doch, Laurin trägt einen Zaubergürtel, der ihm die Kraft von zwölf Männern verleiht. Betäubt ihn mit einem Schlag Eures Schwertknaufes, dann solltet Ihr mit ihm fertigwerden.»

Und auch wenn Laurin dem Berner im Fechtkampf zunächst den Schild aus der Hand schlug, blieb dieser doch vorbildlich fokussiert, drehte blitzschnell das Schwert in der Hand und hieb dem Zwerg den Schwertknauf auf den Schädel. Laurin ging kurz in die Knie und torkelte dann mit der Kraft von zwölf betäubten Männer ins Gebüsch, wo Dietrich ihn nicht sofort zu fassen bekam. Das war Laurins Chance. Mit dem verschwommenen Blick von zwölf Männern kramte er in seiner Tasche nach dem einzigen Utensil, das ihm jetzt noch helfen konnte. Seiner Tarnkappe! Mit ihr war der Vorteil auf seiner Seite. Unsichtbar stach er von allen Seiten auf Dietrich von Bern ein, der gar nicht wusste, wo der Zwerg jetzt plötzlich hin war und woher dieses Seitenstechen kam. Plötzlich umklammerte Laurin die Beine des Berners und brachte ihn zu Fall. Siegesgewiss nahm der Zwergenkönig seine Tarnkappe ab, frohlockte und wollte sich gleich mit gezücktem Dolch auf Dietrich werfen. Der jedoch war schneller und rollte sich weg, sodass der Zwerg mit seinem Dolch nur in die nackte Erde hackte. Schon hatte Dietrich ihn gepackt, hob ihn hoch über den Kopf und schleuderte ihn zu Boden. Der Zaubergürtel riss dabei entzwei, und Meister Hildebrand beeilte sich, ihn einzustecken. Eilends wollte Laurin seine Tarnkappe wieder überstreifen, aber wer schon einmal versucht hat, sich inmitten einer schnellen Folge von Fausthieben anzuziehen, der wird verstehen, dass das nicht recht klappen konnte. Laurin sah sein Ende kommen und stammelte etwas Unverständliches.

«Die … ab … nischwes … diekü …?»

«Wartet mal, Dietrich», meinte Dietleib, der danebenstand. «Er hat irgendwas Französisches gesagt.»

Dietrich, der sich schon ein bisschen matt geprügelt hatte, hielt kurz inne. Laurin nutzte die Gelegenheit.

«Ihr seid Dietleib, nicht? Habt Ihr nicht eine Schwester, die Künhild heißt?»

«Dem ist so», bekannte Dietleib.

«Dann lasst nicht zu, dass mich Euer Herr so schnöde vernichtet. Denn wenn ich nicht mehr bin, werdet Ihr Eure Schwester nie mehr wiedersehen!»

Dietleib, der seine Schwester sicher zu Hause wähnte, verlangte einigermaßen verblüfft weitere Auskunft. Da erzählte Laurin, dass er vor einiger Zeit mit Hilfe seiner Tarnkappe Künhild von einer Wiese bei der Burg Steier entführt und in sein unterirdisches Zwergenreich gebracht habe, um sie zu seiner Frau zu machen.

«Warum habt Ihr sie nicht einfach gefragt, ob sie Euch heiraten will?», warf Meister Hildebrand ein.

«Wie reizlos», antwortete der Zwergenkönig, «jeder weiß doch, dass Frauenherzen einem schneller zufliegen, wenn man gemeinsam ein Abenteuer zu bestehen hat.»

«Ja, aber es war eine Entführung!»

«Abenteuer!», beharrte Laurin.

Dietrich von Bern, der ausreichend verschnauft hatte, legte seine Finger ineinander und ließ sie knacken. Zum Zeichen, dass er weitermachen wolle.

«Das ist alles gut und schön, aber dieser Gnom mit seinen unfairen Zaubermittelchen wollte mir eben noch Hand und Fuß abschneiden. Dafür gehört er amtlich totgeschlagen. Seine Weibergeschichten interessieren mich nicht.»

Er packte den Zwerg und wollte weitermöbeln, aber Laurin schrie: «Weißt du, was unfair ist? Wenn ein Großer einen Kleinen schlägt!»

«Du hattest einen Gürtel mit der Kraft von zwölf Männern, und ich war allein und dabei höchstens doppelt so stark wie ein durchschnittlicher Mann», rief Dietrich jetzt wütend zurück.

«Dafür konnte ich doch nichts, der Gürtel war so voreingestellt. Mir hätte es auch gereicht, wenn er nur die Kraft von zwei Männern gehabt hätte.»

«Das kann man danach immer sagen. Und die Tarnkappe, was war das?»

Meister Hildebrand räusperte sich, weil er es unziemlich fand, sich so albern zu streiten. Aber Dietleib, der sich unversehens in das Wohl oder Wehe seiner Schwester verwickelt sah, meinte, als Dietrich von Bern sich dessen ungeachtet wieder dem Totschlag widmen wollte: «Egal.

Er will mein Schwager werden. Lasst ihn in Frieden, Dietrich!»

Es entbrannte ein wildes Zwiegeschrei, ob man Zwergen trauen solle oder sie verhauen. Im Hin und Her von Männern und Meinungen ging es nicht übermäßig gelehrt zu, es kam viel Unsachliches und auch so grob Zwergenfeindliches zum Vortrag, dass Laurin es nicht länger aushielt. Der Zwergenkönig drängelte sich unter die Streitenden und belehrte nach links und rechts, natürlich gebe es hier und da betrügerische Zwerge, aber das seien Einzelfälle, bedauerliche Einzelfälle. Der Zwerg an sich sei durchdrungen von edlen Grundsätzen, so rechtschaffen und verlässlich, dass er eher als Vorbild und Maßstab dienen sollte.

Wenn die vielen Worte auch nicht überzeugten, brachen sie der wilden Rachelust doch die Spitze. Eine allgemeine geistige Mattheit, wie sie so oft die Folge wechselseitiger Beschimpfungen ist, stimmte die Helden schließlich verträglich. Dietrich von Bern verkündete bruchstückhaft, er werde sich nicht wegen eines blöden Zwerges mit seinen Freunden und überhaupt und ach. Man schlug die Hände ineinander und versicherte einander erneut der Freundschaft und der Waffenbrüderschaft. Sogar der Zwergenkönig wurde geknufft und gestrubbelt und sich gegenseitig zugeworfen, was dieser mit erzwungenem Frohsinn geschehen ließ. Am Ende aber nahmen die Recken sogar ihm noch den Freundeseid ab.

«Nun sag mir aber endlich, wie das mit meiner Schwester zugegangen ist und wie es ihr jetzt geht», sagte Dietleib, und Laurin berichtete, wie er sich im Schutz der Tarnkappe unsichtbar an die reizende Künhild herangeschlichen habe, die gerade auf einer Wiese Händelwurz und Färberkamille gesammelt habe. Geradewegs, da sie sich nach einer solchen bückte, sei er durch ihre Beine geschlüpft, habe sie sich auf die Schulter gesetzt und sei auf und davon. Künhild, die wegen Laurins Tarnkappe für ihre wilde Fahrt durch die Wiese keine Ursache erkennen konnte, habe sich nach kurzem Kreischen der Sache ergeben. Wahrscheinlich habe sie es dann für einen Schwindeltraum gehalten, wie Kräutermägde ihn bekommen, wenn sie den Saft der giftigen Kornrade von den Fingern lecken. Erst in seinem unterirdischen Reich habe Laurin sich gezeigt und ihr verkündet, dass sie so lange hier unten im Berg bleiben müsse, bis sie seine Frau werden wolle. Und danach natürlich auch. Momentan überlege sie noch.

«Wenn es sich tatsächlich so verhält und sie sich einverstanden zeigt», meinte Dietleib nun, «sehe ich keinen Grund, warum ich diesen Bund nicht billigen sollte.»

Der Zwergenkönig entgegnete, Dietleib und die Seinen könnten Künhild selbst befragen. Er lade sie hiermit ein, mit ihm in sein unterirdisches Reich hinabzusteigen. Dietleib nannte das sofort eine gute Idee, aber die anderen blieben skeptisch. Die Gastfreundschaft eines Zwergenkönigs anzunehmen, den man ursprünglich und auch eben noch hatte totmachen und vorzeigen wollen, schien Beweis einer ungewohnten Vertrauensseligkeit.

«Was meinst du, Hildebrand?», fragte Dietrich von Bern. «Du kennst dich aus mit Zwergen. Sollen wir das machen?»

«Wir haben keine andere Wahl», erwiderte Meister Hildebrand. «Wenn wir nicht mitgehen, wird der Zwerg überall herumerzählen, wir wären zu feige gewesen.»

Witege wandte ein, tote Zwerge würden absolut nichts herumerzählen, aber Meister Hildebrand hatte mit seiner

Antwort alle anderen überzeugt. Mut war für einen Helden schließlich wichtiger als Vernunft. Die Recken stimmten also zu, Laurin in sein Zwergenreich zu folgen. Wer von den Männern nun erwartet hatte, in einen dunklen Stollen geführt zu werden, sah sich eines Besseren belehrt. Das Innere des Berges war überaus großzügig ausgebaut und erleuchtet wie der helle Tag. Als Quelle dieses sonderbaren, unterirdischen Lichtes erkannten die Helden bald Tausende von Edelsteinen, die überall artig in die Wände gesetzt waren. So beleuchtet, ja, geblendet erreichten der Zwergenkönig und die Recken die große Halle. Hier wich eine ganze Phalanx von prächtig gekleideten Empfangszwergen vor ihnen auseinander, gab sich überaus ehrerbietig, wisperte Untertäniges und geleitete die Männer zu goldenen Sesseln, die ihnen sogleich unter die Hintern geschoben wurden. Ihre Hände hatten sich noch nicht auf die Lehne gesenkt, als ihnen schon Kelche mit gewürztem Wein gereicht wurden. Zwergartistinnen sprangen Salti in der Mitte des Saales, spuckten Zwergenfeuer und führten Zwergenkämpfe vor.

«Das sieht aus, als wenn's richtige Menschen machen würden, nur eben weiter weg», erklärte der junge Wolfhart. Doch Wolfharts Sinnestäuschung wurde von einer anderen abgelöst. Dietleibs Schwester Künhild wurde von einem Gefolge Kammerzofenzwerginnen hereingeführt oder begleitet, je nachdem, wie man es sehen wollte. So eingehegt ging Künhild zu Dietrich von Bern und den Seinen und gab ihnen den Willkommenskuss. Als die Reihe jedoch an ihren Bruder Dietleib kam, flüsterte sie ihm zu: «Rette mich, Bruderherz! Nie und nimmer werde ich dieses Zwergenkönigs Frau! Nimm mich wieder mit ans Tageslicht, dorthin, wo die Menschen wohnen!»

«Was glaubst du, warum ich diesen Lumpenwicht von Zwergenkönig vorm Totschlag gerettet und mich auf diese Einladung eingelassen habe?», flüsterte Dietleib.

Die Oberkammerzofenzwergin versuchte noch zu erlauschen, was die beiden miteinander tuschelten, aber Dietleib war geistesgegenwärtig genug, um Künhild gleich danach an die Hand zu nehmen und laut zu rufen: «Das freut mich, Schwester, dass du hier dein Glück gefunden hast!» Laurin, der Zwergenkönig, hörte das mit Wohlgefallen.

Während die Vergnügungszwerge im Saal ihre Nummern absolvierten, wirbelten in der Küche dreimal so viele Kochzwerge, um endlich auf Laurins forderndes Klatschen die Tafeln hereinzutragen. Dietrich von Bern und seinen Kämpen lief beim Staunen das Wasser aus dem Mund. Die Helden, die zwei Tage nur Brot und Speck zu sich genommen hatte, langten ordentlich mit beiden Händen zu. Laurin, der neben Künhild in der Mitte der Tafel Platz genommen hatte, neigte sich schließlich grinsend zu der äußerlich huldvollen, im Inneren aber frostigen Maid.

«Schau es dir an, das Gesocks! Erst verwüstet es meinen Rosengarten, und jetzt frisst und säuft es meine Keller und Kammern leer! Längst würde ich mit ihnen die Schweine füttern, wenn mir Dietrich nicht den Zaubergurt zerrissen hätte. Ohne deinen Bruder wäre ich sicher zu Mus geprügelt worden. Das Schicksal, das uns beide zusammenführte, hat mir Dietleib geschickt, damit ich Rache nehmen kann. Lass uns doch zusammen ein paar Martern austüfteln, mit denen ich sie zu einem reuevollen Tod bringen kann, bevor ich ihre stummen Gebeine zu einem neuen Zaun um meinen Rosengarten flechte!»

Dazu rieb der Zwergenkönig sein Haupt an Künhilds

zarter Schulter. Die erschrak nicht wenig, hatte sie doch die zuvor gezeigten Freundlichkeiten des Zwergenkönigs für bare Münze genommen. Um Fassung ringend, versuchte Künhild, ihn umzustimmen.

«Das kannst du nicht machen, Laurin. Das ist gegen die Gastfreundschaft und gegen jede Dankbarkeit, denn du bist schließlich am Leben geblieben. Nur das zählt, edler und wohlmeinender Führer des redlichen Zwergenvolkes. Von mir aus nimm Rache, aber nimm ihnen nicht das Leben!»

Um ihren Worten noch mehr Kraft zu geben, erhob sich Künhild und sprach davon, sich frischzumachen, wofür auch immer. Laurin verließ ebenfalls die Tafel, ging an seine Zauberzeugtruhe und nahm von dort einen goldenen Zauberring. Auch der Ring verlieh die Kraft von zwölf Männern, war aber weniger eindrucksvoll als der unselige Zaubergürtel. Der prunksüchtige Zwergenkönig hasste Understatement, und ein Ring, der die Kraft von zwölf Männern verlieh, dies aber nicht erkennen ließ, konnte für ihn nur als Notlösung durchgehen. Dann ließ er Dietleib in ein Nebengelass bitten. Dort fragte er ihn, ob er seiner Gefährten nicht manchmal überdrüssig sei und sich wünsche, mit neuen Freunden neue Abenteuer zu erleben. Heute sei der Tag, alte Freunde hinter sich zu lassen – und zwar hier im Bergverlies. «Du könntest dich völlig neu erfinden. Deinen Wert neu bestimmen.»

Aber Dietleib entgegnete, er habe Dietrich von Bern und seinen Kämpen Waffenbrüderschaft geschworen. Und Laurin, meine er sich zu erinnern, ja wohl auch. «Das ist das Schöne am Eid», erklärte Dietleib, «er bringt Planungssicherheit. Man schwört ihn einmal und muss danach nicht ständig darüber nachdenken, ob man nun Beistand leisten soll oder eher nicht!»

Laurin antwortete, Eide und Schwüre seien was für Leute, die ihren Handlungsspielraum gern vorsätzlich einengen. Er, Laurin, werde aber von seinen Leuten vor allem wegen seiner Flexibilität geschätzt. Das sei es, was man von einem König in diesen unsicheren Zeiten erwarte. Er würde sich mit Dietleib gern länger über das Für und Wider von Eiden unterhalten, allein, er müsse jetzt zurück in den Saal. Dietleib könne aber hier noch länger über dieses Thema nachdenken. Und hast du nicht gesehen schlüpfte der Zwergenkönig aus der Kammer und verschloss und verriegelte sie.

«Sei froh, dass meine Braut deine Schwester ist, sonst erginge es dir jetzt wie deinen Freunden!», rief Laurin durch die Tür und verschwand.

Im Saal wurde unterdessen neuer Wein gebracht, den Dietrich von Bern und seine Männer mit großem Hallo begrüßten. Laurin setzte sich zu ihnen und fragte die Helden, ob sie denn wüssten, mit wem sie es zu tun hätten, genauer gesagt, ob sie den erhabenen Stammbaum des Zwergenkönigs kennen würden. Die Recken verneinten dies, ließen allerdings bereits mit schwerer Zunge erkennen, dass ihnen die Ahnengeschichte völlig egal, weil langweilig sei.

Nichtsdestotrotz ließ sich Laurin eine Rolle Pergament bringen und verlas: «Ich bin Laurin, der Sohn Grimins, der sich rühmte, der Sohn Baldins zu sein, welcher der Sohn Kylins war, der von Däublin abstammte, den Hummin gezeugt hatte, ein Sohn Figuins. Dieser wiederum war der Sohn von Raubin, ein Sohn Waldums, den man den Häuer nannte, der gezeugt war von Tarlin, einem Sohn Nimmins vom Stamm Nimm, der ein Sohn von Rummstidibummsti-Kürbiskopf-Kritzenfritze …»

Laurin hielt mit dem Vortrag inne, um zu prüfen, ob jemand das Schwachsinnswort monierte, aber niemand meldete sich. Nur das Kichern hinter den vorgehaltenen Händen der Dienstzwerge verkicherte sich, während ein Schnauben, Schnobern und Schnarchen rings um Laurin erscholl. Doch war dies nicht die Wirkung der verlesenen Ahnenreihe. Diese hatte die Recken nur davon abhalten sollen, zu bemerken, dass eine ganz unzeitige, absonderliche Müdigkeit sich ihrer bemächtigte, denn Laurin hatten, ihnen mit dem letzten Wein einen Schlaftrunk verabreichen lassen.

«Fesselt sie mit Tauen und Seilen und rollt sie in den Kerker!», rief Laurin, und sofort eilte man und band und schnürte die betäubten Helden zu Bündeln. Dann wälzte man sie die Treppen hinunter in den tiefsten Kerker. Entsetzt entdeckte Künhild, als sie in den Saal zurückkehrte, dass Laurin seinen Racheplan trotz aller guten Worte umzusetzen gedachte. Doch als sie ihren Bruder nicht unter den Gefangenen sah, lief sie durch die Flure und Gänge, horchte an Türen, in der Hoffnung, ihn zu finden. Erst als sie in die Privatgemächer des Zwergenkönigs kam, hörte sie die wütenden Tritte ihres Bruders gegen die Kammertür. Sie öffnete die Riegel. Nur mit Mühe hielt sie den ungestümen Dietleib davon ab, gleich den verräterischen Zwergenkönig zu suchen, um ihm den Kopf vom Hals zu reißen.

«Renne nicht in dein Unglück, Bruder! Da draußen lauern Tausende Kampfzwerge auf dich, bereit, für ihren König zu sterben!»

«Wenn ich mir nur meine Waffen und meine Rüstung verschaffen könnte, ich würde mir schon eine Gasse hauen, breit genug für dich und mich!», grimmte Dietleib.

Künhild warnte ihn: «Schwert und Brünne, Kraft und

Mut nützen dir hier wenig. Die Zwerge tragen Tarnkappen. Du musst deshalb vorher meinen Ring an den Finger stecken, der gibt dir die Fähigkeit, die Zwerge zu sehen.»

Eilends steckte sie Dietleib den Ring an den kleinen Finger und rannte mit Künhild zur Waffenkammer, wo nur zwei Wachzwerge darauf warteten, in Ausübung ihres Dienstes zu sterben. Als Dietleib die Waffenkammer öffnete, wandte er sich, im Banne eines plötzlichen Gedankens, zu Künhild um.

«Warum hast du eigentlich einen Ring, der dich unsichtbare Zwerge sehen lässt?»

Künhild wurde rot.

«Das erklär ich dir ein andermal!»

«Nein, das erklärst du mir nicht ein andermal», beharrte Dietleib in brüderlichem Trotz.

Künhild schlug die Augen nieder und quälte sich, zu erklären, Laurin habe ihr diesen Ring gegeben, weil er beabsichtigt habe, sich ihr ungesehen «in seiner ganzen Zwergenpracht zu nähern», wo doch Kammerzofenzwerginnen die ganze Zeit und auch des Nachts bei ihr wachten.

«Das wird er büßen!», rief Dietleib. «Und zwar mit seiner Zwergenpracht!»

Bewaffnet und beladen mit den Brünnen und Schwertern seiner Freunde rasselte Dietleib nun hinunter zum Kerker, wo er durch ein Gitter im Boden Dietrich von Bern und die Seinen sah. Sie knieten in beklagenswertem Zustand im feuchten Gewölbe und waren dabei, sich gegenseitig die Seile durchzubeißen. Dietleib warf ihnen Rüstung und Waffen hinab. In diesem Moment ertönte ein Horngeschmetter, das in allen Winkeln des Berges widerhallte. Dietleibs Flucht und sein Überfall auf die Waffenkammer waren entdeckt worden. Und tatsächlich erklangen schon die grellen Schreie der Kampfzwerge, die hinter Laurin, ihrem König, die Treppe hinunter zum Kerker stürmten.

Dietleib prüfte den Griff seines Schwertes, und dann stapfte er, sich selber Mut zubrüllend, los zum Eingang des Gewölbes, um Zwerge zu mähen.

«Da ist er!», schrie der Zwergenkönig denn auch, obwohl es dieser Anzeige nicht bedurft hätte, denn Dietleib war leicht zu unterscheiden von seinen kleinen Feinden. Unentwegt köpfte er Zwerge, schüttelte Zwerge ab, zertrat Zwerge, aber es wurden einfach nicht weniger. Dietleib sah ein, dass der Kampf nicht noch Stunden so weitergehen konnte, und sandte ein paar Stoßgebete gen Himmel, dass ihm die Gefährten endlich zu Hilfe kämen.

Die hatten sich mit Seil und Räuberleiter aus dem Kerker befreit, allein, als sie zum Kampfplatze kamen, hörten sie wohl Schwerterlärm, doch sahen sie außer einem schwankenden, um sich schlagenden Dietleib nichts.

«Diese Tarnkappen gehen mir auf den Sack», meinte Witege, ging vor und rammte sein Schwert wütend in die Luft neben Dietleib, worauf das Schwert sofort um einiges schwerer wurde und von Gekreisch umhüllt war, da er offenbar ein paar Zwerge aufgespießt hatte. Doch die Rache folgte auf dem Fuße mit unsichtbaren Hieben und Stichen, sodass Witege entsetzt zurücksprang. Meister Hildebrand schob seine Tasche nach vorn und kramte den Zaubergürtel hervor, den Dietrich von Bern Laurin abgerissen hatte. Er drückte ihn Dietrich in die Hand und sagte: «Wenn das hier ein vollgültiger Zaubergürtel ist, dann verleiht er nicht nur die Kraft von zwölf Männern, sondern auch die Gabe, das Unsichtbare sichtbar zu machen. Bindet ihn um!»

Dietrich hatte ihn kaum um den Leib geknotet, als er sich auch schon mit «Ach, du Scheiße! Sind das viele!» die Augen rieb und seinen Freunden zurief, sie sollten bloß hierbleiben. Doch lang hielt er sich nicht mit dem Schrecken auf, sondern nahm sein Schwert und ging Zwerge häckselnd zu Dietleib, der sich ihrer kaum noch erwehren konnte. Meister Hildebrand war indessen das Funkeln an Laurins Hand ins Auge gefallen, und er brauchte nicht lange nachzusinnen, was der Ring, der doch beim Gastmahl noch nicht an Laurins Finger gewesen war, bezweckte.

«Dietrich!», rief er hinüber, «Laurin trägt an seiner rechten Hand einen Zauberring! Wen ich den hätte, könnte ich Euch zur Seite stehen!»

Dietrich hieb sich durch die Zwergengarde Laurins, um diesen in den Zweikampf zu zwingen. Doch sosehr Dietrich auch mit ihm focht, in die aussichtsreichsten Streiche und Hiebe stürzten sich immer wieder opfersüchtige Gardezwerge. Dietrich änderte also die Taktik, gab das wilde Attackieren auf, begann stattdessen zurückzuweichen und zu stolpern. Laurin sah verblüfft den großen Helden straucheln. Schließlich aber fiel Dietrich von Bern sogar auf den Rücken, ein halbes Dutzend Zwerge unter sich begrabend. Das Schwert Eckesachs, das wunderscharfe, lag offen in seiner rechten Hand. Diese Gelegenheit ließ sich der Zwergenkönig nicht entgehen. Er warf sein eigenes Schwert fort und sprang mit Hurra zum riesigen Recken, um nach dem Schwertknauf fassen. Doch seine Zwergenfinger hatten den Griff noch nicht ganz geschlossen, als Dietrich das Schwert plötzlich wegzog und drei von Laurins Fingern so glatt und sauber von der Hand schnitt, dass der Zwergenkönig es selbst erst merkte, als Dietrich den mittleren der drei Finger, nämlich den, an dem der Zauberring steckte, aufhob und ihn Meister Hildebrand zuwarf.

Das verwandelte den Kampf der Zwerge von einem opferreichen in einen aussichtslosen. Zusammen mit Hildebrand drängten Dietrich und Dietleib sie aus dem Gewölbe in die höheren Stollen des Berges, und es fehlte nicht mehr viel, und sie hätten sie ganz aus dem Berg gehauen. Doch war einer der Zwerge bereits aus dem Berg geschlüpft und hatte dort in ein weiteres Horn geblasen. Das Signal schreckte fünf Riesen auf, die Laurin einst mit Tricks und Kniffen in die Untertänigkeit gezwungen hatte. Diese griffen nun nach gewaltigen Eisenstangen, um ihrem Herrn zu Hilfe zu eilen. Die drei Waffengefährten waren nun gezwungen, nach oben und unten zu schlagen, was ihr Vordringen zum Stillstand brachte.

Witege und Wolfhart waren unterdessen in einigem Abstand dem sich fortwälzenden Kampf gefolgt, blind gegen die tarnverkappten Zwerge. Doch als sie jetzt die Riesen mit den Eisenstangen auf die Freunde eindringen sahen und der ganze Berg von den gewaltigen Schlägen der Riesen widerhallte, meinte Witege: «Wir können hier nicht einfach rumstehen, wo unsere Kumpels in Not sind! Scheiß auf die Tarnkappen! Lass uns reingehen!»

«Ja», meinte Wolfhart, «lass uns einfach unseren Ohren folgen, wenn uns unsere Augen nicht helfen können. Lass uns drauflosschlagen, es wird schon wer umfallen!»

Doch in dem Moment, da sie die Helmriemen unterm Kinn strammzogen und die Schulterpanzer geraderückten, kam ihnen Künhild entgegen.

«Hier habe ich noch zwei Zauberdinge aus Laurins Truhe! Einen weiteren Ring, der euch die Zwerge sehen lässt, und ein kostbares Diadem mit Ohrgehänge, das dieselbe Eigenschaft besitzt.»

Künhild hielt ihnen den Ring und das kostbare, mit allerlei Klunkern behängte Diadem entgegen. Witege und Wolfhart, eisern gerüstet, sahen sich an.

«Ich nehme den Ring», sagte Witege.

«Warum bitte?», fragte Wolfhart.

«Du bist der Jüngere!»

«Aber du bist der Erfahrenere. Du kannst auch mit diesem Mädchenkranz auf dem Kopf kämpfen!»

«Ich werde nicht mit einem solchen Klimbim obendrauf dieses Abenteuer beschließen», erklärte Witege kategorisch.

«Dann gib ihn mir, Künhild», sagte Wolfhart, «ich brech mir da keinen ab. Ich hab nicht so ein starres Männerbild. Leb wohl, du edle Jungfrau! Wahrscheinlich werde ich nun sterben, weil das Gehänge mir jungem Kämpfer, der kaum ein paar Turniere ritt, dann doch zu oft im Blick sein wird, aber wenn es um meine Freunde geht, bin ich nicht eitel.»

Künhild fasste erschrocken nach seiner Hand, doch Wolfhart wehrte sie ab: «Künhild, lass! Witege ist eben eine andere Generation!»

«Her mit dem Ding», knurrte Witege und knotete sich das zarte Zauberdiadem auf den Helm. «Wir gehen hintenrum», erklärte er, «denn ich werde nicht mit diesem Firlefanz auf der Rübe von vorn in die Schlacht ziehen.»

Das entschied alles. Denn nur zwei Minuten später flogen Zwergentrupps vom anderen Ende des Saals durch die Luft. Überrascht wandten sich die Riesen um, zwei Recken mit Schwert und Brünne erblickend, von denen einer ein seltsam filigranes Geschmeide auf dem Kopf trug. Jetzt hätten die Riesen umschalten müssen, aber genau das fiel ihnen schwer. Sie knurrten und murrten, sie ächzten und krächzten: «Hä? Wie jetzt?»

Aber da schnitt ihnen schon Dietrichs überscharfes Schwert durch die Knie, und sie stürzten zusammen, das Gebirge erschütternd. Durch den Tod der Riesen verlor der Kampf an Herausforderung. Dietrich von Bern und seine Recken brachen die Flut der Zwerge an ihren Schwertern, und schließlich ebbte sie ab. Was nicht starb, kroch verletzt davon. Zu guter Letzt steckte des Zwergenkönigs Hals in einem Kranz von gekreuzten Schwertern.

«Tötet mich für den Verrat, den ich an Euch beging!», bat Laurin. «Aber verschont mein Volk! Richtet nicht die Verführten für den Verführer! Es sind brave Zwerge, und sie werden Euch viel Gutes tun!»

«Nix da», antwortete Dietrich von Bern, «der Fisch stinkt vielleicht vom Kopfe her, aber faul ist er doch bis zum Schwanz! Die Geschichte der Tiroler Zwerge ist vorbei! Morgen schon heißt es: Es war einmal …!»

«Reden wir gerade von Völkermord?», erkundigte sich Dietleib, und seine Schwester Künhild ergänzte: «Man muss aber auch mal die Umstände bedenken, unter denen viele Zwerge aufwachsen. Falsche Ideale, zum Teil erhebliche materielle Not, die harte Arbeit im Berg, das Denken in überkommenen Stammes- und Sippenbegriffen …» Auch Meister Hildebrand meinte, dass man differenzieren müsse, weil es den Zwerg an sich nicht gebe.

«Sagt mal, habt ihr sie noch alle!», herrschte sie Dietrich an. «Wenn uns nicht das Glück hold gewesen wäre, Künhild uns geholfen und Witege mit diesem Flitterkram auf dem Helm die Riesen verwirrt hätte …»

«Können wir uns mal darauf einigen», sagte Witege, «dass darüber nicht mehr gesprochen wird?»

«… andernfalls und jedenfalls wären wir in Stücke gehackt worden», rief Dietrich, «und unsere Schwerter würden blank geputzt in Laurins Galerie hängen! Wir machen diese Zwerge jetzt alle, damit sich das nie wiederholt!»

Doch niemand folgte seinem Aufruf.

«Wir brauchen die gefangenen Zwerge doch für unseren Triumphzug», meinte Witege.

«Wenn wir sie alle umbringen, wird es so aussehen, als hätten wir Angst gehabt, dass sie doch eines Tages stärker sein könnten als wir», erklärte Hildebrand.

«Ich habe Euch immer für Euren Großmut bewundert», sagte Wolfhart.

«Ja, ja … blabla …!» Dietrich nahm sein Schwert von Laurins Hals und stieß es in die Scheide. Dann suchte er den untertänigsten aller Zwerge heraus, einen Zwerg namens Sintram, ernannte ihn zu seinem Statthalter und Steuerschinder und hieß die anderen, alle Wagen, die sie hatten, mit Gold und Edelsteinen zu beladen. Mit diesen sowie einem Käfigwagen, in dem der Zwergenkönig steckte, fuhren die Helden wieder nach Bern.

Dort musste Laurin erleben, wie Künhild heim in die Steiermark geschickt wurde. Nicht mal einen Blick schenkte sie ihm, als sie in der ganzen Pracht ihres Jungfrauentums auf das Pferd gehoben wurde. Der Einzige, der sah, wie in diesem Moment Tränen in Laurins Augen traten, war Dietrich von Bern. Am selbigen Abend ließ er den gewesenen Zwergenkönig zu sich bringen.

«Ich habe deinen Kummer erkannt, als du Künhild hinterhersahst», sagte Dietrich von Bern, hoch auf seinem Stuhl.

«Es schien mir der Kummer eines reinen Herzens zu sein. Ich will dir darum deine Arglist im Berg verzeihen. Sie war wohl nur taktischer Natur. Immerhin warst du König. Was ich sagen will, ist: Küsse meinen Ring! Schwöre mir den Treueeid, und wir überlassen die ganze Sache den Pinselfritzen. Die sollen was Schönes draus schreiben.»

Laurin schwor den Eid, und diesmal hielt er ihn. So erwies sich wieder einmal, dass Dietrich von Bern niemandem wirklich lange böse sein konnte.

HERZOG RIMSTEIN

Eines Tages sandte König Ermanarich einen Boten zu Dietrich von Bern.

«Neffenhilfe ist Waffenhilfe», sprach der Bote. «Euer Onkel hat Schwierigkeiten mit Herzog Rimstein. Er schuldet ihm Zins und hat bereits die dritte Mahnung verstreichen lassen. Seid dabei, wenn wir ihn drankriegen!»

Am selben Tag noch ließ Dietrich die Herolde in die Posaune blasen und sammelte fünfhundert der tapfersten Recken. Sein Heer zog Ermanarich entgegen, der von Rom kam, vereinigte sich mit ihm und fiel als fürchterlicher Haufen in Herzog Rimsteins Land ein. Das Heer verheerte, was es traf, und wenn es weiterzog, standen Rauchsäulen über den Feldern.

Herzog Rimstein, hoch in Jahren, grau und hager, sah von den Zinnen seiner wohlbefestigten Burg und sprach: «Schön dumm von Ermanarich, mit seinem Riesenheer das

Land ringsum so wüst zu legen! Wo will er seinen Proviant hernehmen, wenn er meine gut versorgte Burg belagert? Eher hungert er sich selber aus!»

Burg Gerimsheim war in der Tat so schroff gelegen und so stark gebaut, dass jeder Sturm aussichtslos war. So blieb dem Heer Ermanarichs nichts anderes übrig, als zu warten, bis die Not der Eingeschlossenen ihm die Tore öffnen würde. Zwei Monate schon belagerten Ermanarich und Dietrich die stolze Feste, als Herzog Rimstein drinnen meinte, man solle einen Ausfall wagen. Trott und Tran hätten sich sicher schon breitgemacht unten im Lager, da könne ein kühner Schlag in finsterer Nacht aufs Proviantlager die Belagerer überraschen und ein übles Magenknurren verursachen, und dem Hunger folge Seuche und Meuterei. Durch eine geheime Pforte unter dem Abort, wo niemand sie vermuten wollte, zogen der Herzog und sechs seiner Männer in pechschwarzer Nacht aus, um die Vorräte der Belagerer niederzubrennen.

Sie waren noch nicht lange geritten, als sie im Gebüsch den dampfenden Atem eines Pferdes gewahrten. Als es sich ihnen in den Weg stellte, bemerkten die Männer um Herzog Rimstein, dass es kein Pferd wie jedes andere war, sondern ein Ross von so edler Gestalt, wie sie noch keines gesehen hatten. Der Reiter griff die Zügel kürzer. Herzog Rimstein und die Seinen spähten und horchten in die Nacht, aber sonst war keines Wesens Laut zu vernehmen. Endlich zischte einer von ihnen:

«Er ist allein!»

Auf dieses erlösende Wort hin sprengten sie auf ihn zu, wiewohl in ihr Verderben. Denn das Entscheidende an dieser Situation war nicht die Tatsache, dass der Ritter dort vorn allein war. Das Entscheidende war, dass es auf der ganzen Welt nur einen so schimmernden Rappen gab und dass dieser einem Recken namens Witege gehörte, der jetzt das männerschneidende Schwert Mimung aus der Scheide zog, mit einem schrillen Klang, wie ihn der Tod macht, wenn er aus dem Schlaf erwacht. Schon war der erste Reiter der Meute heran, und schrecklich hieb das Schwert in Witeges Faust. Es schnitt den Mann von der rechten Schulter bis zur linken Hüfte durch, und er stürzte in zwei Teilen zu Boden.

Schrecken prallte gegen die Männer, und einer schrie: «Mein Herzog!», denn kein anderer als Herzog Rimstein war der Erschlagene. Sie rissen ihre Pferde herum und jagten in die Burg zurück. Witege bückte sich und drehte mit dem Schwert einen Teil des am Boden verstreuten Herzogs um, und als er sich dessen vergewissert hatte, verließ auch er den Ort des Kampfes.

«Ich habe soeben Herzog Rimstein im Kampf getötet!», verkündete Witege Dietrich und den Kämpen, als er im Zeltlager ankam. Heime verzog verächtlich den Mund.

«Einen Kampf würde ich das nicht nennen. Der Herzog war alt und schwach. Eine Schande, einen Greis zu erschlagen.»

«Jetzt reicht's mir!», rief Witege, der in letzter Zeit öfter mit Heime aneinandergeraten war, «ständig muss ich mich von diesem zu kurz gekommenen Gesellen runtermachen lassen. Einer, der nicht einmal den Mumm hatte, mir beizustehen, als ich im Lyrawald gegen die Räuber kämpfte.»

Heime zog wütend sein Schwert Nagelring und Witege sein Mimung, und sie hätten sicher aufeinander eingeschlagen, wenn Dietrich von Bern nicht dazwischengegangen wäre. «Was soll das heißen?», wandte sich Dietrich an Heime. «Hast du deinem Schwurbruder den Beistand verweigert?»

Heime schwieg trotzig, und Dietrich nahm das als ein Ja.

«Wir reden von Eidbruch, Heime. Wie soll je einer von uns mit dir im Rücken kämpfen, wenn er deiner nicht sicher sein kann? Ich denke, du suchst dir mal schleunigst ein paar andere Genossen! Wir Männer hier stehen füreinander ein, und ich selbst würde mein ganzes Reich für jeden Einzelnen hingeben!»

Dietrich von Bern ahnte nicht, dass eines Tages dieser kühne Spruch auf die Probe gestellt werden sollte. Heime jedoch verließ das Zelt, wohl wissend, dass man einen trutzigen Kämpfer wie ihn da drüben in Ermanarichs Reihen gern aufnehmen würde.

Als Heime aus dem Zelt war, sagte Dietrich zu Witege: «Eine Ruhmestat war es trotzdem nicht, den alten Herzog abzuschlachten.»

«Wer zuerst kommt, stirbt zuerst», antwortete Witege kalt und fädelte sein Schwert zurück in die Scheide.

Am nächsten Tag warf man Feuerbrände in die Feste Gerimsheim, und dann nahmen die Truppen Ermanarichs und Dietrichs die Burg im Sturm. Die nun führerlos Angegriffenen wehrten sich nicht lange, weil mit dem Herzog auch der Sinn der Sache gestorben war.

Nach dem Feldzug gegen Herzog Rimstein marschierten die beiden Heere noch eine Weile zusammen, und so ergab es sich, oder vielleicht war es auch Absicht, dass Ermanarich sich zurückfallen ließ, bis er an Witeges Seite ritt.

«Ihr seid ein großer Held», sagte er. «Eure Ruhmestaten hätten ein eigenes Buch verdient. Doch Ihr werdet wohl ewig nur als Dienstmann Dietrichs herumsäbeln, und alles, was geschieht, wird am Ende ihm zugeschrieben werden.»

Witege sagte eine Weile nichts, schaute sich um, ob jemand lauschte, dann meinte er: «Ich bin jung. Wer weiß, wohin meine Reise geht?»

«Kommt zu mir, und ich mache Euch zum Herzog mit eigenem Land. Dann habt Ihr einen Hof mit Küche und Stall und könnt Euch einen eigenen Schreiber halten», sagte Ermanarich und streckte ihm die Hand hin. Und ohne dass es jemand anders sah, gab Witege seine dazu.

So endete die Zeit, da Witege und Heime Dietrichs Kämpen waren.

ERMANARICH UND SIBICH

Alles Land südlich der Alpen, bis hinunter nach Sizilien und darüber hinaus das ganze illyrische Karstgebirge entlang, beherrschte König Ermanarich. Unzählige Kleinkönige und Großherzöge dienten ihm und schuldeten ihm Tribut in Form von Gold und Landesfrüchten. Die einen mehr, die anderen weniger, einige im Sommer, andere im Herbst. Den Heerbann mussten alle leisten, aber nicht jeder im selben Umfang. Dieser sollte Berittene entsenden, jener Fußvolk, ein Dritter nur Waffen oder Saumtiere. Das alles war so aufreibend, komplex und verwirrend, kaum zu überblicken und zu kontrollieren, dass sich Ermanarich seines Riesenreiches bald gar nicht mehr freuen konnte.

«Ich wollte alle diese Länder unter meinen Fuß zwingen», seufzte er oft, «und nun habe ich sie am Hacken!»

So entschloss er sich, einen Berater einzustellen, welcher Sibich hieß und ein wahrer Fuchs war. Nicht nur, dass er die Staatsgeschäfte in Ordnung brachte und Kassen und Kammern füllte, nein, er hatte auch einen schnellen Schritt und trieb sich umher im Reich seines Herrn, besah sich das Korn auf dem Feld, befühlte die Reben im Weinberg und zählte die Körbe mit Erz, die die Grubenfexe aus den Schächten zerrten. So fand er viele Gründe, Verträge und Erlasse zum Vorteil seines Königs nachzubessern, auf dass niemand hinter dessen Rücken unzulässig reich werde. Das beeindruckte Ermanarich enorm, und er zog Sibich immer stärker ins Vertrauen, fragte ihn bei allen Dingen, und war bald außerstande, auch nur irgendetwas allein zu entscheiden.

Sibich wiederum hatte ein Weib, Odilia mit Namen, das er hochschätzte, weil es schön und heißblütig war. Wenn er lendenlahm von seinen Reisen heimkehrte, hieß Odilia ihn oft sich niederlegen, saß ihm auf – wiewohl dies gegen die natürliche Ordnung verstieß – und entspannte ihn vortrefflich. Gern nannte sie Sibich «den wahren König», denn sie meinte, was das tumbe Schwert des Ermanarich gewonnen hätte, werde nur durch ihn, den klugen Kanzler, erhalten und vermehrt.

«Er hat nichts, was du nicht auch hättest», sprach Odilia. «Eher noch weniger, da er nur ein Kerl ohne Manieren ist und seine Frau dazu die Einfalt in Person. Und so einer sitzt nun auf dem Thron in Rom und lässt sich das Reich beherrschen von einem Meisterkanzler wie dir.»

Aber Odilia konnte reden, was sie wollte, Sibich blieb loyal, küsste und herzte seine Frau und war schon wieder fort zu einer seiner Reisen. Odilia blieb daheim und grübelte indes, wie sie ihren Mann bewegen könnte, sich endlich zu jener Größe aufzuschwingen, die sie sich für ihn erträumte.

Als sie ausgegrübelt hatte, ließ Odilia einen Boten zu Ermanarich schicken, er möge ihr die Gnade eines Besuchs erweisen. Derweil putzte sie sich heraus, strich sich Bleiweiß auf Wangen und Nase, malte sich mit zerstoßenem Kupferspat und Blaustein schillernde Schatten um die Augen, lackierte ihre Lippen mit rotem Läuseblut und pinselte sich mit verkohltem Kork die Wimpern lang wie Spinnenbeine, schnürte sich die Taille eng und ließ auch einen guten Blick auf die Paradiesäpfel in der Auslage ihres Hauskleides. Als Ermanarich erschien in Begleitung seiner Wachen, ersuchte sie ihn flüsternd, dieselben vor die Tür zu schicken. Sie habe Fragen und Zweifel, die sie nur ihm allein eröffnen könne.

«Ihr seid ein großer König», sprach Odilia dann, «der halbe Weltkreis gehorcht Euch und Eurer Weisheit. Darum frage ich Euch: Steht vor Euch eine Frau, die einem Mann gefallen könnte?»

Ermanarich, der schon beim Eintritt «Ja, holla» und «Mein lieber Herr Gesangsverein» gedacht hatte, räusperte sich ein tapferes «Doch, denke schon» ab.

«Dann sagt mir, in allen Weltdingen bewanderter König, warum mich mein Mann keines Blickes würdigt, sooft ich auch um seine Beachtung buhle? Bin ich zu schmal hier oben rum? Ist mein Gesicht ganz ohne Reiz? Ist zu wenig Fleisch auf meinen Waden?», fragte Odilia nun, während sie sich dabei sehr anmutig drehte und lüpfte.

«Um Gottes willen, nein», stotterte Ermanarich. «Ihr seid mit allem reichlich gesegnet! Wenige Frauen blühen so eindrucksvoll wie Ihr! Ihr könntet dem keuschesten Eremiten den Stab zum Himmel richten! Ich habe keine Ahnung, was meinen Kanzler hindert, dies zu sehen.»

Odilia machte ein paar unsichere Schritte und klagte schwach: «Seht mich an, seit Jahren stehe ich nun schon trocken. Mein Blut staut sich im Kopf, anstatt in meinem Schoß zu kreisen. Immer wieder falle ich in Ohnmacht.»

Just mit diesen, kaum noch gehauchten Worten fiel sie Ermanarich an den Hals und glitt wie entseelt an ihm hinab. Schnell fing er sie auf und trug sie auf das Bett. Als sie dort wieder zu sich kam, flüsterte sie ihm mit ihren Rosenblütenlippen ins Ohr: «Ich bitte Euch, macht Euren Einfluss geltend. Vielleicht ist mein Mann in seinem Dienst so sehr versunken, dass er die kleine Pflicht, die da im Heim noch auf ihn wartet, nicht mehr verrichten mag. Doch ich sterbe, wenn mein geheimer Garten demnächst nicht einmal umgegraben wird.»

«Dem rücke ich den Kopf zurecht. Seid unbesorgt. Mit einem Arschtritt befördere ich den in Eure Kemenate. Unglaublich! So was wie Euch nicht regelmäßig zu … besuchen!»

Und Odilias Lilienfinger strichen Ermanarich um den Bart, als sie sprach: «Tut nicht zu viel. Es wird schon reichen, wenn Ihr ihn nur einmal darauf aufmerksam macht, dass da noch ein artig Frauenzimmer seiner harrt.»

«Das walte Gott, dass ich das tue!», sagte Ermanarich und erhob sich, zog sich das Zeug zurecht und empfahl sich unter kurzen Grüßen, weil ihm dann doch unter all dem

Busenbeben und Bartgekose die Buxe eng geworden war. Odilia blieb dahingeblättert liegen. Nur eine Faust hielt sie geschlossen.

Als Ermanarich gegangen war, zerriss Odilia ihr Zeug und zerraufte ihr Haar. So blieb sie im Bett, bis ihr Mann von seiner Reise zurückgekehrt war. Die Mägde berichteten ihm, die Herrin hätte während seiner Abwesenheit Besuch vom König bekommen und hüte seitdem das Bett. Sofort eilte Sibich zu seiner Gattin, die ihr Antlitz in einer großartigen Geste von Scham und Schmerz erst nach links und dann nach rechts ins Kissen presste.

«Was hast du? Was ist mit dir?», fragte Sibich.

«Der König … Ermanarich … er …», stotterte Odilia, auf dass es aussähe, als sei ihr mit der Ehre auch gleich der Verstand geraubt worden.

«Was war mit Ermanarich? Was wollte er von dir?»

«Er hatte wohl schon lange ein Auge auf mich geworfen, und jetzt, wo du weg warst, kam er zu mir und warf den Rest hinterher!»

«Das kann ich nicht glauben», sagte Sibich, aber in diesem Moment öffnete Odilia wortlos ihre Hand und zeigte ihm den Knopf von Ermanarichs Gewand. Da schwieg Sibich.

«Er ist der König», versuchte Odilia ihn zu trösten, «ein wilder Kriegsmann, der nicht lange nachdenkt. Gewohnt, sich zu nehmen, was er will.»

«Genug», sagte Sibich. «Ermanarich hat mir den einzig wahren Schatz, den ich besaß, geraubt. Dafür werde ich ihn auslöschen. Ihn und seine ganze Sippe. Ich werde sein Reich verderben und seinen Namen tilgen.»

«Sei vorsichtig, Liebster!», mahnte Odilia. Sie nahm

seine Hand und sah ihn an mit dem tiefinnigsten Blick, zu dem sie fähig war. Aber dann wurden ihre Augen schmaler. «Doch sei gründlich!»

Am nächsten Tag saßen Ermanarich und Sibich zusammen und berieten die Angelegenheiten des Reichs. Sibich entdeckte gleich, dass der König einen blitzeblanken, nigelnagelneuen Knopf am Kragen trug. Man redete und politisierte lange. Es wurde spät, und Ermanarich lud seinen Kanzler noch zum Abendmahl in die große Halle, um mit ihm, seinen Söhnen und den Rittern seines Gefolges zu tafeln. Als man ausgiebig dem Wein zugesprochen hatte, wandte sich Ermanarich an Sibich.

«Mal was anderes, Kanzler! Ihr habt ein schönes Weib, sagt man. Doch auch die schönste Rose blüht nicht ewig. Ihr solltet Euch bisweilen um sie kümmern! Sonst kümmert sich noch jemand anders.»

Dazu zwinkerte er frivol, und wenn Sibich je den geringsten Zweifel an dem Bericht seiner Frau gehabt haben sollte, so hatte er ihn danach nicht mehr. Doch er ließ sich nichts anmerken, so schwer es ihm auch fiel. Denn wer sich selbst beherrschen kann, der kann die ganze Welt beherrschen.

Alsbald riet er Ermanarich, seinen Ältesten, Friedrich, auf eine Mission zu den Wilzen im Norden zu schicken, wo von Sibich gedungene Mörder ihm das Leben nahmen. Dann empfahl er dem König, seinen zweiten Sohn Reginbald über das Meer zu einem verbündeten Inselreich zu entsenden, in einem Schiff, welches Sibich heimlich so hatte herrichten lassen, dass es auf offener See leckschlug und unterging. Den dritten Sohn, Samson, verleumdete Sibich bei seinem

Vater, er diene sich Männern als Lustknabe an, was Ermanarich so rasend machte, dass er ihn erschlug.

So endeten die Söhne Ermanarichs durch die List seines tückischen Ratgebers und des Königs blindes Vertrauen. Doch nur des Königs Nachkommen auszulöschen, war Sibich zu wenig. Der ganzen Welt sollte er verhasst sein. So spann Sibich seine Fäden, und als Ermanarichs Bruder, der Harlungenherrscher Dieter, starb, verleumdete er dessen Söhne, sie würden den hohen Damen des Hofes und der Königin selbst nachstellen. Der eifernde Ermanarich zog mit einem Heer gegen die jungen Harlungenherzöge und ließ sie hängen. Das Erbland zog er gleich mit ein. Und weiter hetzte Sibich gegen den letzten noch verbliebenen Amelungenspross, den Herrscher der Lamparten, welcher Dietrich von Bern war. Ermanarich sollte ihn einladen nach Rom, um ihn nach etwaigen finsteren Absichten zu befragen. Doch Sibich plante, ihn dort zu vergiften. Als Dietrich das zugetragen bekam, weigerte er sich zu kommen, und Ermanarich sah sich bestätigt, dass sein Neffe Arges gegen ihn im Schild führte. Er ließ erneut zum Krieg blasen.

EINZELN UNBEZWINGBAR

Dietrich von Bern rief derweil seine Kämpen in die große Halle, um Rat zu halten.

«Mein Onkel, der vielmächtige Ermanarich, rüstet ein Heer aus, um mich aus meinem Land zu treiben. Keine Ahnung, warum. Aber wenn ihr mich fragt, steckt sein Ratgeber Sibich dahinter. Wie auch immer, stellen wir uns auf einen harten Kampf gegen eine Übermacht ein. Kann ich auf euch zählen?»

Die Recken schlugen sich auf die Brust und schworen Treue, indem sie Leib und Leben verpfändeten bis zum letzten Atemzug.

Dietrich hielt sich nicht mit viel Rührung auf, sondern ging gleich zum Praktischen über. Ein Heerwurm von hundert Meilen werde demnächst ins Land kriechen. Ein Heerwurm so lang, dass die Ersten schon tot im Gras lägen, während die Letzten noch ihre Waffen putzten. Wie solle man dem begegnen?

Ein junger Recke meldete sich, der sich als Neffe Meister Hildebrands vorstellte, Alphart mit Namen.

«Wenn wir wüssten, wo genau das Heer in unser Land eindringt! Ziehen sie im Tal entlang, mag der Himmel Steine regnen lassen. Marschieren sie am See, treiben wir sie ins Schilf. So werden sie weniger und weniger, bis sie zuletzt als zerlumpter Haufen vor Bern stehen. Ich sage mal so: Jedes Gelände ist eines Feindes Ende, wenn man es selbst gut kennt. Schicken wir einen Späher aus!»

«Hast du da jemand Speziellen im Auge?», erkundigte sich Dietrich, doch ein wenig beeindruckt vom taktischen Talent dieses jungen Mannes.

«Offen gesagt sehe ich nur einen, der kühn und ausdauernd genug ist für einen solchen Ritt: Und das bin ich!», antwortete Alphart.

«Dem Herrgott in seiner Allmacht hat es gefallen, alle Bescheidenheit in eurem Onkel Hildebrand zu versammeln, sodass für seine Anverwandten nichts mehr übrig blieb», erklärte Dietrich in die Runde. «Schon dein Bruder

Wolfhart hat ein großes Maul, aber du bist noch mal eine andere Nummer. Aber gut, hinaus in die grüne Heide mit dir! Kommst du zurück, haben wir einen Recken mehr unter uns. Wenn nicht, einen Maulhelden weniger.»

Meister Hildebrand griff erschrocken nach Dietrichs Hand.

«Das könnt Ihr nicht machen! Alphart ist zwar hochgewachsen, aber im Herzen noch ein halbes Kind!»

«Ich brauche jeden Einzelnen meiner Recken gegen Ermanarich», sagte Dietrich etwas leiser und zu Hildebrand geneigt. «Wenn so ein Jungspund auf Kundschaft reiten will, soll er es machen!»

Als Meister Hildebrand sah, wie Alphart den Saal verließ und schließlich mit dem verhängten Schild eines Kundschafters aus dem Hof ritt, fasste er einen Plan. Er eilte in die Rüstkammer und ließ sich die Rüstung eines fremden Ritters geben, warf eine vor Jahren erbeutete Pferdedecke über sein Ross und galoppierte seinem Neffen nach, um ihn vor dem sicheren Verderben zu bewahren.

Hildebrand brauchte einen halben Tag auf verschlungenen Wegen, bis er Alphart auf der Heide fand. Er trabte ohne Hast zwischen dem Wacholder, aber aufrecht und wach. Obwohl noch eine halbe Meile zwischen ihnen lag und das Schnauben von Hildebrands Ross nicht lauter sein konnte als der Flügelschlag einer Krähe, riss Alphart sein Pferd herum, als habe der Krieg selbst ins Horn geblasen. Sein Onkel hatte ihn eigentlich als unbekannter Ritter überraschen wollen, ihn aus dem Sattel hauen, entwaffnen und mit dem Tode bedrohen, auf dass Alphart seinen Hochmut bereuen und geschunden heimkehren müsse. Stattdessen sah er den Jungen jetzt mit eingelegter Lanze auf sich zusprengen und musste sich beeilen, den Schild vor die Brust zu nehmen, um den Stoß zu parieren. Krachend trafen die Lanzen auf die Schilde und Hildebrands zersplitterte in tausend Stücke. Alphart stieg ab und zog sein Schwert. Doch bei jedem Schwerthieb seines Onkels, den er vor seinem Gesicht parierte, rief er nur «Wahnsinn» oder «Was für ein Hammerschlag» oder «Der war voll die Härte», als ginge die Kraft der Schläge in ihn über.

Hildebrand, von diesem Dutzend Hiebe schon etwas ermattet, musste sich nun seinerseits Alpharts Schlägen erwehren. Er tat es, so gut er konnte, aber der Meister des Schwertes hatte schon viele Jahre nicht mehr so lange kämpfen müssen, weil seine Gegner für gewöhnlich den ersten Angriff nicht überlebten. Mit jedem Schwertstreich, dem er widerstand, schien er um Jahre zu altern. Schließlich reichte die Kraft nicht mehr für Beine und Arme zugleich, und unter einem besonders harten Hieb Alpharts ging Hildebrand zu Boden. Alphart reckte jubelnd sein Schwert in die Höhe, als müsse gleich von allen Seiten Beifall aufbranden.

«Töte mich nicht», rief Hildebrand, «ich bin dein Onkel!»

«Davon träumst du!», erwiderte Alphart. «Mein Onkel Hildebrand sitzt in Bern und wartet, dass ich mit deinem Kopf nach Hause komme!»

Mit diesen Worten ließ er das Schwert nach vorn kippen und fing es wieder auf, sodass die Spitze nach unten zeigte.

«Mach keinen Quatsch, Alphart!», rief Hildebrand jetzt wirklich erschrocken. «Binde mir den Helm ab, dann wirst du sehen, dass ich die Wahrheit sage!»

Alphart tat es und ward auf der Stelle missvergnügt.

«Das ist doch Scheiße! Jetzt habe ich mich völlig umsonst angestrengt!»

Hildebrand erhob sich mühsam, hielt sich schließlich sogar mit einer Hand an seinem Neffen fest und atmete schwer. «Ich meine es nur gut mit dir. Reite wieder mit mir zurück. Hier draußen bist du in großer Gefahr.»

Alphart lachte.

«He, ich habe gerade Meister Hildebrand, den Geist des Schwertes, besiegt! Wer soll mir denn bitte schön jetzt noch gefährlich werden?»

«Ich habe dich nur deswegen nicht getötet, weil du mein Neffe bist. Das heißt nicht, dass keine Gelegenheit dazu war», sprach Meister Hildebrand voller Grimm.

«Wann soll das gewesen sein?», fragte Alphart. «Als du dich unter meinen Schlägen geduckt hast, oder als du auf dem Rücken lagst?» Dann steckte er sein Schwert ein, griff seinen Schild, sprang wieder aufs Pferd und ritt davon. Meister Hildebrand sah ihm nach, und in seinem Blick mischten sich Bewunderung und düstere Ahnung.

Dann ritt er heim.

Alphart war einen weiteren Tag geritten, als vor ihm auf einer Hügelkuppe ein Trupp Reiter erschien. So an die achtzig Mann mochten es wohl sein. Hinter ihnen züngelten die Rauchwolken eines verbrannten Dorfes gen Himmel. Da Alphart sich nicht zur Flucht wandte, sondern allein auf offener Flur stehen blieb, machte sich endlich einer auf, zu ihm zu reiten. Der Haltung und der Rüstung nach schien er der Anführer zu sein.

«Wer seid Ihr?», rief Alphart.

Der Anführer zügelte sein Pferd und antwortete: «Ich bin Herzog Wülfing in Diensten König Ermanarichs. Wir wollen erkunden, wo sich das Heer des Berners sammelt.

Wäre ja schade, wenn die beiden Heere aneinander vorbeiliefen.»

Alphart spuckte aus.

«Ihr solltet Euch schämen. Dietrich von Bern ist Euer Verwandter. Ihr verwüstet sein Land, wo Ihr ihm besser zur Seite stehen solltet gegen seinen heimtückischen Onkel. Habt Ihr keinen Funken Ehre im Leib?»

«Wie kommt Ihr dazu, so mit mir zu reden? Wer seid Ihr überhaupt?», rief Herzog Wülfing.

«Ich! Bin! Euer Feind! Ihr scheint bislang nur auf Opfer getroffen zu sein, aber diesmal nicht. Lasst mich Euch den Unterschied mit meiner Lanze zeigen!»

Die beiden ritten auseinander, ohne noch ein weiteres Wort zu wechseln, und legten ihre Lanzen ein. Dann jagten sie aufeinander zu. Doch Alphart wich der Lanze seines Gegners aus und stieß Herzog Wülfing hingegen seine durch die Brust, dass sie im Rücken wieder herauskam. Als die Späher des Herzogs sahen, dass ihr Anführer getötet worden war, kam Bewegung in den Haufen, und es fehlte nicht viel, und sie wären allesamt über ihn hergefallen. Da aber Alphart an der Leiche des Herzogs stehen blieb und dem Toten die Ehre erwies, rief einer der alten Kämpen: «Wir können diesen Recken nicht erschlagen wie einen räudigen Hund, nur weil er im Zweikampf Sieger blieb. Das wäre so schändlich, dass wir lügen müssten, wenn wir gefragt würden. Tun wir es lieber Herzog Wülfing nach und fordern ihn der Reihe nach. Nur so gehen wir als ehrenvolle Krieger vom Platz!»

Sie sprengten den Abhang des Hügels hinunter und kesselten Alphart ein, auf dass er ihnen nicht entkomme. Dann saß der Erste von ihnen ab, zog sein Schwert, um zu kämpfen und – zu sterben. Dann focht der Nächste, doch das Ergebnis war das gleiche. So kämpften sich die Männer Herzog Wülfings ehrenhaft der Reihe nach in den Tod. Als schließlich sechs Dutzend der Männer auf der Heide verblutet waren, verfluchten die übrig gebliebenen acht das Kriegshandwerk, bereuten, sich für ein paar Batzen Gold auf dieses Abenteuer eingelassen zu haben, und mochten nicht mehr verstehen, was sie von Weib und Kind fortgelockt hatte. Einer riss sein Pferd herum, ein anderer tat es ihm nach, dann jagten auch der Dritte und der Vierte davon, und ehe Alphart sich versah, stand er allein umgeben von zweiundsiebzig Toten und ihren Pferden auf der weiten Flur und blickte sich schnaufend um.

«Bei Gott, das sind sehr viele! Zählen müsste man jetzt können», sagte er, der nur die sieben Tüchtigkeiten erlernt hatte, aber nie so einen Pfaffenkram wie Rechnen oder Lesen.

Die Geflohenen hingegen jagten zurück zu Ermanarichs Heer und stürzten ins Zelt des Königs. «Mein König! Herzog Wülfing wurde erschlagen und zweiundsiebzig seiner Männer», riefen sie. «Wir acht sind die einzigen Überlebenden!»

«Das ist furchtbar! Aber ehrlich gesagt sind mir das sieben Überlebende zu viel», zürnte Ermanarich. «Ein Überlebender hätte ja wohl gereicht, um diese trübe Botschaft zu überbringen!»

«Wir sind mitgekommen als Zeugen, falls man einem nicht glaubt», erklärte furchtsam einer von Wülfings Kämpen. «Denn das, was wir gesehen haben, hat es noch nie gegeben, seit ein Schmied ein Schwert aus dem Feuer zog! Ein einziger Recke, noch jung an Jahren, hat unsere Schar ausgetilgt! Einer nach dem anderen stellten sich unsere Männer zum Kampf, und er erschlug sie alle, wie sie kamen. Als es zweiundsiebzig zu null stand, gaben wir den Streit verloren.»

«Ihr habt euch zweiundsiebzig Wiederholungen ein und desselben Massakers angeguckt und trotzdem nicht begriffen, was sein Trick ist?»

«Er war so schnell und fintenreich wie keiner je zuvor, o König! Als wäre es Meister Hildebrand, nur eben in einen Jüngling verwandelt!»

Ermanarich rieb sich sein Knie, dann seinen Bart.

«Wir können das nicht so stehenlassen! Wie soll ich in ein Land einfallen, wo sich solche Töteriche herumtreiben? Ich biete jedem, der diesen Unbekannten aus dem Weg schafft, so viel Gold und Edelsteine, wie sein Schild zu fassen vermag.»

Ermanarichs Krieger schwiegen, denn das Grauen stand noch allzu sichtbar in ihren Gesichtern. Schließlich wies einer auf Witege.

«Warum fragt Ihr nicht die fremden Recken aus dem Berner Land, die neuerdings in Eurem Dienst stehen?»

Ermanarich sah zu Witege.

«Ihr scheint der rechte Mann für diese Tat! Ihr habt einst Dietrich von Bern besiegt. Der junge Strolch wird kaum dasselbe Format besitzen wie dieser oder gar Ihr selbst.»

Witege nickte mit gespieltem Gleichmut und ritt alsbald in voller Rüstung hinaus aus dem Heerlager Ermanarichs und hinein in das Land, das Dietrich von Bern gehörte. Doch je weiter er sich von dem Heer Ermanarichs entfernte, umso mehr Gedanken machte er sich. «Zweiundsiebzig Männer zu erschlagen, so was erledigt man nicht nebenbei», grübelte er. «Das braucht Eier. Man muss der Tatsache ins Auge sehen: Helden wachsen nach. Vor mir gab es große Krieger, und nach mir wird es welche geben. Noch ist mein Ruf von einigem Glanz, und in diesem Krieg kann ich ihn mir wahrlich leichter aufpolieren als im Zweikampf mit einem mir gänzlich unbekannten Schwertteufel. Vielleicht sollte ich lieber ein, zwei Tage herumreiten und dann behaupten, ich hätte ihn nicht gefunden.»

Er hätte um ein Haar sein Pferd Schimming gewendet, als doch noch ein Schwung alten Mutes durch seine Glieder fuhr. Das war gerade recht, denn beim Zurückreiten wäre er unweigerlich auf Heime gestoßen, der ihm heimlich folgte. Aus Neid oder Waffenbrüderschaft oder möglicherweise auch, weil er Witege sterben sehen wollte.

«Jetzt reiß dich aber mal zusammen. Angst ernährt sich vom Ausweichen», sagte Witege zu sich selbst. «Wenn ich diesen Kampf vermeide, wird mir jeder weitere umso schwerer fallen. Ich sollte diesen Recken finden und niederstrecken.»

Mit diesen Gedanken machte sich Witege wieder die Brust weit und ritt hinein in die Heide, geradewegs dorthin, wo die Krähen kreisten.

Dort lag Alphart unter einem Baum und sann, die Arme hinter dem Kopf verschränkt, darüber nach, welche Beweise seines unumschränkten Sieges er zurück nach Bern bringen könnte. Denn die vielen Schwerter waren zu schwer, die vielen Pferde zu ungelenk zu führen, und es zu tun wie David im Auftrag von König Saul, war ihm zu biblisch.

Witege näherte sich, doch Alphart blieb liegen und kaute an einem Grashalm, als sei dies nichts als ein sonniger Nachmittag.

«Hast du all diese Leute erschlagen?», fragte Witege, als er vor ihm stand.

«Es ließ sich nicht vermeiden», seufzte Alphart, den Blick träumerisch gen Himmel gerichtet. «Sie wollten mich töten, und mir blieb nichts anderes übrig, als sie davon abzuhalten. Und zwar ein für alle Mal.»

Alphart, der sich still freute über seine eigene Bescheidenheit, warf jetzt doch einen Blick auf den Ritter, der vor ihm auf dem Pferd saß, spuckte den Grashalm aus und setzte sich auf.

«Aber halt mal! Ihr seid doch Witege, der seinem Herrn Dietrich von Bern untreu wurde und ihn verließ! Was macht Ihr hier? Sucht Ihr Eure verlorene Ehre? Dann sag ich Euch, das ist umsonst. Ihr seid ein eidbrüchiger Schuft und werdet es bleiben bis ans Ende Eurer Tage!»

Witege kochte kurz hoch.

«Hüte deine Zunge, Bürschchen! Bloß weil du zweiundsiebzig arme, verwirrte Reiterchen umgehauen hast, bist du jetzt noch nicht der Großmeister persönlich!»

«Wie viele Reiter waren es, sagt Ihr? Zwei ohne Siemzig? Kann ich die Zahl noch mal hören?»

«Sag mir einfach deinen Namen, und dann lass uns unsere Klingen kreuzen! Das ist alles, was du noch von mir hören wirst!»

Alphart sprang schnell auf die Füße und ging zu seinem Pferd.

«Ihr müsst meinen Namen nicht kennen, Witege! Was nützt es Euch, wenn Ihr wisst, wer Euch Ehrlosen erschlug? Reicht doch, wenn es später die ganze Welt erfährt!»

Damit sprang er in den Sattel, griff sich die Lanze und hatte sie noch nicht ganz erhoben, als Witege schon gegen ihn anrannte. Doch dessen Lanze zerbrach an Alpharts Panzer, und Witege wurde selbst getroffen und hinter das Pferd geworfen. Er kam wieder auf die Beine, nahm das Schild vor die Brust und zog sein Schwert Mimung mit einem so kreischenden Grimm, dass noch die Leichen der erschlagenen Ritter ringsum zusammenzuckten. Doch schon beim ersten Zusammentreffen begriff Witege, was Alphart allen anderen Kämpfern vorausgehatte. Witege hatte kaum dessen ersten Hieb pariert, als ihn schon der nächste traf, und der übernächste und weitere folgten so schnell, dass Witege überhaupt nicht dazu kam, sein scharfes Schwert einzusetzen. Es war, als würden da vor ihm drei Ritter auf einmal abwechselnd auf ihn einschlagen. Offenbar glaubt Alphart, dachte Witege höhnisch, dass ich unter diesem Hagel von Schlägen keinen Ausfall zustande bringen werde. Dann aber dachte Witege ohne Hohn weiter: Da hat er recht!

Von rechts, von links hieb Alphart auf den Schild, als sei Erschöpfung etwas für Kinder und Weiber. Als Witege es schließlich nicht mehr aushielt, sich unter seinen Schild zu ducken, und ihn nur kurz beiseitenahm, um sein Glück zu versuchen, traf ihn ein derart gewaltiger Schlag auf den Helm, dass ihm das Blut aus Ohren und Nase sprang und er benommen auf den Rücken fiel.

Witege rechnete damit, dass Alphart ihn auf der Stelle abstechen würde, aber das geschah nicht. Stattdessen blieb Alphart an seiner Seite stehen und erklärte: «Treuloser Witege! Da liegst du nun, ein Bild des Jammers! Meine Ehre gebietet es mir, einen Mann nur im Vollbesitz seiner Kräfte zu töten! Ich werde hier warten, bis Ihr wieder klar im Kopf seid, und hoffe dann, endlich mal einen Schwertstreich von Euch zu sehen. Bis jetzt habt Ihr ja nur die Schildkröte gespielt!»

Gott sei Dank ist niemand da, der mitbekommt, wie ich von diesem gespreizten Streber allegemacht werde, dachte Witege noch, als er im Nebel seiner Benommenheit plötzlich einen Schatten aus den Wacholderbüschen hervorkommen sah. Ein Ritter, dessen kurze Beine vom Sattel abstanden wie Reisigbündel von einem Packesel. Und Witege wusste trotz Schwindeldunst vor den Augen, dass dies nur einer sein konnte in Gottes weiter Welt.

Heime hatte geglaubt, endlich so etwas wie Schadenfreude zu empfinden, würde er Witege im Staub liegen sehen, aber tatsächlich erfasste ihn schlimmes Mitleid. Er begriff mit einem Mal, dass sein Neid auf Witege nicht von der Bewunderung zu trennen war, die er für ihn empfand. Und immer empfunden hatte. Vom allerersten Moment an, als Witege in seiner ganzen Stattlichkeit aus dem Fluss gestiegen war. Viel fehlte nicht, und Heime hätte in seinem Herzen Gefühle vorgefunden, die einer verschmähten Liebe zum Verwechseln ähnlich sahen. Alphart erlöste ihn.

«He, hier gibt es nichts zu schauen! Reite weiter, Männchen!»

Heime zog sich den Kinnriemen stramm und griff probehalber zum Schwert. «Du hattest deinen Spaß, junger Mann», sagte er mit extrafester Stimme. «Reite wieder heim nach Bern und schwadroniere dort von deinen Heldentaten! Wir beide hier behalten dich gewiss in guter Erinnerung. Vielleicht sieht man sich ja mal wieder!»

«Das werde ich nicht tun!», erklärte Alphart. «Wenn ich heimreite, dann nur mit diesem Recken als meinem Gefangenen oder seinem Kopf in meinem Brotbeutel!»

Die Vorstellung, dass sein dröhnender Kopf demnächst in einem krümeligen Brotbeutel am Sattel hängen werde, klärte Witeges Verstand im Nu.

«Heime, alter Haudegen! Gut, dass du vorbeikommst! Das ist ein übler Bursche hier, aber zu zweit sieht die Welt schon anders aus, falls du weißt, was ich meine …»

Heime wiegte den Kopf hin und her. «Das können wir nicht machen. Der Mann ist allein, wir wären zu zweit. Das wäre ja geradezu heimtückisch.»

Witege wälzte sich langsam auf die Knie, wischte sich das Blut von der Nase und redete weiter auf Heime ein: «Ja, aber das ist doch dämlich. Genau davon lebt er. Der hat dieses Mann-gegen-Mann-Ding irgendwie drauf. Einzeln haben wir überhaupt keine Chance.»

«Denk an die Schande, die auf uns käme, wenn sie ihn fänden», erklärte Heime, «mit Wunden vorne wie hinten! Da kannst du viel reden und erklären, es wird dir keiner zuhören.»

Witege schnaubte Blut und Wut, und Alphart nahm derweil sein Schwert, schnipste mit dem Fuß seinen Schild in die Hand und gähnte gelangweilt. «Wollt ihr beiden das nicht im Himmel weiter diskutieren?»

Schon begannen Heime und Alphart zu kämpfen, und obwohl Heime es gewöhnt war, hinter seinem Schild einiges einzustecken, sah er unter den Hieben Alpharts bald aus wie ein kurzer Nagel, der in den Boden getrieben werden sollte. Witege raffte sich auf und griff Alphart von hinten an. Das gab Heime die Gelegenheit, hinter seinem Schild hervorzukommen und seinerseits auf Alphart einzuschlagen. Aber Alphart hatte auf der heimischen Tenne gelernt, die Spreu vom Weizen zu trennen und das

Wichtige zuerst zu tun, und so wandte er sich zunächst gegen den immer noch geschwächten Witege, stieß ihn um und hätte ihm das Schwert in die Brust gestoßen, wenn Heime sich nicht in letzter Not dazwischengeworfen hätte. Witege, der fand, dass es mit diesem jungen Recken jetzt oder nie ein Ende haben müsse, erhob sich so schnell wie möglich und traf Alphart mit seinem Schwert am Arm.

Alphart, dessen Unerschrockenheit und Kraft sich zu guten Teilen der Tatsache verdankte, dass er noch nie verletzt worden war, taumelte drei Schritte zurück und rief: «Ihr wollt Ritter sein? Ehrlose Schufte und Halunken seid Ihr! Mein Blut wird durch Eure Träume fließen!»

Die Worte verfehlten ihre Wirkung bei Heime nicht. «Er hat recht, Witege! Tritt zurück, ich will allein mit ihm kämpfen!»

«Lass dich doch nicht immer mit diesem Ehrenkodex besoffen quatschen», sagte Witege. «Du hast mir einen Eid geschworen, als mein Waffenbruder! Wie oft willst du den eigentlich brechen?»

Schnell rannte Witege auf Alphart zu, so schnell, dass Heime keine Zeit mehr fand, noch einmal alles zu bedenken, wenn er seinem Kampfgefährten beistehen wollte. Gemeinsam schlugen sie auf Alphart ein. Der setzte sich tapfer zur Wehr, aber nur noch mit der verzweifelten Zähigkeit eines Mannes, der sich nicht mehr für unüberwindbar hält. Endlich ließ Heime sein Schwert mitten auf Alpharts Helm niederkrachen, sodass dieser mit einer tiefen Kopfwunde zu Boden stürzte. Heime hatte darüber noch nicht Luft geholt, als Witege schon über dem Verletzten stand und ihm das Schwert in die Brust stieß.

«Das hast du nicht umsonst getan, Witege», röchelte Alphart. «Du wirst dir noch wünschen, im Kampf mit mir gestorben zu sein!»

Dann schnitt ihm der Tod die Sehnen durch, und das Schwert fiel Alphart aus der Hand.

DIETRICHS VERTREIBUNG

«Der Weg ins Berner Land ist wieder frei», sagte Witege, zurück an Ermanarichs Hof. «Wülfings Mannen hatten recht. In der Tat war dort ein fremder Recke, doch ich brachte ihn zur Strecke! Wir sollten nicht durch diese Gegend reisen, da dort jetzt die Raben kreisen. Es ist kein schöner Anblick!»

Heime neben ihm starrte leeren Auges zu Boden. Scham verwirrte ihn. Sosehr ihm das Kämpfen und Streiten lagen, sowenig schien er gemacht für solch biegsame Auslegungen von Treue und Ehre.

«Ihr schaut verdrossen, werter Heime», wandte sich Ermanarich an den kürzesten aller Ritter.

«Dieser ganze Krieg widert mich an. Wir lebten in Frieden, bis Euch Euer oberschlauer Ratgeber seine Schlangenzunge ins Ohr steckte. Nur deswegen sind Eure Söhne jetzt tot und die unschuldigen jungen Harlungen! Nun wollt Ihr Dietrich von Bern ans Leben, der Euch nie etwas zuleide tat! Recht und Ordnung stehen auf dem Kopf, und es wird gestorben ohne jeden Sinn und Zweck! Alles wegen Sibich, dieser Natter!»

Sibich, die Hand beruhigend auf der Schulter des Königs, hob erstaunt die Augenbrauen.

«Verstehe ich das richtig? Habt Ihr eben unseren König Ermanarich als minderbemittelt und beeinflussbar dargestellt? Euer Hochmut ist wirklich unerträglich für einen, der schon von Dietrich von Bern verstoßen wurde. Schert Euch zurück in den Pferdestall, aus dem Ihr gekommen seid!»

«Meine Zunge kann Euch darauf keine passende Antwort geben», meinte Heime, «aber meine Faust schon!» Und sprang die Stufen zum Thron hinauf und hieb über den erschrockenen Ermanarich hinweg Sibich die Faust ins Gesicht, dass diesem fünf weiße Backenzähne aus dem Kiefer sprangen und über den Steinboden der großen Halle purzelten wie kleine Würfel aus Elfenbein.

«Ergreift und hängt ihn!», rief Ermanarich.

Da kurze Arme sehr viel schwerer zu ergreifen sind als lange, haschten die Wachen allerdings ins Leere. Er lief aus dem Saal, schnappte sich seine Waffe, grätschte aufs Pferd und ritt zum Burgtor hinaus.

Sechzig Mann wollten ihn verfolgen, doch ihr Ausritt endete schon nach ein paar Metern am Burgtor, wo Witege stand, das männerschneidende Schwert in den Händen. «Ich glaube, Heime will jetzt erst mal allein sein!», sagte er laut und deutlich und ließ Mimung ein paar Takte durch die Luft singen. An diesem Lied wollte niemand ernstlich vorbei, und so ritt man eine Weile aufgeregt durcheinander, bis aller Entschluss verblasst und sowieso auch bald Zeit zum Abendessen war.

Heime aber floh in die Wälder und lebte von Überfall und Raub. Ein Geschäft, das ihm viel ehrenhafter dünkte als in einen Krieg gegen seinen ehemaligen Herrn zu ziehen.

Nur wenige Tage später ergoss sich Ermanarichs Heer ins Land der Amelungen und brannte und sengte alles nieder. Als die ersten Berichte darüber zu Dietrich von Bern drangen, wusste Meister Hildebrand endlich, dass sein Neffe Alphart nicht mehr zurückkehren würde.

«Wir haben große Helden am Hof», sagte Dietrich zu seinen Männern, «aber so einer Übermacht kann auch der kühnste Recke nicht ewig widerstehen. Wir würden zwar ehrenhaft untergehen, aber wer singt den Untergegangenen das Lied? Der Sieger lässt die Geschichte schreiben, wie sie ihm gefällt, und, keine Frage, wir würden schlecht drin wegkommen. Dann wäre jedes Abenteuer, das wir je erlebten, umsonst gewesen. Deswegen sage ich: Wir ziehen uns zurück, sammeln unsere Kräfte und warten, ob das Schicksal unsere Feinde nicht zersprengt, sodass wir eines Tages wieder heimkehren können.»

Hildebrand mochte jedoch nicht fliehen, ohne den Schmerz über den Tod seines Neffen an ein paar Hinterbliebene seiner Feinde weitergereicht zu haben. «Wir sollten den Feind wenigstens in Augenschein nehmen. Vielleicht entdecken wir etwas, das uns zu einer Kriegslist hilft. Wenn wir schon zu schwach sind für eine offene Feldschlacht, dann sollten wir wenigstens mit unseren Kämpen einen kleinen Kriegszug unternehmen.»

Dietrich neigte sich zu Hildebrand und flüsterte: «Mein lieber Meister, ich habe Gründe für mein Vorgehen. Mein Land ist gebrandschatzt. Die Einnahmen versiegt. Die Kriegskasse ist leer. Ich kann keinen dieser Männer für seine Dienste entlohnen. Ich will sie nicht zum Narren halten.»

«Narren wären wir, wenn wir dem Feind, wo er sich bequem nach unseren Schätzen bückt, nicht wenigstens einmal gewaltig in den Arsch treten! Lass uns noch einmal etwas tun, wovon die Sänger singen können.»

Dietrich fand das weniger klug, aber sehr männlich, und änderte daher seine Meinung. Er wandte sich an seine Gefährten: «Mein alter Meister Hildebrand hat recht. Wir sollten nicht mit trockenen Schwertern rückwärtsziehen. Wer also Lust hat, rüste sich für einen kleinen Überfall heute Nacht!»

Als die Sonne untergegangen war, verließ die Schar der Recken die Burg und ritt auf verschlungenen Pfaden durchs Land, vorbei an den Glutnestern der verkohlten Dörfer und dem Geruch von Asche und Knochen, bis sie schließlich auf weiter Ebene im Schein der Wachfeuer Tausende Zelte von Ermanarichs Heerlager sah.

«Das ist kein Lager, das ist ein ganzes Land», sagte Dietrich zu Meister Hildebrand. «Ein Land in Waffen, das zu uns unterwegs ist. Was für Reichtümer muss Ermanarich dafür aufgebracht haben!»

«So sehr fürchtet er Euch.» Hildebrand klopfte Dietrich auf die Schulter. «Ich sehe dort hinten einen schlafenden Riesen. Wie oft haben wir schon einem Riesen das Bein abgeschlagen, bevor er auch nur begriff, was vor sich ging?»

Sie fassten Mut und erörterten einen Schlachtplan, der vorsah, auf einer Seite des Lagers einen Feuerbrand zu entfachen und im Aufruhr möglichst viele der aufgeschreckten Krieger Ermanarichs niederzumachen. Hildebrand und Dietleib trabten also leisen Hufes in die Nähe des Heerlagers. In Sichtweite des Wachfeuers saßen sie ab, machten die Pferde fest und pirschten sich an. Unter einem Eichenbaum standen zwei Wachen und erzählten sich Weibergeschichten, in denen sie selbst die Überhaupt-, die Sowieso- und die Prachtrolle spielten. Dietleib meinte, sie sollten sich von links und rechts anschleichen und die beiden überwältigen. Hildebrand aber hielt die Nase in die Abendluft und flüsterte: «Wind kommt auf! Lass uns noch ein Weilchen warten.»

Bald wehte eine kühle Brise durch das Heerlager, und eine der Wachen verließ ihren Posten, um Decken zu holen.

«Ich erinnere mich noch gut, wie weit du die Bannerstange am Hof Ermanarichs geworfen hast», flüsterte Hildebrand. «Und deswegen frage ich dich: Wirfst du die Lanze nur weit oder auch genau?»

Dietleib antwortete, er nähme das als Beleidigung, er hätte als Kind in der Küche oft mit Messern nach Ratten geworfen und nie eine verfehlt.

«Dann stopf jetzt der Wache mit deinem Speer das Maul, auf dass sie uns nicht noch im Sterben verrät!»

Dietleib spuckte in die Hände, griff den Speer und holte aus, so weit, wie es sein massiger Körper zuließ. Nachdem ein einziger dumpfer Laut das Gähnen des Wachmanns beendet hatte, sprangen Hildebrand und Dietleib aus dem Gehölz, setzten die Pechfackeln in Brand und warfen sie im Dutzend über die Zelte. In diesen Moment frischte der Wind auf, blähte die Tuche und fuhr wie das Fauchen eines Blasebalges in die Brände. Bald wehte auf Hunderten Zelten das Flammenhaar. Geschrei und Verwirrung erhoben sich. Das war das Zeichen für Dietrich von Bern und seine Waffenbrüder am anderen Ende des Heerlagers, zwischen die schlaftrunkenen Krieger zu reiten wie die wilde Jagd. Der heiße Brandwind und die schwarzen Gesellen, die mit blitzenden Schwertern aus den Flammen hervorschossen, ließen Ermanarichs Soldknechte glauben, das Ende der Welt sei über sie hereingebrochen. Zu Hunderten wurden sie niedergehauen, noch ehe sie zu den Waffen greifen konnten. Eintausendachthundert wurden gefangen genommen, der Rest stob in heilloser Flucht nach allen Seiten. So endete, was nichts als ein kleiner Ehrenpunkt hatte werden sollen, als unumschränkter Sieg.

Wieder in Bern hätte sich Dietrich gern erkenntlich gezeigt, aber er musste seinen Kämpen gestehen, dass er weder den Sold für einen neuen Feldzug noch den Lohn für den stattgehabten Überfall bezahlen konnte.

«Wir haben gesiegt, aber nichts gekonnt. Ermanarich ist zurück nach Rom und rüstet sich erneut. Über kurz oder lang wird sein Gold unser Eisen brechen.»

Bertram von Pola von der anderen Seite des Adriatischen Meeres hörte dies und bot Hilfe an.

«Meine Ahnen haben fleißig in die Kammern und Truhen gesammelt. Aber was hätte ich davon, wenn Ermanarich uns alle vertriebe? Darum nehmt mein Gold und verfügt darüber nach Belieben. Fünfhundert Saumtiere wird es brauchen, diesen gewaltigen Schatz nach Bern zu bringen.»

Dieser Vorschlag gab Dietrich neuen Mut. Er bestimmte sieben seiner besten Männer, mit Bertram nach Pola zu reiten und das Gold zu holen. Das waren Hildebrand und Sigebant, Wolfhart und Helmschart, Amelolt und Sindolt und schließlich noch Dietleib von Steiermark, damit es nicht aussah, als hätte Dietrich seine Recken nach Reimpaaren ausgewählt. Diese Recken, stärker als jede illyrische Räuberbande, machten sich mit fünfhundert Eseln auf den Weg. Ein Zug, der freilich nicht unbemerkt blieb. So erreichte die Kunde davon auch Ermanarich. Er ließ Witege kommen und sprach: «Ein Tross von fünfhundert Saumtieren zieht ums Adriatische Meer herum nach Pola. Sicher nicht, um Knackmandeln zu holen für Dietrichs Siegesfeier. Eher schon, um seine Kassen aufzufüllen. Ich gebe dir fünfhundert Mann. Lauere ihnen auf, hol dir das Gold und bring Dietrichs Recken zu mir.»

Witege, der nach dem Mord an Alphart immer noch ein bisschen Ehrenschmerzen hatte, nickte entschlossen und dankbar.

Vier Tage waren Hildebrand und die Seinen schon mit dem Gold aus Pola unterwegs, als sie eine Lichtung passierten, eine liebliche Wiese im dunklen Tann, darauf sich Schwalbenschwänze im Sonnenschein um den wilden Fenchel tummelten. Die Männer waren schon einen halben Tag über Stock und Stein gestiegen, und der Tanz der taumelnden Falter und die würzige Wärme machten ihnen arge Lust zu rasten. Sie warfen also alle Waffen von sich, lümmelten sich ins Gras und ließen sich die Glieder von der Sonne erweichen, derweil die Pferde weideten.

Die Gelenke der Helden waren schon weich wie Butter geworden und ihre Gedanken gaukelten mit den Schmetterlingen, als mit einem Mal von allen Seiten Ritter aus dem Wald brachen und heranstürmten, kaum dass Hildebrand und die Seinen zu den Waffen greifen konnten. Es wurde nur ein kurzer Kampf, denn niemand wollte umsonst sein Leben lassen gegen diese Übermacht.

Witege ritt zu Hildebrand, der inmitten von auf ihn gerichteten Lanzen stand. «Ihr müsst zugeben, das war sauber ausgespäht», sagte Witege. «Ein Hinterhalt, so gut wie Ihr ihn nicht besser hättet anlegen können.»

«Es gibt offenbar kein Schurkenstück, das Eure Eitelkeit nicht reizt», antwortete Hildebrand finster. «Das ist nun der Lohn dafür, dass ich Euch damals Euer Wunderschwert wiedergab.»

«Das ist der Lohn dafür, dass Ihr es mir heimlich wegnahmt. Jetzt kann sich Dietrich von Bern lange fragen, wo seine unbesiegbaren Recken mit dem vielen Gold bleiben.»

«Vielleicht weiß er es aber auch schon heute Abend», meinte Hildebrand, denn in diesem Moment war am anderen Ende der Lichtung Lärm zu hören. Dietleib war der Männer, die seine Arme hielten, überdrüssig geworden und schlug ihre Köpfe zusammen. Andere sprangen hinzu, um Dietleib zu packen, aber ihnen wurden die Schulterknochen aus dem Gelenk gedreht, als seien sie Rebhühner in der Küche. Das entsetzliche Geräusch und die Schmerzensschreie hemmten den Rest der Krieger lang genug, damit Dietleib auf ein Pferd springen und davonjagen konnte.

Einer warf seine Lanze nach ihm, aber Dietleib fing sie noch im Flug und bedankte sich artig.

In Rom wurden die gefangenen Recken vor Ermanarich geführt, der vor Freude auf seinem Thron herumrutschte, als hätte er das Jucken untenrum. Hinter ihm stand Sibich, der immer noch undeutlich flüsterte, seitdem er durch Heimes Faust fünf Zähne hatte lassen müssen.

«Ihr wäret besser gestorben für das Gold», rief Ermanarich, «denn jetzt werde ich Euch hängen lassen wie erbärmliche Diebe!»

«So dumm werdet Ihr nicht sein», antwortete Hildebrand. «Dietrich von Bern hält achtzehnhundert Krieger aus Eurem Heer als Geiseln gefangen. Er wird sie töten lassen, wenn Ihr uns hängt.»

Ermanarich winkte ab.

«Ach Gottchen, jetzt habe ich aber Angst! Ob die leben oder sterben, ist mir völlig schnurz! Aber Ihr habt recht. Es wäre falsch, Euch einfach so aufzuhängen. Ihr sieben nämlich seid Dietrichs engste Waffengefährten. Er verdankt Euch manches, dem einen oder anderen sogar sein Leben. Das scheint mir viel mehr wert zu sein als ein paar lumpige Hundertschaften Krieger, die ich schon morgen wieder ersetzt habe. Ich bin neugierig, wie sehr Dietrich Eure Schwurbrüderschaft schätzt!»

In diesem Moment flog ein Wachposten durch die Tür zur großen Halle, beeilte sich, aufzustehen, und rieb sich das Gesäß, welches kurz zuvor einen gewaltigen Fußtritt erlitten hatte.

«Mein König, ein Bote aus …»

Weiter kam er nicht, denn Dietleib von Steiermark, der hinter ihm eintrat, stieß ihn beiseite.

«Ich habe leider keine Zeit für Höflichkeiten, Ermanarich! Mein Herr, Dietrich von Bern, bietet Euch an, im Austausch für die sieben Recken, die Ihr gefangen haltet, sämtliche Geiseln aus Eurem Heer freizulassen.»

«Das trifft sich gut», antwortete Ermanarich nach kurzer Rücksprache mit Sibich. «Wir sprachen gerade davon, was Eurem Herrn das Leben dieser edlen Helden hier wert ist. Wie wäre es damit? Ihr behaltet die achtzehnhundert Luschen, und ich kriege stattdessen Dietrichs Land mitsamt der Städte Garda und Mailand, Raben und Bern.»

Dietleib antwortete nicht. Seine Augen blickten starr und

kalt über Ermanarich hinweg in eine Zukunft, in welcher der König von Rom und sein Ratgeber für jede einzelne Silbe dieser Worte büßen mussten.

«Habt Ihr verstanden?», erkundigte sich Ermanarich. «Wenn er das Leben seiner Männer retten will, hat er das gesamte Lampartenland zu räumen, und zwar ein bisschen plötzlich. Tut er dies nicht, werden seine Kumpane hängen, und er selbst auch, nur ein paar Tage später, wenn ich nämlich den Krieg gegen ihn erneuert habe!»

«Was du nicht willst, das man dir tu, das füg auch keinem andern zu!», antwortete Dietleib, machte auf dem Hacken kehrt und stürmte davon, während Personen, die ihm nahe genug standen, noch Satzfetzen zu hören meinten: «Krank im Kopp … holt sich hier einen runter … hinten kackt die Ente.»

Als Dietrich von Bern Ermanarichs Forderungen vernahm, wurde er still. Er schwieg eine so lange Zeit, dass die Recken in seiner Umgebung es nicht länger ertrugen und glaubten, die Gedanken ihres Herrn auf das Große und Ganze richten zu müssen. Einer meinte, die sieben hätten nicht gezögert, im offenen Kampf ihr Leben für Dietrich und sein Land hinzugeben, und so wäre ihr Tod am Strang nur ein Heldentod wie jeder. Ein anderer erklärte, sieben sterben zu lassen, damit siebenhunderttausend in Frieden leben könnten, wäre geradezu ein Gebot der Vernunft. Doch Dietrich schüttelte nur traurig den Kopf.

«Was soll ich denn mit all dem Land, wenn ich meine liebsten Waffengefährten und Schwurbrüder dafür opfern muss? Soll ich mir die Füße abschneiden lassen, um meinen Tanzboden zu behalten? Soll ich mir die Augen ausstechen lassen, um mich weiter an meinen Gemälden erfreuen zu können?»

Ratlose Blicke trafen den König. Dietleib nickte und sagte: «Ich verstehe schon, aber Ihr findet mindestens noch ein besseres Gleichnis für alle anderen hier.»

«Soll ich mir die Hand abhacken lassen um meines Schwertes willen?», schrie da Dietrich von Bern, und alle Kämpen im Saal brüllten: «Niemals!»

Sie hatten recht. Niemals ist eine Unterwerfung mit mehr Ehre ins Werk gesetzt worden als die des Dietrich von Bern. Keiner trug sein Büßerkleid mit mehr Würde. Nie war der Besiegte dem Sieger in allen Tugenden so haushoch überlegen. Da mochte das Heer des Königs von Rom, das die sieben Geiseln mit sich führte, mit noch so hellem Schellenspiel ins Lampartenland marschieren, jeder, der ein Ohr für die wahre Melodie des Lebens hatte, hörte, wie missmutig sie waren. Unrecht lag wie Mehltau auf den Römern. Sie raubten Hühner und Schweine, quälten Bauern und schändeten Mägde entlang des Wegs wie in jedem Krieg, aber es wollte keine rechte Freude dabei aufkommen.

Als Dietrich schließlich hinaus ging vor die Stadt, wo in der Mitte des Heerlagers das Prunkzelt Ermanarichs aufgestellt war, gab es keinen Zweifel in seinem Herzen, dass das Leben seiner Gefährten höher stand als sein vom Vater ererbtes Land. Im Zelt seines Oheims beugte er das Knie und senkte das Haupt und bat mit ernster Stimme: «Ich unterwerfe mich Eurer Herrschaft! Nehmt alles, was ich habe, aber lasst mir meine Heimatstadt Bern!»

Ermanarich spürte gegen seinen Willen eine ungewohnte Milde in seinem Herzen aufkommen, doch dann hörte er das höhnische Lachen Sibichs hinter sich.

«Dazu ist es wohl zu spät», flüsterte dieser. «Dietrich hat eine ehrenvolle Behandlung schon lange verwirkt. Er ist der offenen Feldschlacht feige ausgewichen und hat des Nachts Euer Lager überfallen wie ein Räuber.»

Diese Argumentation schien Ermanarich überraschend schlüssig, und er rief barsch:

«Nichts bekommst du! Mach dich davon, oder ich lasse dich aufhängen wie deine Vettern, die Harlungen!»

Dietrich erhob sich wieder von den Knien zu unerträglich voller Größe und sprach: «Dann werde ich fortreiten und Euch nicht länger bitten!»

Ermanarich, der genau gesehen hatte, dass einer seiner Heerführer nach diesen Worten beinahe geklatscht hätte, suchte verzweifelt nach etwas Demütigendem.

«Du wirst nicht reiten! Deine Pferde gehören mir! Auf Schusters Rappen kannst du dich davonstehlen, du und deine Spießgesellen!», sagte Ermanarich und gab ein kleines Zeichen, die Geiseln freizulassen. Sibich versuchte, mit einem «Schusters Rappen, wie köstlich!» eine zustimmende Heiterkeit im Zelt zu erregen, aber er blieb mit seinem Lachen allein. Alles drängte hinaus, um noch einen Blick auf Dietrich von Bern zu werfen, den Helden, der, gefolgt von seinen freigelassenen Recken, langsam zu Fuß davonging aus seinem Land, als wolle er sich jeden Schritt einprägen für später.

Als sie nach ein paar Tagen an die Landesgrenze kamen, blieb Dietrich stehen, sah zurück und sprach: «Einmal werden wir doch zurückkehren und die Schmach tilgen, die uns angetan wurde. Doch bis dahin wird mich niemand mehr lachen sehen.»

Er zog mit seinen Männern über das Karstgebirge und die

Drau nach Pannonien hinüber. An der Grenze zum Land der Hunnen, in der Stadt Gran, machten sie halt bei einem Kaufmann, der ihnen für wenig Geld ein Obdach bot.

«Ich werde König Etzel um Aufnahme bitten», erklärte Dietrich seinem alten Waffenmeister. «Vielleicht hat er ein Herz für Vertriebene wie mich. Und sei es auch nur, dass ihn mein schmähliches Los daran erinnert, wie wankelmütig das Schicksal ist.»

«Ich bin nicht mit Euch ins Exil gegangen, um mir jeden Tag Gejammer anzuhören!», meinte Hildebrand streng, und Dietrich nickte schuldbewusst.

DIE RABENSCHLACHT

Viele Jahre lebten Dietrich von Bern und seine Kämpen am Hof des Hunnenkönigs Etzel. In manchen Kriegen dienten sie ihm. Gegen die Wilzen und die Reußen zogen sie zu Felde, bestanden viele Abenteuer und blieben am Ende Sieger. Etzel war voller Dankbarkeit gegen den gewaltigen Helden und wollte ihn schließlich sogar zum Herrscher über die Reußen ernennen, aber jeder Tag im Matsch des Wilzenlandes und jede Nacht im Schnee des Reußenlandes hatten Dietrich nur umso schmerzhafter an seine sonnige Heimat erinnert. Als er am Morgen nach diesem ehrenhaften Angebot die Halle der Königin Helche besuchte und diese ihn höflich fragte: «Ist Euch nach Wein?», da zeigte sich, wie sehr Dietrich in Gedanken in der Ferne weilte, denn es brach aus ihm heraus: «Ja, mir ist nach Weinen! Heute ist der Tag, an dem ich vor vielen Jahren aus meinem Land und meinem geliebten Bern vertrieben wurde. Ich habe es gut bei Euch und bin Euch für alles dankbar, aber ich muss immer denken an daheim … Ihr müsst verzeihn!» Mit diesen Worten wandte er sich ab und verbarg sein Gesicht in einer der aufgestellten Fahnen, aber Helche wusste, dass nicht ein plötzlicher Schnupfen den größten aller Helden heimgesucht hatte.

Mit geschickter Eleganz lenkte sie das Gespräch auf andere Dinge, ließ roten Wein in goldenen Schalen kredenzen und führte Dietrich behutsam zu männlicher Haltung zurück, währenddessen die Flagge im Hintergrund geräuschlos ausgetauscht wurde. Doch am Abend hatte sie einen Entschluss gefasst, und sie besuchte ihren Gatten in dessen Schlafgemach.

«Ist schon wieder Donnerstag?», fragte Etzel, der sich gerade «Der goldene Esel» vorlesen ließ.

«Heute war Dietrich von Bern bei mir», erklärte Helche, während sie die allzu jugendliche Vorleserin mit einer kaum merklichen Bewegung ihrer Augen aus dem Zimmer wies, «und er war ganz erbärmlich anzuschauen in seiner Trauer um den Verlust der Heimat. Mein lieber Mann, Dietrich hat dir zwei Reiche erfochten. Ich denke, du solltest dich nun endlich mal erkenntlich zeigen.»

«Ich wollte ihn zum Statthalter der Reußen machen!», verteidigte sich Etzel.

«Du bist und bleibst ein Grobian», schalt ihn Helche. «Statthalter, Stiefelhalter. Es ist Dietrich von Bern! Gib ihm ein Heer, damit er sein Land zurückgewinnen kann!»

«Warum schickt er dann dich?», fragte Etzel, der an einer wirklich spannenden Stelle unterbrochen worden war. «Warum bittet er nicht selbst?»

«Weil er ein Held ist! Dir gehört die halbe Welt, und zwar nicht, weil du drum gebeten hast. Und überhaupt: Wann hast du das letzte Mal bitte gesagt?»

Etzel schnaufte unwirsch.

«Gut, ich kümmere mich! Und jetzt lass mich die Geschichte zu Ende hören!»

Er puffte seine Kissen neu zurecht, und als er hernach seine Frau immer noch im Zimmer stehen sah, sagte er:

«Bitte!»

Etzel hielt sein Versprechen. Und als der Schnee schmolz, begann im Hunnenreich ein gewaltiges Rüsten und Sammeln. Die Kohlenmeiler rauchten im ganzen Land wie tausend kleine Vulkane, in den Schmieden hallten die Hämmer die ganze Nacht, und der Gestank der Gerbereien zog durch alle Gassen. Die Marketenderinnen beluden ihre Karren und Rummelbuchten. Das Pferdegewieher und Männergeschrei in der Stadt war so laut, dass Frauen, Kinder und Greise sich nur noch mit Gesten verständigen konnten.

Auch die jungen Söhne von Königin Helche und König Etzel, Scharf und Ort mit Namen, sahen, wie das Heer sich sammelte. Zusammen mit Dietrichs kleinem Bruder Dieter ritten sie am geschäftigen Treiben vorbei und meinten, ein größerer Feldzug wäre nie vorbereitet worden.

«Auf einen großen Feldzug folgt oft ein großer Frieden», sagte Dieter, und die beiden Etzelsöhne nickten missmutig.

«Ein langer Frieden!», setzte Dieter hinterher.

«Wir werden uns die glorreichen Taten der Kämpfer immer und immer wieder anhören müssen», murrte Ort.

«Für uns werden keine Heldentaten mehr übrig bleiben», knurrte Scharf.

«Wir müssen mit!», rief Dieter, und alle drei schlugen ihre Fäuste gegeneinander.

Zurück in der Königsburg bestürmten die Etzelsöhne und ihr Ziehbruder Dieter die Königin, sie mit in den Krieg gegen Ermanarich ziehen zu lassen. Helche, die es lieber sah, wenn ihre Söhne auf die Beizjagd nach Hasen ritten, erbat sich aus, eine Nacht darüber zu schlafen.

In der Nacht jedoch kam ein grausiger Traum zu ihr. Sie träumte, wie ein gezackter Drache durch das Dach ihres Hauses brach und ihre Söhne packte, mit ihnen durch die Nacht flog und sie schließlich auf einer weiten Heide im Morgendunst zerriss.

Noch am nächsten Morgen, als ihre beiden Söhne wissen wollten, ob ihnen die Heerfahrt gestattet würde, war sie ganz verstört von der Klarheit dieses Traums.

«Nein, meine Lieben», sagte Helche, «ihr könnt sicher schon ein Schwert führen, und im Sattel seid ihr so gut, wie es Steppensöhnen gebührt, aber niemals lasse ich euch so jung in eine Schlacht reiten!»

Die Etzelsöhne maulten und versuchten zu verhandeln.

«Dann lasst uns wenigstens mit dem Heer mitziehen, dass wir dabei sind, wenn die Krieger Aufstellung nehmen, und sie begrüßen können, wenn sie siegreich zurückkehren!»

«Nichts da! Auch bei einem Heerzug mitzutrotten, hat seine Gefahren. Andere Länder, andere Seuchen. Wer, bitte schön, soll auf euch aufpassen, wenn weder euer Vater noch eure Mutter da sind?»

«Ich», sagte da Dietrich von Bern, der mit Etzel in diesem Moment in den Saal gekommen war, um sich von der Königin zu verabschieden. «Ich wollte ohnehin meinen kleinen Bruder mitnehmen, auf dass er miterlebt, wie ich das Land unseres Vaters zurückgewinne. Es scheint mir unbillig, seinen besten Freunden zu verweigern, was ihm gewährt wird.»

«Hurra!», schrien die Etzelsöhne und der junge Dieter sofort.

«Nicht so schnell, meine Herren», sagte Etzel. «Ich sehe das ausnahmsweise genauso wie eure Mutter. Ihr seid keine Allerweltsknappen, sondern Königssöhne. Wenn Ermanarich erfährt – und er wird es erfahren –, dass ihr das Heer begleitet, dann versucht er, euch gefangen zu nehmen oder zu töten.»

Dietrich von Bern nahm die vor lauter Aussicht ganz hibbelig gewordenen Jungen in den Arm und meinte: «Macht Euch da keine Sorgen. Ich werde sie hüten wie meinen Augapfel. Und das werden auch meine Recken tun.»

Helche schüttelte den Kopf. «Ihr kennt sie nicht. Sie wirken oberflächlich folgsam, aber in ihnen lodert das wilde Feuer ihres Vaters. Wenn sie den Kampf riechen, werden sie nicht zu halten sein.»

Etzel warf seiner Frau einen verliebten Blick zu, doch der Verweis auf seine animalischen Instinkte bewirkte leider, dass er nicht länger nur Sorgenbeutel und Angstverstand sein wollte.

«Wenn Ihr uns Euer Wort gebt, Dietrich …», setzte er an.

«Ihr könnt sie guten Gewissens ziehen lassen! Mein Leben und meine Ehre verpfände ich für das Wohl Eurer Söhne!»

Etzel sah erneut zu Helche, und beide mussten zugeben, dass Dietrichs Wort von allen Eiden dieser Welt am schwersten wog, hatte er doch sogar sein Land geopfert, um seine Schwurbrüder vor dem Tod zu retten.

Am selben Tag noch setzte sich das Heer in Bewegung Richtung Österreich, bis das Lampartenland erreicht war. An der Grenze schickte Dietrich von Bern zwei Boten zu Ermanarich, da er nicht ohne Kriegserklärung in das Land, das ihm einst gehört hatte, einfallen wollte. Die Boten erreichten Ermanarich bei Raben, wo er sein Heerlager aufgeschlagen hatte. Sie traten würdevoll in sein Zelt und trugen die Kriegserklärung vor.

Ermanarich rekelte sich auf den Kissen und fragte: «War das alles?»

«Nein», sagten die Boten, «wir sind auch angehalten, Euch noch nach Altvätersitte zu verfluchen!»

«Na dann, fluchet mal los!»

«Verflucht sei dein Geist, den der Allherrscher verwirren möge. Du sollst Katzenschwanz sagen, wo du Schweinebraten sagen willst. Dein Selbstgefühl soll zerfallen wie Aas auf dem feuchten Waldboden! Du sollst nicht mehr wissen, ob du König bist oder Kellerassel! Ob Gesalbter oder Geschmierter! Kopf und Haut sollen dir bedeckt sein von Schrunden und Pusteln, an denen kein Kratzen das Jucken lindert! Verflucht sei dein Atem, der kurz und fiepsig werde wie der letzte Ton einer Maus in der Falle! Verflucht sei dein Nacken, der steif werde wie die Arschbacken deiner Wachen beim Morgenappell! Verflucht sei auch jedes deiner Schultergelenke! Mögen sie auskugeln, wann immer du sie bewegst! Verflucht seien deine Ellenbogen, an denen sich Schleimbeutel blähen sollen wie Wespennester! Verflucht sei deine Speiseröhre! Sie sei sauer wie Essig und trocken wie Sand und würge stets wieder nach oben, was nach unten will! Verflucht sei dein Darm, der nichts mehr halten soll! Verflucht seien zudem deine Galle und deine Nieren! Spitzzackige Steine sollen sie füllen wie Drusen aus Bergkristall! Dein Zahnfleisch soll weichen, bis die Zähne in den Knochentaschen klingeln, wenn du den hohlen Kopf bewegst! Hämorrhoiden und Krampfadern sollen dich hintenrum überziehen, dass du mehr Angst vorm Scheißen hast als vor der Hölle!»

So endeten die Boten und wirkten zufrieden.

«Und ihr Faxenmacher glaubt tatsächlich, dass so was wirkt?», lachte Ermanarich und verspeiste demonstrativ eine glasierte Drosselbrust.

«Vielleicht nicht sofort, aber irgendwann schon!», erklärten die Boten und empfahlen sich.

Ermanarich gurgelte etwas Malvasierwein hinunter und meinte dann zu Sibich: «Das waren doch gottverdammte Alphabeten und Pergamentkratzer! Ich sag immer: Wer lesen kann, kann einfach nicht mehr richtig fluchen!»

Am Morgen, als die Heere sich bei Raben zur Schlacht sammelten, sagte Dietrich von Bern zu den Seinen: «Mein Arm kann nur stark sein, wenn mein Herz frei ist. Wer passt während der Schlacht auf die jungen Heißsporne auf, die Etzelsöhne und meinen kleinen Bruder?»

Da blieben alle Hände unten, denn niemand wollte diese Schlacht verpassen, indem er Ammendienste leistete. Endlich trat der alte Elsan vor und fuhr sich unwirsch über den struppigen Bart.

«Ich war mir sicher, dass ich heute sterben würde, wie ich es mir all die Jahre in der Fremde erträumt habe. Mit einem Schwert im Leib oder einer Axt im Schädel, aber mit dem Geruch der heimatlichen Erde in der Nase. Aber es soll wohl nicht sein. Also höre ich mir heute lieber das Genörgel der zarten Prinzen an als das Gebrüll meiner Freunde!»

Die Spannung löste sich sofort, und die Kämpen überhäuften ihn mit Schultergeklopfe und Glückwünschen sowie allerlei frivolen Gelöbnissen, im Alter ebenso weise handeln zu wollen. Dann ging man sich rüsten und die Brünnen schnüren. Dietrich aber begab sich noch einmal zu den drei Jünglingen und nahm ihnen das Versprechen ab, dem Kampfgebiet fernzubleiben. Er sah auch dem alten Elsan tief in die Augen. Mehr konnte er nicht tun.

Kurz vor Mittag trafen die Heere aufeinander. Ins Blasen der Kriegshörner mischten sich das Krachen der Lanzen, der Klingklang der Schwerter, das Gebrüll der Krieger und das Gewieher der Pferde. So laut, dass es noch meilenweit zu hören war.

Im Lager saßen Dieter und die Etzelsöhne unter den strengen Blicken Elsans und knackten mit den Fingern, während die Sonne schon wieder tiefer sank.

«Guter alter Elsan», sagte Dieter, «lass uns etwas näher an die Schlacht reiten, dass wir den Sieg nicht nur hören, sondern auch sehen.»

Elsan schüttelte den Kopf.

Dieter und die Etzelsöhne schnitzten missmutig Stockspitzen mit ihren Kurzschwertern, als erneut ein gewaltiges Gebrüll aufschwoll und herüberschallte vom Kampfplatz.

«Bitte, Elsan», meinte Ort, «wer soll das denn aushalten? Wir wollen doch nur irgendeine Höhe hinaufreiten, wo wir ein bisschen was sehen können!»

«Wir reiten nur schnell hinauf, gucken ganz kurz und hauen gleich wieder ab. Ehrenwort!», ergänzte Scharf.

Elsan verneinte.

Dieter und die Etzelsöhne begannen zu flüstern. Dann erhob sich der Erste, sagte, er werde mal um die Ecke sein Wasser abschlagen, bald stand auch der Zweite auf und meinte, er gehe zum Kesselfeuer, um zu schauen, ob Suppe angesetzt sei, und schließlich verschwand auch der Dritte, angeblich um seinen Wetzstein aus dem Zelt zu holen. Der alte Elsan begriff erst, als er Schnauben, Wiehern, Peitschen und Johlen hörte. So schnell es seine alten Glieder erlaubten, sattelte er sein Pferd, stieg auf und ritt ihnen nach. Doch schon bald verlor sich ihre Spur. Elsan rief nach ihnen, beschwor sie, keine Dummheiten zu machen, aber er bekam keine Antwort.

Die drei jagten derweil über die Heide, einer dem anderen nach, wo immer sie das Geräusch des Krieges zu vernehmen glaubten. Aber je näher sie ihm kamen, umso dunstiger wurde die Sicht. Schließlich fanden sie sich ganz von Nebel umgeben, und das eiserne Scharten und Schnatzen, das Bummern und Trümmern, das Schreien und Stöhnen schien von überall her zu kommen. Nachdem sich Dieter und die Etzelsöhne noch eine Weile gestritten hatten, wohin zu reiten wäre, brach die Nacht herein. Zwar lichtete sich der Nebel, aber nun war es zu dunkel, um noch Pfad und Weg zu finden.

«Wir sind Schufte», sagte Dieter. «Der alte Elsan wird tausend Tode sterben, wenn wir heute Abend nicht ins Lager kommen!»

«Wäre er mit uns geritten und hätte uns die Schlacht gezeigt, hätten wir nicht ausbüxen müssen!», gab Scharf zurück.

«Ist doch egal», meinte Ort. «Wir suchen uns ein Plätzchen am Wacholder und wickeln uns in die Pferdedecken. Morgen früh wird die Sonne scheinen, und wir reiten getrost nach Hause!»

Und so taten sie.

Noch bevor es wieder hell über der Heide wurde, erwachten die Jünglinge vom langgezogenen Dröhnen der Kriegshörner. Auch der Nebel war wieder da. Der Lärm der Schlacht, der sich über Nacht gelegt hatte, schwoll erneut an. Und diesmal schien er wirklich nah zu sein. Als er nur noch ein paar Stadien entfernt war, rappelten sich Dieter und die Etzelsöhne auf und stiegen vorsichtshalber auf die Pferde, unschlüssig, ob sie bleiben oder fliehen sollten.

In diesem Moment flog ein halber Mann vor ihnen ins Heidekraut. Er war von der linken Schulter bis zur rechten Hüfte durchschnitten, und zwar mitsamt dem Arm, der was auch immer gehalten haben mochte. Ein Schwert, eine Lanze, eine Axt. Mit großen Augen und stockendem Atem schauten die jungen Männer den Torso und dann einander an.

«Wer ist dieser Unglückliche?», fragte Dieter.

«Gott steh uns bei, das ist … der Anführer der hunnischen Streitmacht, Herzog Naudung», stotterte Scharf.

Lange konnten sie nicht in der Betrachtung des Leichnams verweilen.

«Da, ein Drache», schrie Ort. Als die beiden anderen seinem Blick folgten, sahen sie im Flimmern über der Heide ein ungeheures Tier aus dem Nebel zwischen den Zypressen kommen. Die Strahlen der glühenden Sonne schienen aus ihm hervorzubrechen, und silberne Blitze stachen den drei erstarrten Jünglingen in die Augen. Von seinen gezackten

Flügeln troff schwarzes Blut. Erst als das dunkle Tier, heißen Atem schnaubend, voranging, lösten sich die Umrisse, und sie erkannten, dass es ein Mann auf einem blutüberströmten Ross war, der eben seinen Schild mit einer mächtigen Bewegung auf den Rücken geschoben hatte und nun sein blitzendes Schwert in die Scheide schob, mit einem Geräusch, das den Jünglingen beinahe das Fleisch von den Knochen riss.

«Ich weiß, wer das ist. Nur ein Schwert macht so ein Geräusch», sagte Dieter, gebannt auf den Ritter starrend. «Es ist Witege mit seinem Schwert Mimung.»

In diesem Augenblick erblickte Witege die drei Jünglinge, lockerte die Zügel und kam herbeigetrabt. Er sah die Hunnentracht der Etzelsöhne und rief: «He, ihr Knappen! Was strolcht ihr hier am Rand der Schlacht herum? Euer Anführer Herzog Naudung ist tot! Nehmt ihn mit, bevor ihn sich die Füchse schnappen. Ich muss leider zurück, noch ein paar von euch Hunnen töten, bevor es Mittag wird.»

Ort rief: «Noch nie hat ein Mensch ungestraft die Hunnen verhöhnt. Lasst uns ihn angreifen, dann wird es schnell mit ihm zu Ende sein, egal, was für ein Wunderschwert er führt.»

Ohne lange zu überlegen, ritten alle drei los. Scharf war als Erster bei Witege, doch er kam noch nicht einmal dazu, auszuholen, als er auch schon tödlich getroffen vom Pferd rutschte. Ort, der von der anderen Seite kam, erging es nicht besser. Zwar war er so geschickt, dem männermordenden Mimung fürs Erste auszuweichen, doch griff Witege mit der freien Hand nach seinem Hunnenschopf, riss ihn vom Pferd und stieß dem Fallenden noch im Sturz das Schwert in die Brust.

Übrig geblieben war nur noch Dieter. Voller Schmerz und Wut über den Tod seiner Freunde rannte er gegen Witege an. Dieser jedoch, neben dem Leichnam Orts kniend, erkannte plötzlich den Bruder seines ehemaligen Herrn und barg sich erschrocken unter dem Schild, als ihn der erste Hieb traf.

«Du bist der kleine Bruder Dietrichs», rief Witege. «Hör auf zu kämpfen! Ich werde dir nichts tun!»

«Ort und Scharf waren meine Freunde! Du hast sie erschlagen. Du hast meinen Bruder verraten! Du musst sterben, oder ich will nicht länger leben!», schrie Dieter.

«Lass von mir ab! Ich will dich nicht töten!», rief Witege unter dem Schild hervor. Doch Dieter schonte sich nicht und ging Witege bar jeder Deckung an. Er hätte Witege sicher erschlagen, wenn dieser nicht die breite Seite seines Schwertes schützend vor sich gehalten hätte.

«Ich bitte dich, Knabe. Lass das Kämpfen», flehte der am Boden liegende Witege. «Das ist Mimung. Einen zweiten Hieb dagegen wird dein Schwert nicht überstehen!»

«Das ist mir egal», schrie Dieter.

«Gott ist mein Zeuge, dass ich dich nicht töten will», sprach Witege nun. Dieters Schwert zerbrach wie ein trockener Ast, und der Jüngling stürzte ohne Halt auf Mimungs Klinge, noch bevor Witege sie wegziehen konnte. Mit Entsetzen sah Witege den Bruder seines ehemaligen Waffengefährten sterben, und er fühlte plötzlich etwas aus sich weichen, das ihn beherrscht hatte, seit er einst im fernen Seeland beschlossen hatte, ein großer Held zu werden. Er stieg wieder auf seinen Schimming und ritt zurück in die Schlacht. Er sah sich noch angreifen, und er sah sich noch töten, aber seiner Kraft schien das Ziel zu fehlen. Und plötzlich, hier mitten in Geschrei und Gefecht, begriff Witege, dass ihm dieses Ziel immer gefehlt hatte.

Noch den ganzen Tag wogte die Schlacht bei Raben hin und her, und der Tod hielt reichlich Ernte. Am Ende jedoch siegten die Männer Dietrichs, und Ermanarichs Leute wandten sich zur Flucht. Da verflüchtigte sich endlich auch der Nebel, der nichts anderes gewesen war als der dampfende Schweiß der wütenden Krieger. Dietrich stellte sich auf einen Stein, streckte das Schwert in die Luft, und großer Jubel brach aus unter den Recken des Berners.

«Bevor wir uns vom Kampf ausruhen», sagte Dietrich, «wollen wir das Schlachtfeld absuchen, die Verletzten bergen und die Toten bestatten, auf dass wir nicht achtlos werden bei aller Freude des Sieges!» Doch plötzlich sah Dietrich über die Heide einen alten Mann geritten kommen, und wie er ihn erkannte, glitt ihm beinahe das Schwert aus der Hand.

«Was suchst du hier auf dem Schlachtfeld?», rief er den alten Elsan an. «Wo sind mein Bruder und die Königssöhne?»

Noch ehe Elsan antworten konnte, erscholl ein Rufen und Jammern von der Heide. Gleich darauf kam ein Bote herübergeritten.

«Dietrich! Euer Bruder und die Königssöhne wurden erschlagen! Herzog Naudung ebenso!»

Dietrich sah Elsan kalten Auges an und enthauptete ihn, bevor der alte Mann noch einmal blinzelte. Dann warf sich Dietrich auf sein Pferd, jagte zu den Toten und sank vor ihnen auf die Knie. Er fiel vor Gram vornüber und küsste die Wunden seines Bruders.

«Was habe ich getan, mein Gott, dass du mich so bestrafst?», flüsterte Dietrich. «Warum hast du nicht meinen Bruder gerettet und mich stattdessen sterben lassen in dieser Schlacht, in der einzigen, in der es wahrlich lohnte?»

Dann sprang er auf, durch eine rätselhafte Wut verändert. Er hieb sich auf die Brust, dass es dröhnte, und schrie, dass es durch die Heide gellte: «Hör auf zu schlagen, Herz! Warum schlägst du noch, wenn ich es nicht mehr will? Warum folgen tausend Männer meinem Befehl bis in den Tod, und nur du nicht?»

Von allen Seiten kamen nun die Krieger, und jeder, der diesen Jammer sah, kämpfte mit den Tränen. Doch einer blieb fern, aber gerade nah genug, um alles beobachten zu können. Ein Ritter auf einem Rappen. Dietrich schien seine Gegenwart zu spüren, und sein Auge blieb an den sauberen, schwarzen Wunden hängen, mit denen die Toten durchschnitten waren.

«Witege», keuchte Dietrich, und im selben Augenblick traf sein suchender Blick den Mann am Rand der Heide. Das Keuchen ging in ein Brodeln über, und alle, die es für Märchen und Legende gehalten hatten, wenn von Dietrichs Feueratem die Rede war, wurden eines Besseren belehrt. Seine Augen glühten vor Hass, und der Zorn brach in feurigen Stößen aus seinem Hals. Im Nu saß er auf seinem schwarzen Ross, ohne Brünne und Helm, nur das blanke Schwert in der Hand, und preschte über die Heide, dass der Wirbelwind hinter den Flanken des Pferdes die Wacholderbüsche aus dem Boden riss. Als Witege Dietrich in lauter Sturm und Glut heransprengen sah, gab er seinem Schimming die Sporen und floh.

«Bleib stehen, Witege», schrie ihm Dietrich hinterher.

Witege wurde es heiß im Nacken. «Stell dich zum Kampf und stirb wie ein Mann für deine Untat!»

Witege rief: «Sie wollten mir ans Leben! Ich habe nur zurückgeschlagen. Ich gebe dir alles Gold und Silber, das ich habe!»

«Du bist kein Held und nie gewesen!», donnerte Dietrichs Stimme hinter ihm. «Du bist ein Schlächter mit einem Teufelsschwert. Ein wahrer Held würde nie sein Leben über die Ehre stellen! Bleib stehen, du feiger Hund, und zeig mir, wie du stirbst!»

Witege wandte sich um und sah Dietrich hinter sich glühen vor Zorn, auf Falke, der Blut schwitzte. Da fuhr ein Schrecken in Witeges Glieder, und ihm wurde kalt wie der Tod. Mit letzter Kraft trieb er Schimming ans nahe Meer auf die Klippen und zwang sein Pferd, mit einem gewaltigen Satz in die brausende Flut zu springen. Voll rasender Wut warf Dietrich ihm seine Lanze nach, aber er traf nur den Ufersand. Dietrich sah die Wellen über Witege zusammenschlagen, und für einen Moment meinte er, die Arme einer Meerfrau zu erkennen, die sich um ihn schlangen.

DIETRICHS RÜCKKEHR

Als Dietrich von Bern zu den Toten in der Heide zurückgekehrt war, drängten ihn seine Kämpen, die Verfolgung des geschlagenen Heers von Ermanarich aufzunehmen und sein Land endlich zurückzugewinnen.

«Ich will nicht mehr», sagte Dietrich ungewohnte Worte.

«Wie soll ich noch Hunnen in diesem Krieg kämpfen lassen, wenn ich nicht einmal die Söhne ihres Königs, für die ich mit Ehre und Leben bürgte, beschützen konnte?»

Markgraf Rüdiger versuchte, ihn zu trösten, indem er davon sprach, dass der Tod seines Bruders Dieter und der Etzelsöhne ganz und gar umsonst gewesen sei, wenn er den Sieg jetzt nicht nütze, aber Dietrichs Herz war gebrochen. Er warf sein Schwert fort. So kam es, dass anderntags das Heer der Hunnen aufbrach, um in die Heimat zurückzukehren – und Dietrich von Bern ihm folgte, kraftlos wie ein schwankender Mönch auf einem altersschwachen Esel.

Als sie nach Gran kamen, der Grenzstadt des Hunnenreiches, wo Etzel und Helche die Truppen begrüßen wollten, sagte Dietrich zu Markgraf Rüdiger: «Ich kann Etzel und Helche nicht unter die Augen treten, und doch kann ich auch nirgendwo anders hin! Was ratet Ihr mir?»

Markgraf Rüdiger erklärte, er verstehe Dietrichs Qualen und werde an Dietrichs statt dem hunnischen Königspaar die Todesnachricht überbringen. Dietrich blieb also vor der Stadtmauer zurück und wusch sein Haar mit Staub.

Als das Hunnenheer nach Gran hineinritt, hielten der König und die Königin vergebens Ausschau nach ihren Söhnen. Und gerade als Helche ihren Mann fragen wollte, ob er eine Erklärung dafür habe, sahen sie den Markgrafen Rüdiger, der zwei königliche Pferde mit sich führte, reiterlos und mit blutbespritzten Sätteln. Ohne ein weiteres Wort fiel Helche ohnmächtig zu Boden. Der Markgraf ging gesenkten Hauptes zum hunnischen Königspaar.

«Ich hoffe, Dietrich von Bern ist ebenfalls tot», sagte Etzel hart. «Er bürgte mit seinem Leben für das meiner Söhne!»

Markgraf Rüdiger antwortete, dass Etzel Dietrich

Unrecht tue. Er habe vor der Schlacht einen bewährten Recken, den alten Elsan, mit der Obhut beauftragt, doch die Jungherren seien ihm entflohen und auf der Suche nach dem Schlachtfeld in ein Gefecht geraten, das sie nicht gewinnen konnten. Dietrich habe Elsan mit dem Tode bestraft. Er warte vor der Stadt, untröstlich ob des Todes nicht nur der Königssöhne, sondern auch seines eigenen Bruders.

Etzel ging und führte seine von Trauer gebeugte Frau vor die Stadt zu Dietrich von Bern.

«Wie sind meine Söhne und Euer Bruder gestorben?», wollte Etzel wissen. Nachdem Dietrich berichtet hatte, legte Etzel eine Hand auf seine Schulter.

«Es ist besser, in einem ungerechten Kampf zu unterliegen als in einem gerechten.»

Selbst Helche unterdrückte ihre Tränen und sagte: «Niemand weiß, welchen Tod der Himmel für uns ausersehen hat. Ich bin Euch nicht gram. Kommt mit uns, damit wir die Toten zusammen beklagen.»

So kehrte Dietrich in das Hunnenreich zurück und blieb dort noch viele Jahre. Helche jedoch, so tapfer sie auch gewesen war in diesem Augenblick, verwand den Tod ihrer Söhne nicht. Eine Krankheit befiel sie, und als es ans Sterben ging, suchten sie schwere Träume heim. Sie ließ dem König folgende Nachricht überbringen: «Wenn ich fortgegangen bin, mein lieber Etzel, trauere so lange, bis dein Verstand wieder klar ist. Dann such dir eine neue Frau, eine gute Frau, doch keinesfalls eine vom Geschlecht der Burgunden, sei sie auch die schönste Frau der Welt. Mir träumte großes Unheil, wenn du solches tun solltest.»

Nach diesen Worten sank ihr Atem, um sich nie wieder zu heben.

Etzel, der nicht wusste, wie oft schon Helches Träume die Zukunft geschaut hatten und ihre Worte dem Fieber zuschrieb, erlag dem Zauber der Burgundin Kriemhild, und die Etzelburg sah ein Blutbad, wie es nie zuvor und nie danach geschehen war. Nur König Etzel, Dietrich von Bern und Meister Hildebrand blieben am Leben. Doch davon soll an anderer Stelle die Rede sein.

Eines Tages kam ein Bote aus Rom zu Dietrich, der die Nachricht brachte, König Ermanarich liege im Sterben.

«Was hat er denn?», erkundigte sich Dietrich von Bern.

«Ja, komisch, erst wurde sein Hals trocken und sauer, dann bekam er Pickel und Pusteln. Sein Atem wurde kurz, sein Nacken steif. Unentwegt sprangen ihm die Schultern aus den Gelenken. Dazu kamen Eiterbeulen an den Ellenbogen. Auch Nierensteine, aber von der üppigen Art. Die Zähne wurden locker, und am Popo ringelten sich Krampfadern, dass er ganz wirr wurde und sich für eine Kellerassel hielt. Er schreit fortwährend nach den Köchen und will Katzenschwänze essen. Und wenn man sie ihm bringt, gerät er außer sich und brüllt, er hätte Katzenschwänze gesagt. Alles in allem kein schöner Zustand.»

«Na, sieh mal einer an», sagte Dietrich.

«Er wird sterben», meinte der Bote, «sein Kanzler sitzt schon den Thron warm. Doch die Leute hassen Sibich, weil er ein Blutsauger ist. Für kein Gold der Welt wird er ein Heer zusammengeblasen bekommen, wie es Ermanarich seinerzeit schaffte. Wie auch immer, Dietrich: Euer Licht strahlt jetzt heller als je zuvor! Die Leute in Bern und Raben erzählen sich schon Sagen von Euch.»

«Sagt bloß! Was erzählen sie sich denn?»

«Dass Ihr entrückt wäret zu den Göttern und jetzt als Sturmwind über Euer Land braust!»

«Nicht schlecht. Eine große Dürre wäre ich ungern gewesen.»

«Man sagt, Ihr hättet einst auf der Jagd einen herrlichen Hirsch erblickt, gerade so einen, wie Ihr ihn als Zwölfjähriger einmal gesehen hättet und laufen ließet um des Zwerges Alberich willen. Man sagt, Ihr hättet nach Eurem Pferd gerufen, aber noch ehe die Diener es herbeischaffen konnten, hätte plötzlich ein schwarzes Pferd an Eurer Seite gestanden, von dem keiner wusste, woher es kam. Auf dieses seid Ihr gesprungen, um dem Hirsch nachzusetzen, und es sei mit Euch auf und davon, schneller, als ein Vogel fliegt. Dies sei geschehen und wird erzählt, weil ein so plötzlich Verschwundener immer zurückkommen könne, ein Verstorbener jedoch nicht. Ihr versteht?»

«Mich rührt meines Volkes Poesie.»

«Was ich sagen will: Wenn Ihr Euer Königreich im Handstreich wiederhaben wollt, dann wäre jetzt der richtige Zeitpunkt.»

Dietrich von Bern umarmte den Boten und ließ ihm einen Batzen roten Goldes aushändigen.

Am Abend saßen Dietrich und Meister Hildebrand zusammen und schütteten Wasser in den Wein, weil sie ihn so schwer nicht mehr vertrugen. Dietrich schwieg, holte schließlich tief Luft und sagte: «Ich will lieber im Lampartenland sterben, als hier irgendwann tot überm Pferd zu hängen. Die Hunnen sind lieb und nett, aber das Alter will die Hügel der Kindheit wiedersehen. Was meinst du, Hildebrand? Sollten wir uns nicht ein paar brave Ritter nehmen und hinübermachen nach Bern und Raben?»

Damit schlug er Hildebrand auf die Schulter, der einen kurzen Schmerzlaut durch die zusammengebissenen Zähne zischte, weil er schon das Reißen im Gelenk hatte.

«Ich habe schon gedacht, Ihr würdet es nie mehr sagen», sagte Hildebrand dann und wischte sich etwas aus dem Augenwinkel.

Kurze Zeit später wünschten sie König Etzel Lebewohl und machten sich auf die Reise. Sie trabten über die Pannonische Tiefebene, querten mit dem kleinen Tross das Karstgebirge, zogen an der Lagune am Ende des Adriatischen Meeres vorbei und standen schließlich an der Brandau, wo ihnen schon viel Volk entgegenkam, sie zu begrüßen oder mit ihnen um die Heimat zu kämpfen. Hier trennten sich Dietrich, der, bejubelt und fast getragen von Männern, Frauen und Kindern, geradewegs nach Bern wollte, und Meister Hildebrand, der mit einem kleinen Haufen seinem Herrn das stolze Raben wiedergewinnen sollte.

Hildebrand und seine Männer hatten den Adige gerade überschritten, als ihnen ein Trupp Reiter in den Farben des Königs von Rom entgegenkam. Ein unruhiger junger Mann führte sie an, der offenbar auf Streit aus war. Meister Hildebrand, der angesichts des allgemeinen Jubels im Lampartenland keinen Widerstand mehr erwartet hatte, hieß die Seinen sich wappnen und bereitmachen für den Kampf. Er band seinen Helm fest und griff seine Lanze, dann sprach er: «Ich denke, wir können das Gefecht vermeiden, wenn ich dem Heißsporn da drüben einen Zweikampf anbiete. Ich bin zwar alt, aber wenn ich den da sehe, kommt es mir vor, als sähe ich mich selbst in jungen Jahren. Ich weiß schon, was er vorhat, bevor er selbst es weiß. Macht euch keine Sorgen!»

Dann ritt Hildebrand gemächlich auf das weite Feld zwischen den Truppen und auf sein Schicksal zu, das ihm bestimmt war, seit er vor sechzig Wintern seine Heimat verlassen hatte, um das Abenteuer zu suchen.

ORTNIT UND WOLFDIETRICH

König Ortnit hatte alles, aber keine Frau. Vom Gebirge bis zum Meer hatten sich alle Länder dem Herrscher der Lamparten unterworfen. Doch da er weder Weib noch Kinder hatte, schien sein Reich nicht älter zu werden als er selbst. Das war geradeheraus zu wenig, denn ein Reich muss viele Bäuche satt machen, und wie sollen all die Menschen planen, wenn ein verdorbenes Hühnchen, ein wundbrennender Kratzer am linken Daumen oder ein neugieriger Pestfloh im Schlafgemach diesem Ein-Mann-Wunder-Reich schon wieder ein Ende machen konnten?

So drehten sich auch bald die Gespräche um Brautschau und Heirat. Zunächst noch in weiten und gemächlichen Kreisen, doch je weiter König Ortnit die Mannesreife hinter sich ließ, wurden diese Kreise immer enger. Bis schließlich jedes zweite Wort eine Anspielung war.

«Ich bin ja nicht schwer von Begriff», erklärte Ortnit eines Tages. «Mir ist schon klar, dass ich mir eine Frau nehmen muss. Aber kann mir vielleicht einer von euch Heiratsenthusiasten erklären, wo ich eine Gemahlin finde, die meiner würdig ist?»

Die Getreuen nickten schuldbewusst und begannen zu grübeln. Sie gingen alle Töchter und jungen Witwen des bekannten Erdkreises durch, aber keine war Ortnit ebenbürtig. Schließlich rief Iljas von Reußen, der Onkel Ortnits: «Ich hab's!» Doch als alle zu ihm schauten, winkte er ab und sank wieder in sich zusammen.

«Ach, ich hätte meine Zunge hüten sollen», meinte Iljas. «Es gibt zwar eine, die perfekt wäre, aber die ist … Vergesst am besten, was ich sagen wollte.»

«Willst du mich wahnsinnig machen?», rief Ortnit. «Wie soll ich etwas vergessen, was du noch nicht mal gesagt hast? Raus mit der Sprache, aber ein bisschen plötzlich!»

«Also», räusperte sich Iljas, «es gibt eine. Wunderschön und von so hohem Liebreiz, dass sich der Löwe zu den Lämmern legt, wenn sie erscheint.»

«Potzblitz! Das gibt's nicht alle Tage. Beschreib sie näher!»

Iljas straffte sich und hub an.

«Ihr Haar glänzt wie ein Sternenfeld, und ihr Mund ist die Versuchung selbst.»

«Aha.»

«Wie Blumenduft ist jedes Wort, das über ihre Lippen kommt. Begehrst du sie, so kann ich das verstehen.»

«Ja, Teufel auch!» Ortnit sprang von seinem Thron auf. «Wo wohnt die Herrlichste? Ich schicke heute noch einen Boten und lasse sie als Braut werben!»

«Genau das ist das Problem. Ihr Vater ist Machorel, der mächtigste König im Morgenland. Auf Burg Montabur hockt der grimmige Mann. Er lässt jedem, der auch nur

Braut oder Heirat sagt, sofort den Kopf abschlagen. Den steckt er dann auf die Zinnen seiner Burg. Zweiundsiebzig Köpfe starren schon dort oben in die wüste Gegend.»

«Klingt nach väterlicher Eifersucht. Der Mann kann sich offenbar nicht von seiner Tochter lösen. Aber da kann man nachhelfen.»

«Vorsicht, Ortnit! Es bräuchte ein gewaltiges Heer und eine gefährliche Fahrt über das Meer. Und selbst wenn dies gelänge: Die Sonne sengt dort so entsetzlich, dass die eisernen Helme unsere Ohren zu Speck brutzeln werden. Es gibt giftige Skorpione und Taranteln, die nächtens in unsere Stiefel krabbeln. Schließlich auch Nashörner auf offener Flur, die alles umrammen, was nicht bei drei auf dem Baum ist.»

«Ja, und?»

«Es gibt nicht genug Bäume für uns alle!»

«Du redest wie ein altes Weib», sagte Ortnit zu Iljas. «Klar werden viele auf dieser Reise sterben. Aber, Hand aufs Herz, von einem Nashorn in den Himmel befördert zu werden, ist das nicht ein Tod für Legenden? Wer mein Freund ist, kommt mit und hilft mir, diese unerreichbare Schönheit für den Lampartenthron zu gewinnen!»

Da wollte niemand mehr widersprechen, und die zunächst nur vereinzelten Hochrufe wuchsen bald zu allgemeinem Jubel zusammen. Ortnit ließ seine Schatzkammer öffnen und gab jedem, der sich dieser bewaffneten Brautwerbung anschloss, reichlich Geld und Gold. Ortnit hieß seine Kämpen, sich im Mai zur Abreise zu versammeln. Alle schworen, dies zu tun.

König Ortnit blieb in Garda. Der Winter kam und machte ihn untätig. Seine Gedanken schweiften ins ferne

Morgenland, wo die Schönste aller Frauen in Gewändern von atemberaubender Zartheit auf ihrer Burg einherging und der Wüstenwind ihre holde Gestalt umschmeichelte. Als schließlich der Frühling herankam, war er von diesen Vorstellungen so rollig und ranzig geworden, dass er es nicht länger aushielt und einen Ausritt plante.

ORTNIT UND ALBERICH

Ortnit wollte gerade mit seinem Pferd durchs Burgtor, als er die alte Königin sah, seine Mutter. Und damit nicht genug: Sie sah auch ihn. Mit Bedacht war er ihr aus dem Weg gegangen, seit er seine Morgenlandfahrt beschlossen hatte.

«Muss das sein?», klagte seine Mutter, und Ortnit hatte wie immer ein bisschen das Gefühl, dass sie damit irgendwie alles meinte.

«Ja, es muss», kürzte Ortnit das Gespräch so höflich als möglich ab. «Mein Entschluss steht fest: Ich erobere das Herz der wunderschönen Tochter des grimmigen Wüstenfürsten Machorel.»

«Wie ist eigentlich ihr Name?», fragte seine Mutter.

«Das spielt doch keine Rolle», zürnte Ortnit jetzt, weil ihn seine Mutter wieder mal bei einer Unaufmerksamkeit ertappt hatte.

Ortnits Mutter legte ihre Hand auf seinen Oberschenkel. «Ich bin nur eine arme, alte, schwache, kranke Frau, auf die niemand hört. Aber du sollst wissen, dass es mich umbringen würde, wenn dir etwas zustieße auf dieser Fahrt! So wie es mich fast umgebracht hat, als ich mit dir schwanger wurde, ach, diese Krämpfe damals …»

«Immer musst du mir Schuldgefühle machen. Ich kann nicht tatenlos zu Hause hocken, nur damit du einen ruhigen Lebensabend hast. Ein Mann muss hinaus und Gefahren bestehen!»

«Gut», sprach die Königin, während sie in ihrer Tasche nach etwas suchte. «Wenn ich dich schon nicht aufhalten kann, dann nimm wenigstens diesen Ring von mir. Achte darauf, dass du ihn nicht verlierst oder fortgibst!»

«Mach ich», sagte Ortnit.

«Machst du nicht. Ich kenne dich.»

«Hier siehst du», sagte Ortnit und steckte sich den Ring mit großer Geste an den Finger, «da ist er. An meinem Finger. Ein kleiner, goldener Ring mit einem Edelstein. Von meiner lieben Mutter. Damit ich immer an sie denke!»

«Du machst dich lustig», meinte die Königin streng. «Doch das ist kein gewöhnlicher Ring. Sein Stein hat besondere Kraft. Pass gut auf ihn auf und lass ihn dir nie abhandeln, egal, was man dafür böte.»

Mit der Routine des oft Ermahnten versicherte Ortnit, alles zu beherzigen. Dann beugte er sich, küsste seiner Mutter die Stirn und wollte fort. Aber sie hielt ihn noch bei der Hand und sagte: «Wenn du jetzt aus der Stadt reitest, so nimm den Weg zum Gebirge, bis du auf einen Anger kommst, wo eine mächtige Linde an einem kühlen Brunnen steht. Dort wartet ein Abenteuer auf dich. Mal sehen, ob du ihm gewachsen bist.»

Ortnit ritt davon und vertrieb sich noch eine Weile die Zeit damit, die Ermahnungen seiner Mutter nachzuäffen. «Merke nur auf, mein lieber Sohn! Dieser Stein ist von ganz besonderer Kraft. Ein lapiszulierter Amethyst, der die Nase frei macht und das Ohrensausen heilt. Ein karneolischer Jaspis, der gegen Schluckauf wirkt und den Darmwinden zu lindem Abgang verhilft. Halte ihn immer in Ehren! Mir hat er in den Wechseljahren viel Gutes getan!»

So fabulierte und lachte sich Ortnit über den Tag, und wer ihn sah, dachte wahrscheinlich, der König sei nicht ganz bei Trost. Ortnit ritt dabei geradewegs den Bergen zu, die in der Ferne mit ihren Schneegipfeln leuchteten. Er ließ sein Pferd geruhsam gehen, und so ging es mit ihm durch den Tag, in den Abend hinein und die Nacht hindurch.

Als am nächsten Morgen die Sonne aufging und ihre Strahlen seinen krummen Rücken wärmten, beschloss Ortnit, Rast zu machen. Er überlegte noch, ob er hier oder da halten sollte, als sein Blick wie zufällig den Ring an seiner Hand traf. Der Edelstein funkelte ganz sonderbar im Licht der Morgensonne, als glühe ein kleines Feuer darin. Da hielt Ortnit an und sah sich um. Er stand am Ufer des Gardasees, am Horizont die hohen Berge, inmitten einer Wiese. Durch das frische Gras führte eine Spur, wie sie wohl von Kinderfüßen stammen mochte. Ortnit stieg ab und folgte ihr.

Bald erreichte er einen Anger, auf welchem eine mächtige Linde neben einem Brunnen stand. Er hatte sein Pferd zum Baum geführt, um es anzubinden, als er im Schatten der Blätter einen schlafenden Knaben im Gras liegen sah. Ortnit hätte ihn für einen Hirtenknaben gehalten, wäre sein Kleid nicht mit lauter Edelsteinen verziert gewesen. Ausgeschlossen, dass ein Kind in einem so prächtigen Gewand allein auf weiter Flur unterwegs war. Ortnit blickte sich um, aber er konnte niemanden sehen. Er wollte das Kind schon aus dem Gras heben, doch in diesem Augenblick versetzte ihm der Kleine einen Schlag auf die Brust, dass Ortnit der Atem stockte.

«Verflixter Kerl», rief er, «aber warte, mit dir werde ich fertig!»

Er warf sich auf das Kind, das sich ihm zu entwinden suchte. Doch wie er mit ihm rang, lachte der Junge aus voller Kehle und wehrte sich mit mehr Kraft, als ein erwachsener Mann aufgebracht hatte. Das dünkte Ortnit schließlich so sonderbar, dass er sich sicher war, es mit einem Zauberwesen zu tun haben. Und wenn Ortnit irgendetwas wusste, dann dass man mit Zauberwesen nicht lange fackeln sollte. Er nahm all seine Kräfte zusammen, überwältigte den schauderhaft lachenden Kleinen, warf ihn auf den Rücken, zog sein Schwert und holte aus, um ihn zu erschlagen. Doch dieser rief: «Bist du wahnsinnig, wegen so einer Kabbelei das Schwert zu zücken? Wenn du mich am Boden hast, dann nimm mich gefangen und fessele mich, wie es jeder Mann von Ehre tun würde!»

Ortnit hielt das Schwert drohend in der Luft und sagte: «Ich bin nicht so der Gefangennehmer. Da hat man nur Scherereien. Außerdem bist du unnatürlich stark für deine Größe. Nein, nein, mein Freund: Da hau ich dir lieber den Kopf ab und guck dann in Ruhe nach, was für ein komisches Wesen mir da untergekommen ist.»

Dem Kleinen sprang das nackte Grauen ins Gesicht.

«Halt ein! Mach dich nicht unglücklich! Ich trage nicht umsonst ein so kostbares Kleid. Ich bin begabt und vermögend und kann dich reich beschenken, wenn du mich freilässt! Du bekommst eine Rüstung vom Feinsten! Einen Helm, so schön, dass deinen Feinden vor lauter Staunen der

Schwertarm sinken wird! Ein Schild, so fest, dass Rammböcke an ihm zersplittern! Ein Schwert gebe ich dir, so scharf und so hart, dass man Drachenhaut damit schneiden kann! Es heißt Rose und ist die Krone aller Schwerter. Und zu guter Letzt noch Beinschienen aus reinstem Gold, die deine Gegner blenden, wenn du ihnen im Sonnenschein entgegenreitest! Ich habe sie selbst geschmiedet. Das Erz dafür habe ich extra aus Arabien und dem Kaukasus geholt.»

Von einer solchen Fülle lockender Worte überschüttet, begann Ortnits tödlicher Entschluss zu wanken. «Ich lasse dich nicht eher los, bist du mir sagst, wer du bist», tarnte er sein Nachgeben.

«Ich bin Alberich, der Zwergenkönig. Mein Reich liegt hier in den Bergen des Lampartenlandes.»

Ortnit nahm sein Schwert herunter und atmete einmal tief aus, weil ihm dann doch aufging, dass er sich beinahe um eine Riesenchance gebracht hätte.

«Du warst in Arabien, du Wicht? Das trifft sich gut. Zufällig gibt es dort ein schönes Mädchen, das ich zur Frau nehmen will. Wenn du mir dabei hilfst, lass ich dich am Leben!»

«In Arabien gibt es viele schöne Mädchen, aber es gibt auch viele finstere Männer, die auf die schönen Mädchen aufpassen», sagte Alberich. «Aber wenn sie es wert ist, bin ich bereit, mein Leben dafür einzusetzen.»

«Und ob sie es wert ist», entgegnete Ortnit. «Sie ist die Schönste von allen. Ihr Vater ist König Machorel auf Burg Montabur. Der lässt aber alle Werber köpfen. Das ist natürlich keine Art, mit Leuten umzugehen, und deswegen ziehe ich demnächst mit meinem Heer ins Morgenland und klär das mit ihm auf die rüde Tour!»

Plötzlich blickte Alberich mit großem Interesse auf den funkelnden Ring, den Ortnit am Finger trug.

«Kann ich den mal kurz haben?», fragte er und zeigte auf den Ring.

«Den Ring? Nein, das geht leider nicht!»

«Nur ganz kurz. Will nur was gucken.»

«Gucken kannste. Aber haben ist nicht.»

«Warum gibst du ihn mir nicht? Glaubst du, ich renn damit weg?»

Ortnit lachte. «Ich würde dich schon kriegen mit deinen kurzen Zwergenbeinen. Nein, ich gebe ihn dir nicht, weil es der Ring meiner Mutter ist und ich es ihr versprochen habe.»

«Ach, du bist ein Muttersöhnchen! Dann behalte ihn mal schön, sonst schimpft sie nachher noch mit dir!»

Der Zwergenkönig lachte albern, und Ortnit wurde wütend. Einerseits hatte er seiner Mutter versprochen, den Ring nicht aus der Hand zu geben, andererseits gab es auch keinen ersichtlichen Grund, ihn Alberich nicht für einen Moment zu zeigen. Und seiner Mutter zu gehorchen, nur um des Gehorsams willen, widerstrebte Ortnit.

«Na gut, du kannst ihn einmal ganz kurz angucken, aber versprich mir, dass du ihn mir gleich zurückgibst!»

Ortnit reichte Alberich den kleinen Finger. Der zog den Ring herunter und war im selben Moment verschwunden.

«He, was soll das?», rief Ortnit. «Wo bist du?»

«Hättest du auf deine Mutter gehört, müsstest du jetzt nicht so dumm fragen. Nur mit diesem Ring konntest du mich sehen, und nur mit diesem Ring konntest du mich überhaupt besiegen.»

«Gib den Ring wieder! Versprochen ist versprochen und wird auch nicht gebrochen!»

«Das gilt nicht für Holzköpfe wie dich», höhnte der unsichtbare Alberich. «Wie kann man so dämlich sein, ein sicher gewonnenes Spiel wieder aus der Hand zu geben? Dir soll ich helfen, eine Braut im Morgenland zu finden? Das kannst du so was von vergessen!»

Ortnit rang um Fassung.

«Und was ist mit der Rüstung, die du mir versprochen hast, damit ich dich am Leben lasse? Gilt das jetzt auch nicht mehr?»

«Bestimmt gebe ich einem Tölpel wie dir eine so wunderbare Rüstung! Da könnte ich sie ja gleich irgendwo in den Dreck schmeißen!», gellte es hinter Ortnit, der jetzt vor Wut mit Steinen um sich warf. Aber er erntete nur Gelächter.

Als Ortnit sah, dass er gegen den unsichtbaren Alberich nichts mehr ausrichten konnte, band er zornig sein Pferd los, stieg auf und wollte losreiten, doch jemand hielt seine Zügel fest.

«Nun gib doch nicht gleich auf», hörte er die Stimme des Zwergenkönigs. «Du willst doch jetzt nicht wirklich nach Hause reiten und deiner Mutter beichten, dass du den Ring fortgegeben hast. Sie wird dir eine Tracht Prügel verabreichen!»

Ortnit lachte verächtlich.

«Nein, sie wird lamentieren, wie fürchterlich enttäuscht sie von mir ist. Sie wird mich fragen, wann ich denn endlich mal erwachsen werde. Und insgeheim wird sie es genießen. Weil sie wieder recht behalten hat. Die blöde Kuh!»

«Rede nicht so von deiner Mutter! Deine Mutter ist eine wunderbare Frau, und du solltest sie in Ehren halten!»

«Was geht dich das an?»

«Das wirst du gleich hören», sagte Alberich. «Streck die Hand aus!»

Ortnit tat es. Alberich schob ihm den Ring auf den Finger und erschien im selben Moment wieder vor Ortnits Augen.

«Was weißt du von meiner Mutter?»

Der Zwergenkönig trat von einem Bein aufs andere, blickte mal hierhin, mal dorthin und verzog den Mund, als könne er sich nicht entscheiden, wie er beginnen solle.

«Ortnit! Versprich mir, dass du unter allen Umständen ruhig bleibst und keine unüberlegten Dinge tust wie Kopfabschlagen oder so, und zwar egal, was ich dir erzähle!»

«Wir beide lassen das mal mit den Versprechen», meinte Ortnit. «Wähle einfach deine Worte, dann passiert schon nichts!»

Alberich holte tief Luft und begann: «Als du mir den Kopf abschlagen wolltest, hättest du, ohne es zu wissen, eine schwere Sünde begangen … nämlich … die Sünde des Vatermords. Denn obschon ich klein bin und du groß, und obschon ich genial und gerissen bin und du … na ja, so sind wir doch … Vater und Sohn.»

Alberich legte die Hände zusammen und sah Ortnit mit einem warmen Blick an.

«Ich glaube dir kein Wort», sagte Ortnit. «Meine Mutter mag ihre Macken haben, aber sie ist keine Ehebrecherin, und schon gar nicht mit einem Zwerg.»

«Soll ich es dir beweisen?»

«Da bin ich aber gespannt.»

«Hat deine Mutter dir mal erzählt, dass sie Krämpfe hatte, als sie mit dir schwanger wurde …?»

«Woher weißt du das? Das hat meine Mutter nur mir allein unter dem Siegel der Verschwiegenheit erzählt. Wenn auch etwas zu oft.»

«Es waren keine Krämpfe. Es waren Kämpfe. Du musst wissen, dass deine Mutter und ihr königlicher Gemahl, den du Vater nennst, sich schon lange ein Kind wünschten, aber es klappte einfach nicht. Jahre gingen ins Land, und deine Mutter kam in das Alter, in dem ihre Fruchtbarkeit zu vertrocknen drohte. Oft hörte ich sie weinen und beten, dass ihr der Herrgott einen Thronerben schenken möge. Schließlich hielt ich es nicht länger aus, straffte und ermannte mich und kam eines Nachts über sie.»

«Wie … über sie?»

«Über sie … auf sie drauf. Tu doch jetzt nicht so begriffsstutzig!»

«Tut mir leid, aber ich kenne meine Mutter. Wenn die von einem Zwerg vergewaltigt worden wäre …»

«Von einem Zwergenkönig!»

«Wenn meine Mutter einen Zwerg auch nur in ihrem Schlafzimmer gesehen hätte, hätte sie Alarm geschlagen. Kannste aber wissen. Da wären sofort hundert Leute da gewesen. Da wärst eher du vergewaltigt worden als meine Mutter!»

«Tja, mein Sohn! Die Kunst der Zwerge ist nicht umsonst so berühmt. Ich war unsichtbar. Deswegen verstand deine Mutter gar nicht, was vor sich ging und hielt es für … naaa?»

«Krämpfe!»

Ortnit atmete tief aus, um das eben Gehörte erst mal sacken zu lassen. Dann fragte er: «Und … wie oft … hatte sie diese … Krämpfe?»

«Nur so lange, bis ich sicher sein konnte, dass sie schwanger war. Es war notwendig. Die Königshaus drohte, blind zu enden.»

«Ich wäre lieber ausgestorben, als einen Zwerg zum Vater zu haben!»

«Darüber wirst du anders denken, wenn ich dir jetzt das versprochene Geschenk überreiche: die beste Rüstung und das beste Schwert, die je ein Ritter getragen hat.»

Alberich verschwand und kam bald mit dem Versprochenen zurück. Die Rüstung passte wie angegossen und war leicht wie ein Hemd. Ortnit bewunderte den Schwertknopf, welcher aus einem einzigen riesengroßen Karfunkelstein gearbeitet war. Dann betrachtete er die glänzende Schwertklinge und entdeckte, dass sein Name dort eingraviert war. Da dämmerte ihm was.

«Das war hier alles ein abgekartetes Spiel! Das habt ihr euch doch gemeinsam ausgeknobelt!»

Alberich rieb sich die Hände. «Unterschätze nie deine Eltern! Als ich sah, wie deine Mutter aus Sorge um dich weinte, ging ich zu ihr und enthüllte ihr das Geheimnis deiner Zeugung. Ich gab ihr den Ring, der mich sichtbar macht, und wir kamen überein, dass ich dich ein bisschen unterstütze. Sozusagen als Wiedergutmachung für die Verge…»

«Ich möchte davon nichts mehr hören!», unterbrach ihn Ortnit.

Er stieg endgültig auf sein Pferd und empfahl sich. Als Ortnit ein paar Schritte vom Lindenbaum entfernt war, hörte er noch einmal Alberichs Stimme.

«Pass auf den Ring auf! Solange du ihn hast, bin ich immer bei dir, wenn du mich brauchst. Lass ihn dir nicht abschwatzen, auch nicht für ganz kurz!»

Ortnit verdrehte die Augen und gab seinem Pferd endlich einen kleinen Tritt in die Weichen, auf dass es davonsprang.

«Ich kenne dich», rief ihm Alberich hinterher, und Ortnit stöhnte, wie nur ein junger Mann stöhnen kann.

INS MORGENLAND

Als die Krähen im sprießenden Weizen verschwanden, sammelten sich die Recken zur Morgenlandfahrt. Ortnit übergab Helmnot von Tuskan alle Amtsvollmacht und befahl ihm seine Mutter zur Obhut. Dann schiffte sich das Heer ein und segelte bei munterem Wind und Sonnenschein in nur einem Dutzend Tagen über das mittelländische Meer ins Morgenland. Doch als Suders, die Hauptstadt von Machorels Königreich, in Sicht kam, ließ der Schiffsführer plötzlich die Segel einholen.

«Wie können nicht in den Hafen einlaufen», sagte er zu Ortnit und Iljas von Reußen. «Dort liegen Raubgaleeren. Sie würden uns sofort angreifen.»

«Das ist mir ein bisschen früh für Schwierigkeiten», maulte Ortnit. «Jetzt ist guter Rat fern. Eigentlich hatte ich ja einen exzellenten Morgenlandkenner verpflichtet, aber da vertraute ich wohl dem Falschen.»

«Sprichst du von mir?», hörte er plötzlich hinter sich eine Stimme und sah, als er sich umwandte, den Zwergenkönig Alberich vor sich stehen.

In diesem Augenblick rief der Schiffsführer, dass man

entdeckt worden sei und die Raubgaleeren bereits durchs Wasser zögen. Schon hörte man den Takt der Pauken. Schon sah man die Bogenschützen an Deck.

«Gott steh uns bei!», rief der Schiffsführer. «Sie werden unsere Schiffe in Brand setzen und entern!»

Iljas sah zu Ortnit, der sich inzwischen interessiert mit einem Nichts vor seiner Nase unterhielt.

«Kommt zu Euch!», herrschte Iljas von Reußen den König an. «Die Männer erwarten Eure Befehle!»

Statt einer Antwort zog Ortnit seinen Ring ab und gab ihn Iljas, sodass dieser endlich sehen konnte, mit wem er sprach.

«Nanu, du kleiner Hosenmatz», sagte Iljas, «wie kommst du denn auf dieses Schiff? Weiß deine Mutter, wo du bist?»

«Hat sich was mit Hosenmatz», antwortete Alberich. «Ich bin über fünfhundert Jahre alt, und darum solltet Ihr jetzt Eure grünen Ohren aufsperren, weil Ortnit sonst weder in diesen Hafen noch in den der Ehe einlaufen wird. Versteckt alle Krieger unter Deck und verkündet den Leuten auf den Raubgaleeren, Ihr wäret Kaufleute mit allerlei Waren, die um sicheres Geleit bitten.»

«Gute Idee, aber ich kann kein einziges Wort Morgenländisch», antwortete Ortnit und erbat sich vom bass erstaunten Iljas seinen Ring zurück.

«Dem kann man abhelfen», sprach Alberich und gab Ortnit einen Stein. «Das ist ein Sabbelquarz. Wer ihn in den Mund nimmt, kann alle Sprachen der Welt sprechen und verstehen.»

Schon hatten an die vierzig Raubgaleeren Ortnits Flotte eingekreist. Ihr Anführer trat hinter eine riesige Flüstertüte, die von zehn nubischen Sklaven gehalten wurde, und rief: «Wer seid ihr? Was wollt ihr?»

Während Iljas von Reußen nur verständnislos mit den Schultern zucken konnte, verstand Ortnit jedes Wort. Und nicht nur das: In feinstem Morgenländisch rief er zu ihnen hinüber, er sei ein Kauffahrer mit Waren von höchster Güte zu billigsten Preisen. Die Raubgaleeren drehten ab und begleiteten Ortnits Flotte in den Hafen von Suders. Begeistert wandte sich Ortnit zu Alberich und sagte: «Der hat uns das abgekauft! Wie blöd ist das denn?»

Im Morgengrauen schlich sich Alberich zur Burg Montabur, wo der König des Morgenlandes im Morgenmantel umherging, um die Morgenluft zu genießen, bevor die Sonne wieder ihre sengenden Strahlen herniederschicken würde.

«Ich komme im Auftrag eines mächtigen Herrschers aus dem Abendland und bitte in seinem Namen um die Hand deiner Tochter!», sprach es da plötzlich hinter ihm.

Erschrocken fuhr Machorel herum, um den Boten zu fassen, aber da Alberich unter seiner Tarnkappe steckte, griff der König ins Leere.

«Wie bist du in meine Burg gekommen? Zeig dich, du elender Wicht!»

Alberich aber schlich sich an das rechte Ohr des Königs und flüsterte: «Ich an deiner Stelle würde nicht lange nachdenken! So ein Angebot bekommst du nie wieder!», sprang herum und flüsterte ihm ins linke Ohr: «Morgenland und Abendland in einem Bett vereint! Ein alter Traum wird wahr!»

Der König blickte wie wahnsinnig umher, haschte nach rechts, haschte nach links, aber immer vergeblich. Alberich trat dem König von hinten in die Kniekehlen, dass dieser einknickte, und rief: «Du kannst dich entscheiden: Schwiegervater oder besiegter Vater!»

Da brüllte Machorel so laut vor Wut, dass die Löwen draußen im Busch ihren Schweif einzogen und das Weite suchten. Das Gebrüll lockte auch die Königin und des Königs Dienstmannen heraus. Sie sahen den König oben auf den Zinnen wüten, konnten aber keine Ursache erkennen.

«Machorel, was ist in dich gefahren?», rief seine Gattin entsetzt.

«Hier steckt irgendwo ein Bote, der um unsere Tochter wirbt. Er ist unsichtbar, sonst hätte ich ihn mir längst geschnappt. Holt eure Lanzen und umstellt die Burg, damit er nicht entwischt!»

«Das wäre sinnvoll, wenn ich ein unsichtbarer Riese wäre», erklärte Alberich unter seiner Tarnkappe dem König. «Aber so wie es aussieht, gehe ich da unten erhobenen Hauptes durch, ohne dass mich einer trifft!»

Also blies Machorel das ganze Unternehmen resigniert ab.

«Gut, dieser Punkt geht an dich, unsichtbarer Winzling!», knurrte er. «Aber deine Heiratswerbung kann ich nicht berücksichtigen, solange du sie mir nicht schriftlich überreichst!»

Alberich sah jedoch, dass dem König dabei die List im Auge blitzte, und deswegen sagte er lachend: «Eine Urkunde habe ich leider nicht für dich, aber ein Andenken!»

Sprach es, verpasste dem König eine saftige Maulschelle und sprang davon. Und selbst als Machorels Burg schon hinter dem Horizont verschwunden war, hörte er noch das Brüllen und Toben des Königs.

DIE SCHÖNSTE IM MORGENLAND

Gegen Abend kam Alberich zu Ortnit zurück.

«Der Mann ist völlig durchgedreht vor Verlustängsten», erklärte der Zwergenkönig. «Mit Reden kommen wir da nicht weiter. Lass uns also Krieg führen!»

Ortnit entschied, die Hafenstadt Suders im Handstreich zu nehmen, denn dann wäre der Weg ins Landesinnere frei. Allein, wie seine Männer von den Schiffen an Land kommen sollten, das wusste er nicht. Alberich ließ ihn lange grübeln, dann meinte er gedehnt:

«Ja, wenn unter uns einer mit Tarnkappe wäre …»

«Vater, bitte nicht schon wieder.»

«… der könnte in dieser mondlosen Nacht die Barken der Fischer heimlich vom Strand ziehen und sie zu den Schiffen bringen.»

Mit leuchtenden Augen sah er Ortnit an, und zwar so lange, bis dieser endlich «Na gut, von mir aus!» sprach. Und so geschah es.

Als die Wächter am nächsten Morgen schläfrig die Tore öffneten, brachen die Lamparten wie eine eisenrasselnde Springflut in die Stadt. Der Stadthauptmann schlüpfte eilends in Hosen und Wams und rief seine Männer zusammen, doch weil sie nur gelernt hatten, wie man den Feind vor den Toren bekämpft, nicht aber, wie man ihn aus einer Stadt wieder hinausprügelt, blieb der Widerstand schwach und unbeholfen. Als die Dunkelheit hereinbrach, streckten sie die Waffen.

Alle Krieger der Lamparten warteten begierig auf das Signal zum Plündern, aber wider alles Erwarten hielt Ortnit Zucht und Ordnung aufrecht. Er stieg auf einen Ochsenkarren und rief: «Ich weiß, Männer, ihr wollt euch die Taschen füllen und mit den Töchtern der Stadt euren Mutwillen treiben, aber morgen in aller Frühe geht es gegen die Burg Montabur. Da will ich euch nicht mit klimperdicken Hosen voll Gold und lahmen Lenden sehen. Deswegen verschiebe ich das große Plündern auf danach. Vorfreude – schönste Freude! Gute Nacht!»

Das Murren der Krieger ging im Jubel der Einwohner unter.

So konnten es die Krieger nicht dem schweren Dattelwein zuschreiben, was sie am nächsten Tag zu sehen bekommen sollten. Denn nachdem Iljas von Reußen es abgelehnt hatte, die Sturmfahne dem Heer voranzutragen, da er den Weg nicht kannte, hatte Ortnit diese dem ortskundigen, doch immer noch tarnverkappten Alberich übergeben. Der setzte sich auf ein Pferd und ritt los, sodass es für die uneingeweihten Krieger so aussah, als schwebe die Sturmfahne von allein an der Seite des Rosses dem Heer voran. Dies wurde allgemein als Wunderzeichen gesehen, das einen großen Sieg verheiße.

Allein, der Empfang vor Burg Montabur war ein anderer. Ein Hagelsturm von Pfeilen ging auf die Krieger nieder. Bald lagen Dutzende wie riesige tote Igel im Wüstensand.

Ortnit schrie: «Rückzug! Alle Männer unter die Schilde! Woher kriegen wir jetzt in dieser Wüste Holz, um Unterstände und Belagerungstürme zu bauen? Verdammte Scheiße!»

In diesem verzweifelten Moment klopfte Alberich Ortnit

an die Beinschiene und meinte: «Wir könnten aber auch einen von uns in die Burg schicken, einen, den man nicht sofort erkennt, also, den man eigentlich gar nicht erkennt, weil er eine …»

Ortnit, dessen Schild schon schwer an der Last der eingedrungenen Pfeile trug, blieb geduckt stehen und sah Alberich wütend an:

«Weil er eine was?»

«… weil er eine … so ein Ding mit Zauberkraft … also, wo man nicht sehen kann, dass da einer …», stotterte Alberich, aber weit kam er nicht, weil Ortnit wie von Sinnen schrie: «Ich will nichts mehr von irgendeiner Tarnkappe hören! Was soll das hier werden? Die Abenteuer einer Tarnkappe im Morgenland? Mach, was du für richtig hältst, aber komm mir nicht immer wieder mit deiner allmächtigen Tarnkappe!»

Da verschwand Alberich ohne ein weiteres Wort, und bald hörte man von den Zinnen der Burg Montabur lauter Laute des Erschreckens und Erstaunens, denn die Sehnen der Bogen rissen scheinbar wie von selbst, die Pfeile zerbrachen in den Köchern, und schließlich flogen sogar die Bogen in hohem Bogen über die Mauern und landeten im Burggraben.

«Ein zauberischer Wind hat uns unsere Waffen entrissen», klagten die Verteidiger der Burg. «Wir sind verloren!»

«Noch haben wir unsere Schwerter und Schilde in der Waffenkammer», bellte Machorel. «Im Morgengrauen stürmen wir hinaus und holen uns ein paar Köpfe! Vielleicht werden sie zahmer, wenn sie die Ihrigen von den Zinnen herabblicken sehen!»

Alberich, der ungesehen unter seiner Tarnkappe zwischen

den Morgenländern einherging, wie es ihm gefiel, trat zu Machorel und schnauzte ihm ins Ohr: «Nennst du das Mut, deine Männer in den Kampf zu schicken, obwohl sie besser auf einer Hochzeit tanzen könnten? Mut wäre es, deine Tochter endlich einem Mann zur Frau zu geben, der bereit ist, sein Leben für sie zu lassen!»

«Ach, du warst es, der unsere Bogen über die Mauer warf? Aber warte!» Mit bloßen Händen brach er Steine aus den Mauern seiner Burg und warf sie nach Alberich. Der aber wich lachend aus, schnappte sich schließlich selbst einen Stein und schmiss ihn Machorel auf den Zeh, dass dieser in allen Tönen aufjaulte. Ortnits Männer draußen in der Wüste aber hielten es für ein Rudel Schakale und schürten das Lagerfeuer.

Am nächsten Morgen, kaum dass ein Lichtstreif sich am Horizont zeigte, öffneten sich die Tore der Burg Montabur, und Machorel marschierte mit seinen Mannen zur Schlacht. Ortnit ritt vor seinen Truppen auf und ab und rief: «Jetzt gilt es! Wir kämpfen einen wichtigen Kampf! Möge der Sieg mit uns sein, damit alle Väter dieser Welt fortan wissen, dass ihre Töchter nicht ewig ihr Eigentum sind!» Da schlugen alle begeistert ihre Lanzen an die Schilde, denn von allen Werten dieser Welt waren ihnen doch die Frauensleute die allerwertesten. So in Stimmung gebracht, strafften und strammten sich die Lamparten und marschierten unerbittlich auf die Schar Machorels zu. Und wie zwei Flüsse, von denen der eine rotes Eisen und der andere schwarzes Holz führt, mischten sich nun die Heere unter Schwertergeklirr und Kampfgeschrei.

Auf den Burgzinnen stand Machorels Tochter und sah

der Schlacht zu. Sie raufte sich die Haare, sie rang die Hände, Tränenglanz füllte ihre Glutaugen, und sie sandte Gebete gen Himmel, dass Gott ihren Vater beschützen möge. Alberich, der sich wieder ungesehen in die Burg geschlichen hatte, konnte das Leid der Schönen nicht mit ansehen. Ergriffen griff er ihre Hand. Die Königstochter erschrak beinah zu Tode.

«Was ist das? Wer bist du? Was willst du? Oh, bist du ein Engel des Herrn? So tu doch was, dass dieses unsinnige Schlachten um meinetwegen endet!»

«Ich bin gewiss kein Engel, aber ich weiß dennoch, wie dieser Streit zu enden ist», erklärte Alberich. «Durch ein einziges Wort von dir. Durch ein Wort, das dich zur Königin eines riesigen Reiches jenseits des Meeres macht.»

«Nein! Niemals!», rief die Königstochter. «Nie werde ich meine lieben Eltern verlassen. Sie würden vor Gram sterben, wenn ich fern von ihnen wäre. Ich will da leben, wo ich geboren wurde, und da will ich auch sterben.»

«Glaubst du, dein Vater hat seinen Stammbaum gepflegt, damit sein einziger Apfel am Ast verdorrt?», rief Alberich wütend. Doch die Königstochter schüttelte jetzt nur wild den Kopf, hielt sich die Ohren zu und begann zu singen, wie es Menschen tun, die der Wirklichkeit keinen Eintritt in die Puppenstube ihrer Seele gestatten wollen.

Fast schon verlor Alberich die Lust an diesem Casus. Schließlich aber zog er die Königstochter doch an die Brüstung, damit sie einen frischen Blick auf das Kampfgeschehen werfe.

«Siehst du, was geschieht? Die edlen Lamparten fechten sich zum Sieg. Dein Vater wird vor deinen Augen sterben, wenn du hier weiter das Goldschätzchen spielst.»

Tatsächlich war gerade in diesem Moment ihr Vater Machorel arg bedrängt und kurz davor, vom Pferd gestoßen zu werden. Alberich wies dann in eine andere Richtung.

«Und siehst du dort den strahlenden Helden in glänzender Rüstung, der tödliche Hiebe austeilt mit so viel Leichtigkeit und nie ermüdender Kraft? Dort kämpft deine Zukunft, Mädel!»

Entsetzt wandte die Königstochter den Blick von ihrem in der Kriegerflut langsam ertrinkenden Vater zum edlen Ritter, der auf der Welle der zurückweichenden Morgenländer zum Sieg glitt. Und während ihr Herz nach wie vor dem Vater anhing, spürte sie, dass andere Teile ihres Leibes jeden Vorstoß des fremden Ritters willkommen hießen.

«Wie lange willst du noch warten?», drängte Alberich. «Jede Sekunde kann es zu spät sein!»

«Gut, gut. Ich mach es ja. Ich heirate ihn», heulte Machorels Tochter. «Nur sorge endlich dafür, dass dieser Kampf aufhört!»

Zum Zeichen, dass es ihr ernst sei, zog sie ihren goldenen Ring vom Finger und gab ihn Alberich. Hiermit sei sie dem fremden Ritter versprochen. Alberich eilte, so schnell er konnte, zu Ortnit, und dieser zeigte sich geneigt, dem Wunsch der Königstochter zu entsprechen und zum Abbruch der Schlacht blasen. Iljas von Reußen, der mit seinen Truppen die Mannen Machorels von der Burg abgeschnitten hatte, geriet außer sich.

«Wir können jetzt unmöglich aufhören zu kämpfen! Wir haben sie in der Zange! Ein wenig noch, und wir kriegen das Mädchen und die Burg für lau!»

Das klang überaus verlockend für einen Streiter wie Ortnit, aber Alberich fuhr wütend dazwischen: «Du wirst kaum das Herz dieser Schönen gewinnen, wenn du ihren Vater erschlägst! Lass Machorel in seiner Burg Zuflucht suchen. Wir selbst gehen zurück über den nahen Fluss. Dort wollen wir warten, bis der Morgenländer sich besinnt.»

So ließ Ortnit zum Rückzug blasen. Machorel, der den Tod hatte kommen sehen, konnte sein Glück kaum fassen. Mit dem Rest seiner Männer sprengte er durchs Tor in die rettende Burg. Die Lamparten verfolgten ihn nicht weiter, gingen stattdessen rückwärts und wateten durch den Fluss, der zu dieser heißen Jahreszeit nur wenig Wasser, aber viel Schlamm mit sich führte. Auf der anderen Seite angekommen, ließ Ortnit seine Männer antreten und durchzählen, um zu sehen, wie viel Verlust man in dieser Schlacht erlitten hatte. Das war ein schwerer Fehler, denn als Ortnit den Weitermarsch befahl, blieben seine Fußtruppen steif und starr stehen.

«Was soll das werden? Meuterei?», rief Ortnit.

Da sah er, dass der Schlamm, in dem seine Soldaten bis zur Hüfte gesteckt hatten, von der Wüstensonne getrocknet worden war und sie keinen Schritt mehr gehen konnten. Schon drohte die Sonne den Männern das Hirn zu versengen. Wer immer glücklich auf einem schlankbeinigen Pferd gesessen hatte, sprang nun eilends ab und begann, mit Keule und Lanze den Fußknechten den schweren Lehm von Bauch und Beinen zu schlagen.

Auf Burg Montabur sah man dies mit Verwunderung.

«Er züchtigt seine Männer, die ihm fast den Sieg errungen hätten», sagte Machorel. «Niemals bekommt dieser Irre meine Tochter!»

Als die Fußsoldaten vom Schlamm befreit waren, stand die Sonne so hoch am Himmel, dass sich das Heervolk stöhnend, schwankend und mit letzter Not in den schmalen Schatten eines Felsens retten konnte.

«Das kommt davon, wenn man auf Zwerge hört», murrte Iljas von Reußen. «Verhandeln braucht Zeit, und die haben wir hier nicht.»

Alberich hörte dies und war gekränkt. Er sprach zu Ortnit: «Ich weiß, wie wir das Mädchen heute noch aus der Burg und in deine Arme bekommen, ohne warten zu müssen, bis sie ihrem Vater die Zustimmung abgenörgelt hat. Wenn der Schatten drei Fußbreit weitergewandert ist, reitest du zu den Götzenstandbildern vor der Burg. Versteck dich dort. Das Heer soll sich bereithalten.»

Dann ging er, setzte seine Tarnkappe auf, band sie wie immer mit einer kunstvollen Doppelschlaufe unter seinem Kinn fest und schlich sich wieder in die Burg. Er suchte nach der Königstochter und fand sie zusammen mit der Königin im Kreis bestellter Klageweiber, die mit viel Geschrei und Gebärde die Toten der Schlacht beweinten und sich die oft zerrissenen Kleider erneut zerrissen. Er trat zur Königstochter und flüsterte: «Das Heer meines Königs hat sich zurückgezogen. Dein Vater ist wohlbehalten in der Burg. Jetzt ist die Zeit, dein Versprechen einzulösen und dich zu deinem künftigen Gemahl zu verfügen.»

Die Königstochter wartete einen Augenblick, bis das Gezeter der Klageweiber wieder anschwoll, und flüsterte dann zurück: «Wie soll ich das anstellen ohne die Erlaubnis meiner Eltern?»

Doch Alberich hatte dafür längst einen Plan ersonnen.

«Stehen nicht am Burggraben eure riesigen Götterstelen? Sag einfach deiner Mutter, du wolltest dort den Göttern für den glücklichen Ausgang der Schlacht danken.»

So ging die Königstochter scheinbar allein, mit dem unsichtbaren Zwergenkönig an ihrer Hand, vor die Burg und hinaus zu den Götterbildern. Dort fanden sie Ortnit, an einem Sockel niedergesunken, die Hände auf dem Bauch gefaltet und in der Mittagshitze dösend.

Alberich stieß ihn mit dem Fuß an.

«He, du Schlafmütze! Sag hallo zu deiner Braut!»

Ortnit fuhr erschrocken auf und rieb sich die Augen. Just in diesem Moment wehte der Königstochter der Schleier vom Gesicht, als zöge ein Rauch vorbei. Die schüchtern flatternden Wimpernflügel hoben sich von ihren schwarzen Augen, und ihre vollen rot kandierten Lippen öffneten sich zu einem Lächeln über schneeweißen Zähnen.

Ortnit erstarrte für einen viel zu langen Augenblick, dann stotterte er: «O Gott, nein! Alberich! Bring sie wieder zurück! Sie ist zu schön. Ich bin nicht mal würdig, ihre Spur im Sand zu küssen. Wie sollen wir jemals ein Paar werden? Wie soll ich dieses herrliche Wesen an mich nehmen, geschweige denn all die Dinge mit ihm tun, die man von einem Mann verlangt? Nie hat Gott eine menschliche Seele in ein schöneres Gefäß gefüllt. Ich kann es unmöglich bekleckern.»

Mit dieser Reaktion hatte Alberich nicht gerechnet. Schon hörte man in der Burg Unruhe entstehen. Eile tat not. Deshalb nötigte der Zwergenkönig die Allerschönste, mit einem Zug seinen ganzen Wasserbeutel zu leeren.

«Nun sag ihm deinen Namen!»

Da rülpste die Königstochter aus voller Kehle: «Sidrat!»

Dies rüde Rülpsen und das Geschrei und Waffenscheppern am Burgtor reichten, um Ortnits Anbetungsstarre zu lösen. Er griff Sidrat an den Hüften, setzte sie auf sein Pferd und stürmte mit seiner Braut in wilder Flucht davon.

So ritten sie zusammen nach Suders und schifften sich wieder gen Heimat ein. Die Schiffe flogen leicht über die Wellen, denn von dreitausend Recken waren zweitausend tot, aber Ortnit stand mit Sidrat am Bug, hielt ihre wunderweichen Hüften fest, schnupperte ihr Haar und fand, dass es das wert gewesen war.

EINES VATERS RACHE

Die Entführung seiner Tochter stürzte König Machorel in tiefe Verzweiflung. Er weigerte sich, zu essen und zu trinken, wollte niemanden mehr sehen und warf alle Tänzerinnen und Geschichtenerzähler hinaus, die man ihm zur Aufheiterung schickte. So ging es schon Tage, als ein Jäger nach Montabur kam und den König zu sprechen verlangte. Weil man ihn nicht vorlassen wollte, rief er durch die geschlossene Tür: «Mein König, Trauer geziemt den Weibern! Die Rache gehört den Männern!»

Da öffnete sich die Tür ein wenig, und ein hagerer, struppiger Machorel schob seinen Kopf durch den Spalt.

«Aber wie?», fragte der König kläglich.

«Vor ein paar Tagen war ich im Wald auf der Jagd, als ich vom Wege abkam. Ich traf auf eine Felsenhöhle, aus der plötzlich ein Drache hervorkroch, so groß und ungeheuerlich, dass ich einen Moment lang glaubte, die falschen Pilze gegessen zu haben. Er kroch so nah an mir vorbei, dass ich das Moos der Jahrhunderte zwischen seinen Schuppen sehen konnte. Vor lauter Schreck verlor ich alle Angst, und als das Untier fort war, ging ich in seine Höhle. Dort fand ich ein Drachenei. Ich nahm es an mich, obwohl es groß und schwer wie ein Bierfass war, und brachte es nach Hause, wo ich es unweit des Herdfeuers warm hielt. Denn seht, mein König, es ist Leben darin. Man kann den jungen Drachen hören, wenn man das Ohr an die Schale hält. Als ich nun von Eurem Unglück hörte, fand ich einen Plan für Eure Rache. Lasst mich ins Lampartenland reisen und dem Entführer Eurer Tochter dieses Drachenei als Geschenk bringen! Schreibt ihm, Ihr würdet ihm verzeihen und dies sei das Zeichen dafür. Edel verpackt und mit einer Lüge umwickelt, wird er es wohl annehmen! Wenn der Drache schlüpft, wird er so viel Unheil anrichten, dass der König selbst gegen ihn zu Felde ziehen muss. Und glaubt mir, er wird dabei sein Leben lassen!»

Machorel war begeistert und schickte den Jäger mit dem Drachenei über das mittelländische Meer. Dieser entkam glücklich auf Höhe der korsischen Insel den Seeräubern, die natürlich nicht ahnten, dass sie um ein Haar ihr sicheres Verderben erbeutet hätten, und landete schließlich an der Küste des Lampartenlandes. Er belud einen Wagen mit dem kostbaren Schrein, in dem er das Ei verborgen hielt, und fuhr nach Garda, wo König Ortnit in Ehewonnen schwelgte. Der Jäger machte vor der Burg halt und rief die Wachen heraus, auf dass sie ihn einließen. Aber weil er Morgenländisch sprach, verstanden sie ihn nicht.

«Draußen ist einer, der heisere Kehllaute von sich gibt. Er krächzt und röchelt aufgeregt, aber wir wissen nicht, was er will», meldete sich der Burgwart bei Ortnit, der mit seiner frisch Vermählten im Bett lag. Da Ortnit seine Frau noch nicht aus den Armen lassen wollte, griff er nur in ein

Kästchen neben seinem Bett und warf dem Burgwart den Sabbelquarz zu.

«Er soll diesen Stein in den Mund nehmen!», sagte Ortnit, und der Burgwart ging gehorsamst, aber kopfschüttelnd ab. Der Jäger weigerte sich natürlich, den Stein in den Mund zu nehmen, deswegen versuchten es die Lamparten wie immer erst mal mit Gewalt. Und siehe da, kaum, dass sie ihn festgehalten und den Stein in den schreienden Mund geschoben hatten, war er bestens zu verstehen.

«Was soll das?», schrie der Jäger in akzentfreiem Abendländisch. «Behandelt man so die Gäste in eurem Land? Ich komme von König Machorel!»

Bald stand er vor Ortnit und Sidrat und übergab den Brief seines Königs sowie den Dracheneierschrein. «Seht her», sprach er, «diesen kostbaren Schrein senden Euch Euer Vater und Schwiegervater! Drinnen hockt eine junge Kröte, in der ein Edelstein heranwächst, wie es keinen schöneren gibt auf der Welt. Ich würde sie Euch gerne zeigen, aber sie stirbt bei Licht. So müsst Ihr warten, bis sie ausgewachsen ist. Ähnlich verhält es sich mit dem Gebirgselefanten, den ich in einer weiteren Kiste mit mir führe. Später wird er Euch viele Dienste leisten. Zeigt mir eine Höhle im Gebirge, fern von Menschen, wo ich die beiden hegen kann, bis der Tag kommt, an dem Ihr Euch ihrer erfreuen könnt!»

«Gebirgselefanten?», fragte Ortnit. «Nie gehört!»

«Ja, er ist sehr, sehr selten, der fleischfressende Gebirgselefant! Woher er stammt, ist ein gut gehütetes Geheimnis. Doch wer eines seiner Jungen zähmt, braucht keine Feinde mehr zu fürchten. Er ersetzt eine ganze Armee. Er klettert Mauern hoch und sprüht mit seinem Rüssel Feuer. Was sich dann noch regt, zertrampelt oder frisst er.»

«Gut, dass wir König Machorel am Leben ließen! Was für eine weise Entscheidung! Und von wem stammte sie? Von mir!», flüsterte Ortnit Iljas von Reußen zu. Dieser war vom Wert der Geschenke nicht völlig überzeugt.

«Ich finde das alles etwas seltsam. Wenn Alberich jetzt hier wäre, könnten wir ihn fragen, ob er so was schon mal gehört hat. Er ist immerhin fünfhundert Jahre alt», murrte Iljas.

«Dem werde ich überhaupt nichts sagen», erklärte Ortnit, immer noch beleidigt, weil es Alberich mit seiner Tarnkappe gewesen war, der für einen glücklichen Ausgang seiner Brautwerbung gesorgt hatte. «Er hat seine blöde Tarnkappe, und ich habe bald das kostbarste Krötenjuwel der Welt und einen unüberwindbaren Kriegselefanten. Nicht mal Hannibal hatte so was!»

Ortnit wies seine Leute an, dem Fremden und seinem Schrein eine passende Höhle zu suchen. In der Nähe von Trient wurde eine gefunden, und Ortnit versprach dem Jäger, ihm alles zu verschaffen, was er brauche, wenn er nur immer gut auf die kostbaren Tiere aufpasse. Das war nicht wenig, denn wie sich bald herausstellte, brauchte es täglich ein ganzes Rind, um den Hunger des Drachen zu stillen. Doch in dieser Gegend gab es nicht so viele Rinder wie Tage im Jahr. Bald musste man zu Schweinen greifen, von denen sechs pro Tag erforderlich waren, und schließlich kippte man körbeweise Hühner vor die Höhle, weil keiner mehr ein Rind oder Schwein zu entbehren hatte.

«Es mag ein ganz besonderer Kriegselefant sein», murrten die Leute von Trient, «aber wenn er ausgewachsen ist, werden alle verhungert sein, für die er in den Krieg ziehen könnte.»

Doch so viel die Bauern auch heranschafften, der Hunger des Drachen in der Höhle wurde größer denn kleiner. Schließlich meinte der Jäger zu erkennen, dass ihn der junge Drache nicht mehr mit Dankbarkeit ansah, wenn er ihm das Futter brachte. Vielmehr schien sich seine großäugige Dankbarkeit in etwas anderes zu verwandeln – in Appetit. Und eines Tages, als sich die Echse nach dem Verzehr von zwölf Dutzend Hühnern immer noch hungrig in der Höhle umschaute und ihr Blick allzu lange auf dem Jäger weilte, ließ dieser alles stehen und liegen und rannte so schnell er konnte davon.

Derart unversorgt unternahm es der Drache nun, aus seinem Nest zu kriechen und die Gegend nach Fressbarem abzusuchen. Gleich noch in den Bergen fraß er eine Schafherde samt Hütehund, dazu trank er einen Karpfenteich aus. Dann verschlang er eine ganze Pfingstprozession mit Ross und Reiter und kam so erst richtig auf den Geschmack. Von nun an verheerte er die Gegend um Trient bei Tag und Nacht. Mal fiel er aus heiterem Himmel über ein Ochsengespann her, mal lag er ruhig abends im Busch an der Schenke und wartete, dass ein Bäuerlein ein letztes Mal sein Wasser ließ. So wuchsen zunächst rätselhafte Einzelfälle zu allgemeiner Gefahr zusammen, und bald ging niemand mehr aufs Feld oder in die Stadt. Das Leben erstarb. Nackte Angst legte sich wie ein Grabtuch über diesen Teil des Lampartenlandes.

Bald drang die Nachricht darüber auch zu Ortnit mit der untertänigsten Anmerkung, der König möge sich mit dem Gedanken anfreunden, dass die ganze ruinöse Verpflegung der Höhlenkreaturen nur dazu gedient habe, einen schrecklichen Drachen aufzuziehen.

«Oh, wie bin ich reingelegt worden! Kann man denn niemandem mehr vertrauen?», klagte Ortnit, und Iljas von Reußen übersetzte seine Worte: «Kann man denn keinem fremden König mehr mit einem Heer ins Land fallen und die Tochter rauben, ohne dass dieser gleich heimtückisch wird? Was sind das nur für Zeiten?»

«Ich weiß, was Ihr mir sagen wollt», entgegnete Ortnit zerknirscht. «Ich bin verantwortlich, und ich werde dafür einstehen.»

Das war gut, aber allgemein gesprochen, und als Ortnit des Abends auf der Bettkante sitzend seine Strumpfhosen auszog, sprangen ihm Sorgen auf die Zunge, und er murmelte vor sich hin.

«Ich habe zwar ein drachenschneidendes Schwert, aber nicht die geringste Ahnung, wo ich damit einschneiden muss, damit es für dieses Viech auch ein einschneidendes Erlebnis wird. Möglich auch, dass Drachen besser wissen, wie man einen Menschen bekämpft, als umgekehrt. Ich könnte dabei umkommen, draufgehen oder sogar sterben. Dann wäre meine Frau eines Königs Witwe in einem fremden Land. Und ich weiß nur zu gut, was dann hier los ist. Brautwerber noch und nöcher, die alle in mein Bett und auf meinen Thron wollen. Ich kann ihr also unmöglich sagen, dass ich morgen ausziehen werde, um das Biest zu töten, die mir ihr hinterlistiger Vater geschickt hat.»

Ortnit hatte jedoch Schmutz in den Ohren und glaubte deshalb, leiser zu sprechen, als er es in Wahrheit tat. So konnte Sidrat in den Kissen sein banges Selbstgespräch hören. Sie fuhr auf, umfing ihn mit ihren duftenden Armen und bat ihn unter Tränen, das Drachentöten anderen zu überlassen.

«Das geht nicht, Liebes», tröstete Ortnit sie. «Ich habe zugelassen, dass der Drache alles Vieh von Trient und drum herum und dazu noch viele brave Leute fraß. Ich muss das Land von dieser Plage befreien. Nur so kann ich meinen Ruf wiederherstellen. Weine also nicht, wenn ich morgen davonreite, sonst ahnen meine Kämpen, was ich vorhabe, und vereiteln mir das Unternehmen.»

Am nächsten Morgen sattelte Ortnit sein Pferd, holte seinen treuen Jagdhund aus dem Zwinger und verabschiedete sich von seiner Frau, die am Burgtor stand und mit den Tränen kämpfte, aber doch gewann. Als Ortnit sie so leiden sah, sagte er: «Ich bin in ein paar Tagen wieder da. Falls nicht: Ich trage deinen Ring an meiner linken Hand. Das Zeichen unserer Liebe. Nur wenn ihn dir einer wiederbringt, kannst du dir sicher sein, dass ich tot bin. Andernfalls schick alle Freier fort. Und sollte der Tag einst kommen, an dem du dich neu verheiraten willst, dann nimm den, der an meiner statt den Drachen erschlug. Denn er ist der Schatten deines Vaters, und nur, wer ihn tötet, ist deiner würdig. Lass dich nicht täuschen! Verlange sämtliche Beweise: mein Schwert und deinen Ring.»

Sidrat konnte nun die Tränen nicht mehr halten. Ortnit aber schwang sich aufs Pferd, drückte ein letztes Mal die Hand seiner schönen morgenländischen Frau und ritt davon. Doch nach ein paar Metern hielt er an und drehte sich noch einmal um.

«Wichtig ist, dass er nicht nur den Drachenkopf anschleppt», rief Ortnit. «Es muss auch die Zunge sein! Lass dir keinen Drachenkopf ohne Zunge andrehen!»

Dann ritt er weiter. So sah er nicht, wie seine Frau, sich nunmehr seines Unglücks sicher, in Ohnmacht fiel.

Ortnit ritt von Garda aus nach Trient und von dort aus ins Gebirge. Als er die Schneegipfel in der Ferne leuchten sah, fiel ihm ein, dass er genau hier schon einmal gewesen war, und siehe da, hier stand der Lindenbaum, in dessen Schatten er einst den Zwergenkönig Alberich gefunden hatte. Unwillkürlich drehte Ortnits Daumen den Ring an seiner Rechten, jenen, den ihm einst seine Mutter gegeben hatte.

«Du schaust aus, als würdest du in den Krieg ziehen», rief es da plötzlich hinter ihm. «Doch wo ist dein Heer?»

Ortnit wandte sich um und erblickte Alberich, der auf einem Ast saß und mit den Beinen baumelte.

«Ich muss den Drachen töten, den mir Machorel untergejubelt hat», erklärte Ortnit.

Zornig sprang Alberich vom Baum.

«Lass das! Du bist kein Drachentöter!»

«Aber ich werde bald einer sein! Wozu hast du mir diese harte Brünne und das drachenschneidende Schwert gegeben? Es schneidet Drachenhaut, das waren deine Worte.»

«Kann sein, aber das war Werbung. Da sagt man eben so was.»

«Soll das heißen, du hast gelogen?»

«Nein. Es ist gutes Zeug. Aber *du* bist kein Drachentöter!»

«Woher willst du das wissen?»

«Weil du ein Luftikus bist, ein Heißsporn und ein Grünschnabel, der sich Zauberringe abschwatzen lässt und unüberlegt in irgendwelche Heiratsabenteuer stürzt! Was wäre denn aus dir geworden im Morgenland, wenn ich dir nicht immer wieder aus der Patsche geholfen hätte?»

«Ich habe dich nicht darum gebeten, mir zu helfen», sagte

Ortnit. «Ich wollte mein eigenes Abenteuer, vom Anfang bis zum Ende, egal, wie das Ende aussieht.»

Da verstand Alberich, dass er ein schlechter Vater gewesen war, als er ein guter Vater hatte sein wollen.

«Ortnit! Verzeih mir meine väterliche Fürsorge! Aber wenn du stürbest, wäre doch alles umsonst gewesen.»

Ortnit ging wieder zu seinem Pferd und richtete die Steigbügel.

«Umsonst wäre mein Leben, wenn ich mich in überhaupt kein Abenteuer stürzen würde. Und etwas, in das man sich nicht stürzt, ist auch kein Abenteuer. Ich wäre bloß ein Schwätzer, und auf wen wolltest du dann stolz sein?»

Damit stieg er auf und schnalzte seinem Pferd die Ohren straff. Alberich hängte sich an seine Zügel, um Ortnit aufzuhalten.

«Nimm einen Rat noch an! Ich schwöre, es wird mein letzter sein. Ich weiß nicht viel über Drachen. Aber du musst sie im Schlaf erwischen, weil sie sonst dich im Schlaf erwischen. Du darfst also auf keinen Fall einschlafen. Vergiss das nie!»

«Soll mir recht sein», sagte Ortnit. «Ich kann die Augen offen halten. Ich habe früher mit meinen Jungs oft ‹Wer blinzelt, hat verloren!› gespielt. Und du darfst mal raten, wer gewonnen hat.»

Alberich lachte traurig.

«Eins noch, liebster Sohn! Bevor du wegreitest, gib mir meinen Ring. Er darf nicht verloren gehen.»

«Du glaubst nicht, dass ich wiederkomme, oder?», fragte Ortnit. «Und soll ich dir was sagen? Ist mir egal.»

Damit drehte er sich den Ring vom Finger, gab ihn Alberich und ritt davon.

«Du kriegst ihn zurück, wenn du wieder hier vorbeikommst!», schrie ihm der Zwergenkönig krächzend hinterher, weil sein Hals plötzlich eng wurde.

Ortnit ritt ins Trienter Land. Er befragte die Leute am Wegesrand nach urplötzlich Verschwundenen, nach vermisstem Vieh oder unerklärlichen Brandspuren und zählte eins und eins zusammen. Hin und wieder fand er angeblich vom Drachen Gefressene putzmunter in fremden Betten und jagte sie wieder nach Hause. Doch je höher er ins Gebirge kam, umso sicherer war Ortnit, dass er auf dem richtigen Weg war. Hier und da lag ein halbes Rind auf der Alm, da und dort waren die Dachlatten einer Hütte verstreut, und auf dem nackten Fundament standen noch Bank und Tisch samt einem halben Teller kalter Grütze.

Ortnit sammelte die Dachlatten ein und machte sich daraus ein Feuer, denn die Berge wurden blau, und die kühle Nacht brach herein. Er aß und trank und blies ab und zu ins Feuer, dass es Funken sprühte, weil er hoffte, das könne den Drachen anlocken. Als er müde wurde, erinnerte er sich, dass Alberich ihn davor gewarnt hatte einzuschlafen. So stand er auf und lief die ganze Nacht ums Feuer. Am Morgen war er davon so matt und dösig, dass es ihn kaum noch auf den Beinen hielt. Er stieg ungelenk aufs Pferd, pfiff seinen Hund herbei und ritt höher in die Berge, dorthin, wo es kaum einen Strauch gab und die Luft klar und eisig war.

An einem schmalen Grat, der eine graue Geröllhalde zwischen zwei Schneegipfeln querte, machte er halt. Glitt aus dem Sattel, sah sich um und seufzte: «In dieser zugigen Ecke wird ja wohl demnächst kein Drache vorbeikommen. Ich muss mal einen Augenblick rasten!»

Ortnit setzte sich auf einen Stein, legte die Arme auf die Knie, und als ihm der Kopf ein wenig sank, klappte das Visier des Helms herunter. Er schob es wieder hoch und war überaus erstaunt, was er nun sah. Wo eben noch ein windiger Grat über einem Abhang voller Geröll gewesen war, breitete sich jetzt eine warme, bunte Wiese voller Vergissmeinnicht, Maßliebchen und Mutterwurz. Der Himmel war plötzlich aufgeklart, die Sonne schien, und ein Duft schwebte in der Luft, süßer als alle Blumen zusammen – der Duft seiner Liebsten. Zu seinem allergrößten Erstaunen sah er Sidrat in luftigem Gewand über die Wiese kommen, einen Strauß voller Quendel und Günsel in den Armen. Auch hörte er das Bellen seines Hundes, aber er konnte ihn nirgendwo entdecken. Sidrat sang versonnen ein morgenländisches Lied, und der Hund bellte von irgendwoher immer wilder und wütender. In diesem Moment wusste Ortnit, dass er eingeschlafen war.

Tatsächlich hatte Ortnits Hund vergeblich versucht, seinen Herrn zu wecken, als er den Drachen über den Kamm kriechen sah. Aber Ortnit war zu tief in den Fluten des Schlafs versunken, um jetzt wieder schnell genug daraus hervorzukommen. Eingespannt in seine feste Rüstung spürte Ortnit nicht einmal, wie ihn der Drache schnappte, hoch in die Luft warf, ihm anschließend das Genick zerbiss und ihn dann in seine Höhle schleifte.

Ortnits Jagdhund war nicht zu hündischem Gehorsam abgerichtet worden, sondern hatte sich gesunde Instinkte bewahrt. Nachdem er eine Weile erfolglos versucht hatte, den Drachen zu verbellen, schniefte er einmal kurz und lief heimwärts. Als er in Garda eintraf, war man zunächst nicht weiter besorgt, weil ein Hund eben auch mal seinem Herrn vorauseilte, wenn dieser reiche Jagdbeute zu tragen hatte. Doch die Königin wusste, was es zu bedeuten hatte, und rang mit den Tränen. Nach ein paar Stunden wurden auch Ortnits Männer unruhig, und als sie merkten, dass die Königin ein furchtbares Wissen mit sich herumzutragen schien, bedrängten sie sie.

«Wohin ist der König geritten? Was hat er dir gesagt?»

«Ich habe versprochen, es nicht zu sagen», jammerte Sidrat, «aber gut. Er ist losgezogen, um den Drachen zu töten.»

Da wurden verzweifelte Flüche ausgestoßen, Haare gerauft und an Stirnen geschlagen. Denn jedermann wusste, dass es reiner Wahnsinn war, als Einzelner gegen einen Drachen zu ziehen. Derjenige, der allein einen Drachen erschlägt, musste erst noch geboren werden. (Es war schon einer geboren, aber davon wird später die Rede sein.) Da der Hund nun aber unentwegt auf sich aufmerksam machte, Leute an den Hosenbeinen in Richtung Tor zog und aufmunternd bellte zum Zeichen, dass er wohl wisse, wo sein Herr gefunden werden könne, rüsteten die Lamparten einen kleinen Trupp aus, der verwegen genug war, dem Hund bis ins Hochgebirge zu folgen. Sie fanden eine Blutspur, die sich bis zu einer Höhle zog.

«Möglicherweise wurde Ortnit beim Kampf mit dem Drachen verletzt, und er hat sich dann zum Schutz in diese Höhle zurückgezogen», meinte einer der Kämpen, aber als er aufgefordert wurde, nachzusehen, zog er sich von dieser Vermutung zurück und stimmte mit den anderen überein, dass ihr König hier an dieser Stelle von einem Drachen gefressen worden sei. Sie kehrten wieder heim und berichteten es so.

Als Sidrat Gewissheit hatte, dass ihr Gemahl getötet worden war, vergrub sie sich in Gram und Kummer und weinte schwarze Flüsse aus ihren Kajalaugen. Die Lamparten sahen sie verhärmt und stumm durch die Wochen und Monate gehen. Nach drei Jahren jedoch ging Iljas von Reußen zur Königin und sagte: «Ortnit war ein feiner König, und wir alle vermissen ihn. Aber Vermissen ist kein Beruf, und das Land muss auch mal wieder regiert werden. Ortnit hat Euch geheiratet, damit es kinderreich und dynastisch zugeht. Ihr dient seinem Andenken am besten, wenn Ihr wieder heiratet, solange Euer Schoß noch fruchtbar ist. Wollt Ihr Euch nicht endlich wieder vermählen?»

Die Königin hob den trauerschweren Kopf und blickte in die Ferne.

«Ich werde nur denjenigen heiraten, der Ortnits Werk zu Ende bringt! So war es sein Wille, und so wird es geschehen!»

Iljas von Reußen überspielte seinen Unmut mit Höflichkeit.

«Das schränkt die Zahl der Bewerber natürlich stark ein. Ich schätze, es bleiben dann so irgendwas um die null herum übrig.»

Es war das erste Mal, dass ein Mann wie Iljas die wundersame Zahl Null aussprach, und er tat dies mit vernehmbarem Hohn, weil er es für eine morgenländische Spintisiererei hielt, mit nichts zu rechnen. Abendländer rechneten immer mit irgendwas. Und am liebsten mit dem Schlimmsten.

DAS DRITTE KIND

Wenn man vom Lampartenland den latinischen Stiefel bis zur Hacke hinunterreiste, dort ein Schiff bestieg und zur anderen Seite des Adriatischen Meeres fuhr, kam man in das Reich von König Hugdietrich, welches von Bulgarien bis nach Trapezunt reichte. Hugdietrich residierte in Konstantinopel, das zu den vornehmsten Städten der Welt zählte. Sein Weib war die Tochter eines Hunnenkönigs und überraschend herrlich anzusehen. Der Hunne im Allgemeinen kam vom Steppenwind gekrümmt und verbogen, pockennarbig und schiefzähnig daher, doch Hugdietrichs Frau war mandeläugig und hochwangig, und das glänzend schwarze Haar reichte ihr bis zu den weit geschwungenen Hüften. Zwei Söhne hatte sie ihm bereits geboren, sodass der König seinen Tod im Krieg nicht mehr zu fürchten brauchte. Und Kriege gab es wie Regentage.

«Der finstere Aware macht sich neuerdings mausig und verheert die Ländereien im Norden», erklärte Hugdietrich seinem Ratgeber Berchtung von Meran. «Wir marschieren mit unseren besten Truppen hinüber und klären die Fronten. Jemand muss derweil hier nach dem Rechten sehen. Irgendwelche Vorschläge?»

«Nehmt Herzog Saben», riet Berchtung. «Er führt ein lausiges Schwert und ist im Gefecht nicht viel mehr als eine Lücke. Aber er hat es mit Zahlen und Buchstaben, kann auch anweisen und lässt sich gern berichten.»

Hugdietrich ernannte also Herzog Saben zum Statthalter und gab ihm Siegel und Vollmacht. Dann küsste er sein Weib, herzte seine Söhne, winkte den Untertanen beim Abmarsch zuversichtlich zu und verfügte sich dann mit dem ganzen Heer hinter den Horizont. Der Königin wurde ein wenig weh ums Herz, dann flau im Magen, sogar richtiggehend schlecht, und schließlich übergab sie sich, denn sie war wieder schwanger, was Hugdietrich nun freilich verborgen blieb.

Herzog Saben hatte die Amtsgeschäfte erst ein paar Tage ausgeübt und sich gerade mit dem Hofstaat vertraut gemacht, da fühlte er eine gewisse königliche Würde in sich aufsteigen. Er durchwandelte die Hallen und Kolonnaden, als seien sie schon immer seine natürliche Umgebung gewesen, er winkte Ministeriale und Priester zu sich, die sonst hoch über ihm standen. Er lebte sich nicht nur ein, er lebte auf. Besonders wenn die Königin im Reiz ihres schwellenden Leibes vor seine Augen trat. Er suchte ihre Nähe und fand bald, dass sie gar nicht zu Hugdietrich passte.

Wie nun erste Nachrichten über schwere Gefechte mit den Awaren eintrafen, ging Herzog Saben zur Königin und sprach: «Der König wird wohl nicht wieder heimkehren. Schlimm, schlimm. Doch wenn Ihr die Kemenate unversperrt lasst, so werde ich Euch heute Abend so ausgiebig über den Verlust trösten, dass Ihr ihn am Ende noch als Gewinn empfindet!»

«Ich hör ja wohl nicht richtig», antwortete die Königin. «Habt Ihr gerade darum gebeten, auf meinem vollbeladenen Schiff mitfahren zu dürfen? Das wird euch noch leidtun! Wenn mein Mann wieder da ist, wird er Euch für diese Frechheit zum Eunuchen befördern!»

Saben merkte, dass er zu weit gegangen war, und suchte den Schaden zu begrenzen.

«Ein Scherz, werte Dame! Und wenn ich es recht bedenke und gestehen muss, auch etwas mehr als nur ein Scherz. Ich musste Eure Treue prüfen, jetzt, wo der Ausgang des Krieges unsicher ist. Doch Ihr habt diesen Test mit Bravour bestanden!»

Saben klatschte artig, doch die Königin spähte mit Argwohn in sein Gesicht.

«Das will ich hoffen, denn beim nächsten Scherz dieser Art seid Ihr Eure Bommeln los!»

Die Königin ging erhobenen Hauptes. Herzog Saben jedoch sann auf Rache.

Der Krieg zog sich, und die Königin wurde rund und runder. Ihr Bauch wurde bald so schwer, dass sie ihn mit Riemen halten musste, die sie sich um den Nacken band. Sie schlief mit dem Bauch voran in einem Bäckertrog, weil sie anders keine Ruhe fand. Endlich kam der Tag der Niederkunft, und wäre die Königin keine zähe Hunnin gewesen, so hätte sie die Geburt des Knaben wohl kaum überlebt. Sie zerbiss zehn Stöcke unter den Wehen und brach der Hebamme die Hand, die sie umklammert hielt. Doch so laut am Ende beide Frauen schrien, das Neugeborene schrie lauter. Zwei Männer der Garde mussten es festhalten, damit es gewaschen werden konnte. Fünf Ammen trank es die Brüste leer.

Als Hugdietrich nach zehn Monaten aus dem Awarenfeldzug siegreich heimkehrte, war es ihm, als sei er fünf Jahre fort gewesen, so groß war sein dritter Sohn bereits. Bald saß das Kind mit an der Tafel, und als ihm eines Tages einer der sabbernden Molosser-Hunde einen Kanten Brot aus der Hand schnappen wollte, griff er ihn und schleuderte ihn derart an die Wand, dass ein neuer Molosser angeschafft werden musste. Die Eltern staunten, die Tafelgäste raunten, und bald herrschte überall Einigkeit, dass dies von tieferer Bedeutung sei.

«Der Kleine ist nicht von dieser Welt», flüsterte man dem König zu. «Die Kraft Eurer Lenden ist gewiss enorm, aber hier scheint Übermenschliches am Werk. Seid Ihr ganz sicher, dass Ihr bei der Zeugung zugegen wart?»

Das konnte Hugdietrich nicht auf sich beruhen lassen. Er sandte nach Herzog Saben, um zu erkunden, ob die Königin nicht doch erst nach seiner Abreise schwanger geworden sei.

«Sie hielt sich tapfer ein paar Tage! Lenkte sich mit Handarbeiten und Kniebeugen ab. Doch dann nahmen wohl die unruhigen Säfte überhand», erklärte Saben. «Einmal hörte ich sie des Nachts aus dem Fenster rufen: Oh, wie ist mir lästerlich im Leibe! Dass mich doch der Teufel nehme! Da waren dann gleich ein Geflatter in der Luft und ein Hufschlag auf der Diele und später auch ein ganz unfrommes Stöhnen auf ihrem Lager. Tags drauf erkundigte ich mich bei Eurer Frau, wie sie zur Treue stehe. Sie drohte mir. So schwieg ich. Bis eben.»

Der König auf dem Thron begrübelte lange diese Nachricht und erging sich in verschiedentlichen Konklusionen. Doch sie schienen ihm alle zu wenig nachhaltig. Schließlich sprang er auf und rief: «Das Teufelsbalg muss sterben! Wer weiß, was es noch anstellt, wenn es erst ausgewachsen ist! Doch wem kann ich diese Sache anvertrauen?»

Saben sprach: «Ich bin nicht gut im Töten, wie Ihr wisst! Aber Euer Freund und Ratgeber Berchtung von Meran ist treu und unverzagt zugleich. Er wird Euch diesen Dienst nicht verweigern!»

Hugdietrich entließ Herzog Saben und sandte nach Berchtung von Meran. Doch als dieser hörte, dass er das jüngste Kind des Königs aus der Welt schaffen sollte, weigerte er sich.

«Ich töte kein Kind, und kein Kind tötet mich», sagte Berchtung. «Möge es immer so bleiben!»

Hugdietrich holte tief Luft, um zu einer ausführlichen Erklärung und Begründung seiner Motive anzusetzen, verlor aber mitten im Luftholen die Lust dazu und sagte: «Du bringst das Balg um, wie ich dir sage, oder deine Frau und deine sechzehn Söhne baumeln morgen schon an den Zinnen deiner Burg! Und du am Ende gleich daneben!»

«So ist das natürlich was anderes», erwiderte Berchtung, «ich wusste nicht, dass es Euch so wichtig ist! Aber es muss geräuschlos geschehen. Denn was man nicht erklären kann, darf man auch niemand wissen lassen!»

Hugdietrich meinte, das solle seine Sorge nicht sein. Berchtung müsse nur mitternachts, wenn alles in tiefem Schlummer läge, an die Schlafzimmertür kommen. Dort werde er ihm den Jungen übergeben. Berchtung, der etwas mehr Erfahrung mit Kindern hatte, wandte ein, es könne greinen. Hugdietrich versprach, dem Kind etwas Laudanum auf den Lutschbeutel zu träufeln, auf dass es fest schlafe.

Doch als Berchtung nun Klock zwölf vor die Schlafzimmertür trat, hoffte er inständig, dass es ausreichend Laudanum war, denn da drinnen war Geschrei und Gezänk unter den Eheleuten. Der König rief, er wisse sicher, dass dieses Kind des Teufels sei. Die Königin schrie, es sei sein eigen Fleisch und Blut, so wahr ihr Gott helfe, doch Hugdietrich wollte ihr nicht glauben. Er schwor, niemals werde dieses Ungeheuer auch nur einen Fitz von seinem Erbe bekommen.

«Dieses Kind hat genug Kraft, um sich selbst ein Reich zu erkämpfen», wütete die Königin. «Es braucht dein Erbe nicht!»

Der König höhnte, das wolle er sehen. Die Königin zeterte, das werde er sehen. Dann wünschte sie sich, ihn nie in ihr Bett gelassen zu haben, wünschte sich des Weiteren, nie hierher verheiratet worden zu sein, wünschte sich sogar, nie geboren worden zu sein, und hätte sicher noch die ganze Welt in den Mund Gottes zurückgewünscht, wenn sie dabei nicht ein Kratzen im Hals bekommen hätte. Sie räusperte sich und griff nach etwas Trinkbarem. Hugdietrich wollte sie noch warnen, aber zu spät. Kurz darauf fiel die Königin betäubt zu Boden, denn sie hatte in der Hitze des Streits die Laudanumflasche geleert und versank nun in den Tiefen des süßen Mohnsaftes wie vordem ihr Kind.

Das brachte nun Hugdietrich an die Tür, eingewickelt in eine Decke. Berchtung schnürte es zu einem Bündel und schnallte es sich auf den Rücken. Dann sattelte er sein Pferd und ritt in die Nacht hinaus. Der kalte Wind weckte das Kind, und es begann zu weinen. Unwillkürlich ritt Berchtung etwas langsamer, und das Kind lehnte den Kopf an seinen Nacken und schlief wieder ein. Berchtung war das durchaus nicht recht, weil er schlecht etwas töten konnte, was sich bei ihm geborgen fühlte. Er ritt durch Wälder und Wiesen auf der Suche nach einem Platz, der finster genug war für eine so finstere Tat, und er suchte wie ein Mann, der immer nur suchen, aber niemals finden will.

Als schließlich der Morgen graute, graute es auch Berchtung. Er wusste: Im hellen Licht des neuen Tages würde er es erst recht nicht über sich bringen, das Kind zu töten. Er hielt darum in einer Niederung, legte das immer noch schlafende Kind ins Gras und griff zum Schwert. Doch im selben Augenblick gewahrte er einen Teich gegenüber, der über und über mit roten Seerosen bedeckt war.

«Was soll ich eine solch schwere Schuld auf mich laden?», sagte Berchtung sich. «Tappt denn nicht jedes kleine Kind, das man sich selbst überlässt, dem Tod entgegen? Ich werde es hier einfach an den Teich setzen. Sicher will es nach den Seerosen greifen, fällt hinein und ertrinkt. Selbst schuld!»

Er weckte also den Kleinen, stellte ihn an das abschüssige Ufer des Teichs, sagte «Guck mal da, Seerosen!» und ging davon. Doch als er es nach ein paar Schritten immer noch nicht platschen hörte, drehte er sich um und sah, dass der Knabe sich vom Teich abgewandt hatte und einem Schmetterling nachlief. Also schnappte sich Berchtung das Kind und stellte es wieder an das abschüssige Ufer. Doch er hatte sich noch nicht umgedreht, da lief der Knabe wieder an ihm vorbei, um eine Libelle zu jagen. Beim dritten Versuch rutschte Berchtung an der schlickigen Böschung aus und stürzte selber in den Pfuhl. Er zog sich schimpfend aus dem Morast und war nahe dran, jetzt doch das Schwert zu ziehen, um dem Kind den Garaus zu machen, als er sah, dass es mitten auf der Wiese saß und hingebungsvoll auf eine Pusteblume pustete.

«Das wird mir jetzt alles zu niedlich! Ich mach hier gar nichts mehr», sagte Berchtung. «Ich leg mich jetzt drüben ins Gebüsch und warte ab. Wenn die Nacht kommt, werden die wilden Tiere diesen Fratz schon erledigen!»

Als es dämmerte, kam tatsächlich allerlei wildes Getier auf die Wiese und an den Teich, grimmige Bären und gefräßige Wildschweine, doch sie taten dem Kind nicht das Geringste. Schließlich erschien sogar ein Rudel hungriger Wölfe auf der dunklen Lichtung. Ihre Augen glimmten wie glühende Kohlen, und alles wich vor Schreck zurück. Nur das Kind selbst griff nach den Wölfen, betastete sie und zog ihnen an den Nasen und Ohren, und sie ließen es sich gefallen. Die ganze Nacht balgte der Knabe mit den Wölfen herum. Berchtung sah dies mit offenem Mund.

«Ein Gottesurteil», flüsterte er schließlich. «Ich wusste, dass etwas an diesem Knaben ist, weshalb ich ihn nicht töten konnte.»

Am nächsten Tag nahm er das Kind und ritt mit ihm zu einem armen Waldhüter, bei dem er schon öfter während der Jagd genächtigt hatte. Er rief ihn heraus und stellte ihm das Kind vor die Tür.

«Wer einen Wald hüten kann, kann auch ein Kind hüten», sagte Berchtung. «Hier habe ich einen Knaben für dich und deine Frau, der von jetzt an bei euch wohnen wird. Er spielt mit den Wölfen und wird darum Wolfdietrich genannt werden.»

«Wir haben uns ganz bewusst für ein Leben ohne Kinder entschieden», sagte der Waldhüter. Berchtung machte eine unwirsche Handbewegung.

«Ja, guter Mann, aber das ist hier ein Königreich, und da du ganz offensichtlich nicht der König bist, gelten auch eure ganz bewussten Entscheidungen nur so lange, bis ein Vertreter des Königs kommt und was anderes entscheidet. Begriffen?»

«Jup!», sagte der Waldhüter.

«Also, ihr nehmt das Kind und zieht es auf. Wenn jemand kommt und fragt, sagt ihr, es sei euers.»

«Wie Ihr meint, edler Herr.»

«Klappe halten! Immer! Und wenn der König selbst vor dir stünde!»

«Das verstehe ich nicht …»

«Hier geht es um mehr als den König, hier geht's um das Königreich», erklärte Berchtung, und das war dem Waldhüter nun endlich auch erfassbar.

DAS GERICHT

Im Palast von Konstantinopel herrschte derweil großer Jammer, denn die Königin hatte am nächsten Morgen die Entführung ihres dritten Kindes bemerkt und beschuldigte ihren Ehemann, das Kind beiseitegeschafft zu haben. Hugdietrich tat ahnungslos, aber seine Frau wollte ihm nicht glauben. Wenn Hugdietrich angenommen hatte, sie würde in stiller Niedergeschlagenheit den Verlust hinnehmen, so musste er nun erfahren, dass Hunninnen ihren Schmerz anders ausleben. Sie stürzte sich auf ihn, wo immer sich ihre Wege kreuzten, um ihm die Wangen zu zerkratzen. «Schande über den König!», kreischte sie.

«So geht das nicht weiter», sagte Hugdietrich zu Herzog Saben. «Wir haben gesellschaftliche Verpflichtungen und müssen miteinander an der Tafel sitzen, wenn irgendwelche Khasaren oder Choresmier hier zeremoniert werden wollen. Was sollen die denken, wenn mir mein eigenes Weib vor lauter Abscheu den Weinkelch ins Gesicht schüttet?»

Saben rieb sich das Kinn und sann angestrengt nach.

«Berchtung ist schuld», befand er schließlich, «er hat das Kind ermordet. Wenn er es nicht ermordet hätte, würde es jetzt noch leben, und wir könnten es der lamentierenden Mutter zurückgeben.»

Der König sah Herzog Saben an, als sei dieser nicht ganz bei Trost.

«Was redest du für krauses Zeug! Ich selbst habe Berchtung befohlen, das Kind zu töten. Ich habe ihn sogar mit dem Tode bedroht, für den Fall, dass er sich weigert!»

Doch Saben hatte schon weitergedacht.

«Ja, und ein guter Ratgeber hätte an dieser Stelle erkannt, wie verzweifelt Ihr seid. Er hätte festbleiben sollen, selbst um den Preis seines Lebens.»

Hugdietrich war von dieser verfeinerten Logik überaus beeindruckt.

«Donnerwetter! Ihr habt recht. Berchtungs verdammte Pflicht war es, mich vor unüberlegten Entscheidungen zu schützen! Wozu brauche ich sonst einen Ratgeber!»

Der König tätschelte Herzog Saben die Wange, dem das wie ein Ritterschlag vorkam.

«Ihr seht, nicht Euer Befehl hat das Kind getötet, sondern Berchtungs falscher Gehorsam», sagte Saben, und Hugdietrich wurde ganz weit ums Herz vor lauter Unschuld. Ja, mehr noch, er fühlte sich von Herzog Saben fast ein wenig besser verstanden, als er sich selbst verstand.

«Wer für seinen König nicht sterben will, muss zum Tode verurteilt werden!», verkündete Hugdietrich das Grundgesetz aller Herrschaft.

Die beiden beschlossen, Berchtung unter einem Vorwand nach Konstantinopel einzuladen, ihn festzunehmen und ihm den Prozess zu machen. Die Königin solle ihn des Mordes anklagen, dann könne Hugdietrich sich vornehm zurückhalten, auch zögern und zu vermitteln suchen, um schließlich auf Wunsch der breiten Masse die Todesstrafe zu genehmigen. So im Geiste gerüstet, begab sich der König zur Königin, um sie zu überzeugen, dass Berchtung ihr drittes Kind ermordet hätte. Die Königin hielt das für unwahrscheinlich. Aber Hugdietrich rüttelte und schüttelte und würgte sie und schrie, er solle ihr jetzt glauben, sonst wäre es ihr letztes Stündchen, und da glaubte sie ihm endlich. So trug auch diesmal die Überredungskunst des Königs den Sieg davon.

Berchtung schwante nichts Gutes, als er die Einladung erhielt, zusammen mit seinen sechzehn Söhnen nach Konstantinopel zu kommen. Er rief einen Schreiber und diktierte ihm einen Brief, in dem er alles penibel schilderte, was im Falle des wundersamen dritten Kindes des Königs geschehen war.

Als Berchtung nach Konstantinopel kam und abends an der Tafel saß, trat die Königin herein und rief ihn an als Mörder ihres Kindes. Die Wachen setzten Berchtung und seine Söhne fest, und alle zusammen wurden in den tiefsten Kerker geworfen. Am Abend noch desselben Tages erschien die Königin in Berchtungs Zelle.

«Was wollt Ihr hier?», fragte Berchtung. «Nur Euretwegen werde ich behandelt wie ein gemeiner Verbrecher.»

«Sagt mir nur eins: Wie ist mein Kind gestorben?»

«Gar nicht», erwiderte Berchtung. «Es lebt. Ich habe es bei braven Leuten versteckt. Bis wieder bessere Zeiten kommen.»

Da sprangen der Königin Tränen des Glücks aus den

Augen, und sie schluchzte, dass ihr der holde Leib bebte. Berchtung bot ihr einen Zipfel seines Mantels, damit sie sich schnäuzen konnte. Mit befreiter Nase sprach die Königin:

«Ich stehe tief in Eurer Schuld. Was kann ich für Euch tun, dass Ihr wieder in Eure Rechte eingesetzt werdet?»

Berchtung gab ihr den Brief, in dem alles aufgeschrieben stand. Und mit diesem verließ sie das Verlies.

Am nächsten Tag rief der König alle Edelleute zusammen, um vor der Stadt auf offenem Feld über Berchtung Gericht zu halten. Herzog Saben führte den Vorsitz. Manche wunderten sich, dass auf dem Hügel nebenan schon eine Reihe von Galgen gezimmert worden war, aber Saben beruhigte alle, dies habe nichts zu bedeuten. Jeder, der meine, für Berchtung gutsprechen zu müssen, könne dies nach wie vor tun, wenn ihm dies sein Gewissen auftrage. Nur sei eben für die Unterstützung eines mutmaßlichen Königskindsmörders ebenfalls die Todesstrafe vorgesehen. Das ließ alles Murmeln und Raunen sofort verstummen.

«Gestehst du, dass du das Kind des Königs entführt und getötet hast?», fragte Herzog Saben den wackeren Berchtung.

Der antwortete: «Ich habe dem König stets treu gedient. Nur dieses eine Mal nicht.»

«Ha, hört ihr?», triumphierte Saben mit schriller Stimme, der gar nicht glauben konnte, dass diese schäbige Inszenierung so reibungslos über die Bühne ging. «Er sagt es selbst, dass er den König hinterging und sein liebes Kind heimtückisch ermordete!»

«Das habe ich nicht gesagt», erklärte Berchtung. «Ich sagte, ich habe dem König stets treu gedient. Nur dieses eine Mal nicht.»

Da trat Baltram, der Ehemann der Schwester Berchtungs, vor: «Willst du uns sagen, lieber Schwager, dass es einen Befehl des Königs gab, den du nicht befolgtest, um dem König nicht zu schaden?»

Hugdietrich sah, dass der Prozess einen unvermuteten Verlauf nahm, und wollte das ganze Schlamassel beenden, bevor noch ein Schatten auf sein Königtum fiel.

«Nun ja, das Kind ist verschwunden», sagte er schnell, «und die ganze Wahrheit werden wir wohl nie erfahren. Darum will ich Gnade vor Recht ergehen lassen und Berchtung …»

Doch die ahnungsvolle Nachfrage Baltrams war bereits durch die Ohren der Anwesenden gekrochen und begann jetzt, im Verstand zu brüten.

«Aber das hieße ja», rief einer, dessen Scharfsinn weithin gerühmt wurde, «wenn er den Befehl des Königs befolgt hätte, müsste er zum Tode verurteilt werden, weil er der Mörder des Königskindes wäre, aber wenn er das Kind am Leben gelassen hat, so müsste er ebenfalls hingerichtet werden, und zwar wegen Befehlsverweigerung.»

Das war zu viel. Es ging ein Sausen und Schwindeln durch die Hirne der Edlen, und sie hielten sich ihre Schädel, so kompliziert war diese juristische Frage. Das war für Berchtung das Zeichen, die Anwesenden mit der vollen Wahrheit bekannt zu machen.

«Ich bin in jedem dieser Fälle bereit zu sterben», rief er. «Doch möchte ich, dass vorher der Brief verlesen wird, den ich gestern der Königin gab.»

Die Königin zückte den Brief und rief nach zwei Mönchen, da weiter keiner des Lesens kundig war. Sie wurden eilends herangeschafft, und so erfuhren alle Edlen, was es mit den listigen Einflüsterungen des Herzogs Saben und dem wundersam verschonten dritten Kind des Königs, nunmehr Wolfdietrich genannt, auf sich habe.

Hugdietrich war aber nicht Herrscher seines Landes, weil er begriffsstutzig und zögerlich war. Jetzt, wo Beifall für den treuen Berchtung aufbrandete, erkannte der König, dass sein Platz an der Spitze der Bewegung war. Er befahl, Herzog Saben festzunehmen und zum Richtplatz zu führen, auf dass ihn selber die Strafe ereile, die er anderen zugedacht habe. Noch größerer Jubel brach aus, und alle lobten das Gespür des Königs für die richtige Seite.

«Berchtung, mein alter Freund und weiser Ratgeber, greif dir den Schurken und lass ihn ordentlich zappeln», rief Hugdietrich, glücklich, allen Nachforschungen entronnen zu sein. Doch Berchtung wollte Saben nicht an den Galgen hängen. Ihm war ob der wiedergewonnenen Freiheit ganz christlich zumute.

«Nein, liebe Freunde! Eine Geste des Großmuts soll den heutigen Tag krönen», verkündete er. «Wir wollen nicht Gleiches mit Gleichem vergelten, er soll nur verbannt werden aus unserem Kreis.»

Hugdietrich winkte Berchtung zu sich.

«Hier gibt es Leute, die zum Teil mitten in der Nacht aufgestanden sind, um herzukommen. Du kannst denen jetzt nicht das Spektakel vermasseln! Die wollen, dass der Herzog ihnen die Zunge rausstreckt. Und zwar als Freischwinger. Was sollen die sonst zu Hause erzählen?»

Es gab ein bisschen Hin und Her, aber Berchtung blieb fest, und schließlich einigte man sich, den Herzog in Schimpf und Schande außer Landes zu treiben. Derweil ritt Berchtung mit seinen Söhnen zum Waldhüter, um

Wolfdietrich abzuholen und seinen Eltern zurückzubringen. Glücklich schloss ihn seine Mutter in die Arme, während Hugdietrich mit einiger Reserve danebenstand.

«Der Waldhüter war nicht wenig froh, den kleinen Racker wieder los zu sein. Er war wohl doch sehr ungebärdig und hat ihn nicht nur einmal mächtig vertrimmt, wenn ihm etwas gegen den Strich ging», erklärte Berchtung launig.

«Darauf wollte ich gerade zu sprechen kommen», meinte der König. «Das Kind braucht einen Erzieher, der seine Eigenheit kennt, sich nicht dummkommen lässt, aber dennoch seine Aufzucht mit Wohlwollen betreibt. Und da fällt mir nur einer ein.»

Er zwinkerte Berchtung zu, und dieser seufzte.

EINE ZWEITE CHANCE

Berchtung ließ Wolfdietrichs Tage früh beginnen und spät enden und achtete genauestens darauf, dass nichts im Leben des Knaben selbstverständlich war. So lernte Wolfdietrich, dass man eine Küche heizen musste, wenn man Grütze kochen und im Warmen essen wollte, und dass man eine Küche nur heizen konnte, wenn man am Tag zuvor Holz gehackt hatte. Er verstand, dass das eine immer mit dem anderen zu tun hat und der Wille nichts ist ohne die Tat. So war das wilde Kind am Ende seiner Kindheit ganz manierlich, und das Feuer seines Temperaments wärmte nur und verbrannte nichts, da es im festgemauerten Ofen guter Sitten loderte.

Dann starb Hugdietrich. Der Rat der Fürsten übernahm das Regieren, bis das Erbe unter den Söhnen aufgeteilt sein würde. Zu dieser Zeit erschien auch Herzog Saben wieder im Lande und fand so manchen Fürsten geneigt, ihm zu verzeihen. Das war seltsam genug, doch Saben hatte gerade erst einem Fürsten sein bestes Pferd zurückgebracht, das von gedungenen Stallburschen gestohlen worden war, hatte dann einem anderen Fürsten eine günstige Heirat mit der Witwe eines Silberminenbesitzers vermittelt, der überraschend nach einem Umtrunk mit Saben verstorben war, und einem dritten wiederum hatte er schließlich Stillschweigen gelobt, da er ihn unvermutet antraf, wie er einem weibischen Knaben auflag, welcher sich diesen Zufall freilich ganz fürstlich hatte bezahlen lassen. Die Königin war denn auch außer sich, als sie Herzog Saben inmitten des Rates der Edlen entdeckte, wo er argumentierte und räsonierte und jedem so lange recht gab, bis er des Herzogs Meinung war.

«Was macht dieser Schurke hier?», rief die Königin. «Er wurde des Landes verwiesen!»

«Och, das ist ja schon so lange her. Das ist ja gar nicht mehr wahr», drucksten die Edlen herum. «Jeder verdient eine zweite Chance!»

«Eine zweite Chance, uns alle ins Verderben zu stürzen? Habt ihr die Galgen vergessen, die er euch bauen ließ?»

«Ja, da hat er überreagiert», gaben die Fürsten zu, «aber er stand unter Druck. Muss man auch mal sehen.»

«Wo ist überhaupt Berchtung?», fragte die Königin.

Einer der Edlen trat vor.

«Wir halten es für besser, ihn vorerst vom Rat fernzuhalten, damit er sich voll auf seine Angelegenheiten konzentrieren kann. Als Erbverwalter des Königs sollte er über allen Parteien stehen.»

Die Königin sah, wie Herzog Saben diese letzten Worte im Stillen mitsprach, und sie erkannte, dass sie von ihm stammten. Auf dem Fuße machte sie kehrt, schlug die Tür zu, dass die Speere und Schilde von der Galerie fielen, und eilte zu ihren Söhnen. Doch sie kam zu spät, denn Herzog Saben hatte den beiden Thronerben schon eine feine Geschichte um Wolfdietrich gesponnen, gegen die alle Wahrheit wie Flickwerk aussah.

«Stimmt es, dass Wolfdietrich nicht unser leiblicher Bruder ist?», fragten sie die Königin, kaum dass sie zur Tür herein war. Die Königin verneinte verdutzt.

«Warum wächst er dann fern von uns auf?», fragten sie weiter. «Wird er von Berchtung darauf vorbereitet, uns unser Erbe streitig zu machen und sich als Alleinherrscher einzusetzen?»

Die Königin verneinte auch dies, aber ihre Söhne nahmen jedes Nein als Bestätigung und jeden Schwur als Gotteslästerung. Die Eifersucht tat ihr Übriges.

«Du bist nicht mehr unsere Mutter! Mach dich fort zu deinem Lieblingsbastard und richte ihm aus, dass wir gewarnt wurden», sagte der eine Bruder, und der andere ergänzte: «Wir werden kommen mit einem Heer und ihn in die Hölle schicken zu seinem wirklichen Vater!»

Halb verjagt und halb geflohen, machte sich die Königin noch in derselben Stunde auf den Weg nach Lilienporte, Berchtungs Burg. Der traute seinen Augen nicht, als er die Königin in kleiner Begleitung vor seinem Tor stehen sah. Als er hörte, welche Intrige in Konstantinopel gegen die Königin und Wolfdietrich gesponnen worden war, schloss er die Tränenreiche in die Arme und versprach ihr, alles zu tun und noch mehr. Dann winkte er nach Wolfdietrich und sagte: «Komm und begrüße deine Mutter!»

Wolfdietrich sah verwirrt drein, denn er war im Glauben aufgewachsen, dass Berchtung sein Vater, dessen Frau seine Mutter und ihre sechzehn Söhne seine Brüder wären. Er trat näher, und die Königin reichte ihm, von Schmerz erfüllt und im Tränenglanz ihrer Augen, die Hände, was sie sonst niemandem gewährte, der vor ihr niederkniete.

«Wieso soll ich Euer Sohn sein, Herrin?», fragte Wolfdietrich, den Blick zu Boden gerichtet.

«Weil dein Vater der König von Konstantinopel war», schluchzte die Königin, und Wolfdietrich, der sich als ein Geringer verbeugt hatte, stand als Thronerbe wieder auf. So erfuhr Wolfdietrich, wie er geboren und verloren wurde und was der missgünstige Herzog Saben und seine eifersüchtigen Brüder jetzt gegen ihn planten.

Eine Woche war vergangen, da schwärzte sich der Horizont mit Kriegern und Kriegsgerät. Es waren die beiden Königssöhne aus Konstantinopel, die zusammen mit Herzog Saben ein riesiges Heer heranführten.

«Die Burg ist unbezwingbar, aber die Vorräte reichen nicht ewig», sagte Berchtung abends, als er mit Wolfdietrich in der Halle saß, während die Ölfunzeln an den Wänden ihr trübes Licht in den Saal blakten.

«Haben wir denn keine Verbündeten, die uns aus dieser Lage retten können?», fragte Wolfdietrich.

Berchtung dachte nach und sagte dann: «Ja, es gibt wohl einen König auf dieser Welt, der unbedacht genug wäre, sich mit Herzog Sabens Streitmacht anzulegen. Er heißt Ortnit und ist der König der Lamparten. Ein Heißsporn sondergleichen. Vor nicht allzu langer Zeit ist er ins Morgenland gefahren, um dort eine berühmte Schönheit zu entführen. Zwei Drittel seiner Recken haben dafür ihr Leben gelassen. So einer ist Ortnit, er würde uns raushauen, einfach nur, weil es sich gut anfühlt. Aber …»

«Aber?», fragte Wolfdietrich.

«Er lebt weit von hier, jenseits des Meeres, und es ist Sturmzeit. Niemand wird dich hinübersetzen. Wenn du auf dem Landweg zu ihm wolltest, müsstest du viele Wochen an der Küste entlangreiten, denn dieses Meer gleicht einer riesigen Bucht. Wenn du überhaupt heil durch die Belagerer kämst …»

«Das lass mal meine Sorge sein, verehrter Berchtung», entgegnete Wolfdietrich, «ich bin nicht so schnell aufzuhalten.»

So stattete Berchtung seinen Ziehsohn mit allem aus, was man für eine so lange und gefahrvolle Reise brauchte, gab ihm Brünne und Schwert und herzte ihn ein letztes Mal. Dann packte er ihn an den starken Armen und sah ihm tief in die Augen.

«Eins noch, Wolfdietrich», sagte Berchtung, «versprich mir, dass du unterwegs nicht heiratest!»

«Heiraten?», fragte Wolfdietrich. «Wieso sollte ich unterwegs heiraten?»

«Weil fast alle Männer heiraten, obwohl sie eine Mission haben», erklärte Berchtung. «Sie heiraten, weil ihnen die Bedeutung der Mission irgendwann verblasst. Oder weil sie ihnen immer gewaltiger erscheint. Bisweilen heiraten sie auch, weil alle um sie herum heiraten. Aus Zeitvertreib, aus Neugier, aus Zufall. Es ist wie ein Fluch, der auf Männern mit einer Mission lastet. Heirate darum nicht und vergiss niemals, warum du unterwegs bist und dass wir hier auf dich warten. Du hast drei Jahre, dann ist es mit uns vorbei.»

Wolfdietrich versprach es.

SIEBEN TAGE WACH

Die Küste entlangzureiten, erwies sich als nicht ganz ausreichende Wegbeschreibung. Denn nach ein paar Tagen war der Strand von Geröll versperrt, und sumpfige Marschen erstreckten sich vom Meeressaum bis weit ins Innere des Landes. Wolfdietrich musste ins nahe Gebirge ausweichen und hatte Mühe, den Weg zurück zu finden. Tagelang irrte er in den Bergen umher, wo es tagsüber heiß und nachts bitterkalt war. Schließlich hatte Wolfdietrich seine ganze Wegzehrung aufgebraucht und begann, ganz fürchterlich zu hungern. Auch sein Pferd wurde schwach und schwächer, vertrat sich auf den steinigen Pfaden, rutschte ab und musste nicht nur einmal am Zaumzeug wieder hochgezogen werden. Schließlich mochte es gar nicht mehr gehen, sodass Wolfdietrich es huckepack nahm und mit ihm die Berge hinabstolperte.

«Ich werde nicht aufgeben», presste sich Wolfdietrich alle hundert Schritte stärkende Worte ab. «Ich habe eine Mission.»

Nachdem er sein Pferd mit letzter Kraft durch eine kühle Klamm geschleppt hatte, öffnete sich plötzlich der Blick aufs Meer und wurde allerliebst. Eine Wiese erstreckte sich bis an den Strand, ein paar knorrige, windschiefe Bäume wurzelten darin und warfen Schatten. Wolfdietrich legte sein Pferd im Schatten ab, warf sich daneben ins Gras und stöhnte benommen vor Hunger: «Friss dich satt, alter Klepper, damit du wenigstens meine verhungerte Leiche nach Hause tragen kannst.»

Dann döste er weg, und das Meer rauschte dazu.

Wie er so schlief, begann das Meerwasser mit einem Mal seltsam zu gurgeln und zu schäumen, und ein Meerweib erhob sich aus den Fluten, so hässlich, dass die Winkerkrabben am Strand im Winken erstarrten und entseelt zur Seite fielen. Das Meerungeheuer hatte kalte, grüne Glotzaugen, ein schiefes Fischmaul, aus dem gelbe Walrosszähne hervorragten, und als Haar hatte es einen ganzen Schober von braunem Tang auf dem Kopf. Vom Kinn hingen lange Barteln, der aufgedunsene Leib war schuppig, und Hände wie Füße waren halb Kralle, halb Flosse. Das Meerweib kroch langsam und leise über die Wiese zum schlafenden Wolfdietrich und zog ihm das Schwert aus der Scheide. Dann versteckte es sich hinter einem Baum und warf ihm einen Kiesel auf die Stirn. Sofort erwachte Wolfdietrich und wollte nach seinem Schwert greifen. Und wie er es nicht fand, wurde er fröhlich.

«Hurra!», schrie Wolfdietrich und sprang auf. «Hurra! Endlich!», rief er über die Wiese und küsste die leere Scheide seines Schwertes.

Das Meerweib runzelte die schuppige Stirn, besah sich das Schwert noch einmal und steckte es dann sicherheitshalber unter eine Wurzel.

«Was tanzt du herum, wo man dir deine Waffe gestohlen hat, Blödsinniger?», rief das Meerweib hinter dem Baum hervor.

«Weil Diebe Menschen sind, und das zeigt mir, dass hier Menschen leben und ich nicht hungers sterben muss!», rief Wolfdietrich verzückt in die Luft.

«Nicht immer sind Diebe Menschen», meinte das Meerweib und trat hinter dem Baum hervor. Wolfdietrich erschrak beinahe zu Tode, kniff sich mit viel «Oh, oh! Gar nicht gut!» in den Arm, je näher das Ungeheuer kam, und ohrfeigte sich auch, als es schon kurz vor ihm stand.

«Ich bin kein Albtraum, armer Ritter! Ich bin es wirklich! Die raue Else!»

Sie beugte sich über ihn und hauchte ihn mit ihrem tranigen Atem an.

«Hast du was zu essen?», fragte Wolfdietrich vorsichtig.

«Jetzt schon», lachte die raue Else und schnüffelte und schmatzte an ihm herum.

«Liebe Frau Rau, werte Else», fröstelte Wolfdietrich, «ich bin nur Haut und Knochen und gebe nicht viel her. Aber wenn du mich am Leben lässt, werde ich dich reich belohnen. Ich bin der Sohn eines Königs, und wenn du mir hilfst, dann soll es dein Schaden nicht sein.»

Die raue Else streckte statt einer Antwort ihre glibberige Zunge heraus und leckte Wolfdietrich langsam über die Wange. Dabei verdrehte sie genüsslich ihre grünen Glotzaugen, als sei er ganz aus Zucker.

«Ich weiß. Ich weiß alles von dir, Wolfdietrich», sagte die raue Else schließlich. «Du willst dein Königreich retten, und jetzt bist du am Verdursten und Verhungern. Ich kann dir etwas verschaffen, das dich vorm sicheren Tod bewahrt. Doch das würde ich nur dem Mann geben, der mich zur Frau nimmt.»

Wolfdietrich schluckte. «Ich finde den Unterschied zwischen von dir gefressen werden und dich heiraten jetzt nicht so groß.»

Die raue Else fuhr empört zurück. «Findest du mich etwa hässlich?»

Wolfdietrich überlegte kurz, ob er dem Meerweib die Ehre der Wahrheit erweisen sollte, entschied sich aber dagegen. Er hatte kein Schwert und wollte um keinen Preis mit bloßen Händen gegen so etwas Schleimtriefendes kämpfen.

«Das Aussehen hängt ja immer ein bisschen vom Licht ab. Und dann ist die Haut bei Frauen auch nicht jeden Tag dieselbe. Dazu kommt bei dir offenbar noch langer Kontakt mit Wasser. Kenn ich von mir. Wenn ich lange bade, krieg ich diese Rillen an den Fingern. Sicher, deine Frisur wirkt auf den ersten Blick unorthodox, aber du hast zum Beispiel ganz hervorragende Augen, weil sie nämlich so hervorragen …»

Da lachte die raue Else erneut, dass fischiger Schleim von ihren Walrosszähnen tropfte, und drehte sich einmal um sich selbst. Und wie sie ihm wieder die Vorderseite zuwandte, war sie eine Jungfrau mit goldglitzerndem Haar in einem silbernen Kleid, das den Wellen ihres schlanken Leibes auflag wie eine zweite Haut, wenn es denn überhaupt ein Kleid und nicht die Haut selbst war. Die Jungfrau stemmte die nunmehr zartbefingerte Hand in die Hüfte und kippte das Becken neckisch zur Seite.

«Und würdest du mich jetzt heiraten?»

Wolfdietrich, der Weiber bis dahin nur in groben Kitteln und Schürzen, langen Röcken und wollenen Kopftüchern gesehen hatte und gar nichts wusste von den betörenden Wirkungen, welche die blanke und bloße Gestalt einer Frau auf einen unvorbereiteten Mann auszuüben vermag, spürte, wie sich seine Mission abrupt verunwichtigte. Was soll ich mit einem Königreich, wenn ich mich mit diesem Fischlein tummeln kann, fragte er sich. Warum sollte ich mich auf einen harten Thron setzen, wenn sich dieser weiche Schoß mir öffnet? Habe ich das königlichste Zepter nicht schon hier bei mir in der Hose? So phantasierte sich Wolfdietrich aus jeder Pflicht und Verantwortung, bis er Gott sei Dank und endlich an den armen Berchtung und die Seinen im belagerten Lilienporte dachte. Das hob seinen Verstand aus den Gonaden, und unter Schmerzen nahm er seine Mission wieder auf.

«Ich kann dich nicht heiraten», jammerte er, während in seinem Kopf die Waagschalen von Freundespflicht und Liebesfreud hoch und runter schwangen. «Ich muss Hilfe holen für meine Freunde in der Heimat.»

«Wie willst du für deine Freunde kämpfen, wenn du immer an mich denken musst?», lockte die Jungfrau mit Sirenenstimme und schob ihren wogenden Oberkörper etwas näher an Wolfdietrich heran.

«Ich werde wahrscheinlich nie wieder an etwas anderes denken, Zauberschönste, aber die Welt wird ein böser Ort, wenn man seinen Freunden nicht mehr hilft, und das wollen wir alle nicht.»

«So spricht ein wahrer Held», rief da die wunderbar entschuppte Else und küsste ihn so innig, dass Sturmwellen der Reue den festen Leuchtturm seiner Entscheidung erbeben ließen. «Darum will ich dir helfen, wenn du mir versprichst, mich später einmal zu deiner Schwägerin zu machen!»

Wolfdietrich versprach es. Darauf pflückte die raue Else von einem nahen Strauch ein paar Blätter, zerrieb sie mit ein paar Steinen zu grüner Paste und ließ ihn davon essen. Die Blätter machten Wolfdietrich die Pupillen weit und das Herz wieder kräftiger schlagen. Seine Muskeln wurden fest, und er fühlte sich, als könne er das Meer mehrfach umrunden. Vorbei waren Hunger und Durst. Als er seinem Pferd davon zu knabbern gab, sprang es auf und wieherte vor Springlust. Die raue Else gab ihm das Schwert zurück, und Wolfdietrich stieg auf sein Pferd und ritt lachend davon.

Als Wolfdietrich ins Lampartenland kam und nach König Ortnit fragte, musste er erfahren, dass dieser im Kampf mit dem Drachen gestorben war. Seine junge Witwe sitze allein in Garda und weine sich Tag für Tag die Augen aus. Die Edlen des Landes drängten sie schon zu neuerlicher Heirat, allein, sie habe geschworen, nur den zum Manne zu nehmen, der das Vorhaben ihres Gatten zu Ende führe und den Drachen töte.

«Das ist ja verflixt», dachte Wolfdietrich. «Da komme ich wegen Ortnit diesen langen Weg, und dann ist der tot. Wer weiß, wie sein Nachfolger auf meinen Ansinnen reagieren wird? Vielleicht lacht er mich aus und schickt mich fort?»

Wolfdietrich setzte sich auf einen Stein und atmete bewusst ein und aus, wie es Berchtung ihn gelehrt hatte, wenn Verzweiflung ihn befiel. Bedenke, was in deiner Macht steht und was nicht, hatte Berchtung gesagt, und so bedachte es jetzt Wolfdietrich, immer schön langsam, immer einen Gedanken nach dem anderen. Klar, dachte er, könnte ich jetzt wütend sein, dass dieser Idiot von Ortnit sich in dieses tödliche Abenteuer gestürzt hat, aber das ist Geschichte. Und es lässt sich auch schwer sagen, wann endlich mal einer kommt, der den Drachen tötet und die Witwe heiraten darf. Aus dem Lampartenland selber scheint es sich keiner zu trauen. Wahrscheinlich muss erst einer von weit her kommen … An diesem Punkt hörte Wolfdietrich schon wieder auf zu denken, weil es in seinem Kopf kling gemacht hatte.

Er kramte noch etwas von der grünen Paste aus seinem Beutel, die ihm die raue Else gegeben hatte, kaute darauf herum, bis seine Pupillen weit wie schwarze Murmeln wurden, und sprach schließlich: «Eh, ich mach den Drachen selber fertig, und dann heirate ich die Gute und werde König der Lamparten. Dann brauch ich mich nur noch selbst zu fragen, ob ich mir helfen will, und das hat den unbestreitbaren Vorteil, dass ich die Antwort schon kenne.»

Doch kaum, dass er voller Tatkraft aufgestanden war, setzte er sich wieder hin.

«Ach ne», murrte er, «ich hab ja versprochen, nicht zu heiraten. Mist!»

Er versank wieder in tiefem Grübeln, bis er erneut erleuchtet aufsprang.

«Wenn Heiraten aber Teil der Mission ist, dann ist es erlaubt!»

Wehmütig dachte er an die raue Else und fragte sich, ob die morgenländische Witwe je an sie herankommen würde. Also brach er auf, um diese Frage zu beantworten. Begab sich nach Garda, betrat die Burg, ließ sein Pferd versorgen und setzte sich mit einem Krug Sauerbier auf einen Schemel an den Rand des Burgplatzes. Zur Abendmesse verließ Sidrat in einen schwarzen Schleier gehüllt ihre Gemächer und ging mit ihren Kammerzofen zur Kapelle, um für das Seelenheil ihres verstorbenen Gatten zu beten. In diesem Moment wehte der Schleier von ihrem Gesicht, als zöge ein Rauch vorbei, und ihr Blick traf den seinen.

«Die ist ja der Wahnsinn! Wie kann man denn so gut aussehen? Morgen ist dieser Drache tot, und übermorgen wird geheiratet», sagte Wolfdietrich zu sich, stellte den Bierkrug ab, holte sein Pferd und ritt in die Berge. Unterwegs traf er einen alten Waldhüter, doch der konnte ihm auch nicht sagen, wo der Drache zu finden sei.

Tagelang ritt Wolfdietrich in munteren Selbstgesprächen durch die Berge, schlug hier und da Lärm und machte abends große Feuer, aber kein Drache erschien. Doch das verdross Wolfdietrich nicht weiter, er naschte von seinem Blättermus, das ihn herrlich wach hielt, und tanzte um die Flammen, schlug sich auf die Brust und probte mit dem Schwert tödliche Streiche gegen den Drachen.

Am dritten Tag kam Wolfdietrich zu einer Lichtung geritten, von der wildes Gebrüll und Gefauche erscholl. Da sah er einen Löwen gegen den Drachen kämpfen, und das Herz hüpfte Wolfdietrich vor Freude in der Brust. Er gedachte erst, den Fortgang des Kampfes abzuwarten, aber dann überkam ihn Mitgefühl mit dem warmblütigen Raubtier, das gegen die kalte Echse kämpfte.

«He da, Drache», rief er und warf seinen Speer gegen das Untier. Doch der Speer glitt an der Drachenhaut ab wie an Stein. Wolfdietrich packte sein Schwert, rannte zum Drachen und hieb in seine Keule. Doch das Schwert hinterließ nicht einmal einen Ritz im Drachenschenkel. Gleichermaßen verblüfft wie entrüstet über dieses Unvermögen seines Schwertes hieb Wolfdietrich nun noch einmal mit aller Macht zu, und da brach die Klinge ab. Der Drache hatte unterdessen den Löwen zu packen bekommen, schleuderte ihn hoch und sich ins Maul, warf einen kurzen Blick nach hinten, wo Wolfdietrich entsetzt auf sein Schwert blickte, fegte mit dem Schwanz herum und wickelte den entwaffneten Ritter damit ein. So schleppte er den Löwen und Wolfdietrich in die Höhle, wo seine Drachenkinder schon vor Hunger kleine Flammen krächzten. Die Kleinen stürzten sich sofort auf den Löwen und rissen ihn in Stücke, während der Drache die Höhle wieder verließ, um sich Wolfdietrichs Pferd zu holen. Nachdem sie den Löwen abgefleischt und ausgebeint hatten, warf sich die Drachenbrut auf Wolfdietrich, der sich nicht anders zu helfen wusste, als seine Rüstung festzuziehen und sein Visier herunterzuschlagen. Und tatsächlich konnten die jungen Drachenzähne die Rüstung nicht zerbeißen, und nachdem sie Wolfdietrich eine Weile herumgezerrt und -geschleudert hatten, ließen sie von ihm ab und schliefen ein.

Wolfdietrich klappte vorsichtig sein Visier hoch und sah sich in der Höhle um. Oben auf einem der Knochenberge neben ihm lag ein toter Ritter in einer Rüstung, so glänzend, wie sie Wolfdietrich noch nie gesehen hatte. Das musste Ortnit sein. An seiner Seite steckte noch das Schwert in einer edelsteinbesetzten Scheide. Wolfdietrich kroch leise hinüber und zog es heraus. Es schien ihm anders als alle Schwerter. An seiner Klinge summte die Luft, obwohl es in der Höhle windstill war. Langsam ging Wolfdietrich mit dem neuen Schwert in der Hand zu den Drachenjungen. Da hob plötzlich eine der Kreaturen den Blick und sah ihn an, und Wolfdietrich schlug ohne weiteres Nachdenken zu. Das Schwert trennte dem Drachenbalg den Kopf vom Hals, als sei es weiche Sülze. Nun fuhren die anderen Drachenjungen auf, aber nur, um ebenfalls geköpft zu werden.

«Was für eine Klinge!», rief Wolfdietrich. «Ortnit, wie konntest du das versemmeln?»

Er schlich nach draußen, um nach dem alten Drachen zu spähen. Und fand ihn zu seiner großen Verwunderung nur ein paar Schritte weiter in der Sonne dösend, wie es wohl Drachen tun, die gerade ein ganzes Pferd verschlungen haben. Wolfdietrich hielt den Atem flach, ging Schritt für Schritt heran und stieß dem Tier das Schwert in die Weichen, dorthin, wo die große Ader sichtbar pulste. Eine Springflut aus Blut schwemmte Wolfdietrich davon, und als er wieder auf die Beine kam und sich das Gesicht frei gewischt hatte, sah er, dass der Drache sein Leben ausgehaucht hatte.

«War jetzt nicht soooo schwer», sagte Wolfdietrich, um sich ein wenig über Ortnit zu erheben, dessen trauerschöne Witwe er nun ehelichen konnte. Doch als er dessen wundersames Schwert einsteckte, reute ihn seine Überheblichkeit, und er holte den toten Ortnit aus der Höhle und begrub ihn davor. Noch bevor er das Grab zuschüttete, entdeckte er den goldenen Ring an Ortnits Finger und zog ihn ab. Dann wusch er sich im nahen Gebirgsbach, weil er merkte, wie das Drachenblut allmählich auf seiner Haut zu trocknen begann. (Das hätte er lieber bleibenlassen. Denn andere Helden, von denen noch erzählt werden wird, sollten erfahren, dass es kein besseres Hautschutzmittel als Drachenblut gibt.)

Als er wieder schmuck und sauber war, überlegte Wolfdietrich, wie er der Königin beweisen könnte, dass er den Drachen erschlagen hatte. Gerne hätte er die abgeschlagenen Köpfe mitgenommen, aber da er kein Pferd mehr hatte, musste er sich wohl oder übel nach Leichterem umsehen. Er musterte das Untier, und da fiel ihm die riesige, gespaltene Zunge auf, die dem Drachen aus dem Maul hing. Er schnitt sie ab, genauso wie, der Ordnung halber, die Zungen der Drachenbrut, und verstaute alles in der Satteltasche. Dann marschierte er ins Tiefland. Die Sonne schien, die Vöglein sangen, und Wolfdietrich merkte, wie er jetzt, wo die größte Gefahr vorüber war, müde wurde. Er kramte nach seiner grünen Paste, aber er hatte sie aufgezehrt.

Na gut, dachte er, ich habe mir wohl eine Pause verdient nach all den Abenteuern. Ich werde eine kleine Rast machen.

Er fand einen Baum auf einer Wiese und legte sich in dessen Schatten. Als Wolfdietrich die Augen schloss, versuchte er noch, sich zu erinnern, wann er zuletzt geschlafen hatte. Er fiel ihm nicht ein, aber es musste lange her sein. Denn es kamen der Abend und die Nacht und der nächste Morgen und ein ganzer Tag samt neuer Nacht und wieder einer, und all diese Zeit schlief Wolfdietrich und schlief und schlief.

Unterdessen hatte der Waldhüter dem Grafen Wildung und seiner Jagdgemeinschaft geflüstert, dass ein ungeheurer Recke zum Drachentöten ins Gebirge geritten sei.

«Mancher lernt es nie!», rief Graf Wildung. «Ich hätte nicht übel Lust, dem Burschen hinterherzureiten und zu sehen, was der Drache von ihm übrig ließ!» Der Waldhüter warnte, aber der Graf verwies auf seine fünfhundert Männer, die ihm mit Spießen und Speeren den Drachen schon vom Leibe halten würden. So zog der lustige Trupp ins Hochgebirge, spähte nach links und spähte nach rechts und fand schließlich die Hufspuren von Wolfdietrichs Pferd, die sie bis zur Lichtung führten, auf der der Löwe mit dem Drachen gekämpft hatte. Graf Wildung hieß seine Männer ausschwärmen, und einer fand tatsächlich die Drachenhöhle, vor der der tote Drache lag.

Graf Wildung und die Seinen betrachteten das schreckliche Vieh eine Weile mit gehörigem Respekt, dann meinte Wildung:

«Wie ich sehe, hat der unbekannte Drachentöter versäumt, die Köpfe mitzunehmen. Das war ziemlich dumm von ihm. Was denkt ihr, Leute? Wollt ihr ewig einem Grafen dienen, oder wäret ihr lieber das Gefolge eines Königs?»

Da flammte hier und da Verstehen auf, Funken sprangen über auch auf die weniger schnell zündenden Gemüter, und schließlich entbrannte ein großes «Hurra!» und «Jawoll!» unter den Männern des Grafen. Sie nahmen die Drachenköpfe, luden sie auf Pferde und ritten frohgemut nach Garda. Dort ließ der Graf sich bei der Königin melden, stolzierte in den Saal und präsentierte die Drachenköpfe.

«Bereitet alles für die Hochzeit vor!», befahl die Königin, und Graf Wildung rieb sich die Hände.

Als Wolfdietrich von einem Regenguss geweckt wurde, wusste er nicht, dass er drei Tage und drei Nächte geschlafen hatte. Er nahm seine Tasche auf und lief munter den Pfad ins Tal hinunter. In Garda angekommen, überraschte ihn die Nachricht, dass die Königin den kühnen Drachentöter Graf Wildung heiraten würde. Wolfdietrich beschloss, sich diese Hochzeit genauer anzusehen, und bestach ein paar Gaukler, damit sie ihn am Tisch der Spielleute sitzen ließen.

Als die Hochzeitsfeier in vollem Gange war und Graf Wildung gestenreich mit seinen Abenteuern in der Drachenhöhle prahlte, hielt Wolfdietrich einen Mundschenk an und sagte ihm, er wolle der Königin zutrinken, man möge ihr einen Kelch voll Wein bringen. Unbemerkt ließ er Ortnits Ring hineingleiten, und als nun die Königin den Becher in seine Richtung hob, blieb der Ring am Boden zurück.

Die Königin schrie vor Schreck auf und erbleichte. Sogleich erstarb alles Lachen und Geschwätz.

«Woher hast du diesen Ring, Fremder?», rief sie Wolfdietrich an, der nun seine Geschichte erzählte. Graf Wildung lachte auf. «Dir ist wohl der Wein zu Kopf gestiegen! Hier liegen die Drachenköpfe zum Beweis, dass ich die Ungeheuer erschlug!»

Wolfdietrich trat vor. «Diese Drachenköpfe würden Euch Lügen strafen, wenn sie sprechen könnten. Leider fehlt ihnen dazu ein wichtiges Teil», sagte er und leerte den Inhalt seiner Tasche auf den Tisch der Frischvermählten. Als hätte das noch nicht gereicht, legte er Ortnits Schwert daneben, an dem noch das Blut der Drachen klebte. Die Königin betrachtete die Zungen und erkannte das Schwert, dann sah sie Wolfdietrich an, der gleich etwas stolzer im Blick und breiter in der Brust wurde.

«Frau Königin, Ihr solltet Euren Bräutigam nur mit Zunge küssen!»

Da leuchtete die Königin auf, und die schweren Wimpernflügel über ihren Augen flatterten, als wollten sie davonfliegen.

«Ja, so sieht ein Drachentöter aus!», rief sie und setzte noch nach: «Ach, Ortnit, Bester! Du hast es wirklich gut gemeint mit mir!»

Sie klatschte in die Hände, und mit der Unbekümmertheit einer wahrhaft morgenländischen Prinzessin ließ sie den Scharfrichter und den Kaplan holen, auf dass erst der Betrüger Wildung seinen Kopf neben die der Drachen lege und dann Gottes Segen erteilt werde für eine Witwe, die sich zum zweiten Mal an diesem Tag neu verheiraten sollte.

Berchtung hatte Wolfdietrich gut erzogen, und so wusste dieser, dass man nicht nur der Trauer, sondern auch dem Glück Fristen setzen musste. Er feierte also Hochzeit mit Sidrat, genoss die Freuden der Ehe und vertrieb die Schatten auf der Seele seiner Braut durch Liebkosungen und Scherzworte.

Nach drei Wochen aber stand er auf und sagte: «Ich muss.»

Sidrat schmollte und rollte sich einladend über die Laken, aber Wolfdietrich zog den Gürtel stramm, gab Küsschen und ging regieren. Er orderte eine Truppe von dreitausend Mann, schiffte sie ein und setzte über das Meer, das er vor langer Zeit umritten hatte. Marschierte mit dem Heer durch die ihm wohlbekannten Wälder bis Lilienporte. Doch als er in die Nähe der Burg kam, erfuhr er von den Bauern in der Umgebung, dass der alte Berchtung, bis zuletzt auf Rettung hoffend, unlängst verstorben und kurz darauf auch die Burg gefallen war. Dunkle Gefühle wie Trauer und Schuld und Vergeblichkeit stellten sich ein, doch Wolfdietrich befahl ihnen, später wiederzukommen, nach dem Feldzug. Er ließ das Heer unweit der Burg halten und befahl, erst anzugreifen, wenn er sein Horn blase. Dann schlich er sich auf den geheimen Pfaden seiner Kindheit zur Burg.

Herzog Saben hatte fieberhaft nach dem Thronerben suchen lassen, ihn aber nicht gefunden, wohl wissend, dass Wolfdietrich, solange er lebte, seine Pläne durchkreuzen könnte. Standhaft hatten Berchtungs verbliebene Söhne verschwiegen, wohin das dritte Kind des Königs von Konstantinopel entschwunden war. Aus Rache hatte er sie an die Zinnen der Burg ketten lassen, wo sie, wie der Herzog sagte, «Ausschau halten könnten nach ihrem Retter».

Da schmachteten sie also in Wind und Wetter, und die Verzweiflung nagte an ihnen.

«Wir hätten einen anderen schicken sollen», meinte einer der Brüder.

«Aber wäre er nicht fort, hätte ihn Saben jetzt schon umgebracht», entgegnete ein anderer.

«Sicher hat er uns unterwegs vergessen und lebt jetzt irgendwo glücklich.»

«So war Wolfdietrich nicht. Ich denke, er ist umgekommen, sonst wäre er schon längst zurück.»

So räsonierten sich die Brüder die Ungewissheit zurecht. Wolfdietrich, der inzwischen am Fuß der Burg angelangt war, hörte ihre Worte und rief zu den Zinnen hoch: «Was schenkt ihr mir, wenn ich euch sage, wo Wolfdietrich jetzt ist?»

«Wir sind Gefangene. Wir haben nichts zu verschenken.»

«Wie wäre es damit? Ihr schenkt mir euer Vertrauen, und ich sage euch, dass Wolfdietrich unter euch ist!», antwortete Wolfdietrich. Die Brüder waren irritiert und sahen sich um. Also korrigierte Wolfdietrich dahin gehend:

«Damit meine ich, dass er hier unter euch am Fuß der Burg ist und euch was mitgebracht hat!», rief er und blies in sein Kriegshorn. Da begann der Wald zu leben, und Sturmleitern erhoben sich aus den Bäumen.

Wolfdietrichs Krieger befreiten die Burg, überrannten das Land und nahmen Konstantinopel ein, noch ehe die Königssöhne ein neues Heer sammeln konnten. Herzog Saben wurde der Strick geknüpft. Gegen seine Brüder ließ Wolfdietrich Milde walten. Er schenkte ihnen das Leben. Einer jedoch, der Älteste, musste die raue Else heiraten. Als er das Meerweib zum ersten Mal sah, kniete er vor Wolfdietrich nieder und bat, ihn lieber sterben zu lassen, als ihn mit diesem Ungeheuer zu vermählen. Doch Wolfdietrich sprach mit aller Weisheit, die ihn der alte Berchtung gelehrt hatte:

«Jede Frau hat auch eine schöne Seite, und wenn du gut zu ihr bist, wird sie dir eines Tages diese Seite zuwenden. Deswegen heißt das ja Zuwendung!»

WALTHER UND HILDEGUNDE

«Ich habe im Zuge meiner Erkundungen festgestellt», sagte der Hunnenkönig Etzel zu seinen Heerführern, «dass überall an den Grenzen meines Reiches andere Länder herumlungern. Das muss ein Ende haben.»

Die Heerführer stimmten ohne Umschweife zu. Alles andere wäre auch Wahnsinn gewesen. Sie salutierten und eilten schon aus dem Zelt, um ihre Reiterscharen zu sammeln, als Etzel sie zurückhielt.

«Und nicht vergessen, Männer: Seid grausam, aber mit Bedacht! Häutet und vierteilt, wo es sich empfiehlt, aber steigert euch nicht rein! Nicht, dass alle tot sind und keiner seinem König voller Angst berichten kann!»

Die Heerführer salutierten erneut, und diesmal etwas zackiger.

«Denn was verbreiten wir?», fragte Etzel in väterlicher Routine.

«Schrecken!», brüllten die Heerführer aus vollem Hals.

Das war klug gedacht, denn der Schrecken war die Vorhut der Hunnen und brachte ihre Feinde zu der Überzeugung, dass Unterwerfung und Tribut besser waren als eine oft ausgesucht grausame Niederlage. So geschah es denn auch, dass Gibich, seines Zeichens Herrscher über alle Franken auf der Burg zu Worms, gerade eine herrlich gekräuterte, im eigenen Fett gebrutzelte Schweinswurst verzehrte, als ein blutüberströmter Bote in den Saal stürmte und sich vor ihm niederwarf.

«Mein König, die Hunnen greifen uns an! Sie kommen in solchen Massen, dass man das Ende nicht sehen kann! Wer den Hagelsturm aus Pfeilen überlebt, den fangen sie mit Schlingen und häuten ihn. Manchen erdrosseln sie sogar mit seinen eigenen Gedär…»

«Ich esse!», rief Gibich und hatte plötzlich keine Lust mehr auf die Wurst.

Doch die schrecklichen Schilderungen hatten bereits ihre Wirkung gezeigt, und als Gibich mit den Edlen des Landes Kriegsrat hielt, sann er darüber nach, wie er den köstlichen Frieden wiederherstellen könne.

«Hunnen sind furchtbare Krieger, aber ganz verträgliche Herren», sagte Gibich. «Trotz Tribut ginge es uns immer noch gut. Lasst uns also besser einen Katzbuckel machen und ihnen ein paar Truhen Gold sowie eine edle Geisel anbieten.»

Da Gibichs Sohn Gunther noch zu klein war, um irgendwohin zu reisen, sah der König sich um, wen er als Geisel stellen könnte. Doch alle hohen Knaben umfassten die Knie ihrer Väter und baten so flehentlich um Verbleib, dass es einem das Herz brach. Schließlich kam die Reihe an einen großen, dunklen Jüngling. Der stand und schwieg, wie er es noch oft in seinem Leben tun würde.

«Hagen von Tronje, du sollst meinem Sohn eigentlich erst als Mann zu Diensten sein. Aber wir ziehen das mal vor», meinte Gibich.

Die Hunnen waren zufrieden und ritten weiter, bis sie ins Land der Burgunden kamen. Dort herrschte König Herrich. Als dieser vom Einfall der Hunnen hörte, rief er alle seine Edlen zusammen.

«In einer Welt voller Feiglinge sind wir Burgunden das letzte stolze Volk! Natürlich könnten wir jetzt ausrücken und gegen diesen übermächtigen Feind kämpfen bis zum ruhmreichen Untergang! Aber, liebe Freunde, dann würde es überhaupt kein stolzes Volk mehr auf dieser Welt geben. Das können wir nicht verantworten. Wir unterwerfen uns und schicken Tribut sowie meine Tochter Hildegunde als Geisel. Soll sie die Hunnen jeden Tag mit ihrer stolzen Haltung beschämen!»

Die Hunnen nahmen die Kisten voller Gold und Edelsteine als Tribut und Hildegunde als Geisel und zogen weiter westwärts nach Aquitanien, wo König Alpher das Zepter führte. Alpher wurde zornig, als er hörte, dass die Burgunden sich den Hunnen unterworfen hatten. Überdies war Hildegunde seinem Sohn Walther versprochen worden.

«Schande über die Franken und Burgunden», erklärte Alpher. «Unsere drei Reiche zusammen hätten dem hunnischen Reiterspuk ein Ende machen können! Allein kann ich jedoch nichts gegen diese struppigen Gesellen unternehmen. Mir bleibt nichts weiter übrig, als vor ihnen das Knie zu beugen und ihnen meinen Sohn Walther als Geisel zu überstellen.»

Doch König Etzel war nicht nur schrecklich, sondern zuweilen auch schrecklich nett. Er reihte Hagen und

Walther unter seine Söhne und ließ ihnen dieselbe Ausbildung angedeihen, auf dass sie das Leben unter den Hunnen genössen und Freunde gewännen. Hildegunde kam unter die Obhut der Königin Helche, Etzels Ehefrau, welche die brave und treue Prinzessin bald mehr schätzte als ihre eigenen Landsleute.

«Wenn du einem Hunnen den Schlüssel zur Schatzkammer gibst, musst du anschließend alles nachzählen», klagte Königin Helche. «Er hat von Natur aus klebrige Finger, und da bleibt manch Ring und manche Perle haften. Da ist meine Hildegunde ganz anders. Sie macht, was man ihr aufträgt, und wenn sie früher fertig ist, sogar noch mehr.»

So kam es schließlich dahin, dass Helche zu Hildegunde sagte: «Von allen meinen Schätzen bist du der größte!» Sie ernannte sie zur Schatzmeisterin und gab ihr den Schlüssel zur Schatzkammer.

Die Jahre kamen und gingen. Hagen und Walther wurden junge Männer. Den Hunnen an Geschick und Wendigkeit ebenbürtig, doch an Wuchs und Körperkraft weit überlegen, kämpften sie für König Etzel in vielen Schlachten und dienten ihm schließlich als Heerführer. Unterdessen starb im Frankenland König Gibich, und sein Sohn Gunther bestieg den Thron. Der mochte es nicht leiden, dass jedes Jahr Kisten und Kästen voller Gold an die Hunnen abgingen, und verweigerte eines Tages den Tribut.

Da erinnerte sich Hagen von Tronje, dass er geboren worden war, um Gunther zu dienen, und floh bei Nacht und Nebel aus Etzels Reich heim ins Land der Franken. Dreimal wurde er dabei von hunnischen Spähern gesehen, aber was genau die Späher gesehen hatten, das konnten sie niemandem mehr erzählen.

«Hat man ihm gar nicht angemerkt, dass er fliehen wollte», sagte Königin Helche zu Etzel.

«Wann hat man Hagen von Tronje je was angemerkt?», fragte Etzel böse.

«Machst du dir Sorgen, dass auch Walther fliehen könnte?»

«Ich gebe zu, ich bin verunsichert», klagte Etzel. «Wenn ich einen Hunnen vor mir habe, dann muss ich ihm nur einmal in die verschlagenen Schlitzaugen sehen, um zu wissen, ob er treu ist oder noch ein bisschen ausgepeitscht werden muss. Aber bei diesen Weißgesichtern mit ihren großen blauen Murmelaugen …»

«Lass Walther seine Treue verdoppeln. Gib ihm ein schönes hunnisches Weib, dann wird er nicht nur dir, sondern auch ihr treu sein wollen. Und wenn er erst ein paar hunnische Kinder auf dem Schoß hat, wird er gewiss nicht mehr fliehen.»

König Etzel lobte Helche für ihren Rat. Er ließ Walther rufen, unterbreitete ihm seine Heiratspläne und ließ eine Reihe von hunnischen Mädchen vorführen. Von still bis plappermäulig, von zerbrechlich bis kompakt. Walther nahm alles freundlich zur Kenntnis, doch als sie hinaus waren, sprach er: «Ich liebe Euch so, dass ich diese Liebe nicht teilen kann. Nicht mit Frau, Kind oder Hund. Ihr seid ein König, für den es sich zu sterben lohnt. Nun wollt Ihr mir eine Familie verschaffen, für die es sich zu leben lohnt. Ich fühle da nur Widerspruch und Verwirrung. Wie soll ich Euch dienen, wenn mich ein Weib mit ehelichen Pflichten heimsucht?»

König Etzel war geschmeichelt. «Deine Zuneigung in allen Ehren. Aber ich bin nicht immer nur großartig, ich habe auch kleine Schwächen.»

Und zu Helche sagte er am selben Abend: «Den Walther haben wir sicher. Der ist so treu, das geht schon ein bisschen ins Blöde.»

Am nächsten Morgen kamen Boten geritten, die von Aufruhr und Empörung im nördlichen Teil des Reichs berichteten. Nichts lag da Etzel näher, als dem braven Walther gleich ein ganzes Heer anzuvertrauen, um die Revolte niederzuschlagen. Und dieser ritt den Heerscharen voran und kämpfte so selbstlos und tapfer, dass ihm altgediente Hunnen bisweilen beruhigend auf die Schulter klopften und ihn ermahnten, es ein wenig ruhiger angehen zu lassen. Siegreich kehrte das Heer nach wenigen Tagen wieder heim. Walther ritt zur Etzelsburg, übergab sein Pferd den Dienern und lief in den großen Saal, um dem König den Erfolg zu verkünden. Doch dort war niemand außer Hildegunde, die hingebungsvoll Teppichfransen kämmte.

«Ich bin den ganzen Tag durch die Sonne geritten und fühle mich innen so staubig wie außen», sagte Walther. «Bring mir doch bitte was zu trinken!»

Hildegunde huschte davon, um kurz darauf mit einem Becher voll Wein wieder zu erscheinen. Doch als Walther den Wein nehmen wollte, zog sie ihn weg und meinte: «Nicht so hastig, Verlobter! Du kannst dir ruhig Zeit lassen. Wir sind allein.»

Doch wenn Hildegunde nun erwartet hatte, mit Walther wie stets bei solchen Gelegenheiten Küsse zu tauschen und sich süße Worte ins Ohr zu flüstern, wurde sie dieses Mal enttäuscht.

«Lass uns keine Zeit mit Zärtlichkeiten verplempern, Hildi! Nimm den Schlüssel zur Schatzkammer und fülle eine Kiste mit Etzels Waffen und Rüstung. Die hat Wieland der Schmied geschmiedet, und sie werden uns im Fall des Falles gute Dienste leisten. Eine andere Kiste füllst du mit goldenen Spangen, dass wir Währung haben auf der Reise. Dann besorge vier Paar Schuhe. Wir werden uns die Sohlen durchlaufen, so viel ist gewiss. Und Angelhaken und Schnüre, dass wir fischen und Fallen stellen können. Heute Nacht brechen wir auf.»

«Warum ausgerechnet heute?», fragte Hildegunde.

«Glaubst du, ich habe diesen glorreichen Sieg im Norden umsonst erfochten? Heute wird es ein Festmahl geben, und wenn alles im Rausch liegt, machen wir uns davon.»

Am Abend kamen die hunnischen Großen und der König an der Tafel zusammen. Was als Gelage begann, wurde binnen Stunden erst ein Gelalle und dann ein Geliege. So wurde es Mitternacht, und Hildegunde wartete mit dem Pferd, es war Etzels bestes, Löwe genannt, und den aufgesattelten Kisten im Burghof. Schweren Schrittes kam Walther auf sie zu.

«Hast du getrunken?», fragte Hildegunde, und Walther nickte hart.

«Dasz … ge … hörte … szum Plan, meine gute Hillegunne!»

Er kramte in der Rüstkiste, zog sich Etzels Brünne an, nicht ohne dabei umzufallen, steckte sich nach hunnischer Art zwei Schwerter an die Seiten, und dann nahm er das Pferd am Zaumzeug und führte es mit steifen Schritten im großen Kreis auf dem Burghof herum.

«Was soll das werden, wenn's fertig ist?», fragte Hildegunde.

«Wir flieh'n!», erklärte Walther mit schwerer Zunge.

Da nahm endlich Hildegunde das Pferd am Zaum und

Walther an der Hand und führte ihn aus der Burg hinaus ins Freie. Sie gingen die ganze Nacht auf der Straße nach Westen, Walther erzählte vor sich hin, küsste Hildegunde hin und wieder feucht auf die Wange und kam langsam wieder zu sich. Als es heller wurde, meinte er: «So. Nun müssen wir uns in die Büsche schlagen. Sonst findet man uns.»

Und so taten sie es.

Als Etzel am Morgen aufwachte, weil der Speichel, der ihm aus dem Mundwinkel gelaufen war, langsam auf dem Kissen kalt wurde, rief er nach Walther. Aber kein Walther kam. Er rappelte sich auf und schwankte zu Helche, die noch im Morgenkleid durch die Flure eilte.

«Wo ist meine Hildegunde?», fragte sie Etzel. «Sie schnürt mir morgens meine Kleider stramm.»

Im selben Moment erschienen Wachen, die riefen, dass Etzels Gold und Waffen aus der Schatzkammer gestohlen worden seien. Benommen, wie er war, dämmerte es dem König, dass die beiden Geiseln geflohen waren.

«Und da wundert sich jemand, dass unsereiner misstrauisch und grausam wird? Ich war milde. Ich war großherzig. Ich war feinfühlig. Wie oft habe ich eine Auspeitschung abbrechen lassen, weil mir die Schreie zu laut waren? Doch nun? Fortgesetzter Betrug und Hinterlist machen mich zum Menschenfeind! Gott ist mein Zeuge! Nie wieder werde ich eine Geisel freundlich behandeln! Ich schwöre es! Im Schweinekoben lasse ich sie schlafen, und Kohlstrünke sollen sie fressen. Und beim ersten Anschein von Verrat heißt es, Arme und Beine an die Pferde gebunden und aus eins mach vier!» So klagte, fluchte und tobte Etzel, bis Helche ihn mahnte, sich mal wieder einzukriegen und den Flüchtigen endlich Häscher nachsetzen zu lassen. Etzel rief seine besten Krieger, aber als diese hörten, worum es ging, fiel ihnen das Schicksal der Späher ein, die in einem selbst für hunnische Geschmäcker sehr unansehnlichen Zustand aufgefunden worden waren, nachdem zuletzt Hagen von Tronje geflohen war.

«Großmächtiger König!» Die Krieger warfen sich vor Etzel in den Staub. «Walther von Aquitanien hat Eure Rüstung und Euer Schwert und führt überdies Hildegunde mit sich, die ihm verlobt ist. Heiße Liebe und scharfe Waffen machen jeden Mann gefährlich, aber aus Walther machen sie eine Armee!»

«Ich bin euer König, und ihr habt geschworen, für mich zu sterben», schrie Etzel, sprang vom Thron auf und trat wütend den hingeworfenen Kriegern in die Seiten, die dem Herrgott dankten, dass der König morgens immer Seidenpantoffeln trug.

«Ja, aber doch nicht so», jammerten die Krieger, «man will doch wenigstens eine Chance haben.»

Vierzig Tage waren die Flüchtenden unterwegs. Wenn das Gelände offen war, gingen sie nur nachts, aus Furcht, entdeckt zu werden. Bei jedem Kieselsturz, jedem Knacken eines Astes, jedem Vogelschrei zuckten sie zusammen, und mehr als einmal griff Walther nach dem Schwert. Ihr Feuer hielten sie klein, und Walther wachte an seinen Schild gelehnt über den Schlaf seiner Geliebten.

Endlich erreichten sie den Rhein bei Worms und winkten einem Fährmann, sie überzusetzen. Da sie kein Geld hatten und der Dienst zu gering war, um ihn aus dem Hunnenschatz zu bezahlen, gab Walther dem Fährmann einen prächtigen Fisch, den er in der Donau gefangen hatte. Dieser verkaufte ihn dem Koch Gunthers, der ihn am nächsten Tag seinem König vorsetzte. Gunther, der ein interessierter Esser war, konnte sich nicht erinnern, jemals so einen Fisch gekostet zu haben.

«Von allem, was im Rhein schwimmt, habe ich schon gegessen, aber so ein Bursche ist mir noch nicht vorgesetzt worden. Wo hast du den her?», fragte er den Koch, und so wurde der Fährmann vor den König gebracht.

«Den Fisch bekam ich von einem seltsamen Paar, das ich gestern über den Rhein setzte», erklärte dieser. «Beide schienen von hoher Geburt und waren so prächtig gekleidet, dass es ganz rätselhaft war, warum sie alleine reisten. Der Mann war hoch wie ein Scheunentor, bewaffnet wie zwei und trug eine Rüstung, auf dessen Brünne zwei goldene Rösser gegeneinandersprengten. Die Frau hatte im blonden Haar einen goldenen Reif mit Granatsteinen, wie sie die Frauen der Steppenfürsten tragen. Mit ihnen war ein edles Pferd, dass zwei Kisten trug, in denen es hell klingelte, als wäre lauter Gold darin.»

In diesem Moment sprang Hagen von Tronje auf, der mit Gunther am Tisch gesessen hatte. «Das kann niemand anders sein als Walther von Aquitanien.»

Da wurden Münder und Augen zum Staunen groß, und jedermann an der Tafel fragte sich, wie das zugegangen sein möge, dass einer mit seiner Braut und einem Schatz den Hunnen entkam.

«Das ist ja wunderbar», rief auch Gunther, «da bringt mir einer all das Gold, das mein Vater den Hunnen zahlen musste! Auf, holen wir uns die Kisten!»

Hagen von Tronje runzelte die Stirn. «Das kann nicht

Euer Ernst sein! Walther hat die Gefahr der Flucht auf sich genommen. Der Schatz ist sein Lohn.»

Gunther aber wandte ein, wer uneingeladen und bewaffnet durch sein Land ziehe, müsse ihm Tribut zahlen. Walther könne jedoch seine Frau behalten, und das wäre ihm doch sicher wichtiger als alles Gold. Hagen warnte, dass Walther ein großer Kriegsheld sei, in dessen Augen er noch nie auch nur einen Schimmer von Angst gesehen habe, aber König Gunther winkte ab.

«Wir kommen im Dutzend. Wenn er nur einen Funken Verstand hat, lässt er die Angelegenheit nicht eskalieren!»

Damit erhob sich Gunther und ließ sich selbst und zehn seiner besten Männer rüsten, als zöge er in den Krieg. Hagen stand lange unschlüssig dabei, und als Gunther, schon in voller Rüstung, wieder an ihm vorbeikam, rief er ihm zu:

«Wenn Ihr Euch scheut, gegen einen ehemaligen Leidensgenossen zu kämpfen, dann bleibt halt hier! Aber an der Beute kann ich Euch dann leider nicht beteiligen!»

Als Gunther die Verfolgung schon aufgenommen hatte, fasste Hagen einen Entschluss und ritt dem Tross hinterher.

«Na, habt Ihr doch Appetit bekommen?»

«Ich habe nur einen König», sprach Hagen finster.

Hildegunde und Walther waren indessen bis zum Wasgenwald gekommen, als der Abend hereinbrach. Im fahlen Licht der Dämmerung führte der Weg sie in eine Klamm, nicht breiter als ein Mann. Am Ende der Klamm fanden sie eine Höhle. Nie hatten die beiden eine sicherere Zuflucht gesehen.

«Lass uns hier übernachten», meinte Walther, «ich muss

mal wieder im Liegen schlafen.» Walther legte die Schwerter und die Rüstung ab und bettete seinen Kopf in Hildegundes Schoß.

«Bald sind wir zu Hause, Hildi», sagte Walther, «dann sind wir in Sicherheit. Wir werden heiraten und Kinder ohne Hunnenköpfe haben. Du musst nur einmal noch Wache halten und mich wecken, falls du etwas hörst oder den Weg heraufkommen siehst.»

Dann sanken ihm die Lider, und Hildegunde strich ihm versonnen über das Haar.

Am nächsten Morgen erreichten auch König Gunther und seine Recken den Wasgenwald. Dort entdeckten sie schwere Hufspuren im Sand.

«Hier ist er lang mit seinen Schatzkisten», frohlockte Gunther. «Die Spur ist frisch. Bald haben wir Walther gefangen, und das Gold ist unser.»

«Solche Worte sind leicht gesprochen», meinte Hagen von Tronje, «Walther von Aquitanien wurde noch nie von irgendjemandem gefangen, und das wird Gründe haben.»

«Er kann der größte Held der Welt sein», antwortete Gunther, «wenn wir von allen Seiten kommen, wird ihm das auch nicht helfen.»

«Wir werden sicher nicht von allen Seiten kommen», sagte Hagen von Tronje, zügelte sein Pferd und wies nach vorn, wo die Spuren hinaufführten zu einer Klamm, gerade so breit wie ein Mann.

DIE KUNST DES MASSAKERS

Als Hildegunde die zwölf Ritter entdeckte, schüttelte sie Walther, der aufsprang, als hätte ihn etwas gebissen. Er krempelte sich in seine Rüstung und wollte sich die Schwerter einstecken, das lange zur Linken, das kurze zur Rechten, doch er fand es nicht. Als er aufsah, merkte er, dass Hildegunde das Kurzschwert in den Händen hielt.

«Das sind die Hunnen, die uns Etzel hinterhergehetzt hat. Los, machen wir die Dreckschweine alle!», rief sie.

Vorsichtig nahm Walther ihr das Schwert aus der Hand.

«Nicht so wild. Das sind keine Hunnen. Viel zu schwere Pferde, viel zu behäbige Haltung. Das sind Franken. Die wollen nichts von uns. Das sind Biertrinker. Die interessieren sich nur für das Gold.»

Dann entdeckte er inmitten der Recken einen Mann.

«Siehst du den da, der so aussieht, als hätte er noch nie gelacht …»

«Hagen von Tronje!», rief Hildegunde.

«Er ist der Einzige, der uns gefährlich werden könnte. Aber he, er ist mein Waffenbruder! Wir haben viele Kämpfe gemeinsam bestritten. Er würde nie die Hand gegen mich erheben.»

Damit trat Walther vor die Klamm und nahm Hildegunde an seine Seite, die ihm nur knapp bis an die Brust reichte.

«Ein Bauer mit einem Knüppel könnte diesen Platz verteidigen», meinte Hagen von Tronje zu Gunther. «Jetzt seht Euch Walther an, wie er seine Anverlobte überragt. Und Hildegunde ist ein stattliches Weib. Lasst uns einen Boten senden, der mit ihm verhandelt. Sicher wird er uns Wegegeld zahlen.»

«Dass sie ein stattliches Weib ist, sehe ich auch», erklärte Gunther. «Deswegen ändere ich meine Meinung.»

Hagen von Tronje ließ einen Laut der Erleichterung vernehmen.

«Ich will nicht nur sein Gold, sondern sein Mädchen dazu», fuhr Gunther fort.

«Ich rate ab», sagte Hagen knapp.

Gunther winkte nach einem seiner Recken, Camalo von Metz, der weithin gerühmt wurde für seine kräftige, dunkle Stimme. Der König gab ihm Order, die Forderungen zu überbringen, und sogleich sprengte Camalo mit seinem Pferd den Weg zur Klamm hinauf.

«Ich bin der Herold König Gunthers, des Herrschers über das ganze Frankenland. Hört nun, was mein König von Euch fordert! Die Kisten, die Rüstung, das Schwert, das Pferd und das Mädchen! Ihr selbst könnt Euch trollen und jemand anderes heiraten!»

«Sehe ich irgendwie gefesselt aus?», fragte Walther. «Mache ich auf Euch den Eindruck eines Mannes, der nach ein paar markigen Worten alles fallen lässt und um Gnade winselt?»

«Wir haben Euch in die Enge getrieben! Ihr steht mit dem Rücken zur Wand!»

«Das ist auch gut so! Ihr werdet in diesem Leben meinen Rücken nicht mehr zu Gesicht bekommen! Es sei denn, Ihr nehmt mein Angebot an: Ich gebe Eurem König hundert goldene Spangen, wenn er uns den Weg freigibt.»

Camalo von Metz ritt zurück.

«Er will nicht», meldete er und erzählte von Walthers Angebot.

Hagen sagte schnell: «Wir nehmen die goldenen Spangen. Da haben wir mit wenig Aufwand einen guten Schnitt gemacht.»

Aber Gunther schüttelte den breiten Schädel und meinte sehr gedehnt: «Das werden wir nicht tun. Es wäre doch jetzt ein bisschen flau, wenn wir diesem Hunnenknecht einen Tag lang hinterherjagen, um uns dann mit Kinkerlitzchen abspeisen zu lassen.»

«Macht, was Ihr wollt», sagte Hagen von Tronje, «aber Ihr tauscht gerade einen flinken Gewinn gegen ein Gemetzel!»

Sprach's und ging seitwärts auf einen kleinen Hügel, wo er sich auf seinen Schild setzte, damit ihm keine Ameisen irgendwo reinkrochen. Gunther indessen wandte sich an Camalo: «Bring es zu einem schnellen Ende! Fordere ihn noch mal auf, und wenn er zickt, zeig ihm, wie ein Franke mit Burschen wie ihm fertig wird!»

Camalo, der Walther leider schon von nahem gesehen hatte, holte mehrmals tief Luft, um mit einiger Mühe das Frankentum in sich zu erwecken. Er band sich den Helm mit feuchten Fingern stramm, kniff die Hinterbacken zusammen, gab seinem Pferd die Sporen und sprengte erneut zur Klamm hinauf. Als er sah, dass Walther das Mädchen in den hinteren Teil der Schlucht schickte, gewann er etwas Zuversicht.

«Letzte Warnung», rief er. «Gib die Kisten und das Weib heraus, oder du wirst meine Waffen kennenlernen!»

Walther stand aufrecht, aber wirbelte seine Lanze, die bis dahin neben ihm im Sand gelegen hatte, mit einer kurzen Bewegung seines Fußes hoch und fing sie auf. So etwas hatte Camalo überhaupt noch nie gesehen.

«Wann hat es denn das gegeben, dass ein einzelner Fremdling von einem König samt Gefolge überfallen wurde?», rief Walther jetzt. «Habe ich deinem König irgendwas getan? Habe ich sein Land geplündert? Das Gegenteil ist der Fall. Aber ich will nicht streiten: Dein König kann zweihundert goldene Spangen haben, wenn er uns ziehen lässt.»

Camalo von Metz stellte sich aufrecht in die Steigbügel, hob seine Lanze und rief: «Dass du dein Angebot nachbesserst, zeigt, was für ein Feigling du bist! Gib jetzt den Schatz und das Mädchen raus oder stirb!»

Walther antwortete nicht, sondern schloss das Visier. Camalo schleuderte seine Lanze mit aller Kraft, die er aufbringen konnte. Doch Walther drehte sich weg, und die Lanze fuhr hinter ihm zur Hälfte in den Sand. Gerade bewunderte Camalo noch die Stärke seines Wurfs, da sah er, dass Walthers Drehung keineswegs nur ein Ausweichen gewesen war, sondern Teil eines Angriffs. Im gleichen Atemzug feuerte Walther den Speer auf Höhe seiner Hüfte ab, als sei er ein flacher Kiesel, wie ihn Knaben über Teiche springen lassen. Camalo riss seinen Schild hoch, aber umsonst. Viel tiefer als erwartet fuhr der Speer seinem Ross von unten durch die Brust und kam durch den Sattel wieder heraus, durchbohrte Camalos Schenkel und die rechte Hand. Pferd und Reiter waren noch nicht ganz umgefallen, als Walther mit einem Sprung heran war und Camalo das Schwert in den Hals stieß.

Der Tod des Herolds geschah so plötzlich, dass die anfeuernden Rufe Gunthers und seiner Recken noch durch den Wald hallten, während die Franken schon erstarrten und ihren Augen nicht glauben mochten. Der Erste, der sich aus der Erstarrung löste, war Skaramund, der Neffe Camalos. Er sprang mit Geheul und Rachegeschrei aufs Pferd und preschte den Weg zur Klamm hinauf. Noch im Ritt warf er zwei Lanzen auf Walther, der die seine gerade aus Camalos Ross zog.

Die erste Lanze ging vorbei, doch die zweite hätte Walther wohl getroffen, wenn dieser nicht in letzter Sekunde seinen Schild gegriffen hätte. Die Lanze schoss mit großer Gewalt hinein und ließ Walther über den toten Pferdeleib nach hinten stolpern. Skaramund war herangekommen, sprang auf die Füße und hieb mit dem Schwert auf Walthers Helm, dass es diesem den Schädel gespalten hätte, wenn es nicht ein Helm aus Wielands Händen gewesen wäre. Zu Walthers Glück stützte ihn die Felswand hinter ihm, und als Skaramund zum zweiten Mal ausholte, hatte Walther seine Lanze so weit im Griff, dass er sie nach vorn und Skaramund in den Hals stieß. Mit der anderen Hand zog er sein Schwert und schlug Skaramund unterhalb der Lanze den Kopf ab.

Fassungslos sahen die Franken zu, und Gunther wandte sich entsetzt an Hagen, der auf seinem Schild saß und einen Grashalm kaute.

«Er hatte übrigens den Speer in der Rechten und schnitt mit der Linken», erläuterte Hagen mit großer Ruhe. «Kann das jemand von euch?»

Gunther, der kein Nachdenken darüber aufkommen lassen wollte, feuerte seine Recken an.

«Egal, er ist schon gestolpert. Er wird müde. Wir dürfen ihm keine Pause gönnen. Weiter! Weiter!»

Als Dritter galoppierte nun Werinhard auf seinem Pferd nach vorn, das Walther allerdings schnell zu Fall brachte, und da dauerte es nicht lang, bis auch ihm der Kopf abgeschlagen wurde. Walther hob die rechte Hand und zeigte den Franken mit den Fingern stumm die Zahl drei. Das lähmte den Kampfeswillen der Franken nicht wenig. Deswegen fiel Gunthers nächste Wahl auf einen, der ihm seine Dienste nicht verweigern konnte. Eckefried, ein Sachse, der einst als Mörder aus seiner Heimat geflohen war und Aufnahme an Gunthers Hof gefunden hatte. Eckefried war kein großer Krieger, aber ein gerissener Hund.

«Soche mol, dös geht ja Heidewitzka bei dir», rief er in Walthers Richtung. «So wos habsch ja überhaupt no nie gesähn! Bei dir geht ja 's Töten wie bei annern Leuten dös Fliegenklatschen. Hast du da ä Trick? Oder ä Zauberspruch? Isst du da vorher irgendä Graut oder wos?»

«Warum reitest du nicht nach Hause und erzählst deinen Leuten eine lustige Geschichte vom Waldschrat im Wasgenwald?», gab Walther belustigt zurück. «Sie werden dich mit Bier freihalten!»

«Ja, so ä Freibier ist wos Feines», sagte Eckefried und ließ sein Pferd so dicht an Walther herangehen, dass dieser sehen konnte, wie es die Kriebelmücken aus den Nüstern blies, «aber mir Sachsen sin ja nich nur lustisch, mi sin auch gewitzt.»

Eckefried meinte nun, dass Walthers lauernder Blick sich etwas aufgelöst hatte unter dem Geschwätz. So ließ er bei den letzten Worten sein Pferd sacht herumgehen und warf plötzlich die Lanze nach ihm, die er die ganze Zeit locker an seiner rechten Seite getragen hatte. Walther bekam gerade noch rechtzeitig den Schild hoch, als Eckefrieds Lanze auch schon an ihm zersplitterte. Eckefried suchte nun seinerseits Schutz hinter seinem Schild, aber umsonst, denn Walthers Lanze durchbohrte ihn in der Mitte und kam zwischen Eckefrieds Schulterblättern wieder heraus.

Auch dies hatten die Franken gesehen, und einer von ihnen, Hadwart, wandte sich an König Gunther.

«Ich kämpfe mit ihm! Aber ich will den Schild von Walther als Lohn! Das ist ein Schild, mit dem ich mir selber Kisten voll Gold erkämpfen kann!», sprach er, und Gunther gewährte es ihm zähneknirschend, da schon Zurückhaltung unter den Männern aufkam.

«Leg deinen Schild beiseite», rief Hadwart denn auch Walther zu, als er vor der Klamm vom Pferd sprang und sein Schwert zog. «Er wird bald meiner sein, und ich will nicht, dass er unnötig beschmutzt wird.»

Walther, der Hildegunde gerade zurufen wollte, dass sie aufhören solle, dauernd Steine auf die anreitenden Franken zu werfen, kehrte widerwillig an den Eingang der Klamm zurück.

«Wollt ihr euch nicht mal alle zur Beratung zurückziehen?», rief er wütend. «Ihr habt vier Leute verloren! Gilt das bei Euch nur als Schwund?»

Aber Hadwart schlug schon mit dem Schwert auf ihn ein, und Walther hatte Mühe, sich seiner zu erwehren, denn Hadwart war ein geschickter Schwertkämpfer. Mehr noch, Hadwart focht mit Walther so beherzt, dass er diesen von der Klamm fort- und den Weg hinabtrieb. Als Walther über eine Wurzel strauchelte, holte Hadwart zu einem besonders harten Schlag aus, aber Walther sah es rechtzeitig und schlug ihm mit der Kante seines Schildes gegen das Handgelenk, dass sich Hadwarts Finger öffneten und er das Schwert verlor. Dieser flehte: «Zeige, dass du ein edler Ritter bist, und warte, bis ich das Schwert wieder habe!», und krabbelte hastig dem Schwert hinterher, das im Blaubeerkraut neben dem Weg verschwunden war.

«Nein, ich warte nicht! Ich will heute noch weiter!», rief Walther, nahm seinen Speer und stach zu. So starb Hadwart mit dem Gesicht im Blaubeerkraut.

Walther aber zog die Lanze wieder mit einem Ruck heraus, keuchte voller Grimm und ging noch ein paar Schritte den Weg hinab.

«Wer ist der Nächste?», schrie Walther in Richtung der zuschauenden Franken und winkte mit der Lanze.

Die aufreizende Geste verfehlte ihre Wirkung nicht. Patafried, der Neffe Hagens, griff nach seinen Waffen. Als Hagen dies sah, erhob er sich vom Schild, ging zu Patafried und sagte: «Halt ein! Es ist keine Schande, noch nicht bereit zu sein für einen solchen Recken! Du wirst gewiss eines Tages ein großer Krieger, wenn du unterscheiden lernst, wann du Ruhm gewinnen kannst und wann du sterben wirst.»

Patafried zuckte mit den Schultern und stieg aufs Pferd. Hagen griff ins Zaumzeug.

«Junge! Lass diesen einen Kampf aus, und es werden viele glorreiche Kämpfe folgen! Ich verspreche es dir!»

«Wie viele Kämpfe hast du ausgelassen, Onkel?», fragte Patafried, und als Hagen nicht sofort antwortete, gab er seinem Pferd die Sporen und preschte hinauf zur Klamm.

«Ich kämpfe nicht mit dir», rief Walther, «du bist mit Hagen von Tronje verwandt. Ich habe gesehen, wie er dich zurückzuhalten versuchte. Das hat er bei keinem zuvor getan.»

«Er ist nur mein Onkel», antwortete Patafried.

«Dann reite wieder zurück. Hagen ist mein Freund, und diese Freundschaft habe ich bitter nötig. Dein Tod würde sie zunichtemachen.»

«Ich geb dir einen Grund, mit mir zu kämpfen!», rief Patafried.

Mit diesen Worten warf er seine Lanze. Walther sah Patafried verwundert an, denn der hatte die Lanze so weit an ihm vorbeigeschleudert, dass sie ihn nicht einmal getroffen hätte, wenn er ihr mit breiter Brust in den Weg gesprungen wäre. Doch in diesem Moment sah Walther, dass Patafried die Lanze nicht auf ihn, sondern auf Hildegunde geschossen hatte. Kurz vor ihren Füßen war sie in den Sand gedrungen.

Schon war Patafried vom Pferd gesprungen und wollte mit dem Schwert auf Walther einschlagen. Doch der wich aus, leicht und schnell, und so hieb Patafried an ihm vorbei. Er stolperte noch ein paar Schritte auf Hildegunde zu, bis er abrupt stehen blieb. Walther begriff zunächst nicht, was da vor sich gegangen war, bis Patafried zusammensackte. Hinter ihm stand Hildegund mit Patafrieds Lanze, die sie ihm in die Brust gebohrt hatte.

«Ich schaff das allein, Schatz!», rief Walther, verzweifelt, dass er das Leben des Jünglings nicht hatte schonen können. Dann ging er den Weg hinunter, um mehr Abstand zwischen die Kämpfenden und seine wütende Verlobte zu bringen.

In diesem Moment kam ein zweiter Jüngling den Weg hochgeritten. Gerwig, ein Freund Patafrieds, der eine doppelschneidige Wurfaxt schwang. Er ließ sein Pferd über die auf dem Weg verstreuten Toten springen und warf die furchtbar kreisende Waffe auf Walther, der sein Schwert in den Boden rammte, um mit beiden Händen sein Schild zu halten. Gerade noch zur rechten Zeit, denn mit der Gewalt eines Himmelskörpers traf die Wurfaxt den Schild. Benommen spähte Walther dahinter hervor. Er entdeckte Gerwig nicht sogleich, denn dieser ritt in wilder Jagd um ihn herum.

«Hier bin ich! Nein, hier», höhnte Gerwig, im Sattel auf und nieder wippend. «Wird dir schwindlig?»

Walther, den Schild vor sich und die Lanze in der Hand, wagte nicht, sich zu erheben, und drehte sich auf den Knien im Kreis, um Gerwig keine offene Seite zu bieten. Wie der Zeiger einer Uhr folgte Walthers Lanze dem kreisenden Gerwig. Schließlich begann Walther, laut zu zählen.

«Was zählst du da?», rief Gerwig. «Wie viele meiner Freunde du erschlagen hast? Wie viele noch übrig sind?»

«Ich zähle die Schritte deines Pferdes, damit ich weiß, wann sich dein Arsch aus dem Sattel hebt», antwortete Walther. Gerwig brauchte einen Moment, um zu begreifen, dass er beim schnellen Ritt genau eine Handbreit Blöße ließ, wenn er aus dem Sattel wippte, aber ihm blieb keine Zeit, das Pferd zu zügeln. Walther sprang los, und seine Lanze schoss in den Spalt zwischen Schild und Beinschiene und fuhr Gerwig in die Hüfte. Der Stoß war so gewaltig, dass es Gerwig vom Pferd hob und Walther mit dem Jüngling hoch auf der Lanze noch ein paar Schritte in den Wald rannte, wo er ihn niederwarf. Unter Qualen hauchte Gerwig sein Leben aus.

Gerwig schrie noch, als König Gunther sich nach seinen verbliebenen Recken umsah, die jedoch jeden Kampfesmut vermissen ließen.

«Ja, gut, er hat eine Glückssträhne», rief Gunther. «Aber kein Glück währt ewig!»

Die verbliebenen vier Krieger starrten auf ihre Stiefelspitzen.

«Hochverehrter König», sagte endlich einer, «das scheint uns hier kein Würfelspiel, wo nach sieben Einsern doch mal eine Sechs kommt oder wenigstens eine Drei. Das Glück rüttelt hier mit einem groben Sieb, und wir werden alle durchfallen. Lasst Walther ziehen! Wir wollen heimkehren und uns in der Kapelle dem Allherrscher zu Füßen werfen, der solche Recken schuf!»

Gunther wurde zornig.

«Sollen wir so zurückkehren? Ohne das Gold, für das wir auszogen? Beladen mit vielen Toten? Glaubt ihr, dass wir diese Schande jemals loswerden? Niemand wird uns glauben, dass ein einzelner Held solche Kräfte hat! Man wird uns für Schwächlinge halten, für feiges Gesocks! Wir müssen Walther zu Fall bringen, sonst werden unsere Feinde überall aus ihren Löchern kommen!»

Diese höhere Sicht überzeugte die Männer. Und einer von ihnen, Randolf, schnappte sich seinen Speer und trabte mit seinem Pferd seitwärts in die Büsche. Walther hatte unterdessen den Helm abgenommen. Er wischte sich den Schweiß von der Stirn, sog die laue Waldluft ein und fragte sich für einen Augenblick, warum hier ein Tintenkäfer so ungerührt durch das Gras krabbelte und dort die Meisen lustig über die Äste hüpften, wo der Tod doch eben noch schreckliche Ernte gehalten hatte. Doch statt einer Antwort prallte ein Speer gegen seine Brust, der nur von der Schmiedekunst Wielands aufgehalten wurde. Walther fiel zu Boden, barhäuptig, und Randolf, der aus dem Gebüsch gesprungen kam, zog sein Schwert, um die Gunst des Augenblicks zu nutzen. Doch statt des Kopfes konnte er Walther nur zwei Locken abschlagen. Beim zweiten Hieb hatte Walther schon den Schild vor der Brust, und die Klinge von Randolfs Schwert blieb darin stecken. Da Randolf sich nicht entscheiden konnte, sein Schwert loszulassen, riss Walther ihn mit einem Ruck zu Boden und sagte: «Meine Locken wachsen nach. Mal sehen, ob dein Kopf das auch kann.»

Unten bei den Franken wurde Randolfs schneller Tod schon gar nicht mehr groß wahrgenommen. Stattdessen hatte Helmnot einen Plan gefasst, als er gesehen hatte, wie sich Randolfs Schwert in Walthers Schild verbissen hatte.

«Ich haben einen Dreizack, wie ihn der Ire nutzt», sagte Helmnot. «Wenn wir die Widerhaken in den Schild treiben, können wir ihn Walther mit einem Seil entreißen. Ohne Schild werden wir seiner wohl endlich Herr werden.»

So wurde man sich einig. Helmnot ritt zur Klamm und warf den Dreizack. Kaum hatte sich die Waffe fest ins Metall gebohrt, als unten auch schon alle Franken wie besessen am Seil rissen, um Walther seines Schutzes zu berauben. Dieser stemmte sich mit den Hacken in die Wurzeln, die quer über den Weg liefen, um nicht selbst hinuntergeschleift zu werden. Doch da am anderen Ende drei und schließlich vier – König Gunther war begeistert hinzugeeilt – Männer zogen, rutschte und knickte Walther langsam den Weg hinunter.

Man kann Gewalt nicht immer mit Gegengewalt beantworten, dachte er. Ich muss lernen, loszulassen.

Und tat es.

Der plötzliche Mangel an Widerstand verwandelte die aus Leibeskräften ziehenden Franken in einen Haufen Kobolz. Helmnot, der als Dritter mit angefasst hatte, stolperte noch am wenigsten. Deshalb sprang Walther, inzwischen nah herbei, ihn zuerst an und hieb seinen Schädel entzwei. Trogus, der sich elend in das Seil verwickelt hatte, war der Nächste. Walther hieb ihm noch im Rollen ein Bein ab. Doch Trogus kroch weiter, schleuderte einen Stein nach Walther und versuchte, das Schwert zu ziehen. Er warf sogar die Schulter nach vorn, nur um dann festzustellen, dass kein Arm mehr dran war. Walthers Schwert war ein zweites Mal niedergegangen. Er setzte zum Todesstoß an, doch Tannast, Trogus' bester Waffenbruder, sprang dazwischen und starb mit der Klinge in der Brust, die eigentlich seinem Kameraden zugedacht war. Als er Tannast beiseitegewälzt hatte, sah Walther, dass Trogus ihm mit dem verbliebenen Arm ein Handzeichen machte, welchem er entnahm, er möge es mit sich selber machen.

«Ist das wirklich alles?», fragte Walther streng. «Möchtest du nicht lieber noch jemanden grüßen?»

Da aber Trogus seine Aufforderung mit brechender Stimme auch noch mündlich wiederholte, versprach Walther ihm, das bei Gelegenheit zu tun, und schlug ihm den Kopf ab.

Dann sammelte Walther die Waffen ein und befreite sein Schild mühsam vom Dreizack, während er darüber nachsann, warum Männer umso weniger weinerlich sind, je aussichtsloser ihr Schicksal ist. Vielleicht machen zu viele Hoffnungen unsicher und schwach, dachte er, vielleicht sind Männer besser im Ertragen als im Wählen.

Während er so dachte und sann, warf sich Gunther, der am Ende des Seils gezogen hatte, heimlich auf sein Pferd und ritt zurück zu Hagen, der nach wie vor auf seinem Schild saß.

«Ich bin dein König und fordere dich hiermit auf, gegen Walther zu streiten!»

Hagen sah Gunther mit gewohnt unleserlicher Miene an und sagte dann: «Ihr vertraut mir, weil ich Grundsätze habe und niemals von ihnen abweiche. Und einer dieser Grundsätze ist, dass ich nicht gegen einen Waffenbruder kämpfe.»

Gunther schnappte nach Luft. «Ihr verweigert den Befehl?»

«Hättet Ihr nicht alle Eure Männer in den Tod geschickt, wäre es sicher Befehlsverweigerung! So aber, unter uns zweien, ist es wohl nie geschehen.»

«Ist nicht Euer erster Grundsatz, Euer Leben für Euren König zu geben?», schrie er schließlich und knirschte mit den Zähnen vor Wut.

«Nur wenn das Eure bedroht ist.»

«Dann soll es so sein», rief Gunther und ritt auf Walther zu.

Der sah ihn kommen und seufzte.

«Was seufzt du?», fragte da hinter ihm Hildegunde, die unterdessen die Toten aus dem Weg geräumt und ein bisschen übereinandergelegt hatte, der Ordnung halber. Walther zeigte den Weg hinunter, wo Gunther sich zum Kampf bereitmachte.

Hildegunde legte ihm ihre warme Hand auf den Arm und flüsterte: «Du machst das ganz wunderbar! Du hast ein sehr gutes Schwert, eine gute Rüstung, einen festen Schild. Aber vor allem: Du hast allen anderen hier etwas Wichtiges voraus.»

«Ja, du hast recht. Deine Liebe gibt mir Kraft.»

«Das meine ich nicht. Du hast Freude an dem, was du tust. Die anderen wollen nur den Schatz, aber du bist anders. Du tötest einfach gerne. Das merkt man sofort.»

Walther kam nicht dazu, das zurückzuweisen, denn in diesem Moment ritt Gunther johlend heran und rief: «Jetzt wird dir ein König zeigen, was die besten Fechtlehrer der Welt ihm beigebracht haben!»

Gunther sprang ab und drang auf Walther ein, dass das metallische Hämmern der Schwerter bald so schnell erklang, als würde ein Dutzend Schmiede aufs Eisen schlagen. Doch Gunthers auf trockenen Fechtböden erlernte Schwertkunst konnte gegen Walthers schlachterprobtes Handwerk nichts ausrichten. Immer öfter musste er hinter seinem Schild Deckung suchen. Und jedes Mal hieb ihm Walther ein Stück heraus. Klein und kleiner wurde Gunthers Schild. Bald hielt er nicht viel mehr als ein tellergroßes Stück vor das Gesicht, verlor dabei die Übersicht, vertrat sich und stolperte rückwärts über einen Stein.

Walther wollte zögern, weil ein König vor ihm lag, aber sein Schwert fuhr schneller nieder, als die Bedenken seinen Arm erreichten. Gunther sah schon den blitzenden Tod auf sich zukommen, als plötzlich Hagens Waffe dazwischenging. Mit einem Klirren brach Walthers Schwert zwischen Griff und Klinge entzwei.

Walther blickte auf die fallende Klinge, auf Hagens Schwert und dann auf Hagen.

«Du machst mich nicht arbeitslos», sagte der.

Und in einer raschen Verbeugung zur Seite führte er das Schwert herum, als wäre es ein Löffel, der Wasser schöpft. Das schnitt Walther den rechten Unterarm ab. Walther ließ dem Schmerz keine Zeit, sondern riss mit der Linken das Kurzschwert aus der Scheide und hieb es dem gebückten Hagen ins Gesicht, dass es ihm den Kiefer zertrümmerte und das rechte Auge ausschlug. Danach war Stille.

Mehr Kampf hatte niemand mehr übrig. Gunther erhob sich und ging. Ging schreckensbleich wie jemand, der wirklich fortgehen und nicht wiederkommen will. Als Hildegunde sah, dass auch Hagen sein Schwert einsteckte und nach einem Tuch suchte, die Wunden in seinem Gesicht notdürftig zu versorgen, lief sie aus der Schlucht und zog Walther mit sich. Die zerbrochene Klinge lag neben Walthers abgeschlagener Hand, ein altes Paar, das auch im Tod nicht ohneeinander sein wollte.

«Man kann den Ehering auch an der linken Hand tragen», tröstete Walther Hildegunde, die sich die Tränen verbiss, während sie seinen Arm abband und die Wunde mit Schachtelhalm und Hirtentäschel bedeckte.

Dann brachen sie auf. Hildegunde wollte wie immer nach Walthers Hand greifen, aber als sie sie nicht fand, entschuldigte sie sich und wechselte auf die andere Seite.

«Ich habe keine Freude am Töten», erklärte Walther, nachdem sie eine Weile durch den zwitschernden und summenden Wasgenwald gegangen waren.

«Hast du doch», antwortete Hildegunde. «Ich kenne dich ja nun schon ein bisschen. Jetzt ist aber erst mal eine Weile Ruhe mit Töten, ja, Walther?»

Und Walther fühlte sich fast schon verheiratet.

WIELAND DER SCHMIED

In Seeland lebte der Riese Wade, ein Wohltäter der Menschheit, denn er hatte ein wundersames Ding namens Boot erfunden, mit dem sich auf dem Wasser fahren ließ. Dies hatte er gebaut, um seine Mutter besuchen zu können, die ein Meerweib war und Wachilde hieß. Sein Vater war der pferdezähmende König Wilkinus, der sich aber nie dazu äußern wollte, was da im Einzelnen geschehen war.

Wade war ein braver Mann, hielt auf gute Wirtschaft und abenteuerte nicht in der Gegend umher. Krieg war in seinen Augen etwas für Leute, die keine Ahnung vom Landbau hatten. Gold hielt er für nutzlos, weil es zu weich war, um daraus Beile oder Pflüge herzustellen. Er hatte drei Söhne, Egil, Schlagfider und Wieland, die er schon früh Wiesen mähen, Schafe hüten oder Fischreusen stecken ließ. Am liebsten aber streiften die Jungen zusammen durch die Wälder und jagten. Egil hatte ein besonders scharfes Auge und eine ruhige Hand, sodass er das meiste Wild schoss. Wieland, der Jüngste, rannte hinterdrein und schleppte die Beute.

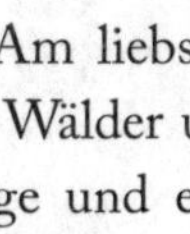

Vater Wade freute sich über das Wildbret, aber in den ruhigen Stunden des Abends dachte er: Wieland kommt bald in das Alter, wo er es überhat, seinen Brüdern die Jagdbeute zu tragen. Ich werde ihn ein anderes Handwerk erlernen lassen. So können sie einander nützlich sein, bleiben gute Brüder, und es gibt keinen Zwist. Hoch lebe die Arbeitsteilung.

Er brachte Wieland ins Hunnenland, wo der Zwerg Mime lebte, welcher als weltweit bester Eisenschmied galt. Mime war ein Grummelbart und Krummbein sondergleichen und verteilte Kopfnüsse, wenn seine Lehrlinge das Eisen schon schmieden wollten, obwohl es erst kirschrot und noch nicht mirabellengelb war. Wieland aber kümmerten die Kopfnüsse nicht. Er wollte unbedingt lernen, wie man Damaszenerstahl schmiedet, selbst wenn es dafür Peitschenhiebe gesetzt hätte. Anders war es schon, wenn der zweite Lehrling in der Schmiede ihn neckte, ihm Funken in den Nacken blies und drohte, ihm die Nase mit der Zange abzukneifen. Der Lehrling hieß Siegfried, war mit seinen zwölf Jahren schon groß wie ein Schrank und hatte Spaß daran, seine Kräfte an anderen auszulassen. Manchmal hängte er Wieland mit dem Kragen an einen Nagel an der Wand, ein andermal hämmerte er ihm eine Krampe über den Daumen, als Wieland gerade sein Pausenbrot essen wollte. Irgendwann hatte Wieland genug. Nämlich genug gelernt bei Mime, als dass er sich den täglichen Schabernack von Siegfried noch länger gefallen lassen wollte.

So kehrte Wieland nach Hause zurück und schmolz und schmiedete aus lauter Lust und Langeweile Hufeisen und Hufnägel, bis Wade sagte: «So geht das nicht weiter. Diese Hufeisen mit dem ganzen Zieselkram und gepunztem Firlefanz, die möchte man ja lieber in ein Schatzkästlein tun, als einem Ackergaul an den Huf schlagen. Du bist als Grobschmied völlig vertan. Du musst noch mal unter die Feinschmiede, dass du nicht nur Waffen machen lernst, sondern auch all die Ringlein und Geschmeide, weswegen Waffen nun mal gezückt werden. Dann wirst du immer gut zu tun haben.»

Wade wusste von zwei Zwergen, die in einem Berg werkten und hämmerten und für ihren feinen Schmuck berühmt waren. Zu denen brachte er Wieland. Doch die Zwerge wollten keinen Lehrling.

«Wir bilden nicht aus», sagten sie. «Ein Lehrjunge macht mehr Schaden, als er Nutzen bringt.» Doch Wade stellte ihnen reichlich Gold und Silber für die Unkosten in Aussicht sowie eine Mark Goldes sofort auf die Hand, wenn sie Wieland für ein Jahr unterrichteten. Da gaben sie nach.

Schon nach ein paar Tagen wurden sie des Wertes ihres neuen Lehrjungen gewahr. Er zog und bog, er hämmerte und trimmte, er netzte und ätzte, dass die Zwerge schon die Laternen ausblasen mussten, damit er abends ein Ende fand.

Eines Tages, als sich das Ende der Lehrzeit näherte, rang sich einer der Zwerge zur Wahrheit durch: «Der Junge schmiedet schon jetzt besser als wir. Was haben wir in letzter Zeit nicht alles für Aufträge annehmen können. Halsringe und Pektoralien, Broschen und Fibeln, sogar diamantene Diademe für die Diadochen von Damaskus. Wir sollten ihn noch ein Jahr dabehalten. Das wird uns ordentlich was einbringen.»

«Du denkst zu kurz», sagte darauf der andere Zwerg. «Wenn wir ihn nach einem weiteren Jahr gehen lassen, werden die Leute schnell merken, dass er der wahre Meister in unserer Werkstatt war. Und was werden sie dann tun? Sie werden allesamt zu ihm gehen und ihre Schmiedesachen bei ihm bestellen. Und mit uns ist es dann vorbei. Nein, mein Lieber, wir sollten ihn noch ein Jahr ausquetschen, was das Zeug hält, aber ihn dann beiseiteschaffen.»

«Grundgütiger, Wieland ist der Sohn eines Riesen! Wenn wir ihn umbringen, wird Wade unsere Köpfe zerschlagen wie rohe Eier und uns Arme und Beine ausreißen. Und es wäre noch Glück, wenn er nur das ausreißt …»

So beschlossen sie, Wielands Vater zu einer Nebenabrede zu überreden, die ihre finsteren Absichten geheim halten würde. Als Wade nach Jahresablauf wieder eintraf, baten die Zwerge um Verlängerung der Lehrzeit. Noch sei Wieland nicht in alle Geheimnisse der Schmiedekunst eingeweiht. Doch da er ein prächtiger Lehrling sei, würden die Zwerge ihn sogar umsonst unterrichten.

«Wir geloben, deinem Sohn im nächsten Jahr den Kopf mit allen Geheimnissen des Schmiedewesens zu füllen, sodass er schon mit zwanzig wie ein Vierzigjähriger schmieden kann. Wir verlangen nichts dafür. Außer Pünktlichkeit deinerseits. Hole ihn in genau einem Jahr ab. Keinen Tag eher und keinen Tag später. Kommst du zu spät, gehören der Kopf und alles, was wir hineingetan haben, natürlich wieder uns!»

Der Riese Wade stimmte zu, denn es schien ihm eine Selbstverständlichkeit, dass geistiges Eigentum, das nicht abgeholt wird, wieder zurückgenommen wird. Erst als er draußen vor dem Berg seinem Sohn Lebewohl sagen wollte, erinnerte er sich, dass man Zwergen nicht zweimal hintereinander trauen sollte. Deshalb nahm er sein Schwert und versteckte es unter den Wurzeln eines Buschs mit den Worten: «Wenn ich nicht rechtzeitig zurück sein sollte und die Zwerge dir deinen klugen Kopf abschlagen wollen, dann nimm dieses Schwert und mach sie alle.»

«Aber die Zwerge waren immer freundlich zu mir», entgegnete Wieland.

«Manchmal kannste so dumm nicht denken», meinte Wade. «Vergangenheit und Zukunft sind Geschwister, aber keine Zwillinge. Man muss immer auf alles gefasst sein. Also, noch einmal: Wenn ich nicht komme, bring sie um. Sofort. Ohne langes Gequatsche. Besser is.»

Weil Wieland immer noch entsetzt guckte, fügte Wade hinzu:

«Aber keine Sorge. Ich komme.»

Als das zweite Jahr bei den Zwergen sich dem Ende zuneigte, beschloss Wade, ein paar Tage eher aufzubrechen. Er ging schnell und machte wenig Pausen, weil er ein Riese war und Riesen schlecht wieder in Gang kommen, wenn sie einmal rasten. So war er bereits drei Tage vor der Übergabe da und fand den Berg, darin sein Sohn und die Zwerge werkten, noch verschlossen. Der Riese stand eine Weile herum, doch irgendwann legte er sich neben einen großen Stein, und die Augen fielen ihm zu. So lag er und sah nicht, dass er ungünstig lag. Denn der Stein lag nur hier, weil dies der Weg war, den ein Stein rollen musste, wenn er vom Berg herunterkam. Nach einer Weile, als Wade schon schnarchte, brach ein Unwetter los. Der Riese zog sich unwillig seinen Hut ins Gesicht und raufte seinen Mantel über sich, denn zimperlich war er nicht. Doch oben am Berg wurde der Boden feucht und glitschig. Ein Stein löste sich und stieß einen größeren an. Der kam ins Rollen und nahm andere mit, und plötzlich fehlte auch Bäumen der Halt. Alles das rutschte den einen Weg hinab und begrub den Riesen, sodass nicht einmal ein Zipfel seines mausgrauen Filzhutes zwischen dem Geröll herausschaute.

Als sich drei Tage später zum vereinbarten Zeitpunkt der Berg öffnete und die Zwerge erschienen, um Wieland an seinen Vater zu übergeben, sahen sie diesen nirgends. Wieland lief umher und rief nach seinem Vater, bis er sah, dass ein gewaltiger Bergsturz gleich neben dem Schmiedeberg heruntergegangen war. Die Zwerge legten die Hände an die Wangen und sagten: «Oh, oh! Er wird doch nicht …?»

Da schwante Wieland Schlimmes, und er suchte den Busch, wo sein Vater das Schwert versteckt hatte. Doch der Erdrutsch hatte auch den Busch fortgerissen. In wilder Hast kletterte Wieland über das Geröll, während die Zwerge ihn aufforderten, das dumme Suchen zu lassen, der Schlamm sei schon trocken, alle Hilfe käme zu spät, und er solle doch besser in ihre Arme kommen, damit sie ihn trösten könnten. Da endlich sah Wieland den Knauf des Schwertes im Geröll aufblitzen. Er wollte es herausziehen, aber es steckte zu tief im Schutt. Mit den bloßen Fingern kratzte er die Klinge frei, als er im Spiegel des blanken Eisens plötzlich hinter sich die Zwerge heranschleichen sah. Sie gaben sich mit den Augen Zeichen, und einer zückte einen Dolch. Mit der Wut eines Halbwüchsigen, der sich bis zuletzt anzuerkennen geweigert hatte, dass Hinterlist und Betrug existieren, riss Wieland das Schwert aus dem Schutt und zog damit einen Halbkreis hinter sich, der den Zwergen den Kopf vom Hals trennte. Mit Augen, groß vor Schreck, rollten die Zwergenköpfe die Halde hinunter.

Wieland ging noch einmal in die Werkstatt im Berg und sammelte so viel Werkzeug und Preziosen ein, wie ein Pferd tragen konnte. Dann machte er sich auf den Weg in die Heimat.

Doch daheim war alles anders ohne Wade, seinen Vater. Zwar bearbeitete er mit seinen Brüdern die geerbten Ländereien, pflügte und säte, erntete und schlachtete, aber nichts verschaffte ihm die Seligkeit, die er aus Kindertagen gewohnt war. Nicht einmal das Jagen mit seinen Brüdern fühlte sich an wie früher. Irgendwann aber, auf einem dieser Jagdausflüge mit seinen Brüdern, kamen sie an den glitzernden Wolfssee in den Wolfsbergen im Land der Niaren, und da verstand Wieland, dass er seine Heimat neu errichten musste. Er baute dort ein Haus für sich und seine Brüder, dazu eine Schmiede, holte sein Werkzeug und die Schätze aus dem Zwergenberg herbei und fühlte, wie es ihm besserging.

Eines Morgens, als die drei an den Wolfssee kamen, entdeckten sie drei Schwäne, die über den See geflogen kamen und am Ufer landeten. Doch die Schwäne reckten ihre Schwingen und streckten sich plötzlich, warfen ihr Federkleid ab und waren mit einem Mal drei Mädchen, so blond und schön und makellos, dass den drei Brüdern die Augen weh taten vor lauter Unvergleichlichkeit. Die Mädchen liefen ins Wasser und badeten. Die Brüder lauerten indes hinter einem großen Stein und hechelten wie junge Hunde.

«Ich könnte mir das stundenlang ansehen», flüsterte Schlagfider.

«Sie werden aber nicht stundenlang baden!», zischte Egil zurück.

«Du meinst, sie fliegen gleich wieder weg?», fragte Schlagfider.

«Wenn wir nichts unternehmen», antwortete Egil und zeigte auf die Flughemden am Strand. Ohne ein weiteres Wort sprangen die Jungen aus dem Versteck und griffen sich die Federkleider.

«He, gebt das sofort zurück, ihr Blödiane», riefen die Mädchen, die die Jungen nun auch entdeckt hatten, doch die Brüder feixten sich eins.

«Sagt uns lieber erst mal, wer ihr seid», rief Egil.

«Wir sind Walküren», sagten die Mädchen. «Wir bringen die ehrenhaft Gefallenen dorthin, wo es von allem reichlich gibt!»

«Ich habe mir Walküren immer anders vorgestellt», meinte Wieland schüchtern, «mehr so mollig. Und nicht so jung. Eher so wie meine Mutter.»

«Das wäre furchtbar! Für wen würdest du denn lieber sterben? Für mich oder für deine dicke Mutter?», fragte die Sommersprossigste unter ihnen. Wieland schluckte und schwieg, obwohl er die Antwort wusste.

«Aber es ist gerade kein Krieg», erklärte Egil. «Was macht ihr denn in der Zwischenzeit?»

«Das fragten wir uns auch gerade», erklärte die Dunkelblondeste, die Alraune hieß, schritt zu Egil und strich ihm mit einer einzigen magischen Bewegung ihres Zeigefingers alle Knöpfe seiner Joppe auf.

«Wir wollten eigentlich ein paar Lebensfäden spinnen, aber so ganz dringend ist das nicht», meinte die Weißblondeste, deren Name völlig zu Recht Schwanweiß war, ging zu Schlagfider, stupste ihn vor die Brust, dass er gegen einen Stein stolperte, und setzte einen Fuß auf sein Knie.

Die sommersprossige Herwör aber kam auf Wieland zu und fragte ihn: «Möchtest du wissen, was den ehrenhaft Gefallenen an Walhall am meisten gefällt?»

«Ich hörte, der Eberbraten soll ganz lecker sein», stotterte Wieland.

«Falsch.»

«Bier und Met vielleicht?», erkundigte sich Wieland mit zunehmender Blässe.

«Kalt, ganz kalt», erwiderte Herwör und tipptappelte mit ihren Fingerspitzen seine schmiedeharten Unterarme hinab.

So fielen die Brüder den Walküren nicht übermäßig ehrenhaft, aber glücklich in die Arme. Im Haus am Wolfssee wurde manch Lager zerwühlt und die Luft dunstig. Die Zeit verging in lauter Balgerei und Gelächter und verlor darüber ganz ihr Ziel. Aber Zeit, die kein Ziel hat, fühlt man nicht. Sieben Jahre blieben die Walküren. Doch dann, eines Morgens im Winter, wehte der kaum wahrnehmbare Ton eines Heerhorns über den See, und da wurden die Walküren unruhig.

Sie schickten die Brüder zur Jagd und stellten das ganze Haus auf den Kopf, bis sie ihre Flughemden wiedergefunden hatten. Als die Brüder des Abends wieder in die Halle kamen, war sie leer und kalt. Nur in der Schmiede auf Wielands Amboss lag als letzter Gruß ein goldener Ring, den Herwör getragen hatte. Die Brüder mochten es nicht glauben. Sie lockten und linsten, sie suchten und riefen, sie fluchten und schrien, denn sie hatten sich an warme Betten und sanfte Lippen gewöhnt. Schließlich griffen sich Egil und Schlagfider ihre Felljacken und Schneeschuhe und liefen verzweifelt in die Nacht hinaus, der eine nach West, der andere nach Ost, um ihre Liebsten zu suchen. Sie würden lange nicht heimkehren. Nur Wieland blieb im Haus und nahm trostlos den goldenen Ring vom Amboss. Dann heizte er das Schmiedefeuer an, legte ein Stäblein Gold hinein und schmiedete einen Ring wie den, der ihm hinterlassen worden war. Da wurde ihm vom Schmieden warm ums Herz, so warm, als läge er wieder in Herwörs Armen. Nachdem der erste Ring fertig war, schmiedete er einen zweiten, weil sein Herz noch nicht kalt werden sollte. So schmiedete er viele Tage lang siebenhundert gleiche Ringe.

Der helle Klang aus der Schmiede drang unterdessen auch anderen ins Ohr, die in den Wolfsbergen jagten. Einer von ihnen, der Truchsess des Königs Nidung, saß mit seinem Herrn an der Tafel und sprach: «Da schmiedet einer Tag und Nacht am Wolfssee. Niemand schmiedet im Winter so viel, wenn es nicht Schätze und Kostbarkeiten sind.»

Der König runzelte die Stirn. «Wer soll in meinem Land so viel Gold und Silber haben, dass er es tagelang schmieden kann? Nehmt ein paar Reisige und holt mir den Mann her!»

Der Truchsess wartete eine Vollmondnacht ab, dann ritt er mit wohlgerüsteten Männern zum Wolfssee. Ihre Brünnen blinkten im Mondenschein durch die kalten Föhrenstämme. Sie banden die Pferde fest und näherten sich dem Haus, doch Wieland war nicht da. Sie durchstöberten die Halle und die Schmiede und fanden die siebenhundert goldenen Ringe auf einer Schnur aus Lindenbast.

«Die Ringe ähneln einander wie ein Ei dem anderen, aber dieser eine ist von anderer Güte», sagte der Truchsess. «Er sieht aus, als wäre er nicht in dieser Welt geschmiedet worden.» Er nahm ihn heraus und befahl seinen Männern, sich zu verstecken.

Nach Mitternacht kam Wieland heim, der halb verhungert ausgezogen war, um zu jagen. Beim Feuermachen fiel sein Blick auf den Lindenbast, und er merkte, dass Herwörs Ring fehlte. Wieland riss es in die Höhe. Am ganzen Leib zitternd dachte er: Ich Unglücklicher bin fort gewesen ausgerechnet in der einen Nacht, in der meine Liebste von der Heimstatt der Gefallenen zu mir zurückkehrte. Sie hat mich nicht gefunden in diesem kalten Haus und hat ihren Ring an sich genommen. Kein weiteres Mal wird sie wiederkommen, alles nur, weil ich aufgehört habe zu schmieden. Der Gedanke raubte ihm die Sinne. Er fiel wie tot zu Boden.

Als er zu sich kam, war er an Beinen und Armen gefesselt und lag dem König Nidung zu Füßen.

«Niemand schmiedet Gold und Silber in meinem Land, es sei denn, auf meinen Befehl», sagte König Nidung. «Wie hast du es gestohlen?»

Er gab ein Handzeichen, Wieland aufzurichten. Dieser antwortete:

«Es ist nicht Euer Gold. Ich habe es nicht aus Euren Flüssen gewaschen und nicht aus Euren Gruben gehauen. Es ist mein Gold, das ich an den Wolfssee brachte.»

«Mag sein», erklärte Nidung. «In meinem Land jedoch kann nicht jeder schmieden, wie er lustig ist. Egal, ob es sein Gold ist oder ein altes Stück Eisen, das er am Wegesrand fand. Und zwar aus Gründen. Wenn es brodelt unter den Hörigen und Unfreien, können aus Sensen sehr schnell mal Spieße werden und aus Pflugscharen Schwerter. Darum habe ich ein Auge auf alle Schmiede. Du wirst mir erst mal ein Jahr als Küchenkraft dienen, damit ich sehe, ob du ein Mann bist, den ich an einem Amboss stehen lassen kann.»

Wieland schwieg.

Doch die Königin flüsterte dem König ins Ohr: «Sieh in seine Augen! Verrat und Verlust und Gewalt haben diesen Menschen finster gemacht. Und sieh seine Arme! Er mag erst zwanzig sein, aber seine Arme sehen aus, als hätte er schon vierzig Jahre geschmiedet. Das ist kein Mensch mit schwachem Willen. Er wird sich dir nie unterwerfen. Wenn du ihn nicht töten willst, so zerschneide ihm wenigstens die Sehnen am Knie, damit er nicht von der Stelle kann, um Böses zu tun.»

Wieland aber sprach: «Ihr braucht an meiner Treue nicht zweifeln. Lasst mich Eure Tafelmesser putzen und pflegen und überzeugt Euch selbst, dass ich ein ehrenhafter und gewissenhafter Mann bin.»

König Nidung blieb unschlüssig, doch da zupfte ihm sein ältester Sohn Otwin am Ärmel und meinte: «Ich glaube ihm. Man darf nicht immer gleich das Schlechte annehmen, sonst wird es wahr!»

König Nidung, der insgesamt nicht gern tat, was seine Frau ihm empfahl, musste über diese altkluge Rede seines Kindes schmunzeln, und so ließ er Wieland die Fesseln lösen und in die Küche führen. Viele Monate lang diente Wieland auf diese Weise. Beobachtete man ihn zunächst mit Argusaugen, so ließ das Interesse am seltsamen Messerputzer bald nach, und irgendwann konnte er sich frei in Hof und Land bewegen. Er nutzte die Zeit, um seine Gerätschaften aus der Schmiede am Wolfssee zu holen und sie unter einem Baum nahe der Königsburg zu vergraben. Wie er dies tat, ging ein Mann vorbei, und ihre Blicke trafen sich.

Als das Jahr beinahe herum war, passierte Wieland ein Missgeschick. Beim Putzen und Schleifen der Messer am See glitt ihm das beste Messer des Königs aus den Fingern und versank an einer tiefen Stelle im Wasser.

«Scheißendreck», fluchte Wieland, «der König wird denken, dass ich das Messer gestohlen und verkauft habe.»

Er kehrte zurück zur Burg und ging zur königlichen Schmiede, der ein Mann namens Aemilias vorstand. Es war um die Mittagsstunde, und Aemilias war mit seinen Knechten zu Tisch. Die Glut glimmte noch auf dem Rost, schnell feuerte Wieland die Kohle mit dem Blasebalg an, nahm sich ein Stück Eisen und schmiedete ein Messer, das dem Lieblingsmesser des Königs täuschend ähnlich sah.

Als nun König Nidung wie jeden Abend sein Lieblingsmesser zur Hand nahm und einen zarten, drei Tage lang in Buttermilch und Quitschbeerensaft gebeizten und dann über Nacht unter einem Lagerfeuer vergrabenen Biber anschneiden wollte, fuhr dieses durch das ganze Tier hindurch und zerschnitt das Brett, auf dem es lag, genauso wie den Tisch darunter. Der Tisch fiel auseinander, und viele gute Speisen kamen elendig um, vom allgemeinen Gesudel ganz zu schweigen. Verwundert warf der König einen Blick auf die Schneide des Messers, doch der Blick zersprang sofort in zwei Teile.

«Wer hat dieses Messer gemacht?», rief der König und hielt sich die schmerzenden Augen.

Man holte den Schmied Aemilias, der niederkniete und murmelte, er sei der untertänigste und königliche Hofschmied, der das kostbare Privileg besitze, des Königs Messer schmieden zu dürfen.

«Papperlapapp», rief Nidung, «ich kenne deine Messer!

Die sind ja wohl höchstens für den Hausgebrauch. Ein kräftiger Mann bekommt damit ein frisches Brot oder einen Hackbraten durch, aber nur, wenn er schön fluffig ist. Bei manchen Messern weiß man gar nicht, welches nun die stumpfe Seite ist. Also, noch einmal: Wer hat dieses Messer geschmiedet?»

Da meldete sich Wieland und gestand, was es mit dem Messer auf sich hatte.

«Das ist ein verdammtes Teufelsmesser», rief Nidung. «Entweder bist du ein Zauberer oder ein Meister deines Fachs!»

Das konnte Aemilias nicht auf sich sitzenlassen.

«Herr, ich bin Euer Hofschmied, weil ich der Beste bin im Land.»

«Offenbar gibt es jetzt einen Besseren», stichelte König Nidung.

«Soll er es beweisen», sagte der Schmied Aemilias. «Treten wir in den Wettstreit: Wenn du Frischling ein Schwert schmieden kannst, das einen Helm und eine Brünne aus meiner Hand auch nur zu ritzen vermag, dann darfst du mir den Kopf abschlagen. Wenn nicht, dann werde ich dir das Haupt vom Rumpf abhauen, egal, wie stumpf das Schwert ist.»

Der König hob die Augenbrauen und staunte über den Wagemut seines Hofschmieds.

«Überleg es dir, Messerputzer. Mein Hofschmied schmiedet vielleicht nicht die besten Klingen, aber bei Helm und Panzer scheint er sich seiner Sache sicher.»

Wieland zuckte mit den Schultern und sagte finster: «Niemand hier weiß, wozu ich imstande bin!»

Aemilias aber verfügte sich sofort in seine Werkstatt und

schmiedete Platten und Panzer für seine Rüstung. Wieland jedoch kümmerte sich weiter um das Tafelbesteck des Königs und tat sonst nichts. Nach einem halben Jahr, als man schon hörte, wie Aemilias seine Rüstung in der Schmiede mit Schwerthieben traktierte und zufriedenes Hohngelächter erschallen ließ, fragte König Nidung: «Was ist jetzt, Messerschmied? Willst du nicht langsam anfangen?»

«Baut mir eine Schmiede und einen Taubenschlag mit zwanzig Tauben. Ich hole mein Gerät.»

Der König befahl es, und Wieland ging, sein vergrabenes Zeug zu holen, doch er fand es nicht. Da fiel ihm der Mann wieder ein, der ihn einst gesehen hatte, wie er Werkzeug und Gold versteckte. Wieland ging zu Nidung und klagte ihm, dass er bestohlen worden sei und nun nicht schmieden könne, und er hätte einen Mann in dringendem Verdacht.

«Weißt du seinen Namen?», fragte der König.

«Nein, aber ich weiß sicher, wie er aussieht», antwortete Wieland.

«Gut, dann rufe ich das Thing zusammen. Wir sind ein übersichtliches Völkchen. Du gehst rum und sagst, wer es war von den Unsrigen. Wäre doch zu schade, wenn wegen so einem Langfinger diese scharfe Wette ins Wasser fiele.»

König Nidung ließ also zu ungewohnter Zeit zum Thing zusammenrufen. Von überall her kamen die Männer und sammelten sich an der knorrigsten Eiche des ganzen Landes. Sie murrten, weil es noch früh im Jahr und klamm und kalt war und jeder doch weiß, dass man nicht Recht sprechen und palavern kann, wenn es einen bibbert. König Nidung erklärte seinen Männern, dass es um Diebstahl gehe und Wieland jedem von ihnen ins Gesicht sehen werde, denn einer von ihnen hätte Schmiedezeug und Gold gestohlen.

Das sei an sich schon schlimm, aber diesmal besonders, weil eine Mordsgaudi und ein Volksspektakel davon abhängen.

Wieland ging reihum, doch er konnte beim besten Willen denjenigen nicht finden, der ihn damals beim Vergraben seiner Schätze beobachtet hatte.

«Seid Ihr sicher, dass alle Eure Männer gekommen sind?», fragte er den König.

«Das ist eine dumme Frage. Das Thing ist die Versammlung aller freien, wehrfähigen Männer. Wer hier nicht erscheint, kann sein Schwert wegwerfen und sich einen Rock anziehen!»

Als Wieland nun sagte, dass der Dieb nicht unter diesen Männern sei, gab es Tumult unter den Anwesenden. Auch der König wurde sehr ungehalten.

«Wenn du ein Hochstapler sein solltest, wie mein Hofschmied vermutet, dann freue ich mich jetzt schon darauf, wie dir Aemilias den Kopf abschlägt», sagte Nidung. «Sieh zu, dass du dieses Schwert geschmiedet bekommst! Egal, wie!»

Wieland wurde von grimmiger Verzweiflung erfasst und ging lange grübelnd mit den Händen auf dem Rücken einher. Doch als er am nächsten Tag zur Mittagszeit an der Hofschmiede vorbeikam, fand er sie wieder mal verlassen vor, weil es in der Schenke Schwarzsauer mit Dörrpflaumen und Grießklößchen gab und dazu Weißbier in Henkelkannen, groß wie Stiefel. Wieland schlüpfte also erneut in die Schmiede, nahm eine von den Platten, die Aemilias beim Bau seiner Rüstung verworfen hatte, legte sie ins Feuer und schlug nachher mit dem Treibhammer, dem Prelleisen und verschiedenartigen Punzen auf ihr herum, bis er es zufrieden war.

Als die Nacht kam und Wieland den Tisch des Königs aufräumte, bat er Nidung, ihn noch bis zum Schlafgemach begleiten zu dürfen. Nidung war verwundert, aber ließ es zu. Da sie nun den Gang durch die Burg machten und Wieland mit dem Talglicht voranging, fiel der Schein der Kerze auf einen Mann, der in einer Nische stand.

«Regin», rief Nidung diesen an, «mein Botschafter. Du bist zurück aus Schweden? Warum stehst du hier so heimlich in der Ecke?»

«Wundert Euch nicht über sein eisernes Schweigen», meinte Wieland, «das liegt daran, dass der ganze Kerl aus Eisen ist.» Er trat näher, und jetzt sah auch Nidung, dass der Mann nichts war als eine täuschend echte Figur mit eiserner Maske.

«Das ist übrigens der Mann, den ich suchte», sagte Wieland.

«Er war allerdings nicht auf dem Thing», erkannte Nidung, «da ich ihn vor einiger Zeit zu den Schweden sandte.»

Der König schickte nach Regin, ließ ihn heimkommen und hörte sich unwillig die verdrucksten Ausreden seines Botschafters an, er habe Wielands Werkzeuge und das Gold nur genommen, um diesem einen Streich zu spielen.

«Rück den Kram raus, aber ein bisschen flugs und stracks, oder den nächsten Streich spielt dir das Beil des Henkers, und zwar durch deinen Hals, mein lieber Freund», schloss Nidung die Sache ab.

Wieland begann sogleich mit der Arbeit an seinem Schwert. Er nahm ein Stück rohes Eisen von gut zehn Pfund und schmiedete daraus ein riesenhaftes Schwert. Als König Nidung in die Werkstatt kam, um ein bisschen zu schmulen, wurden seine Augen groß, so prächtig fand er das Schwert. Aber Wieland lud den König ein, mit ihm zum nahen Fluss zu gehen. Er warf eine Wollflocke ins Wasser und ließ sie mit der Strömung gegen die Schneide des Schwertes treiben. Es zerschnitt sie auf der Stelle.

«Herrlich!», trompetete König Nidung. «Was 'n Schwert! Das nenne ich schnittig!»

Und wollte es gleich haben. Aber Wieland nahm es wieder mit sich. Ging in die Schmiede und zerfeilte es zu lauter Eisenspänen und mischte sie seinen Tauben ins Futter, die drei Tage gehungert hatten. Dann sammelte er den Kot der Vögel und schmolz daraus Eisen, das er zu einem neuen Schwert schmiedete. Als der König wieder in die Schmiede kam, gingen sie zum Burggraben, der von einer sanften Quelle gespeist wurde. Wieland warf einen Lappen ins Wasser und ließ ihn mit der Strömung gegen die Schneide des Schwertes treiben. Sie zerschnitt den Stoff sofort.

«Schneidiger geht es nicht», rief der König und wollte das Schwert gleich mitnehmen. Aber Wieland verwehrte es ihm und ging damit zurück in die Schmiede. Wieder zerfeilte er es, mischte die Späne unter das Futter und sammelte den Taubenkot. Drei Wochen schmiedete er an dem dritten Schwert, und als es fertig war, schillerte seine Klinge wie Seifenblasen, und der Knauf funkelte vom eingelegten Gold. Mit dem König und dem Schwert ging er zu einem Teich, der still zwischen Weiden lag. Wieland legte ein Stück Holz hinein, so groß wie ein Laib Brot, und hielt die Klinge ins Wasser.

«Blast einmal gegen das Holz», sagte er dem König. Dieser beugte sich vor und blies kräftig gegen das Holz. Es schwamm fast unmerklich über die Oberfläche des Teiches gegen die Klinge und ließ sie durch, als wären Holz und Wasser eins. Der König sagte nichts mehr. Stattdessen bekreuzigte er sich.

Dann griff Nidung nach dem Schwert und sagte: «Gib es mir! Es ist jetzt scharf genug. Da freut man sich schon auf den nächsten Krieg!»

Doch Wieland meinte, er brauche noch einen Tag, um eine wahrhaft königliche Scheide anzufertigen. Zurück in seiner Werkstatt aber schmiedete er ein zweites Schwert aus einfachem Eisen, das dem ersten zum Verwechseln ähnlich sah. Dieses jedoch versteckte er unter dem Blasebalg.

«Ich nenne dich Mimung nach dem Zwerg Mime, der mir beigebracht hat, das Eisen zu lesen und zu verstehen», sagte Wieland, bevor er es bedeckte. «Du wirst mir noch gute Dienste leisten.»

Am Tag, an dem die Wette entschieden werden sollte, erschien Aemilias schon früh auf dem Burghof und ließ sich von aller Welt bewundern. Er trug eine Rüstung aus massiven Platten und Scharnieren, die wiederum von kleineren Platten geschützt wurden, dazu einen Helm, so dick und glatt, dass nicht einmal ein Staubkorn Halt darauf fand. Da erklang viel Geraune und Geflüster, und manch einer meinte, in solch einer Rüstung könne selbst ein gichtbrüchiger Greis durch eine Horde schwertschwingender Berserker tapern.

«Mein Hofschmied ist eine Burg auf zwei Beinen», staunte Nidung leise, der mit seiner Familie auf der Tribüne Platz genommen hatte. «Wenn ich nicht wüsste, was ich weiß, würde ich ihm jetzt zum Sieg gratulieren.»

Doch schon ruhten alle Blicke auf Wieland, der, nur mit dem blanken Schwert in der Faust, den Platz betrat. Die

Waffe funkelte und summte, obwohl Wieland sie nur still an seiner Seite hielt.

«Der Wettkampf der Schmiedekünstler», rief der Herold des Königs auf dessen Zeichen hin, «Rüstung gegen Schwert! Im Anschluss findet die feierliche Hinrichtung des Verlierers statt. Alsdann sind Tanz und Fröhlichkeit erlaubt!»

Aemilias stellte sich breitbeinig hin und rief Wieland zu: «Schlag ruhig zu! Ich werde nicht wanken!»

Wieland schwieg und setzte das Schwert so sacht auf Aemilias' Helm, dass dieser nicht den geringsten Druck spürte. Einmal noch trafen sich die Blicke der beiden Schmiede, dann schnalzte Wieland mit der Zunge, und eine seiner Tauben kam geflogen und setzte sich auf seine Hand. Das Gewicht des Vogels genügte, um das Schwert, ohne dass Wieland auch nur die geringste Kraft walten ließ, durch den Hofschmied hindurchsinken zu lassen, bis es den Boden berührte. Stumm fielen die Hälften der Rüstung mitsamt ihrem Inhalt auseinander.

Mochte der Hofschmied auch geteilt sein, die Meinung des Publikums war es nicht. Nach einer Sekunde des Schreckens brauste der Jubel, und unter allgemeinem Applaus reckte Wieland das Schwert in die Höhe.

«Seht alle das herrliche neue Schwert des Königs!», verkündete der Herold. Der König winkte Wieland zu sich, um sich das Schwert übergeben zu lassen, aber Wieland entschuldigte sich, er könne es nicht ohne die kunstvolle Scheide übergeben, rannte in die Werkstatt und brachte statt Mimung das Duplikat zurück. So merkte niemand den Tausch.

Fortan war Wieland Hofschmied und fertigte dem König Kostbarkeiten, wie dieser sie nie zuvor gesehen hatte.

Eines Tages ging Wieland zum Strand, um Bernstein zu sammeln für ein Geschmeide, das die Königin sich gewünscht hatte, als sich das Wasser vor seinen Füßen schäumend zurückzog. Verwundert sah Wieland, wie vor ihm eine Fontäne aufsprudelte, die schließlich niederfiel und eine Meerfrau freigab. Groß und drall, über und über mit Seepocken besetzt und mit regenbogenfarbenem Haar, das beim näheren Hinsehen aus lauter bunten Seeanemonen bestand, breitete sie die schuppigen Arme aus und sagte: «Komma zur Omma, Wieland, min kleener Schieter!»

Als Wieland wie angewurzelt stehen blieb, rückte die Meerfrau näher: «Nu guck man nicht so tüdelig. Ick bin din Grotmudder, min Jung!»

So erfuhr Wieland von seinen Ahnen, und er berichtete seiner Großmutter Wachilde, was ihm widerfahren war, seit sein Vater Wade ihn zur Schmiedelehre ins Hunnenland gebracht hatte.

«Ja, dat Leven is keen Zuckerplünnen», sagte Wachilde abschließend, «aber därwegen musst nich immer so düster kieken. Weest wat? Ick will di mal wat Gaudet tun. Ick hab een Pierd for dick! Hab man keen Bammel vor, is keen Huppelpierd! Bis ja schon groten Jung! Dat issen richdich Glanzrapp. Hei het Schimming. Flott und forsch isser. De springt ab wien Blix, hold di man immer gaud fast!»

Und unter feuchten Küssen und viel Kopfgestrubbel verließ Wachilde die Meerfrau ihren Enkelsohn und zog die Wellen hinter sich zu. Wieland stand noch eine Weile und sah ihr hinterher, bis es plötzlich hinter ihm wieherte. Es war ein Rappe, wie er ihn noch nie gesehen hatte. Groß, stark und glänzend tänzelte er über den nassen Sand. Wieland schwang sich hinauf und ritt heim, begleitet von erstaunten und neidischen Blicken auf allen Wegen.

König Nidung hatte sich einen Krieg gewünscht, und der Tag kam, an dem ein Bote in den Saal stürmte und verkündete, dass der Feind ins Land eingefallen sei. Nidung, der gerade ein paar Austern zum Frühstück verzehrte, wischte sich mit dem Ärmel den Mund ab und rief: «Ein Einfall, das ist wundervoll! Endlich ist die einfallslose Zeit vorbei! Mir war schon ganz rammdösig vor lauter Frieden. Blast ins Heerhorn! Sammelt die Männer!»

Als alles zu Pferde saß, prüfte Nidung ein letztes Mal seine Ausrüstung. «Mein Schweißtuch. Ist da. Minzöl für die Schläfen. Ist da. Im Helm ist frischer Kork, dass mir niemand den Brägen locker haut. Ohrwolle, Schenkelsalbe. Alles da. Na denn, Männers!» So ritt die ganze Truppe fünf Tage durch die Hügel, bis sie am Horizont die Wimpel und Feuer des Feindes sah. Und wie er es immer tat, setzte sich der König vor der Schlacht in sein Zelt, um Kraft und Festigkeit beim Befühlen seines magischen Siegsteins zu finden. Da merkte er, dass er ihn vergessen hatte. Und wie er dies merkte, wurde ihm flau. Wie alle verwegenen und entschlossenen Männer wusste auch König Nidung, dass Schweißtuch, Minzöl, Frischkork und all die anderen wohlüberprüften Kleinigkeiten nur dann den Sieg garantierten, wenn auch der Siegstein vor der Schlacht befühlt werden konnte. Mit schlecht verhohlener Panik trat Nidung vor das Zelt und rief seinen Recken zu: «Wer mir bis zum Morgengrauen den Siegstein aus der Königsburg bringt, bekommt meine Tochter Bödwild zur Frau! Und das halbe Königreich dazu!» Obschon Bödwild der Jungfrauen Begehrteste und das halbe Königreich überhaupt noch nie im Angebot gewesen war, blieb es ruhig unter den Männern. Niemand traute sich zu, an einem Tag den Weg von fünfen zu machen und wieder zurück. Und jeder wusste, dass der König Versager hasste.

Nur Wieland ging langsam zu seinem Rappen Schimming.

«Bester Schmied», rief Nidung, «willst du es versuchen?»

«Ich nehme Euch beim Wort», sagte Wieland. «Die ganze Tochter und das halbe Königreich, wenn ich es schaffe. Ist das so richtig?»

König Nidung legte die Hand auf seine Brust: «Bei meiner Ehre! Und jetzt aber husch!»

Wieland saß also auf und gab seinem Hengst die Sporen. Der galoppierte eine Weile ganz manierlich dahin, aber als Wieland ihn ein bisschen anfeuerte, sprang Schimming los, dass es den Reiter kaum noch im Sattel hielt. Ross und Reiter preschten durch Hügel und Felder und waren noch vor Mitternacht an der Burg, wo sich Wieland den Siegstein geben ließ. Als der Morgen anbrach, sah Wieland das Lager des Königs auf den Hügeln.

Doch in diesem Moment ritten ihm der Truchsess und seine Männer von links und rechts in den Weg.

«Kommst du mit oder ohne Stein?», fragte der Truchsess.

«Er ist hier in meiner Tasche», entgegnete Wieland.

«Dann gib ihn mir, damit ich ihn dem König geben kann», sagte der Truchsess. «Ich wiege ihn dir mit zehnmal so viel Gold und Silber auf!»

«Seh ich überhaupt nicht ein», erklärte Wieland. «Wollt Ihr mich um meine Belohnung bringen?»

«Kein schmutziger Schmied wird je eine Königstochter heiraten, um die sich schon lange die höchsten Söhne dieses Volkes bemühen», rief der Truchsess. «Nimm, was ich dir biete, oder empfange die Strafe für deinen Hochmut!»

«Ihr seid nichts als ein verkommener Lump, jeder Schmiedegeselle steht hoch über Euch», sagte Wieland.

«Das reicht! Auf ihn, Männer, holen wir uns das halbe Königreich!», rief der Truchsess und stürmte mit gezücktem Schwert auf Wieland zu. Der zog sein Schwert Mimung, und als der Truchsess auf seiner Höhe war, hieb er ihm mit der wundersamen Schärfe dieser Waffe auf den Helm, dass es den Truchsess wie einst Aemilias in zwei Hälften schnitt.

Die Männer des Truchsesses ergriff ein ganz und gar ursprünglicher Wunsch, unhalbiert zu bleiben. Sie wendeten die Pferde und sprengten in alle Windrichtungen davon. Wieland ritt ins Lager und übergab den Siegstein unter allgemeinem Jubel. Erwartungsfroh blieb er stehen, denn sicher sollte er gleich die Worte des Königs hören, mit denen dieser ihn den Männern als Retter der Schlacht und zukünftiger Gemahl seiner Tochter vorstellen würde.

Dies geschah nicht. Stattdessen ertönte im Hurra ein schriller Schrei, und als alle Köpfe herumgingen, sah auch Wieland einen der Männer des Truchsesses auf ihn weisen und rufen: «Dieser Mann hat soeben unseren Truchsess erschlagen! Dabei brüllte er, bald bin ich der König!»

«Er lügt», rief Wieland, aber von allen Seiten kamen nun die anderen Männer des Truchsesses und taten mit Worten, was sie mit dem Schwert nicht vermocht hatten. Der König, der die Sonne aufgehen sah über dem Tag der Schlacht, begriff, dass dies eine vorzügliche Gelegenheit war, sein voreilig gegebenes Versprechen zurückzunehmen.

«Was? Den Truchsess, einen der vornehmsten Männer meines Reiches, hast du erschlagen? Hättest du mir nicht eben den Siegstein gebracht, so würde ich dich jetzt an den nächsten Baum knüpfen lassen wie einen gemeinen Dieb. Mach dich weg, bevor mir die Galle überkocht!»

Wieland stotterte, wollte etwas einwenden, sah und hörte jedoch, wie die Männer des Truchsesses in vielerlei Stimmen gegen ihn hetzten, und begriff, dass er dagegen nicht ankommen würde. Nachdem der Krakeel der Männer geendet hatte, sagte er: «Der Tag wird kommen, König, wo Ihr geben müsst, was Ihr versprochen habt.»

Damit stieg er auf seinen glänzenden Rappen und ritt davon. Niemand wusste, wohin. Die Niaren jedoch siegten in der Schlacht so furios, dass der König die kleine Trickserei bald vergessen hatte.

Wieland hauste eine Weile im Wald und ernährte sich von Pilzen, Vogeleiern und frischer Birkenrinde. Er vermisste seine Schmiede, sein wohlbestalltes Leben und den Augenglanz der Leute, die seine Schmiedestücke bewunderten. Mit jeder kalten Nacht, mit jedem Regen, mit jedem Hunger wuchs sein Hass. Eines Abends saß er in seiner Höhle und warf missmutig einen Stein ins Lagerfeuer. Als die Flammen den Stein erfassten, erleuchtete ein grüner Schein die Dunkelheit. Da fiel Wieland der Zwerg Mime ein, der von allerlei giftigem und schadenbringendem Gestein geredet hatte. Er holte den Stein aus dem Feuer, zerrieb ihn, sammelte das Pulver in einem Säckchen und machte sich auf zur Burg des Königs Nidung.

Gut bekannt mit allen Wegen und Kammern der Burg, verkleidete er sich als Koch und mischte sich unerkannt unter das Küchenvolk, das wie jeden Tag die Speisen für die Tafel des Königs zubereitete. Er passte einen Moment ab, da ihm niemand auf die Finger sah, und gab das giftige Pulver in das Hackfleisch für den falschen Hasen, der, wie Wieland wusste, König Nidungs Lieblingsspeise war.

So gut Wieland sich auch in der Küche und an der Tafel auskannte, ein gut gehütetes Geheimnis der königlichen Familie war ihm entgangen. Nämlich dass Bödwild, des Königs Tochter, jeden Braten und jede Speise zuerst mit ihrem Messer anschnitt, als wolle sie davon naschen. In Wahrheit führte Bödwild ein magisches Messer, das einen silbernen Klang von sich gab, wenn das Essen vergiftet war. Der ertönte auch jetzt, als der vergiftete Hackbraten angeschnitten wurde. Ein Zeichen, kaum merkbar für die anderen, aber von höchstem Alarm für den König. Einen Fingerzeig später drang die Leibwache in die Küche, versperrte alle Ausgänge und durchsuchte das Personal. So wurde Wieland entdeckt und vor den König gezerrt.

«Du bist ein geschickter Schmied, aber ein lausiger Giftmischer», sagte Nidung zu Wieland. «Ich werde dir zeigen, wie gute Rache aussieht!»

Dann wandte er sich an seine Leibwache.

«Die Königin hatte recht. Man soll das Empfinden der Weiber nicht geringschätzen. Zerschneidet ihm die Sehnen an den Fersen und Kniekehlen, auf dass er keinen Schritt mehr machen kann.»

Die Wachen schleppten Wieland fort und taten wie geheißen. Als sie ihn zurück zum König brachten, beugte Wieland den Kopf und sprach, erstickt von Schmerz und

Groll: «Danke, dass Ihr mich am Leben gelassen habt. Danke für diese Lektion. Ich will lange darüber nachdenken!»

«Das sollst du auch», sagte König Nidung. «Bringt ihn auf die alte Schmiede an der rauen Bucht. Da kann er sich von Bank zu Schemel schleppen und mir den Rest seiner Tage noch einiges an Feinzeug schmieden. Für Schwerter wird es leider nicht mehr reichen, da er dafür stehen muss, wie jeder weiß.»

Als Wieland fort war, rieb sich der König die Hände.

«Ich bin schon ein kluges Kerlchen», sagte er zu sich, «wie ich das wieder geregelt habe. Grausame Strafe, dass alle Möchtegernverschwörer vor Furcht das Hodensausen kriegen, und zugleich hochherzige Milde, die mir noch ordentlich was einbringt von diesem Wunderschmied. Ich hätte wirklich ein größeres Königreich verdient als diese paar Hügel zwischen den Meeren.»

Dass Wieland in der alten Schmiede an der rauen Bucht tagein, tagaus Kostbarkeiten und Wunderdinge schmiedete, sprach sich bald herum. Erst sprachen die Edelleute hinter vorgehaltener Hand, dann die Knappen zueinander im Vertrauen, schließlich schnatterten die Kammerzofen und Kinderfrauen, und so bekamen es auch die beiden kleinen Söhne Nidungs zu hören.

Neugierig geworden, verabredeten sich die Knaben, den Schmied unter einem Vorwand zu besuchen. Sie liefen also eines grauen Dezembertages ans Meer und klopften an die Tür der Schmiede. Als Wieland öffnete, erschraken sie vor seinem wüsten Aussehen. Schließlich fasste sich einer der beiden ein Herz: «Bist du Wieland, der heimtückische Schmied, dem unser Vater die Sehnen durchschneiden ließ?»

«Der bin ich.»

«Wir wollen in deine Schmiede. Du sollst uns Pfeilspitzen schmieden.»

Wieland spähte in den Himmel und roch in die Luft.

«Heute nicht», sagte er dann. «Morgen ist es besser. Ich schmiede euch Pfeilspitzen, die niemals ihr Ziel verfehlen. Aber ihr müsst den Schmiedezauber einhalten!»

Die Kinder versprachen es.

«Sagt niemandem, dass ihr morgen zu mir kommt. Lauft in den Wald an der Küste, bis ihr die große Klippe seht, und geht von dort rückwärts zu meiner Hütte. Der Zauber wirkt nur, wenn eure Fersen stets zur Schmiede zeigen. Habt ihr das verstanden?»

Die Kinder bejahten. Wieland schloss die Tür und warf den Riegel zu. Dann nahm er sein Schwert Mimung aus dem Versteck und nagelte es von innen an den Deckel seiner Schatztruhe.

Am nächsten Morgen hatte es geschneit. Die Königssöhne schnappten ihre Bogen und Köcher und rannten zur Klippe, um von dort aus rückwärts zur Schmiede zu laufen. In der Schmiede angekommen, staunten sie über all die Gerätschaften und Schmiedesachen, die Wieland ihnen zeigte. Dann sahen sie in einer Ecke die Truhe mit den feinen Silberbeschlägen.

«Was ist da drin?»

«Schätze.»

«Mach sie auf, Schmied!», sagten die Knaben. «Wir wollen sie sehen!»

Wieland rutschte über die Bank und hangelte sich zum Schemel neben der Truhe. Dann öffnete er den Deckel. Die Knaben liefen hinzu und guckten hinein. Doch es war nichts zu sehen.

«Wo sind die Schätze?», fragte sie.

«Schaut nur mal tiefer hinein. Dann werdet ihr sie sehen», sagte Wieland.

Die Knaben reckten die Hälse und beugten sich weit vor. Da ließ Wieland den Deckel der Truhe herabfallen, und das Schwert schnitt den beiden Kindern den Kopf ab. Die Leichen warf er in die Grube unter dem Blasebalg, das Schwert löste er aus der Truhe und versteckte es. Dann machte er sich an die Arbeit, als sei nichts geschehen.

Mittags wurde das Fehlen der Königssöhne bemerkt. Man rief und suchte und kam schließlich auch zu Wieland, der erklärte, die beiden wären heute Morgen bei ihm gewesen, aber dann zur Klippe gelaufen. Tatsächlich sah man entsprechende Fußspuren, und da war jedem klar, dass die Königssöhne auf dem Fels abgerutscht und ins Meer gestürzt sein mussten.

Während auf Nidungs Königsburg Trauer und Verzweiflung herrschten, ging Wieland an sein fürchterliches Werk. Er trennte Haut und Fleisch von den Knochen der toten Kinder und machte aus den Schädeln goldene und silberne Trinkschalen, aus den Schulter- und Hüftknochen Bierkelche. Die Augen goss er in Harz, sodass sie wie Bernstein funkelten, und setzte sie in prächtige Ringe ein. Am Ende hatte er ein ganzes Tafelgeschirr gefertigt, das er dem König darbot.

«Ich hörte von Eurem Verlust», sagte Wieland und schob sich auf einem dreirädrigen Karren in den Saal, «und fühlte eine Pflicht, Euch die düstere Stunde hiermit zu erhellen.» Er zog ein leinenes Tuch beiseite und zeigte die Kostbarkeiten, die auf seinem Schoß lagen. Ein Raunen ging durch den Saal.

«Nehmt diese Gaben als Andenken an Eure Söhne. So werden sie immer bei Euch sein, wenn Ihr zusammensitzt und tafelt.»

Nidung war gerührt und ließ sich das Geschirr und Geschmeide bringen. Die Königin jedoch suchte den Blick des Schmieds, und als sie ihn fand, fröstelte es sie bis in die letzte Faser ihres Herzens.

Nicht lange danach geschah es, dass Bödwild mit ihren Mägden im Garten herumsprang und Haschen spielte. Sie stürzte, und ihr goldener Fingerring ging entzwei.

«Herrgottsakramentkreuzkruzifix! Wieso ist denn der jetzt kaputt? Was ist denn das für ein Kackring!», schimpfte die Königstochter, der noch nie etwas kaputtgegangen war. «Das ist ein Geschenk von meinem Vater. Der wird sauer, wenn er das merkt. Der dreht völlig durch. Ich kenn den.»

Eine der Mägde sagte, Bödwild solle sich nicht so aufregen. Sie solle den Ring einfach zu diesem Wunderschmied an der rauen Bucht schaffen und wieder zusammenlöten lassen.

Also rannten sie zusammen zur Schmiede am Meer und trommelten bei Wieland an die Tür. Der krauchte hin und öffnete seinen Verschlag, und mit Schrecken sahen jetzt auch Bödwild und ihre Mägde das finstere Antlitz des Schmieds.

«Was wollt ihr Gänse?», knurrte er.

Bödwild wollte sich erklären, sie fing mit dem Haschen im Garten an, und da fielen die Mägde von links und rechts schnatternd ein, wie auch immer, sie wäre gefallen, gestürzt, gestolpert und auf einen Stein, also nicht wirklich schlimm, sondern eigentlich nur, und das konnte ja keiner wissen, dass …

«Ruhe! Was stehlt ihr mir die Zeit mit diesem Geschwätz?»

Das focht Bödwild jetzt doch ein bisschen an, und sie bedeutete den Mägden zurückzutreten. Dann sagte sie mit erhobenem Kinn: «Ich bin die Tochter des Königs. Ich habe einen Auftrag für dich, Schmied. Dieser Ring ist gebrochen und muss wieder verbunden werden.»

Sie zeigte den gesprungenen Ring, der noch auf ihrem Finger steckte, und Wieland sah, dass es nicht irgendein Ring war, sondern jener, den ihm Herwör einst hinterlassen hatte. Ein kurzer Schwall Hass ging durch den Schmied, aber dann ergriff ihn eine lang nicht mehr verspürte Schwermut. Er langte gegen jede Sitte nach der Hand der Prinzessin und befühlte das Schmuckstück, als könne er darauf die letzten Spuren seiner Geliebten ertasten. Bödwild, die erst meinte, er untersuche den Bruch, wurde das schließlich zu viel, und sie zog die Hand zurück.

«Was ist, Schmied? Bekommst du das hin?»

«Ja, sicher. Kommt morgen früh in die Schmiede. Allein. Es sind Künste vonnöten, die niemand anders sehen darf.»

Bödwild versprach's und ging mit den Mägden heim.

Wieland aber setzte sich auf seinen dreirädrigen Karren und schob sich hinaus ins Freie, holperte knarrend über Pfade und Fährten ins grüne Land hinein, um nach weißem Bilsenkraut und rotem Mohn für ein Rauschbier zu suchen.

Am anderen Morgen in aller Frühe heizte Wieland das Feuer gewaltig an und schippte noch rote Glut in zwei eiserne Eimer, sodass es in der Schmiede heiß wurde wie in einem Backofen. Bödwild, die mit Rock und Mantel und Jungfernhaube gekleidet in die Schmiede kam, wurde bald sehr warm. Aber Wieland ließ sich mit allem reichlich Zeit. Er legte Hämmer und Zangen zurecht, suchte seine Schleifsteine durch, bis er den passenden fand. Und trat immer wieder zwischendurch den Blasebalg, dass ein glühender Hauch durch die Schmiede ging.

«Ich schwitze unerhört. Hast du denn nichts zu trinken hier?», fragte Bödwild.

«Nur Bier!», sagte Wieland. «Nichts für Jungfrauen!»

«Das ist doch jetzt völlig wumpe, Schmied. Her damit! Ich verdurste, wenn ich nicht sofort was zu trinken bekomme.»

Wieland gab ihr die Kanne mit dem Rauschbier, und Bödwild trank in großen Schlucken daraus. Nach ein paar Minuten seufzte sie nach Sitz und Lager, sank auf Wielands Bettstatt nieder und fiel in einen bleiernen Schlaf. Wieland schleppte sich heran, zog und zerrte Bödwilds Kleider hier herauf und da herunter, nestelte sich die Hose auf und nahm sich vom Mädchen das Recht, das der König eigentlich teuer gegen Erbland und Fürstengunst verkaufen wollte. Dann ließ er Bödwild aufgeblättert liegen, kroch zurück zur Esse und lötete den Bruch des Rings.

«Was ist passiert?», fragte Bödwild, als sie nach einer Stunde noch sehr dösig erwachte.

«Das wisst Ihr nicht mehr? Ihr wurdet heiß …»

«Nein, nein. Du irrst», setzte sich Bödwild verwirrt auf.

«Es geschah ja wohl im Dativ. Mir wurde heiß. Die Luft hier war stickig und deswegen …»

«Redet, was Ihr wollt. Seht Euch an, dann wisst Ihr, was ich meine.»

Bödwild sah an sich herunter und merkte, dass sie an wichtigen Stellen ganz unschicklich entblößt war.

«Ich wäre ja fortgelaufen», fuhr Wieland fort, «aber ich bin nur ein Krüppel, der sich nicht wehren kann. So hattet Ihr leichtes Spiel mit mir.»

«Wie? Was? Leichtes Spiel? Was habe ich denn …?»

«Brünstig wurdet Ihr! Nach meinem Hosenbund habt Ihr gegriffen und meinen Nagel gereckt und gestreckt und gehärtet, als wäre er ein Schmiedeeisen! Ich rief nach Hilfe, aber keiner hörte mich hier draußen am Meer! O Himmel, vergib mir, dass ich nicht überall gelähmt sein kann!»

Bödwild, die sich wieder raffte und bedeckte, ahnte, dass es nicht bei Handgriffen geblieben war.

«Auweia!», sagte Bödwild. «Jetzt bin ich bestimmt nur noch die Hälfte wert. Was soll denn jetzt werden?»

Wieland, der das zerraufte Mädchen weinen sah, rutschte zu ihm und nahm es in den Arm.

«Schmieden ist ein Handwerk, bei dem man auf den richtigen Zeitpunkt warten und dann entschlossen zuschlagen muss. Verstehst du?»

«Nein», schnupfte Bödwild doppelt traurig, weil sie nun auch noch geduzt wurde.

«Was ich sagen will: Ich habe einen Plan. Für mich. Und auch für dich. Vertrau mir!»

«Ich vertraue dir», sagte die Königstochter. «Du hast mich ja schon vor dem Bier gewarnt!»

«Lass deinen Vater meinen Bruder Egil an seinen Hof

rufen. Er ist ein meisterhafter Bogenschütze und wird sein Gefolge schmücken.»

«Das ist der Plan?», fragte Bödwild.

«Nein, natürlich nicht. Aber je weniger du weißt, umso besser schläfst du.»

Dann steckte Wieland Bödwild den Ring auf den Finger, und wie er es tat, musste er ein bisschen grinsen, denn es sah aus wie eine Verlobung.

Einige Zeit später saßen König Nidung und seine Frau mit Bödwild an der Tafel. Bödwild hatte keinen Appetit, gleichwohl sie hier und da sichtlich runder geworden war.

«Unsere Tochter nimmt langsam frauliche Formen an», meinte die Königin. «Viel länger sollten wir sie nicht mehr im Jungfernstand herumspringen lassen. Höchste Zeit, sie günstig zu verheiraten!»

König Nidung stimmte zu, und Bödwild wurde eng ums Herz, da die Schande sich ohne Zweifel offenbaren würde, wenn es zu einer Heirat käme. Da fiel ihr Wielands Bruder ein, und sie sagte: «Kennt Ihr schon das neueste Gerücht? Wieland, Euer Meisterschmied, hat einen Bruder, der der beste Bogenschütze der ganzen Welt sein soll! Ruft ihn an Euern Hof, Vater, und seht, was er kann!»

Nidung hob den goldenen Kelch, den ihm Wieland aus dem Kinderschädel geschmiedet hatte, und sagte: «Wenn dieser Schütze nur halb so gut ist wie sein Bruder, dann hätten wir hier in unserem kleinen Königreich wieder mal ein richtiges Spektakel. Und ich liebe Spektakel!»

Dann trank er zufrieden einen großen Schluck.

Nidung schickte einen Boten zu Egil, und dieser kam mit seiner Frau und seinem Sohn. Sehr zum Missfallen der

Damen des Hofes, denn Egil war ein schmucker und auch ein stattlicher Mann und zudem von ausnehmend gewinnendem Wesen. Nach ein paar Tagen am Hof ließ der König Egil auf den Burgplatz rufen, wo er mit seinem Gefolge aufgelaufen war.

«Alle Leute reden davon, du wärest ein Meisterschütze!», sagte Nidung. «Was macht einen Meisterschützen aus? Ist es das scharfe Auge? Ist es die sichere Hand?»

Egil, den das Gefühl beschlich, dass diese Fragen nur einer Widerwärtigkeit die Rampe bauen sollten, antwortete zögernd: «Es ist das Herz, das trifft. Es ist das Herz, das immer ruhig bleibt. Genau in der Mitte zwischen Wollen und Lassen fliegt der Pfeil!»

«Meisterhaft geantwortet. Ich möchte deine Worte auf die Probe stellen.»

Auf einen Wink des Königs hin brachte eine Wache den dreijährigen Sohn Egils, stellte ihn in die Mitte des Platzes und legte einen Apfel auf seinen Kopf.

«Gelingt es dir, deinem eigenen Sohn mit einem einzigen Pfeil den Apfel vom Kopf zu schießen, so nehme ich dich in mein Gefolge auf, und dir und deiner Familie soll es an nichts fehlen!»

Egil nickte nur und zog drei Pfeile aus seinem Köcher. Einen legte er auf die Sehne, die beiden anderen neben sich, derweil sein Kind auf dem Platz in Tränen zerfloss. Er spannte den Bogen, hob ihn, atmete ein, atmete etwas aus und ließ den Pfeil auf halbem Atem von der Sehne. Der Pfeil schwirrte durch die Luft, schoss durch den Apfel und flog mit ihm an die Wand der dahinterliegenden Mauer.

Beifall brandete auf, und auch der König klatschte huldvoll.

«Dein Ruhm besteht zu Recht, Egil», sagt er schließlich. «Nur eines musst du mir noch verraten. Warum hast du drei Pfeile rausgelegt, wo dir nur einer erlaubt war?»

«Wollt Ihr die Antwort wirklich wissen?», entgegnete Egil. «Wenn ich meinen Sohn getroffen hätte, hätte ich die beiden anderen Pfeile auf Euch geschossen, und gewiss hätten nicht beide ihr Ziel verfehlt.»

Das war unerhört und verständlich gleichermaßen, sodass der König nach einem kurzen bösen Blick in die Runde alle mit seinem königlichen Gelächter befreite. So wurde Egil ein Mann in König Nidungs Gefolge, und so wurde es ihm auch erlaubt, seinen Bruder wiederzusehen.

«Denk nicht, du bist für Ehre und Gehalt hier», sagte Wieland zu seinem Bruder, noch bevor dieser sein Schicksal ausgiebig bedauern konnte, «ich habe dich kommen lassen, damit du mir hilfst zu fliehen.»

«Wie willst du fliehen?», fragte Egil betroffen. «Du bist ein Krüppel!»

«Ich werde fliehen, wie die Walküren von uns geflohen sind: indem ich das H gegen ein G tausche», antwortete Wieland. Er beauftragte Egil, ihm so viele Seevögel- und Schwanenfedern zu bringen, wie er nur finden könne.

Wieland montierte und scharnierte derweil ein riesiges Gerüst. Wenn jemand kam und fragte, was das werde, antwortete er, er baue eine Überraschung, einen Regen- und Sonnenschirm für König Nidung und seine Familie. Leicht und zusammenklappbar sei er und könne von einem einzigen Diener getragen und bei Bedarf geöffnet werden, um Schutz zu bieten. Da staunten alle und sicherten ihr Stillschweigen zu. Schließlich nähte Wieland die Federn in Reihen auf das Gestell, und als er damit fertig war, schlüpfte er hinein wie in eine Jacke und spreizte seine Arme, die sich in zwei riesigen Schwingen öffneten.

Egil war überaus beeindruckt, als er es sah.

«Das Fliegen kann einer allein nicht erfinden», sagte Wieland. «Das können nur Brüder! Du bist gelenkiger als ich. Zieh dieses Flatterhemd an und versuch es!»

Egil wandte ein, dass er nicht wüsste, wie und was da zu machen sei.

«Stell dich einfach gegen den Wind, dann hebt er dich an, und du kannst fliegen», erklärte Wieland. «Wenn du wieder landen willst, tu es mit dem Rücken zum Wind!»

Egil zog das Fluggestell an, stellte sich in die Brise, erhob sich und flog gemächlich voran. Er drehte lachend eine Runde und wollte, wie ihm gesagt war, mit dem Rücken zum Wind landen, doch da stürzte er kopfüber nieder. Egil kobolzte auf den Boden, dass es ihn beulte und schürfte.

«Vergiss deine Flucht!», ächzte Egil, sich wieder aufrappelnd. «Ich war ja noch nicht mal sehr hoch. Du Lahmbein würdest damit in den sicheren Tod fliegen.»

«Nein, ist alles bestens», meinte Wieland. «Ich hab dich angelogen. Man landet natürlich auch wieder gegen den Wind. Wollte nur sicherstellen, dass du nicht abhaust mit meinen Flügeln.»

«Weißt du, was das Schlimme ist, Bruder?», fragte Egil und rieb sich den schmerzenden Schädel. «Dass dein Misstrauen von Hinterlist nicht mehr zu unterscheiden ist. Du warst wahrlich zu lange im Reich dieser Mistkröte Nidung!»

«Sprich nicht so von meinem Schwiegervater!», sagte Wieland, und Egil musste eine Weile grübeln, bis er es heraushatte.

«Nein?», fragte er.

«Doch», antwortete Wieland, «ich habe mir genommen, was mir versprochen wurde.»

«Dann bist du des Todes», sagte Egil.

«Deswegen will ich ja fliehen! Doch vorher habe ich noch mit Nidung ein Wörtchen zu reden. In aller Öffentlichkeit. Du wirst dabei sein. Richtc dich darauf ein, dass Nidung dich dazu zwingen wird, mich vom Himmel zu holen. Wenn du schießt, ziele unter meine rechte Achsel. Dort ist dann eine Blase mit Blut befestigt. Sie wird platzen, für alle zum Zeichen, dass ich tödlich getroffen bin. Das wird dir das Leben retten.»

Als der König am nächsten Tag mit seinem Gefolge über den Burghof ging, erblickte er ein sonderbares Wesen auf dem höchsten Turm. Es hatte die Flügel eines Vogels und den Kopf eines Menschen. Mit Mühe erkannte Nidung den gelähmten Schmied gegen den gleißenden Himmel.

«Wieland! Was soll das? Bist du ein Vogel geworden?», rief der König.

«Ja, das bin ich. Halb weiser Uhu, halb spitzkralliger Adler!»

«Was willst du damit sagen?», fragte Nidung.

«Meine Weisheit wird Euch weh tun!», rief Wieland. «Wollt Ihr wissen, was mit Euren Söhnen wirklich geschah?»

«Um Gottes willen, sprich!» Nidung erblasste.

«Vorher schwört mir vor allen Leuten beim Leben Eures einzig noch verbliebenen Sohnes und Thronerben Otwin, dass Ihr Eurer Tochter Bödwild kein Haar krümmen werdet, was immer ich Euch sage!»

Nidung schwor und drängte Wieland, endlich mit der Wahrheit herauszurücken.

«Ich habe Euch mit der unübertroffenen Kunst meines Handwerks gedient», rief Wieland vom Dach, «aber Ihr habt Euch, als es hart auf hart kam, gegen mich und für die Kumpanei blasierten Adels entschieden. Statt mir Eure Tochter zu geben und das halbe Königreich für den Siegstein, habt Ihr mich elend gemacht und verkrüppelt. Ich habe mir darum erlaubt, Eure Söhne zu schlachten und ihre Gebeine in das Geschirr einzuschmieden, mit dem Ihr nun schon länger tafelt. Doch damit nicht genug, ich habe Eure Tochter geschwängert, dass Ihr sie nicht mehr unter Euresgleichen verheiraten und verhökern könnt. Das ist meine Rache, und sie soll Euch Ehrfurcht vor dem Schmiedehandwerk lehren. Ich fliege jetzt davon als ein Letztes, wogegen Ihr machtlos seid, da ich Euch haushoch überlegen bin!»

Damit breitete Wieland seine Arme aus, ließ den Wind in die Schwingen und schwebte hinauf in den Himmel. Nidungs Verzweiflung und die Wut über das Gehörte nahmen ihm fast die Luft. Rasend vor Zorn blickte er sich um, ob es nichts gäbe, das er nach Wieland werfen könnte, als er Egil mit seinem Bogen sah, der unweit von ihm stand.

«Meisterschütze! Jetzt gilt es! Hol den Schurken herunter, aber plötzlich!»

«Er ist mein Bruder», wandte Egil ein.

«Schieß, oder ich lasse deine Frau und dein Kind auf einem Katapult hinterherfliegen, bevor ich dich mit eigenen Händen erwürge.»

Egil legte einen Pfeil auf den Bogen, zielte und schoss wie vereinbart auf Wielands rechte Achsel. Alle sahen, wie

Blut in Unmengen herausspritzte und Wieland mit seinen Schwingen taumelnd hinter den Klippen verschwand.

«Er ist ins Meer gestürzt, die Wellen werden ihn verschlingen», rief es da im Volk. Nidung aber merkte, dass dieser Abgang seinem Zorn zu früh und zu wenig Genugtuung verschaffte. Er spürte, wie der Groll, der nun keinen Gegner mehr fand, in seinen Eingeweiden zu wüten begann.

Wieland jedoch segelte hinter den Klippen knapp über den Wellen und erhob sich erst nach ein paar Meilen wieder hoch in die Luft, um nach Seeland zurückzukehren, wo seines Vaters Lande auf ihn warteten. Derweil flog die Nachricht von Wielands geglückter Flucht durch die Königreiche ringsum, und mit jeder hämisch-heuchlerisch mitfühlenden Botschaft, die König Nidung erreichte, wuchsen Hass und Gram. Er wurde trübsinnig und tatenlos, sah Gesichter, wo keine waren, und brütete auf seinem Thron einem nahen Tod entgegen. Er starb, als aus der Kammer seiner Tochter der erste Schrei seines Enkels erscholl.

Der neue König Otwin jedoch sprach: «Vergeben ist Leben. Wer nur nach hinten schaut, kommt schnell ins Stolpern.»

Er sandte eine Nachricht an Wieland, dass er Vater eines ungewöhnlich kräftigen Knaben geworden sei. Der Junge sei wohl von Gott mit so viel Kraft versehen worden, um seinem Vater die lahmen Beine zu ersetzen. Wenn er dies denn wolle …

Wieland hörte die Nachricht und verstand. Er holte Bödwild als sein Eheweib zu sich, zusammen mit dem Knaben.

Und sie nannten ihn Witege und dachten, nun sei für immer alles gut.

DIE NIBELUNGEN

DER FLUCH

Am Anfang war Odins Magen, und sein Magen war wüst und leer.

«Ich habe Hunger», sagte er, der auch der Einäugige genannt wurde, und schob sich seinen grauen Filzhut in den Nacken.

«Du hast doch immer Hunger, wenn du nicht gerade überfressen bist», sagte Loki, sein Bruder, während Hönir, sein anderer Bruder, schwieg, weil er Worte für zu kostbar hielt, um damit zu schwatzen. Die drei gingen im Nibelungenland durch felsige Föhrenwälder auf einen kleinen Fluss zu, der munter sprudelte.

«Seht ihr den Otter da vorn? Er hat einen Lachs gefangen!», sagte Odin plötzlich und deutete aufs Wasser. Loki und Hönir sahen den Otter, der den Fisch zwischen seinen Zähnen hielt und giggsend die Pfoten zusammenpatschte.

«Da steht unsere Hauptspeise und hat unsere Vorspeise mitgebracht. Wenn ich kein Gott wäre, würde ich es für ein Wunder halten. Loki, du hast mehr Augen als ich! Mach ihn alle!»

Loki sah sich um, griff einen Stein, groß wie ein Hühnerei,

ließ die Hand mit dem Auge sprechen und warf. Der Stein traf den Otter an der Schläfe, und wie vom Blitz getroffen fiel das Tier um. Der Lachs zappelte im Uferschlick umher.

«Schnell, Hönir, schnapp dir den Lachs, bevor er ins Wasser schlüpft», sagte Odin und schlug seinem stillen Bruder auf die Schulter. Der lief stolpernd los und warf sich nach vorn, bis er im letzten Augenblick den Lachs am Schwanz erwischte. Odin fluchte, denn er sah, dass der Zunderschwamm aus Hönirs Tasche ins Wasser gefallen war.

«Wo machen wir denn jetzt Feuer, verdammt noch mal?», schimpfte er. Da zeigte Loki ihm eine Rauchfahne, die nicht weit entfernt aus dem Wald aufstieg.

Wenig später klopfte es bei Hreidmar, dem Bauern.

«Ringelringelreihe, wir sind der Götter dreie!», rief Odin und nahm Hreidmar die Tür aus der Hand, als dieser sie öffnete. «Haste mal Feuer? Brate mal, was wir uns mitgebracht haben!»

Er stürmte in die Stube und warf den nackten Otter auf den Tisch, den er unterwegs aus dem Balg geschlagen hatte. Hreidmar blieb wie angewurzelt neben der Tür stehen.

«Das ist Ott'r», stammelte er.

«Ja, das ist ein Otter», sagte Odin gut gelaunt, «und bald ist es ein Otterbraten!»

«Das ist Ott'r», wiederholte Hreidmar.

«Sprache ist nicht so deins, oder?», fragte Odin. «Setze mal einen unbestimmten Artikel davor, und schon klingt es nicht ganz so schwachköpfig. Sprich mir nach! Ein Otter!»

Hreidmar aber griff stattdessen nach der Heugabel, die neben der Tür stand, und warf sie Odin ins Bein.

«Sag mal, hast du sie noch alle? Das tut doch weh!», rief dieser, während er gegen den Schrank stolperte.

«Das ist Ott'r, mein Sohn, ihr himmlischen Bastarde! Wenn er fischen geht, verwandelt er sich in einen Otter! Wir sind Waldbauern. Wir haben noch eine Menge Magie im Blut, ihr unsterblichen Nichtsnutze!»

«Das konnten wir doch nicht wissen», meinte Loki, der immerhin den Stein geworfen hatte.

«Da muss man eben mal eine Weile hingucken!», schrie Hreidmar, jetzt außer sich. «Ein Gestaltwandler benimmt sich ganz anders als ein richtiger Otter!»

«Stimmt, er hat gekichert und in die Pfoten geklatscht», sagte Hönir, weil die Wahrheit das Reden wert war.

«Ja, bitte», schrie Hreidmar weiter, «welcher Otter kichert denn?» Böse ging er zu Odin und riss ihm die Heugabel aus dem Schenkel.

«Ich kriege Wergeld von euch, und zwar nicht zu knapp», knurrte er. «Den ganzen Balg da voll Gold, und außenrum noch mal so viel, dass man nichts mehr sieht vom Fell!»

«Ja, nun komm mal wieder runter.» Odin rieb sich das Bein, das nicht blutete, weil Götter nicht in aller Öffentlichkeit bluten. «Du kriegst dein Wergeld. Wir haben noch ein bisschen Reise vor uns, aber nächstes Jahr sind wir wieder hier, und dann kriegste was!»

Hreidmar hob die Heugabel und zielte damit auf Odins verbliebenes Auge.

«Mann! Ja! Ist ja gut!», winkte Odin ab. «Woher sollen wir jetzt so viel Gold nehmen?»

«Holt es euch von Alberich, dem verzauberten Zwerg, wenn ihr schon Götter seid», brummte Hreidmar. «Der hockt als Hecht schon ewig in der Senke und bewacht irgendeinen Schatz.»

«War mir doch so», sagte Loki, «das war also doch Gold, was da in den Wellen glitzerte.»

Er lief leichten Fußes zum Fluss und zog ein Netz hervor, mit dem normalerweise die Meeresgöttin Ran die Ertrunkenen einsammelte, um sie ins Totenreich zu schaffen, und das Loki sich, sagen wir mal, geliehen hatte. Er warf das Netz aus, und es sank gemächlich nieder. Als der zwergenäugige Hecht darunter wegschlüpfen wollte, merkte er schnell, dass dies kein Netz wie andere war. Wohin er auch eilte, das Netz verfolgte ihn, und als er schließlich mit aller Kraft eines verzauberten Zwerges geradewegs die Maschen zerreißen und sich ins Freie zappeln wollte, zogen sie sich genau an dieser Stelle zusammen und hielten ihn fest.

«Alles andere wäre jetzt auch eine Enttäuschung gewesen», meinte Loki, als er den wütenden Hecht aus dem Wasser zog. «Pass auf, Glubschauge, lass uns einen Handel machen. Ich hole dich aus deiner Gestalt, und du gibst den Schatz frei!»

Die Augen des Hechtes wurden riesengroß, und sein Maul ging auf in lauter Staunen.

«Ich nehme das als Ja», meinte Loki und blies einen Zauberspruch auf seine Hände, der aus dem Fisch wieder einen Zwerg machte.

«Wie sind wir denn in diese Lage gekommen, Alberich?»

«Weiber!», schimpfte Alberich, der an sich herumputzte, als klebten noch Schuppen an seiner Haut. «Ich habe irgendeine kesse Bemerkung zu einer Norne gemacht. Und gleich hat sie mir einen Knoten in den Schicksalsfaden geknüpft, das dumme Stück.»

Loki guckte Alberich skeptisch an.

«Na gut, unter Umständen war es mehr als eine kesse Bemerkung. Vielleicht bin ich auch ein bisschen rangerutscht.»

Loki guckte weiter.

«Man wird ja eine Frau noch obenrum befühlen dürfen, ohne gleich als Hecht verunstaltet zu werden!», empörte sich Alberich.

«Sag danke», meinte Loki.

«Ich sage nicht danke. Du hast mir meinen Schatz abgehandelt», zürnte Alberich. «Jetzt kann ich wieder von vorn anfangen!»

«Willst du lieber wieder ein toller Hecht sein?», fragte Loki. Alberich grummelte irgendwas wie nein und watete in den Fluss. Er ruckte und rumpelte im Wasser herum und zog schließlich eine Kiste voller Gold und Edelsteine aus dem Kies. Doch Loki hatte scharfe Augen, und deswegen war ihm nicht entgangen, dass Alberich der Kiste einen Ring entnommen und sich in den Mund geschoben hatte.

«Den Ring auch», sagte Loki und hielt die Hand auf.

«Waf für eim Ring?»

«Her jetzt damit!», erboste sich Loki, griff dem Zwerg zwischen die Kieferknochen und fingerte den Ring unter der Zunge hervor.

«Nein! Das ist ein Verdoppler! Eine Schatzkiste war vereinbart, nicht tausend!»

Aber Loki ließ nicht mit sich reden und schleppte die Kiste samt Ring davon. Doch plötzlich hörte er Alberich mit Donnerstimme fluchen: «Das Gold soll niemandem zugutekommen! Nur Hass und Streit soll es zeugen! Es soll Väter und Brüder morden, Freunde und Gefährten und Edelleute ohne Zahl!»

«Jajaja», sagte Loki und winkte dem Zwerg ein Lebewohl zu.

Zurück in Hreidmars Hütte, füllte Loki mit dem Gold aus Alberichs Kiste den Balg des erschlagenen Ott'rs und kippte den Rest darüber, sodass nichts mehr von ihm zu sehen war außer ein Barthaar.

«Das ist eine Menge Wergeld», sagte Odin zu Hreidmar. «So viel hätte dir dein Sohn im Leben nicht eingebracht, und wenn er den ganzen Tag nichts als Lachse gefangen hätte!»

Hreidmar sah mürrisch auf den Haufen Gold und zeigte schließlich auf das Barthaar.

«Da fehlt noch was!»

Loki schob das Gold hin und her, aber wie er es auch machte, immer blieb eine Stelle frei. Schließlich reichte es ihm, und er nahm Alberichs Ring und warf ihn auf das Barthaar.

«Da hast du noch was, du Krümelkacker! Viel Spaß damit!»

Da lag der Ring auf dem Barthaar und sah aus wie eine Kleinigkeit. War's aber nicht. Denn das eine sollte zum anderen kommen, und das ist der Nibelungen Lied.

Die Götter gingen und ließen Hreidmar mit dem goldgefüllten Otterbalg zurück. Der nahm als Erstes den Ring und steckte ihn auf seinen Finger. Dann ging er um den Tisch herum, besah sich das Gold und sann darüber nach, was er damit anstellen wolle. Er grübelte eine Weile, und wie er so grübelte, drehte er den Ring am Finger. Da hatte das Gold keinen Platz mehr auf dem Tisch, denn der Haufen hatte sich verdoppelt. Nanu, dachte Bauer Hreidmar. Er drehte den Ring noch einmal, da war der Fußboden mit Gold bedeckt.

«Tja, dumm gelaufen. Da haben die schlauen Götter wohl was übersehen», sagte Hreidmar und fegte und raufte das viele Gold in Kisten und Kiepen und Schalen. Doch mit jeder Handvoll, die er durch seine Finger klimpern ließ, wurde ihm ganz eigen zumute, so als sei ihm dieser Schatz gar nicht überraschend zuteilgeworden, als sei er schon sein gewesen und nun endlich zu ihm zurückgekehrt. Und er beschloss, ihn an einen geheimen Ort zu bringen und seinen anderen zwei Söhnen nichts davon zu erzählen.

Er stopfte alle Behältnisse in die Kammer zu den Rauchwürsten und Bohnensäcken, aber es war so viel, dass sich die Tür nicht schließen ließ. Wie er da drückte und presste, kam Fafnir, sein Sohn, herein, der den ganzen Tag Wurzeln gerodet hatte.

«Was versteckst du da?», fragte er.

«Nichts. Nur so Zeug. Kram halt. Ich hab aufgeräumt. Sah ja schrecklich aus hier.»

«Es blinkt wie Gold, Vater!»

«Das ist das Sonnenlicht, das durch die Ritzen dringt. Sei so gut und geh hinaus! Stopf etwas Moos von außen zwischen die Bohlen.»

Fafnirs Augen aber waren jünger als die seines Vaters, und er traute ihnen noch.

«Das *ist* Gold! Woher hast du es? So viel Gold hat kein König», rief er.

«Na gut», sagte Hreidmar und drehte sich um. «Nur zu deiner Kenntnis: Ott'r ist tot. Die Götter haben ihn erschlagen, als er in seinem Otterpelz Fischen war. Ich hab ihnen aber ordentlich Wergeld abgeknöpft. Dafür hätten sie euch alle erschlagen können, so ein Batzen ist das.»

«Heißt das, wir sind reich?»

«Nein, das heißt, *ich* bin reich. Du hast damit nichts zu schaffen. Einen Bruder zu haben, ist kein Verdienst. So, und nun lass mich mit meinem Gold allein!»

Fafnir, dem bei diesen Reden bald die Spucke wegblieb, war zu gewitzt, um sich von seinem alten Vater einfach so wegschicken zu lassen. Er öffnete die Tür, tat, als wenn er gehen wollte, und schnappte sich den goldenen Ring, den Hreidmar auf dem Tisch hatte liegenlassen.

Doch je länger er den Ring in der Hand hielt und damit über den Hof ging, umso kühler wurden seine Gedanken. Der krumme Alte kann mit dem Schatz eh nichts mehr anfangen. Wozu will er ihn denn horten, wenn nicht für seine Söhne! Andererseits, sein anderer Bruder, Regin, wusste bis jetzt nichts von diesem Schatz, und warum sollte er es je erfahren?

So ging es ihm durch den Kopf, als er am Schuppen vorbeikam, wo ein altes Schwert an der Wand hing. Fafnir nahm es herunter, machte kehrt, ging zurück ins Haus und stach es seinem Vater in den Rücken.

Atemlos vor Gold- und Blutrausch stieß Fafnir seinen sterbenden Vater beiseite und öffnete die Tür zur Kammer. Schalen, Kiepen und Kisten stürzten ihm entgegen. Goldstücke, Broschen, Fibeln, Reife und Ketten fielen ihm vor die Füße, und unter alldem sah Fafnir einen glänzenden Helm mit einer zusammengerollten Schlange darauf. Als er sich bückte, um ihn aufzuheben, fuhr die Schlange ihm blitzschnell entgegen und fraß sein Gesicht.

Als Fafnirs Bruder Regin am Abend vom Markt heimkam, wo er Nägel und Keile aus der eigenen Schmiede verkauft hatte, fand er das Haus zerstört. Spuren von riesenhaften Krallen zogen sich durch den Wald bis in die Berge, gesäumt von umgestürzten Bäumen. Furchtsam folgte er der Schneise, und schließlich kam Regin an eine Höhle, vor der ein riesiger Drache lauerte und ihn aus grünen Augen anstarrte. Hinter dem Untier blitzten eitel Gold und Edelstein.

Der Drache blies ihm giftigen Dampf entgegen. «Geh wieder heim, Regin. Du bekommst nichts ab!»

Es brauchte eine längere Unterredung und viel giftigen Dampf, bis Regin verstand, was geschehen war und dass der Schreckenshelm inmitten der unverhofften Schätze Fafnir in einen Drachen verwandelt hatte.

«Ich gehe also morgens aus dem Haus, und abends habe ich keinen Vater und keine Brüder mehr, stehe vor einer zerkloppten Hütte, und du willst mir nicht einen einzigen Dukaten rausrücken für die Unkosten?», fragte Regin.

«Wo einer den Schatz hat, hat ihn der andere nicht. Geh und träume davon, dass es andersrum gekommen wäre.»

Regin ging und schlief in der Schmiede. Anderntags machte er sich daran, das Haus wieder aufzubauen. Unnötig zu sagen, dass Regin verbittert war.

Ein paar Jahre später stand ein silberhaariger, etwas besser als landesüblich gekleideter Mann vor Regins Tür, der einen hünenhaften Jüngling neben sich hatte. Der Jüngling war breitschultrig und blond und hatte eine Lücke zwischen den Schneidezähnen zum Zeichen, dass sein Kiefer wie alles an ihm in den letzten Jahren zu schnell gewachsen war.

«Ich bin König Sigismund, und das ist mein Sohn Siegfried», sagte der Mann. «Du bist mir empfohlen worden als redlicher Waffenschmied. Mein Sohn ist in den Flegeljahren, seine große Kraft verträgt sich nicht mit seinem Hang zu Scherzen. Nur mit Glück gab es noch keine Toten. Ich habe entschieden, ihn bis zur Schwertleite im Schmiedehandwerk unterzubringen, damit der Bursche seine Kraft an Zange und Hammer erschöpfen kann.»

Siegfried daneben verdrehte die Augen.

«Arbeit habe ich genug», sagte Regin, «aber ich gebe zu bedenken, dass es sehr einsam ist in dieser Gegend. Die Menschen sind fortgezogen, weil ein arger Drache unweit von uns sein Unwesen treibt.»

Der silberweiße König Sigismund nickte zum Zeichen, dass er bereits unterrichtet sei.

«Keine Sorge. Mein Sohn neigt nicht zur Schwermut. Auch ich will offen sein. Das ist nicht unsere erste Schmiede. Auch nicht die zweite. Wir haben schon unsere, wie soll ich sagen, Erfahrungen gemacht. Ich habe deine gewählt, *weil* niemand hier lebt. Wo niemand ist, kann auch niemand zu Schaden kommen.»

«So schlimm ist es?», fragte Regin.

Sigismund nickte. «Leider kann unser Siegfried Spaß und Gefahr nicht auseinanderhalten.»

Und mit einem Mal sah Regin diesen jungen Mann mit anderen Augen. Vielleicht, dachte der Schmied, hat er ja Spaß daran, einen Drachen zu töten? Wenn es klappt, gehört der Schatz mir. Wenn nicht, war es jugendlicher Übermut.

«Ich werde ein Auge auf ihn haben, mein Herr und König», sprach Regin, und Sigismund schob Siegfried mitsamt seinem Kleidersack in die Schmiede.

Siegfried lebte erst wenige Tage bei Regin, da musste er Hufeisen mit der bloßen Hand biegen, weil er beim Hämmern auf dem Amboss nur das Eisen zerfranste, so gewaltig war sein Schlag. Er langweilte sich, und Regin sah es, weil Siegfried manchmal heimlich Knoten in die Hufeisen machte, nur um sie wieder lösen zu können.

«Du bist wirklich stark, mein Junge», sagte Regin. «Du könntest es glatt mit diesem Drachen aufnehmen.»

«Drachen sind schlechte Laune mit einem Panzer drum», meinte Siegfried. «Kein Wunder, dass alle Leute einen großen Bogen um sie machen.»

«Stell dir nur vor, wie stolz deine Eltern wären, wenn sie davon erfahren würden, dass du eigenhändig einen Drachen getötet hast.»

«Oah, Mann! Ich bin nicht mehr fünf Jahre alt», stöhnte Siegfried. «Was kommt als Nächstes? Dass meine Eltern ganz, ganz traurig sind, wenn ich den Drachen nicht erschlage?»

Regin merkte, wie dumm er gewesen war, und ärgerte sich, denn er wollte Siegfried dieses Abenteuer nicht unangenehm machen. Aber er wusste nicht, wie man mit Jugendlichen spricht, ohne ihnen auf die Nerven zu gehen.

«Ohne Schwert ist da sowieso nichts zu machen», brummte Siegfried nach einer Weile, und Regin lebte sichtlich wieder auf.

«Und wenn ich dir eins schmiede? Ein eigenes Schwert? Ein richtiges Drachentöterschwert?»

«Ich hätte ja ein Schwert», sagte Siegfried, «aber es ist kaputt. Mein Vater hat es von Odin, aber irgendwie fingen sie an zu streiten, und Odin zerbrach es. Meinst du, das kann man wieder zusammensetzen?»

Regin wollte es probieren, und so ließ Siegfried es sich schicken. Regin schmiedete es zusammen, und als es fertig war, sah es aus, als würden die Schneiden für immer glühen. Siegfried nahm es, schlug damit auf den Amboss, und da hatte Regin plötzlich zwei halbe Ambosse.

Regin lud Siegfried ein, das Untier von der Ferne zu besichtigen. Sie ritten hinauf in die Berge zu dem Ort, der Geizheide hieß.

«Komischer Name», sagte Siegfried.

«Stammt von mir», erklärte Regin mit etwas Stolz. «Weil dieser Schweinedrache keinen roten Heller rausrückt von seinem ungeheuren Schatz.»

«Der Drache bewacht einen Schatz? Das ist wunderbar!», rief Siegfried. «Da gewinne ich ja nicht nur Ruhm, sondern auch noch massig Gold!»

Regin sagte, da könne er sich jetzt schon richtig freuen, aber jeder andere als ein sorgloser Heranwachsender hätte die mörderische Heuchelei hören können.

«Jetzt pass auf», flüsterte Regin, als sie am Rande der Geizheide standen und die Höhle betrachteten. «Fafnir hat einen Schreckenshelm auf, der jedweden erstarren lässt, der ihm in die Augen blickt. Da nützt das beste Schwert nichts. Grabe also eine Grube genau dort, wo der Drache abends zum Wassersaufen an den See kriecht. Verbirg dich darin, und wenn er über dir ist, stoß ihm das Schwert in die Brust.»

Siegfried maulte, das sei ihm zu mechanisch, da seien wenig Aktion und kaum Heldenmut erforderlich, aber Regin warnte ihn eindringlich, irgendein Kampfspiel zu veranstalten, denn der Drache werde kaum für ihn Männchen machen und ihm den weißen Bauch zeigen. Nur in der Grube könne Siegfried dem Höllenblick und dem giftigen Gebläse entgehen. Dem konnte Siegfried nun nichts mehr entgegnen, aber er machte trotzdem beim Heimritt das unfrohe Gesicht eines Jünglings, der von Vernunft und methodischem Vorgehen allerschwerst angeödet ist.

Da der Drache stets in der Abendkühle trinken ging, begann Siegfried am nächsten Morgen mit der Arbeit am See. Er grub und schachtete, als plötzlich ein Mann hinter ihm stand.

«Schönes Schwert hast du da», sagte der Einäugige mit dem grauen Filzhut, «sieht aus wie das Geschenk eines Gottes.»

«Ja, war es auch», antwortete Siegfried. «Aber Odin hat es zerbrochen, als mein Vater zum Christentum übergetreten ist. Hab es wieder zusammenschmieden lassen. Jetzt schnippelt es ganz manierlich.»

Der Einäugige trat etwas näher und sah Siegfried mit seinem Auge fest ins Gesicht.

«Und du? Bist du auch so ein neumodischer Christ?»

«Weiß nicht. Eher nicht», sagte Siegfried, «sonst würde ich hier keine Grube graben, um dem Drachen nachher die Kaldaunen aufzuschlitzen, sondern ihm eine Predigt halten und ihm alle Sünden vergeben oder so.»

Der Einäugige besah sich die Grube. «Deine Idee?»

«Mein Lehrherr Regin, der irgendwie der Bruder vom Drachen war, hat mir dazu geraten.»

«Entweder ist dein Lehrherr sehr dumm oder sehr verschlagen», sprach der Einäugige. «Wenn du den Drachen in der Grube sitzend erstichst, ertrinkst du in seinem Blut oder erstickst, wenn er mit seinem fetten Wanst obendrauf verreckt!»

Siegfried hob anerkennend die Augenbrauen in einer dieser seltenen Gesten, die Jünglinge machen, wenn sie sich von der Unabweisbarkeit eines Arguments überwältigt fühlen.

«Grabe links und rechts noch ein paar kleinere Tunnel, in die das Blut ablaufen kann, und einen Gang, durch den du entkommst, wenn das Vieh über dir zusammenbricht», sagte der Einäugige, tippte an seinen Hut und ging.

Als der Abend kam und aus der Höhle Gerumpel und Geschnober zu hören waren, hockte sich Siegfried in die Hauptgrube und wartete, das Schwert zwischen seinen Beinen, was ihn ganz unheimlich amüsierte. Derweil wurde das Gerumpel lauter, und die Erde erbebte. Giftiger Qualm kroch über die Wiese, der Siegfrieds Atem flach machte. Als die Echse schon mit ihrem schuppigen Leib über ihm war, fragte sich Siegfried ein einziges und ein letztes Mal, ob das nicht alles eine Scheißidee war. Dann stieß er dem Drachen das Schwert in die linke Seite und riss es voran, bis eine klaftergroße Wunde entstand. Aus dieser ergoss sich ein Katarakt von Blut, und Siegfried hatte Mühe, überhaupt noch einmal Luft zu holen. Er kroch nach links, wo er seinen Gang gebuddelt hatte, und tauchte in der Nebengrube glücklich an die Oberfläche.

Draußen angekommen, sah er den Drachen den langen Hals im Todeskampf hin und her schlagen. Schließlich kam sein Kopf zu liegen, und mit einem Blick voll verlöschender Höllenglut sah er Siegfried an, der mit dem Schwert in der Hand auf der Heide stand.

«Sag mir, wer du bist und wer dich schickte», röchelte Fafnir.

«Niemand hat mich geschickt», antwortete Siegfried.

«Du bist zu jung, um so schlau zu sein», schnaufte der Drache. «Und wer so schlau ist, diese List auszuhecken, ist gewiss nicht mehr jung genug, sie umzusetzen! Wer war es also? War es mein Bruder Regin?»

«Und wenn schon, was ändert das?»

«Dann nimm dein Pferd und reite davon, wenn dir dein Leben lieb ist.»

«Das könnte dir so passen», lachte Siegfried. «Ich mach Hasenfüße und lass den ganzen Schatz hier. Nein, nein. Du stirb mal schön, und ich guck mir derweil meinen Preis an.»

Der Drache bäumte sich noch einmal auf, und sogar die Glut in seinen Augen glimmte ein letztes Mal, als er sagte: «Flieh, so schnell du kannst. Der Schatz ist verflucht! Das Gold wird dich töten! Wie es noch jeden getötet hat!»

Siegfried winkte ab. «Das Leben bringt einen um, egal, wie man es anstellt. Die Nornen spinnen ihre Fäden, ganz gleich, ob man den Tod fürchtet oder nicht. Vielleicht erschlägt mich heute noch ein Blitz!»

Da seufzte der sterbende Drache. «Besser wär's, wenn dich ein Blitz erschlüge, bevor du unter Menschen kommst!»

Das war das Letzte, was der Drache Fafnir sprach. Siegfried stand, erschöpft und verdreckt, vor seinem toten Körper und sah linden Dampf aus der Grube mit dem Drachenblut steigen. ‹Jetzt ein schönes warmes Bad! Der Schatz kann warten!›, dachte Siegfried und krempelte sich aus den Sachen. Splitterfasernackt glitt er in die Grube und streckte sich wohlig aus. Nachdem er den Schlamm mit Blut abgewaschen hatte, legte er die Arme auf den Grubenrand und pfiff sich eins. Wie er so pfiff, merkte er, dass das warme Blut ganz sonderbar in seiner Haut verschwand.

Und weil er so mit dem Bemerken dieses Vorgangs beschäftigt war, entging ihm, dass ein Lindenblatt durch die Luft geweht kam und sich auf seine Schulter legte. Dort blieb es auch, als Siegfried untertauchte und Blubberblasen machte.

Als er wieder hochkam, stand Regin vor ihm und schüttelte fassungslos den Kopf.

«Du siehst überrascht aus, Regin», sagte Siegfried. «Hast du gehofft, ich würde in der Grube elendig umkommen? Wäre ich auch, wenn ich nicht noch ein paar andere gegraben hätte.»

«Du denkst schlecht von mir», entrüstete sich Regin. «Ich hatte einen Plan, und du hast ihn angepasst. So macht man das, wenn man vor Ort ist.»

Dann ging er einmal um den Drachen herum, staunte, klopfte an den Panzer und sagte schließlich zu Siegfried: «Ich will das Herz des Drachen essen. Die Leute sagen, das würde einem Mann große Stärke verleihen. Schneid das Herz heraus, mach ein Feuer und brate es mir. Vielleicht werde ich dann auch so stark wie du.»

Siegfried erhob sich aus dem Blutbad, zog sich an und sammelte trockenes Holz für ein Feuer. Als die Flammen lustig prasselten, schnitt er Fafnirs Herz heraus, steckte es auf einen Spieß und drehte es gemächlich über dem Feuer. Dabei tropfte etwas Bratensaft auf seinen Finger. Siegfried leckte den verbrühten Finger ab, um ihn zu kühlen. Doch der Saft des Drachenherzens hatte seine Zunge noch nicht ganz berührt, als sich das Gezwitscher der Vögel in den Bäumen um ihn herum plötzlich in Geplapper verwandelte.

«Er sollte das Herz lieber selbst essen, damit er endlich

weise wird», zwitscherte hinter ihm eine Meise. «Wie kann man denn so dumm sein und Regin glauben, dass er das mit der Grube nicht fein geplant habe?»

«Der Tölpel glaubt wohl wirklich, dass der Schmied ihm den Schatz überlassen wird», piepte neben ihm ein Zaunkönig. «Ich wette, der Junge wird bald in seinem eigenen Blut baden!»

«Wie schade», rief eine Amsel, «dabei hätte er mit diesem Schatz die stärkste Frau der Welt für sich gewinnen können, und die schönste gleich noch dazu. Dass die Geschichte dieses Jungen so früh enden muss!»

Dann war es wieder still. Siegfried rieb sich die Ohren und schüttelte verwundert den Kopf. Doch als er schon glauben wollte, die Aufregung um das Drachentöten habe ihm kurz die Sinne verwirrt, landete eine Bachstelze auf der Wiese, beäugte ihn von der Seite, wippte mit dem Schwanz und tratschte plötzlich in die Runde: «Ihr seid selber die Tölpel! Siegfried hat doch im Drachenblut gebadet! Wie soll ihm Regin da etwas antun, wo kein Stahl ihn mehr verletzen kann?»

Nun hatte Siegfried eine Idee, wie er prüfen konnte, ob er wirklich dem Wahnsinn anheimgefallen war. Er griff sein Schwert und fuhr damit vorsichtig über den Arm, doch nichts geschah. Er zog es fester über die Haut, aber sie zeigte nicht mal einen Striemen. Viele Male tat er dies, änderte den Winkel, schnitt, kratzte und nahm auch den anderen Arm her und ein Bein. Schließlich hieb er zu, aber das Schwert sprang ab wie von Stein. Fassungslos legte er es beiseite und überlegte, wie er mit dem hinterlistigen Regin verfahren sollte.

Lange konnte er nicht nachdenken, denn Regin näherte

sich und fragte, ob das Drachenherz schon fertig sei. Siegfried nickte und holte es aus dem Feuer.

«Nimm dir ruhig ein Stück», sagte Regin freundlich. «Du hast es dir mehr als verdient.»

Als Siegfried jedoch ins Muskelfleisch biss, sprang Regin plötzlich von hinten an ihn heran und zog die Klinge seines Schwertes über Siegfrieds Kehle. Zu Regins großer Überraschung erhob sich der Junge und wandte sich ganz und gar unverletzt um. Mit der bloßen Hand griff er in die Klinge, nahm Regin das Schwert ab und schnitt ihm den Hals durch mit den Worten: «Falls du dich fragst, ob du ein schlechtes Schwert geschmiedet hast. Nein! Am Schwert lag es nicht!»

Das war das Letzte, was Regin hörte. Siegfried ging wieder ans Feuer und aß das Drachenherz auf. Ein Hochgefühl von Unüberwindbarkeit machte sich in ihm breit, das mächtiger und umfassender war als jedes bekannte Gefühl von Stärke und Jugend. Ja, es war ihm, als leuchte die Zukunft voller Abenteuer und Gunstgewinn, und er konnte es kaum erwarten, heimzureisen zu seinen Eltern, wo er alsbald die Schwertleite feiern und den Ritterschlag empfangen würde, den letzten Schlag seines Lebens, der unerwidert bleiben würde.

Als er zur Höhle ging, um seinen Schatz zu begucken, entdeckte Siegfried, dass sich davor ein Halbkreis von allerlei Volk, Menschen, Zwerge und Riesen, aufgestellt hatte, das sogleich anhob, «Wer da preisete den Sieger, der huldigete dem Überwinder! Wer lobete Siegfried, der rühmete den Drachentöter» zu singen. Siegfried blieb stehen, stützte sich auf sein Schwert und lauschte gleichermaßen amüsiert und verwirrt dem mehrstimmigen Chor. Als der Lobgesang geendet hatte, drehte sich der Zwerg, der die anderen dirigiert hatte, um und verneigte sich vor Siegfried.

«Ich, meine Hoheit Alberich, darf wohl im Namen des gesamten Nibelungenvolkes sprechen, wenn ich dir hiermit unseren ergebensten Dank dafür ausspreche, dass durch deine kühne Tat der Schatz, den ich einst von den viel zu früh erschlagenen Hortmeistern Niblung und Schildung bekommen habe, heute nach so vielen Jahren endlich wieder in die Hände der Nibelungen zurückkehrt! Wir werden beim Bewachen des Schatzes immer an dich denken und wünschen dir für die Zukunft viel Schaffenskraft und jetzt natürlich eine gute und schnelle Heimreise!»

Alberich machte den Nibelungen ein kleines Zeichen, worauf sie zu winken begannen und «Auf Wiedersehen!» oder «Komm gut heim!» riefen.

«Nö, nö, nö, liebe Freunde», erklärte Siegfried, «so haben wir nicht gewettet! Ich habe den Drachen getötet, und der Schatz ist meine Belohnung. Gewiss, vor dem Drachen gehörte er Alberich, der euch aber sicher noch nie erzählt hat, unter welchen Umständen genau Niblung und Schildung gestorben sind …»

«Das führt jetzt zu weit», versuchte ihn Alberich zu unterbrechen. «Und das will auch niemand wissen.»

Doch Siegfried redete weiter: «Ich verstehe, dass gerade Zwerge verrückt nach Gold sind, weil man damit vieles kompensieren kann und ihr ja immer und ewig mit eurer geringen Größe zu kämpfen habt …»

«Wir Zwerge», rief da Alberich und zog einen Umhang aus seiner Tasche, «haben nur mit einem zu kämpfen! Nämlich mit dem, der unseren Schatz stehlen will!»

Damit warf er sich die Tarnkappe über und war verschwunden. Im nächsten Moment bekam Siegfried einen Schlag ins Gesicht, der ihn nach hinten taumeln ließ. Schon trat ihm jemand Unsichtbares in die Kniekehlen. Ein Hieb in die Magengrube folgte, und sicher wäre Siegfried jetzt vornübergestürzt, wenn er sich nicht im letzten Augenblick mit dem Schwert abgefangen hätte. Dort, wo das Schwert in den Boden gestoßen war, ertönte jetzt ein schrilles Reißen, ein Geräusch wie von spleißendem Tuch, und dann sah man Alberich mit seinem Schwert um Siegfried herumsausen und auf ihn einstechen.

«Na, was hast du jetzt von deiner Größe?», rief der Zwerg. «Wir sind Meister der Tarnung! Haha!»

Siegfried, den die Schwerthiebe wohl hin und her stießen, aber nicht verletzen konnten, sah sich Alberichs Tun eine Weile an, bis dieser merkte, dass sein Gegner offensichtlich und unerwartet Kenntnis von seinem jeweiligen Aufenthaltsort hatte. Alberich hielt inne, warf einen verwirrten Blick zu den Nibelungen, die ihm mit betretenen Gesichtern und kurzem Kopfschütteln bedeuteten, dass er sich nicht mehr des Schutzes der Tarnkappe erfreue, da diese an Siegfrieds Schwertspitze hängengeblieben war. Im nächsten Moment hatte dieser ihn an der Gurgel.

«Lass mich leben, Siegfried», krächzte Alberich. «Es war dumm von mir, mit dir zu streiten! Du bist ein großer Held, und jeder Zwerg kann sich glücklich schätzen, dir zu dienen. Vergib mir, dass ich meine Künste gegen dich verwendet habe. Ich will es nie wieder tun!»

Siegfried schwankte eine Weile zwischen Strafe und Vergebung, entschloss sich aber schließlich, Alberich zu verzeihen, weil Siege nur dann stärken, wenn man aus Besiegten Verbündete macht. Außerdem hatte Siegfried schnell erkannt, dass ihm die Nibelungen beim Hüten des Hortes nützlich sein konnten. Also nahm er die Tarnkappe an sich, zerbrach Alberichs Schwert und ließ ihn Treue schwören. Dann gab er Anweisung, den Schatz tief im Berg zu verbergen. Zwei Kisten jedoch lud er auf sein Pferd und ritt damit heim nach Xanten.

SCHÖN, SCHÖNER, KRIEMHILD

Um etwa dieselbe Zeit saß ein Mädchen im fernen Burgund eines Nachts schweißgebadet in seinem Bett und atmete schwer. Es hatte geträumt, dass es einen starken und wilden Falken gezähmt hatte, den es fortan über alles liebte. Doch dann wurde der Falke plötzlich vor seinen Augen von zwei Adlern zerrissen. Das Mädchen hatte den Traum nicht nur gesehen, sondern gehört, gerochen, geschmeckt und gefühlt. Ein Traum, der sich wirklicher angefühlt hatte als das Leben selbst.

Als das Mädchen am nächsten Morgen seiner Mutter davon erzählte, sprach Frau Ute freundlich und bedächtig: «Der Traum ist ein Zeichen der Vorsehung. Der Falke bedeutet, dass du dir einen wundervollen Mann gewogen machen wirst. Ihr werdet einander in Liebe verbunden sein, aber wenn Gott ihn nicht schützt, wirst du ihn bald wieder verlieren.»

«Dank der Vorsehung kann ich mich nun vorsehen. Ich will lieber keinen Mann lieben», sagte das Mädchen.

Frau Ute lächelte das butterweiche Lächeln einer Frau,

die weiß, wie das Leben mit hohen Idealen sein Tänzchen macht, und sagte: «Aber Kindchen! Eine Frau wird doch erst schön durch die Liebe. Ohne die Liebe eines Mannes fehlt deiner Schönheit der Glanz der Seligkeit. Eine Frau ohne Mann ist wie ein Tisch ohne Beine. Wie ein Fass ohne Boden. Wie Haus ohne Dach. Lass dich nur erst mal darauf ein, du wirst schon sehen!»

«Ich werde es nicht sehen», antwortete trotzig das Mädchen. «Der Glanz ist kurz, der Gram ist lang. Nein, nein, Mutter, die Männer sollen mir allesamt gestohlen bleiben. Mein Herz schlägt frei am besten.»

«Ach, Kriemhild», sagte die Mutter nun, «sei doch nicht immer so streng mit dir! Deine Brüder sind da ganz anders.»

Kriemhild nämlich lebte in der Obhut ihrer Brüder Gunther, Gernot und Giselher, die Könige waren in Burgund. Sie residierten zu Worms, der prachtvollen Stadt am Rhein. Doch so stolz die Hofhaltung auch war, der größte Schatz zu Worms war ohne jeden Zweifel Kriemhild.

Das Mädchen war so schön, dass Menschen und Tiere seiner andächtig nachsahen, wenn es vorbeiging. Sogar die Blumen drehten ihre Blüten ein wenig zu ihm ein. Sterbende unterbrachen ihr Sterben, so sie Kriemhilds ansichtig wurden. Taschendiebe steckten dem Kaufmann die Münzen zurück in den Beutel, wo sie auf der Straße erschien. Schimmeliges Brot wurde wieder frisch, wenn sie in die Küche trat.

Der Ruf ihrer Schönheit verbreitete sich über das ganze Reich und sprang schließlich über die Grenze. So drang er auch nach Xanten am Niederrhein. Dort wurde gerade Siegfrieds Schwertleite gefeiert. König Sigismund hatte vor dem gesamten Volk seinem Sohn den Schwertgurt gereicht und verkündet: «Bis jetzt waren wir für dich verantwortlich, doch ab heute haben alle anderen ein Problem!» Da brauste der Jubel, aber wie. Dank der Mitbringsel aus dem Drachenschatz wurde es ein unvergleichliches Fest, mit Ritterspielen und glanzvollen Messen, sieben Tage lang. Es regnete rotes Gold für jeden, der Hände hatte, es aufzusammeln. Siegfried war beim Turnier so eifrig, dass man auf dem Turnierplatz vor lauter Lanzensplitter den Boden nicht mehr sehen konnte. Auf der Bühne drängelten sich die adligen Fräuleins, um einen Blick von ihm zu erhaschen, falls er am Ende doch einmal das Visier hochklappen würde.

Beim Abendmahl sagte denn auch Sieglinde, seine Mutter: «Allerlei hübsche Damen von hohem Stand heute auf dem Turnier, nicht wahr? War denn was für meinen Sohn dabei?»

Siegfried hatte sich gerade den Rest seiner Ochsenzungenpastete in den Mund gestopft und erbat sich eine kleine Weile zur Antwort, während er mit Rotbier nachspülte. Dann sprach er: «Ich liebe Kriemhild von Burgund! Um die werde ich werben!»

«Ja, aber Kriemhild ist eine von Burgund», wandte Sigismund ein. «Denk nur an ihre Brüder! Das sind hochnäsige Herren. Brauchen wir die in der Verwandtschaft? Dazu kommt noch ihr Gefolge, allen voran Hagen von Tronje, bei dem weiß man nie, wie er es mit einem hält. Das würde ich mir an deiner Stelle gut überlegen!»

«Hab ich schon. Entweder gewinne ich Kriemhild zur Frau, oder ich bleibe unbeweibt.»

Vor Entsetzen schlug Sieglinde die Hand vor den Mund. Siegfried grinste und tätschelte ihr den Arm.

«Mutter! Ich krieg die schon. Wenn ihre Brüder sie nicht

freiwillig rausgeben, dann gibt es eben Streit. Ich habe ein gutes Schwert!»

König Sigismund hatte schon bei der Schwertleite geahnt, dass sich Siegfried irgendwann in Kriegshändel stürzen würde, dass es aber so schnell gehen würde, das überraschte ihn.

«Dann soll es so sein, mein Sohn, aber gib mir die Zeit, ein Heer zusammenzustellen, das dich nach Worms begleitet.»

«Ich brauche kein Heer», meinte Siegfried. «Ich reite da einfach rein, und wenn einer der Könige was gegen mich hat, erledigen wir das von Mann zu Mann. Am besten gleich unter Kriemhilds Fenster. Mehr Werbung kann ich ja nicht kriegen.»

«Du reist nicht allein!», verbat sich Sigismund solch Abenteuer.

«Gut», stöhnte Siegfried, «ich nehme noch zwölf Kämpen als Begleitung mit. Seid ihr jetzt zufrieden?»

Sigismund gab Anweisung, die kleine Truppe auf das stattlichste auszurüsten, damit Pracht und Prunk an Sattel und Wams den hochmütigen Burgunden gleich den nötigen Respekt einflößten. Goldfarbene Zügel, seidene Brustriemen für die Pferde, edelsteinbesetzte Schilde, die verschwenderische Ausstattung verspottete alles Kostbare.

So ritten Siegfried und seine Kämpen aus dem Tor hinaus. Seine Eltern standen dabei und sahen ihm noch lange hinterher. Sieglinde weinte, und Sigismund fragte sich, warum Gott seinem Sohn nicht weniger Stärke und dafür mehr Klugheit eingegeben hatte. Und ob Gott nicht überfordert war mit all den Aufgaben, die früher mehrere Götter unter sich aufgeteilt hatten.

Nach sieben Tagen lustiger Reise den Rhein hinauf gelangten Siegfried und seine Begleiter nach Worms. Offene Münder, Getuschel und Geraune begleiteten sie bis zur Königsburg. Dort fragte Siegfried nach König Gunther, und ein Laufbursche flitzte davon. Gunther trat ans Fenster und warf einen Blick auf Siegfried und die Seinen, die mitten im Burghof standen und nicht absaßen.

«Die sehen ja aus, als hätten sie sich in Gold und Edelsteinen gewälzt», meinte Gunther zu seinem Gefolge. «Kennt einer von euch diese Leute?»

Alle schüttelten die Köpfe, und auch Hagen verneinte, aber nur um weiter auszuholen: «Das sind keine Strauchdiebe, sondern Ritter von Rang. Den Kleidern und Waffen nach sind es Leute, die ein bisschen Gold übrig haben. Vermutlich, weil sie unlängst einen allzu großen Schatz in die Hände bekamen. Und da wüsste ich nur einen, dem dies in unserer Zeit gelang. Deswegen denke ich, ohne ihn jemals gesehen zu haben, dass der gewaltige Jüngling da unten Siegfried von Xanten ist. Ihm gehört seit kurzem der Nibelungenhort. Der Mann hat von allem zu viel. Zu viel Kraft, zu viel Glück, zu viel Selbstvertrauen. Damit hat er den Lindwurm erschlagen und in seinem Blut gebadet. Das hat ihn leider auch unverwundbar gemacht. Ich rate deswegen schon mal vorab, dass wir ihn uns nicht unnötig zum Feind machen.»

«Na dann! Heißen wir ihn willkommen.» Gunther klatschte in die Hände und scheuchte sein Gefolge auf den Hof. In genauer Ordnung traten die Edlen auf die Treppe, die Geringeren und Jüngeren nach außen und hinten, die Großen nach vorn, bis schließlich Gunther im Königspurpur mit seinen Brüdern erschien. Die Stufen hinab ging er

Siegfried entgegen und breitete die mit schneeweißem Hermelin besetzten Arme aus.

«Willkommen, edler Ritter! Ich bin König Gunther! Kommt von Eurem Pferd mal runter und sagt mir, wer Ihr seid und was Euch zu uns führt!»

Siegfried stieg aus dem Sattel und ging auf König Gunther zu, der es sofort ein wenig bereute, nicht auf der dritten Treppenstufe stehen geblieben zu sein, denn Siegfried war groß. Sehr groß.

«Ich bin Siegfried von Xanten, und ich habe schon viel von Euch gehört, König Gunther. Ihr sollt ein kühner Recke sein. Doch wenn ich mich so recke, dann sehe ich Euch gar nicht mehr. Möglicherweise bin ich ein größerer Recke und viel besser geeignet, Euer Land zu beherrschen. Ich bin zwar selber eines Königs Sohn und werde irgendwann ein Königreich erben, aber ich finde es angemessener, mir eins mit dem Schwert in der Hand zu erobern. Lasst uns also kämpfen, und wenn Ihr verliert, gehört mir alles, was Ihr in Eurem Besitz habt!»

Den Edlen auf der Treppe sanken die Kinnladen herab, und bei manchem fuhren die Hände an die Schwerter, so unerwartet ehrverletzend war die Rede Siegfrieds. Doch Gunther blieb ruhig.

«Ich verstehe. Wenn man ein Hammer ist, sieht man überall nur Nägel. Aber Ungeduld ist noch lange kein Grund für Krieg. Warum sollte ich dieses Königreich, das ich von meinem Vater friedlich geerbt habe, durch nackte Gewalt aufs Spiel setzen? Ein großer Ritter zu sein, heißt mehr, als nur das schnellste Schwert zu haben!»

Dass Gunther nicht gleich nach der Waffe griff wie viele seiner Vasallen, sondern sich hinter Vergleichen und artigen

Erwägungen versteckte, enttäuschte Siegfried. Er sah sich gezwungen, nachzulegen.

«Lass uns nicht so lange labern», sagte er mit kindlichem Trotz. «Hier ist mein Angebot: Wenn du mit mir kämpfst und mich besiegst, kriegst du meine Ländereien mit dazu! Dann wärst du mit einem Schlag König über Xanten und Burgund! Wenn das nichts ist!»

«Wir haben keinen Bedarf an neuen Ländereien», warf Gernot, Gunthers Bruder, jetzt ein. «Mehr Land, mehr Arbeit! Warum soll man dafür Blut vergießen?»

«Warum hören wir uns diesen rüden Quatsch überhaupt so lange an?», rief jetzt Ortwin von Metz. «Wenn keiner dem Xantener das große Maul stopfen will, dann mache ich es eben!»

«Wer hat dich denn gefragt?», fuhr ihn Siegfried an. «Du bist ein kleiner Lehnsmann, ich ein König. So was wie dich mache ich im Dutzend nieder, zum Aufwärmen!»

Ortwin wollte sich durch die Menge raufen, um seine Rüstung und seinen Schild zu holen, doch Gernot hielt ihn auf und sagte leise: «Wir lassen uns nicht provozieren! Genau das will er doch. Wir bleiben schön höflich und machen ihn uns zum Freund. Dann haben wir gewonnen. Klar?»

Da die Unruhe unter den Edlen nicht abnehmen wollte, wandte sich jetzt auch Hagen leise an die Seinen.

«Wir sind alle gekränkt, aber Rache ist ein Gericht, das am besten kalt genossen wird. Lasst uns warten und ihn näher kennenlernen, anstatt bloß zu Kerben auf seinem Schwertknauf zu werden!»

Das sorgte für Ruhe unter den Edlen. Gernot ging jetzt zu Siegfried, fasste ihn unter und führte ihn in Richtung der großen Halle.

«Wir sind im Übrigen nicht nur reich, sondern auch freigiebig. Warum wollt Ihr nicht fürs Erste unser Freund sein und mit uns essen und trinken? Ist nicht der Gast des Königs mehr noch als der König selbst? Da genießt Ihr alle Freuden des Burgundenlandes, ohne einen einzigen Schwertstreich zu tun. Meine Brüder werden sich bestens um Euch kümmern.»

«Habt Ihr nicht auch eine Schwester?», fragte Siegfried.

«Kriemhild? Ja, aber die wird nur zu besonderen Anlässen gezeigt», antwortete der König. «Sonst kommt hier ja keiner mehr zum Arbeiten!»

Als er den Namen Kriemhilds hörte, wurde Siegfried gegen seinen Willen sanft. Sein Blick ging sogar nach oben zu den Fenstern, doch sie war nirgends zu sehen. Gunther winkte ein paar Knappen herbei, und schon wurden die Pferde in die Ställe gebracht, während in Küche und Keller großer Alarm gegeben wurde. Als schließlich alles an der Tafel saß, wandelte sich endlich auch der Sinn der burgundischen Recken, und sie schwadronierten heiter davon, was für ein Kerl Siegfried sei und was für Eier es brauche, so einfach auf den Hof eines Königs zu reiten und sein Land zu fordern.

Die nächsten Wochen in Worms verbrachte Siegfried mit Kampfspielen und Kraftmeiereien. Alle wollten sehen, ob der Held aus Xanten tatsächlich so stark war, wie man sagte, und Siegfried tat ihnen den Gefallen. Viel Volk strömte zusammen, wenn er Mühlsteine warf oder Baumstämme. Oder Mühlsteine, durch die man Baumstämme getrieben hatte. Vor der staunenden Masse zerriss er mit bloßen Händen uralte, in Schweinsleder gebundene Folianten, während hinten die Mönche in weiße Ohnmacht kippten. Er ritt unzählige Turniere und stieß mit seiner Lanze Hunderte Männer hinters Pferd, bis der Boden dort von so vielen Männerärschen ganz ausgehöhlt war. Immer wieder sah Siegfried sich um, ob er nicht irgendwo Kriemhild erblickte. Kein Ort, wo er nicht Proben seiner Herrlichkeit ablieferte, auf der Suche nach der einen, von der er wusste, sie würde alle Blicke auf sich ziehen, ganz gleich, welche Wunder er gerade tat. Nur manchmal kamen ihm Zweifel. Was, wenn Kriemhild ganz woanders lebte? Was Siegfried nicht wusste, war, dass Kriemhild ihm schon seit seinem ersten Auftritt auf dem Burghof zugesehen hatte, dass sie durch das Fenster ihres Turmzimmers seine täglichen Sensationen verfolgte und sich ihre Locken fusselig drehte vor lauter Schmacht. So ging das ein volles Jahr.

DER STREIT MIT DEN SACHSEN

Der tägliche Reigen der Gastfreundschaft wurde jäh unterbrochen, als zwei Boten auf den Burghof zu Worms geritten kamen, die die Könige von Burgund zu sprechen begehrten. Doch anders als seinerzeit Siegfried wirkten die beiden furchtsam. Als Gunther, Gernot und Giselher sie im Kreis ihrer Ritter empfingen, verbeugten sich die Ankömmlinge, katzbuckelten und knieten schließlich sogar nieder.

«Gestattet Ihr, hochedler König und Herrscher, dass wir eine Botschaft, die zu übermitteln wir uns nicht verweigern konnten, vor Euer gnädiges, barmherziges und besonnenes

Ohr bringen, in der Hoffnung, dass der Ernst ihres Inhalts Euch nicht zu übereilten und unvernünftigen Schritten gegen die nichtswürdigen Überbringer verleiten möge?»

«Ja, aber ich habe schon Leute köpfen lassen, weil sie nicht zur Sache gekommen sind», antwortete Gunther.

Die Boten bekreuzigten sich, warfen sich flach auf den Boden, und einer haspelte sogleich atemlos: «Uns schicken die Könige …»

«… die mächtigen und unüberwindbaren!», erinnerte ihn sein Nebenmann.

«Uns schicken die mächtigen und unüberwindbaren Könige Liudeger und Liudegast, ihres Zeichens Könige der Sachsen und der Dänen, um Euch zu sagen, dass sie sehr bald mit hunderttausend Mann Euer Land heimsuchen, verwüsten und niederbrennen werden!»

«Oha», sagte Gunther. «Einfach so? Oder gibt es sachliche Gründe?»

Die Boten hauchten untertänig den Boden an.

«Sie entwickelten eine Feindschaft gegen Euch, o Herr! Wir wissen nichts Genaues. Irgendwie habt Ihr ihren Zorn erregt. Vielleicht ist es die Fruchtbarkeit Eures Land, die Schönheit Eurer Frauen, der Stolz Eurer Männer, niemand kann es sagen.»

«Die sind schon ein selten räudiges Pack, eure Sachsen und Dänen», erklärte Gunther. «Bloß weil ihnen ihr Grünkohl nicht mehr schmeckt und ihre fettärschigen Weiber sie nicht mehr ranlassen, überfallen sie andere Länder, über denen Gott die Sonne etwas länger scheinen lässt!»

Als die Boten fort waren, sackte Gunther in sich zusammen und seufzte, was sein Bruder Gernot zum Anlass nahm, ihn mit männlicher Rede aufzumuntern: «In unser Land kommen sie nur durch die Hecke unserer Schwerter! Im Kampf wird sich zeigen, wem die Götter den Tod beschieden haben!»

«Das wird aber nur eine sehr kleine Hecke, werter Gernot», warf Hagen von Tronje ein. «In der kurzen Zeit kriegen wir unser Heer nicht zusammen.»

Da wurde Gunther noch trauriger. «Wir müssen verhandeln», sagte er. «Wenn wir ihnen geben, was sie wollen, vielleicht lassen sie uns dann einen Zipfel Land, auf dem wir ein paar Hühner halten können.»

Nun konnte Siegfried nicht mehr an sich halten. Er trat nach vorn und richtete König Gunther wieder auf.

«Lasst den Kopf nicht hängen! Es gibt doch zum Glück noch … mich! Hunderttausend Mann sind träge und schwerfällig wie ein Lindwurm, der zum Wasser kriecht, und Ihr wisst, damit kenne ich mich aus! Gebt mir Eure tapfersten Recken und tausend Mann dazu, dann wollen wir heute noch nach Sachsen reiten und denen hinterrücks die Buden abfackeln, dass sie dreimal überlegen, ob sie wirklich auswärts essen wollen.»

Gunther sah langsam hoch in das von keinerlei Selbstzweifeln getrübte Antlitz des jungen Helden und fragte sich, ob dies nun Wahnsinn oder Entschlossenheit war.

«Das ist ein guter Plan», stimmte Hagen von Tronje zu. «Vielleicht können wir sie so zwingen, sich zu teilen. Denn Teilen macht Arbeit, und Arbeit braucht Zeit. Zeit, die wir dringend nötig haben!»

Da sprang der Lebensmut wieder in das Herz von Gunther, und er ließ alle erforderlichen Maßnahmen treffen.

Als Siegfried und Hagen schon mit tausend schnell zusammengetrommelten Kriegern unterwegs nach Sachsen waren, ließ Gunther die beiden Boten noch einmal rufen: «Sagt euren Herren, dass ich sie von Herzen bitte, von ihrem Kriegszug Abstand zu nehmen. Ich verstehe vollkommen, dass sie neidisch sind auf unser kleines feines Land. Aber Kriege sind sehr gefährlich. Es kann viel schiefgehen. Und es würde mir sehr leidtun, wenn ihnen etwas zustieße!»

Die Boten sahen sich verwundert an.

«Die Sachsen und die Dänen führen hunderttausend Krieger in Euer Land. Ihr habt nicht mal halb so viele, selbst wenn bei euch Kinder und Kaninchen mitkämpfen würden. Es wird ein schreckliches Gemetzel geben, wenn Ihr Euch nicht unterwerft!»

Gunther machte eine verächtliche Grimasse.

«Das ist mir schon klar. Aber: Wer einen Fuchs in seinem Bau fangen will, sollte sich vorher umgucken, ob nicht ein Bär hinter ihm steht!»

«Wir sind nicht so gut in Fabeln», stotterte einer der Boten. «Könnt Ihr uns das nicht in einen einfachen Merksatz umformulieren?»

«So weit kommt's noch!», sagte Gunther. «Der Briefträger muss den Brief nicht verstehen! Lernt es auswendig und tragt es vor! Und dass ihr mir nichts durcheinanderbringt!»

Er ließ die Boten reich beschenken und mit ordentlich Proviant versehen, damit sie der Durst nicht blöde machte und sie Faselkram redeten. So schickte er sie wieder heim.

Als die Boten im Heerlager der Sachsen und Dänen ankamen und mit ihrer Botschaft vor Liudeger und Liudegast traten, versuchten die beiden, sich einen Reim darauf zu machen.

«Entweder ist Gunther verrückt geworden, oder er will uns sagen, dass er sich der Hilfe einer dritten Partei erfreut, die weitaus mehr Kampfkraft mitbringt als seine paar Burgunden», meinte Luidegast. Aber niemand kannte einen Bundesgenossen der Burgunden. Da fiel den Boten ein, dass ein ungewöhnlich starker Held namens Siegfried von Xanten am Hof in Worms gewesen war, der, obschon noch jung, bereits enorme Wundertaten vollbracht habe.

«Aber ein einziger Mann kann wohl kaum als dritte Partei gelten. Ich glaube, die bluffen bloß», wandte Luideger ein. Aber Liudegast meinte, er werde lieber hier und da auf Spähritt reiten und die Augen offen halten nach so einem Helden. Schließlich entschied man, den Kriegszug fortzusetzen, als wäre nichts geschehen. Derweil überschritten Siegfried und die Seinen die Grenze und brandschatzten ein paar Dörfer, damit ihnen nicht kalt würde im frischen weiten Land der Sachsen.

Am zweiten Tag gab Siegfried Hagen das Kommando über die kleine Streitmacht und ritt auf Erkundung aus. Er ritt eine Weile, bis er eine Ebene fand, wo Tausende und Abertausende Zelte des Heerlagers standen und viele Wimpel und Standarten im Wind flatterten. Da begann ihm das Herz schneller zu schlagen, ja regelrecht zu galoppieren, und seine Schwerthand zitterte vor lauter Aussicht, so vielen Männern ein schnelles Ende bereiten zu dürfen. Doch wie er seinem galoppierenden Herzen zuhörte, wurde es lauter und lauter, und schließlich musste Siegfried sich eingestehen, dass dies etwas anderes als sein Herz sein musste. Er wandte sich um und sah ein Schlachtross auf ihn zusprengen, das nicht nur groß und schwer, sondern auch mit prächtigem Zaumzeug und Panzerplatten behängt war. Auf ihm saß ein Reiter in einer rotgoldenen Rüstung, wie nur ein König sie trug. Sein grauer Bart flatterte wie ein Tuch um seinen Hals.

Er hatte die Lanze eingelegt, und Siegfrieds Pferd war kaum losgesprungen, als schon die Speere auf die Schilde krachten. Mit Entsetzen sah Siegfried seine Lanze von der Spitze bis zum Griff zersplittern. Siegfried meinte, ein Fels sei an ihm vorübergeglitten, so wenig war sein Gegner vom Aufprall erschüttert worden. Deswegen zog Siegfried beim nächsten Anritt sein Schwert und hieb dem breiten Ritter das Schild in der Mitte entzwei. Das zwang den Fremden vom Pferd, und er versuchte am Boden und mit dem Schwert sein Glück gegen Siegfried. Doch es blieb beim Versuch, denn Siegfried war schnell und wendig, und die beiden hatten noch keine zehn Schwertstreiche getauscht, da blutete der Graubart schon aus drei Wunden. Er sackte auf die Knie und ergab sich. Als Siegfried ihm den Helm abnahm, gab er sich als König Liudegast zu erkennen.

«Was bist du für ein Teufel?», schnaufte der König. «Ich habe dir mit aller Macht auf Schulter und Arm geschlagen! Du solltest in Hälften vor mir liegen! Stattdessen zwingst du eine Eiche wie mich zu Boden!»

«Ich bin Siegfried!», sagte Siegfried. «Du musst dich nicht grämen wegen deiner Niederlage. Das geht jedem so. Ich weiß, es ist ein bisschen langweilig, aber ich bin unbesiegbar!»

Siegfried fesselte Luidegast und erkundigte sich beiläufig, wie hoch sein Lösegeld sei. Als es ihm zu gering erschien, zog er das Seil etwas strammer, und siehe da, das Lösegeld stieg. Doch Luidegasts allzu langes Fernbleiben vom Lager war bemerkt worden, die Sachsen hatten dreißig Krieger ausgesandt, ihn zu finden. Sie kamen angeritten, als Siegfried gerade Luidegast aufs Pferd hieven wollte. Mit Gebrüll zogen sie ihre Schwerter und stürmten los, während

Liudegast, so verschnürt, wie er war, rief, sie sollten besser abhauen und ihr Leben retten.

Siegfried warf Luidegast wieder in den Dreck, sprang aufs Pferd und war bald umzingelt von den dreißig Rittern, die auf ihn einschlugen, als wäre er ein Haufen Schnittweizen und sie die Dreschflegel. Jedwede Rüstung wäre unter solchen Hieben zersprungen, und Siegfrieds tat denn auch desgleichen. Jetzt sahen die Ritter einen halbnackten Siegfried auf dem Pferd herumkreiseln und munter fechten, während ihre Schwerter auf seiner Haut ausglitten wie auf Eis. Da staunten die dänischen Ritter und starben, denn im Kampf ist keine Zeit zum Staunen. Siegfried konnte sich gerade noch zurückhalten, den letzten Mann zu erschlagen. Er rang ihn nieder, band ihm die Hände auf den Rücken und die Knöchel zusammen und sagte: «Mein Name ist Siegfried von Xanten! Hoppel zu deinen Leuten und teile ihnen mit, dass ich einen ihrer Könige habe. Und dass ich weiß, dass es davon zwei gibt. Denn ehrlich gesagt, jetzt hat mich doch ein bisschen die Sammelleidenschaft gepackt.»

Während der Mann zurück ins Lager hüpfte, ritt Siegfried mit seiner Geisel zu Hagen und dem Trupp der tausend Krieger. Er schlug vor, nicht lange zu säumen, sondern das Lager der Sachsen und Dänen anzugreifen. So geschah es, dass die Burgunden unter ihre Feinde fuhren wie der Habicht unter die Hühner, kaum hatte der Überlebende dort auch nur seinen Bericht gekeucht. Breite Wege mähte Siegfried mit seinem Schwert in die Sachsen und Dänen, und Hagen und seine Recken taten ihr Übriges. Und obwohl seine Leibgarde es verhindern wollte, traf Liudeger doch noch auf Siegfried, und dem Sachsen gelang es tatsächlich, Siegfried samt Pferd niederzuwerfen. Frohlockend schlug er mit dem Schwert auf den jungen Xantener ein. Der aber wälzte sich nur lachend im Staub. Da verließen Liudeger Lust und Zweck des Krieges.

«Sinnlos», rief er seinen Sachsen zu, «legt die Waffen nieder! Sonst werden wir alle durch die Hand dieses Mannes sterben. Wen er jetzt nicht tötet, den tötet er, wenn er sein Vesperbrot aufgegessen hat. Die Burgunden haben den Teufel zum Freund!»

So wurde auch König Liudeger Gefangener und Geisel der Burgunden, und mit ihm fünfhundert der Edelsten beider Völker. Im Triumphzug ritten Siegfried und die anderen Recken wieder gen Worms. Der guten Nachricht halber schickten sie einen Boten voraus, der Gunther vom Fingernägelknabbern erlösen sollte. Als Kriemhild hörte, dass ein Bote aus dem Krieg gekommen sei, ließ sie ihn heimlich zu sich kommen. Doch da ihre Mutter Ute mit im Zimmer war und sie kein unziemliches Interesse an Siegfried bekunden wollte, bezähmte sie ihre Ungeduld und fragte erst ganz allgemein und dann der Reihe nach die Recken ab.

«Wie erging es unserem treuen Freund Hagen?»

«Hagen war der Schrecken der Sachsen wie der Dänen. Er hat wohl selbst mit eigener Hand an die …»

«Schön zu hören. Wie lief's mit Ortwin?»

«Ortwin war ein Vorbild an Tapferkeit. Einmal bedrängten ihn Dänen von drei Seiten, aber er …»

«Fein, fein. Was gibt es von Dankwart zu berichten?»

«Dankwart war überall, wo die Gefahr am größten war. Selbst als ihm das Schild aus der Hand geschla…»

«Das freut mich. Volker der Spielmann?»

«Ja, Volker!», dehnte jetzt der Bote seinen Bericht, dem der ständig interruptierte Redefluss schon sauer aufstieg. «Das ist wirklich eine haarsträubende Geschichte. Als er nämlich sah, dass im Rücken seiner Gefährten plötzlich …»

«Ja, ja», spitzte Kriemhild hinein, «so kennen wir ihn, und so lieben wir ihn. Was war mit diesem Siegfried von Xanten, unserem Gast?»

Der Bote, der sich immer für einen guten Erzähler gehalten hatte, schaute verdrießlich drein. Unwillen bockte in seinem Hals.

«Siegfried? War auch dabei.»

Er wollte sich schon zum Gehen wenden, als ihn Kriemhild am Mantel festhielt.

«Was heißt hier dabei? Mal nicht so einsilbig! Raus mit der Sprache! Wie hat er gekämpft? Welche Gefahren musste er bestehen? Beschreibt ihn näher! Wie soll sich jemand ein Bild von ihm machen, wenn hier nur seine bloße Teilnahme bestätigt wird?»

Sie drückte ihm heimlich einen kleinen Beutel mit Goldstücken in die Hand. Jetzt begriff der Bote, blickte kurz zu Frau Ute, ob die den Handel mitbekommen hätte, und als er dies ausschließen konnte, hob er gewaltig an: «Ein herrlicher Held ist dieser Siegfried! Stolz reckte er sich auf seinem Ross und drang mit gezücktem Schwert in die Masse der Feinde. Und obwohl ihm bald die Rüstung heruntergefetzt wurde, stieß er furchtlos mit seinem blanken, schweißbedeckten Oberkörper, der seine geballte Kraft nur umso mehr erglänzen ließ, ins Gedränge. Immer wieder und immer schneller drang er ins Gedränge! Da hörte man nur noch Stöhnen und Jammern, wie er so stolz gereckt hineinfuhr! Überall spritzte …»

Da hob Frau Ute kurz die Hand und sagte:

«Genug jetzt! Das kann man auch weniger lebensprall schildern! Ich denke, meine Tochter wollte nur wissen, ob er gesund ist.»

Kriemhild zog sich das Kopftuch über die geröteten Wangen und senkte den Blick, wie es ihre Mutter erwartete, aber in ihr drin war allerhand los.

Wenige Tage später kam der Zug der siegreichen Burgunden nach Worms. Zerschlagene Schilde und schartige Schwerter gab man den Knechten zur Ausbesserung. Die Pferde mit den blutigen Sätteln nahm man schnell zur Seite, damit den Damen nicht übel wurde. Bier und Met wurden herbeigeschafft, auf dass die Krieger sich die schlimmen Schmerzen und die schlimmen Erinnerungen wegtrinken konnten. König Gunther stand auf den Stufen zum Burghof, als die Herrscher der Sachsen und der Dänen vor ihm niederknieten.

«Seht Ihr, am schnellsten kommt man immer noch in Fesseln nach Worms», rief er. «Warum habt Ihr es mit dem Schwert versucht?»

«Behandelt uns gut, und wir werden Euch ein stattliches Lösegeld zahlen», knurrte Liudeger.

«Warum sollten wir denen, die eh schon wenig haben, noch was abknöpfen? Nein, nein, ich finde, in Sachsen oder Dänemark zu leben, ist schon Strafe genug. Schwört mir einfach, dass Ihr nicht fliehen werdet, dann könnt Ihr Euch frei bewegen, als wäret Ihr meine Gäste. Ich lasse derweil einen Friedensvertrag aufsetzen, in dem Ihr Eure Kriegsschuld bekennt und bedauert, dass Ihr moralisch verkommene Subjekte wart.»

So endete der Krieg gegen die Sachsen und die Dänen mit viel Ruhm und mancher Legende. Siegfried aber wollte endlich wieder nach Hause, da er Sehnsucht nach seinen eigenen vier Wänden hatte. Gunther wollte ihn zurückhalten, sprach auch von Dank und einer Belohnung, doch Siegfried meinte etwas erschöpft, wenn er von allem so viel hätte wie von Gold, wäre er schon fertig mit dem Leben. Missmutig schauten die burgundischen Herrscher, denn Siegfried erschien wie eine Versicherung gegen jede Form von Unbill.

«Wir danken Siegfried am besten», schlug Gernot vor, «wenn wir ein großes Fest ausrichten. Lasst uns zusammen mit dem ganzen burgundischen Volk dem Überwinder unserer Feinde danken! Lasst uns Zelte ans Rheinufer stellen und Tafeln und Bänke hinein! Lasst uns fette Schweine goldbraun backen und Rindfleisch im Rotwein schmurgeln. Lasst uns trinken und singen, bis der Gesang unverständlich wird!»

Gunther war dabei, aber Siegfried hatte auch vom Feiern genug. Da meinte Ortwin von Metz: «Dann sollten auch einmal die mit uns feiern, die um uns gebangt haben in so vielen Stunden des Krieges. Gestattet, dass die Frauen und Mütter und Schwestern am Fest teilnehmen!»

Sofort begann sich Siegfrieds Miene aufzuhellen, und die Könige verstanden plötzlich, was den Helden zum Bleiben bewegen konnte. So kam es denn, dass in den Frauengemächern das Nähen und Sticken begann. Kriemhild sah jedes Mal, wenn sie ein neues Gewand anprobierte, ihren Zofen genauestens in die Augen, um zu erkennen, in welchem sie sie am schönsten fänden. Als der Morgen des Festes kam, fanden sich die Gäste aus fern und nah in der Königshalle ein. Die Männer scharrten schon unruhig mit den Schuhen, weil der Duft des tropfenden Schweinefetts vom Flussufer her in ihre Nasen drang, als die Tür zu den Frauengemächern aufging und hundert Jungfrauen hinter Frau Ute in den Saal traten. Sofort war alles voller Rosenduft und frischem Atem. Und schließlich öffnete sich das Spalier, und wie das Morgenrot hervorschimmert aus trüben Wolken, so leuchtete jetzt das Antlitz Kriemhilds in den Saal. Ihr Kleid war edelsteinbesetzt, und sie sah aus wie der helle Mond inmitten funkelnder Sterne. Große Ruhe zog in den Saal. Nur draußen vor dem Fenster tschilpte ein Spatz, aber nur kurz, denn er merkte sofort, wie unpassend das jetzt war.

Auch Siegfried starrte wie gebannt auf Kriemhild, und erst, als neben ihm ein Mann in Ohnmacht fiel, weil er zu atmen vergessen hatte, fing er sich wieder.

Ich bin erledigt, dachte Siegfried. Niemals würde er ihre Liebe gewinnen. Und niemals würde er ohne ihre Liebe froh. Er könnte nicht leben und nicht sterben. Alles wegen Kriemhild.

Gunther wollte seiner Mutter und den Jungfrauen entgegengehen, aber Gernot hielt ihn noch einen Moment zurück.

«Siegfried ist der Mann, der unser Königreich errettete aus großer Gefahr», flüsterte Gernot seinem Bruder zu. «Kriemhild, deren Lippen noch keines Mannes Wangen berührten, sollte ihm den Willkommenskuss geben. Mit nichts anderem werden wir ihn halten können an unserem Hof!»

Da ging Gunther und flüsterte mit seiner Mutter, und diese winkte Kriemhild an ihre Seite.

«Siegfried von Xanten», sagte Frau Ute, «kommt zu uns und lasst Euch begrüßen!»

Schritt für Schritt trat Siegfried vor, denn ihm war, als müsse er durch einen Sumpf von Neid zu Kriemhild waten. Endlich stand er vor ihr, und sie sah ihn an wie der Traum den Träumer.

«Herr Siegfried», sagte Kriemhild, «Ihr seid ein wunderbarer Ritter! Möge Euch Gott belohnen für Eure kühnen Taten und all das Gute, das Ihr den Burgunden angedeihen ließet!»

Dann ergriff sie seine Hände und zog ihn ein wenig zu sich hinab, um ihn auf beide Wangen zu küssen. Siegfried war noch nicht mal zwanzig, und er hatte einen Drachen erschlagen, einen Schatz gewonnen, ein Volk unterjocht, zwei Königreiche besiegt und war soeben von der schönsten Frau der Welt geküsst worden. Jeder der Anwesenden hätte ihm jetzt gern Glück gewünscht, aber es war kein Fitzelchen Glück mehr übrig.

«Wenn ich nur zu Euren Diensten stehen kann», sagte Siegfried so männlich beherrscht, wie er nur konnte, «ist mir das Lohn genug. Niemals will ich mich zur Ruhe legen, bevor ich nicht all Eure Wünsche erfüllt habe.» Kriemhild aber sah ihm fest in die blauen Augen, neigte schließlich das Gesicht, als verdiene sie so viel Minne nicht, und sprach dann sehr leise, weil nur für ihn: «Wenn es nun aber mein Wunsch ist, dass Ihr Euch zur Ruhe legt. Ich wüsste auch, wo.» Und dann zwinkerte sie ihm zu. Siegfrieds Herz tat Paukenschläge, dass sich das Weihwasser in der nahen Kapelle zu kringeln begann. Und er beschloss, in Worms zu bleiben, bis sie sein Weib geworden sei.

DRUM STREITE, WER SICH EWIG BINDET

Alle waren sich einig, dass zwischen Kriemhild und Siegfried ein Funke übergesprungen war. Nur, wer hierbei Zunderschwamm und wer Feuerstein gewesen sei, darüber gingen die Meinungen auseinander. Die Innigkeit dieses Zusammentreffens ließ auch Gunther in Gedanken zurück. Er war jetzt an die dreißig und fühlte den Drang, sich zu verehelichen. Als König der Burgunden, der die frechen Sachsen und Dänen gezüchtigt hatte – wenn auch nicht in eigener Person, so doch irgendwie als Oberhaupt und überhaupt –, fühlte Gunther, dass seine Frau mindestens so unvergleichlich sein sollte wie seine Schwester Kriemhild.

Mit solchen Gedanken und Erwägungen befasst, saß König Gunther abends an der Tafel, als er vom fernen Island und der Königin Brünhild reden hörte, die dort auf Burg Isenstein lebte. Vom Schwung ihres braunen Haars, von der Anmut ihrer Bewegungen, vom kristallenen Funkeln ihrer grünen Augen, von ihrer beinah unsterblichen Schönheit, da sie in grauen Vorzeiten eine Walküre gewesen sein solle. Siegfried, der Brünhild einst auf seiner Heimreise nach dem Drachenkampf getroffen hatte, bestätigte, wie ungeheuer schön sie sei.

«Das wird mein Eheweib!», rief Gunther begeistert. «Ich fahre hinüber und hol sie mir!»

«Sie ist allerdings so stark wie schön», ergänzte Siegfried. «Jeder, der um sie wirbt, muss mit ihr ein Kampfspiel bestreiten. Verliert er, verliert er seinen Kopf.»

«Und auf so Kettchen und schöne Broschen reagiert sie gar nicht?», erkundigte sich Gunther.

«Nein», sagte Siegfried und schob sich ein Stück Braten in den Mund, «sie will einen Mann, der ihr gewachsen ist.»

Er kaute gemütlich, aber jeder der Anwesenden spürte die Erniedrigung, die sich in diesen Worten verborgen hatte. Hagen von Tronje wandte sich denn auch an Gunther und sagte: «Warum bittet Ihr Siegfried nicht, Euch bei dieser Brautwerbung beizustehen? Mehr als alle anderen hier kann er mitfühlen, wie es ist, eine schöne Frau zu begehren!»

Dabei sah er Siegfried so durchdringend an, dass man meinte, selbst das leere Auge hinter seiner Augenklappe schaue ihn noch an. Und auch Gunthers Blick ging zu Siegfried, und dieser war klug genug, zu erkennen, dass sich hier ein Handel anbot.

«Brünhild im Wettstreit bezwingen?», fragte er grinsend. «Das würde ich für keinen König der Welt machen!»

Siegfried genoss die Pause entsetzten Luftholens am Tisch und fuhr dann fort: «Höchstens für meinen Schwager.» Hier und da entstand Geflüster, wer dieser ominöse Schwager sei, aber Gunther hatte verstanden und lachte.

«Na denn! Lass uns nach Island fahren, und wenn ich Brünhild mit deiner Hilfe als meine Braut nach Hause bringe, soll Kriemhild deine Frau werden!»

Man kam überein, dass nur Gunther und Siegfried, Hagen und sein Bruder Dankwart reisen sollten. Ein Schiff wurde gebaut, das groß genug war für die See und klein genug für den Rhein. Die Burgunden winkten ihm froh hinterher, denn sie hatten ja noch zwei andere Könige. Nur Kriemhild schaute sorgenvoll. Ihr wäre es lieber gewesen, wenn Siegfried nicht mitgefahren wäre. Warum sollte eine schöne Königin wie Brünhild ihren Bruder Gunther nehmen, wenn der herrlichste aller Männer danebenstand und ebenfalls von königlichem Blut war?

Die Winde auf dem Nordmeer waren den vieren günstig, und so segelten sie binnen zwölf Tagen nach Island. Als Land in Sicht kam, erblickten sie auf den steil ins Meer abfallenden Klippen eine mächtige Burg.

«Vögel müssen diese Burg gebaut haben», sagte Dankwart. «Kein Mensch würde auch nur mit einem einzigen Stein in der Tasche da hinaufklettern.»

«Das ist Burg Isenstein», erklärte Siegfried. «Doch bevor wir anlanden, lasst uns noch eine wichtige Sache besprechen. Brünhild achtet sehr auf Rang und Namen. Gunther wird nur Erfolg bei ihr haben, wenn ich mich als sein Lehnsmann ausgebe. Niemals darf sie erfahren, dass ich ein Königssohn bin.»

Gunther nickte, Dankwart versprach, nichts anderes verlautbaren zu lassen, und Hagen sagte gar nichts dazu, denn Hagen war ja sowieso nur ein anderes Wort für Verschweigen.

«Aber das mache ich nur jetzt und nur für Kriemhild», sagte Siegfried. «Bildet euch keine Schwachheiten ein!»

Damit stellte er sich ans Ruder und lenkte das Schiff in den Hafen. Dort war es längst entdeckt worden. Auch Brünhild stand am Fenster und sah Siegfried, wie er nach kurzem Zögern nicht zuerst sein eigenes Pferd von Bord führte, sondern das Gunthers, und diesem schließlich auch noch untertänigst in den Steigbügel half. Dann erst holte er sein Pferd und sprang so munter in den Sattel, dass die Jungfrauen, die mit Brünhild oben am Fenster gafften, kleine Schreie der Begeisterung ausstießen.

«Das ist Siegfried», sagte Brünhild verträumt und erzählte die Geschichte ihres Zusammentreffens. «Ich kenne ihn aus der Zeit, als ich noch unsterblich war. Er sprang mit seinem Ross durch die Flammenwand, die Waberlohe, hinter der ich schlief, nachdem Odin mich mit einem Schlafdorn gestochen hatte. Ich hatte Odin getrotzt und in einer Schlacht einen jungen Heerführer siegen lassen, für den eigentlich der Tod bestimmt war. So schlief ich lange Jahre, bis Siegfried nach dem Drachentöten nach Hause ritt und an der Flammenwand vorüberkam. Er wollte wissen, was sie verbirgt, sprang hinüber und sah mich hingestreckt und ganz verborgen von der Rüstung, die ich trug. Da nahm er sein Schwert, das Odinsschwert, denn kein anderes hätte es vermocht, und schnitt mich aus der Rüstung, bis er sah, dass ich ein Weib bin.»

Brünhilds Jungfern fächelten sich Luft zu, weil es jetzt doch ein wenig heiß im Burgzimmer geworden war.

«Und dann?», wollten sie wissen.

«Wir haben geredet, lange geredet», sagte Brünhild.

«Geredet? Wieso denn das?» fragten die Jungfrauen, und eine rief sogar: «Mit Essen spielt man nicht!»

Derweil ritten Gunther und Siegfried in weißer Seide und Hagen und Dankwart in schwarzem Samt vor das Tor der Burg Isenstein, empfingen den Willkommenstrunk und wurden in die große Halle geführt. Sie mussten nicht lange warten, da rauschte Brünhild mit ihrem Gefolge herein, als wehe ihr ein starker Wind durch Haar und Kleid, und Gunther, der sie das erste Mal sah, fand, dass er aus Furcht vor ihrer Kraft gar nicht mehr zum Bewundern ihrer Schönheit kam. Brünhild nahm auf ihrem Marmorthron Platz und sprach statt seiner zuerst Siegfried an.

«Seid willkommen, Siegfried», sagte Brünhild. «Ich hatte euch als Königssohn in Erinnerung, dem die ganze Welt zu klein war, so viel Herrschsucht und Kraft war in Euch.»

«Ach, Flausen eines Halbstarken», winkte Siegfried ab. «Ich bin einfach nicht zum Regieren geboren. Ich mache doch zu gern den Buckel krumm. Meine Mission ist das Dienen! Darf ich Euch meinen unbesiegbaren Lehnsherrn, den wunderbaren König Gunther von Burgund, vorstellen?»

Damit ging er einen Schritt beiseite und ließ Gunther vortreten.

«Ihr seid sicher, dass Ihr bei Euren Abenteuern keinen Unfall hattet und irgendwo mit dem Kopf gegen seid?», fragte Brünhild und wandte sich dann mit erzwungener Freundlichkeit Gunther zu: «Womit kann ich Euch dienen, König Gunther?»

«Mit allem», antwortete Gunther. «Ich will Euch zur Frau.»

«Mein Friedhof ist voll von Euresgleichen», lachte Brünhild. «Ihr kennt die Regeln? Wir machen ein Kampfspiel. Ich werfe meinen Speer, und Ihr fangt ihn mit dem Schild. Dann fange ich Euren, falls Ihr danach noch zum Werfen imstande seid. Ich schleudere einen Stein und springe dann weiter und schneller als er. Dann tut Ihr es mir nach. Gewinnt Ihr, so habt Ihr eine Braut. Gewinne ich, werdet Ihr noch auf dem Kampffeld hingerichtet. Und Eure Gefährten gleich dazu.»

Und dann, als wollte sie ihren Worten Nachdruck verleihen, hob sie den Marmorthron unter ihrem Hintern ein wenig an und rutschte damit nach vorn, als wäre es ein Korbsessel. Gunther verschlug es die Sprache, aber Siegfried flüsterte ihm zu: «Keine Sorge, das sieht jetzt erst mal gewaltig aus, aber ich werde Euch helfen. Wir packen das!»

Gunther räusperte sich denn auch, allerdings vergeblich, und der Frosch in seinem Hals krächzte: «Ich nehme die Bedingungen an!»

Brünhild klatschte in die Hände.

«Also los! Halten wir uns nicht lange mit Artigkeiten auf! Wenn wir uns beeilen, können Eure Gräber schon heute Mittag mit frischer Erde bedeckt sein!» Und sie winkte ihren Dienern, sie sollten Waffen und Rüstung bereitmachen.

Siegfried entschuldigte sich, er habe noch Dinge auf dem Schiff zu erledigen. In Wirklichkeit aber holte er den Tarnmantel, den er einst Alberich abgenommen hatte, warf ihn sich über und schlich unbemerkt zu den anderen aufs Kampffeld. Dort standen Gunther, Hagen und Dankwart und sahen, wie vier Männer einen Schild aus rotem Gold zu Brünhild schleppten, welche den Recken diese Last mit einer Hand abnahm. Dies tat sie auch mit dem Speer, den ihr drei Männer unter Aufbietung aller Kräfte brachten.

«Was für eine Frau!», entfuhr es Hagen. «Ihr habt Eurem Tod einen Antrag gemacht!»

Dankwart betete stumm, dass man daheim nie erführe, welch schmähliches Ende ihr Hochmut hier gefunden hätte.

Als wäre dies alles nicht genug, rollten vier Diener langsam einen Stein auf das Feld, der größer war, als eines Mannes Arme sich ausbreiten können. Als schließlich einer von Brünhilds Knappen Gunther seinen Schild reichte, zitterte dieser am ganzen Leib. Doch mit einem Mal berührte etwas unsichtbar seine Hand.

«Seid guten Mutes, Gunther», flüsterte Siegfrieds Stimme ihm ins Ohr. «Ich stehe mit meinem Tarnmantel hinter Euch. Legt Eure Hand auf meine. Ich werde für Euch werfen. Ihr müsst nur so tun, als ob.»

Trotz dieser Zusicherung wankte Gunther auf den Platz und machte sich, das nackte Grauen im Gesicht, bereit, Brünhilds Speerwurf zu parieren. Schlotternd stand er auf dem Schotter, als sich sein Schild wie von selbst vor ihn hob. Brünhild nahm das zum Anlass, mit ihrem Speer auszuholen. Weit dehnte sich ihre Brust, weit langte ihr Arm nach hinten, dann drehte sich ihr Leib zurück, und der Speer schoss aus ihrer Hand und raste dahin, dass die Luft an seiner Spitze zu glühen begann. Der Speer durchbrach Gunthers Schild und hätte Gunther sicher durchbohrt, wenn nicht Siegfried vor ihm gestanden hätte. Siegfried zog den Speer aus dem Schild und wollte ihn schon zurückschleudern, als ihm einfiel, dass dies Brünhild töten könnte. Also drehte er den Speer um und warf ihn mit dem Ende voran auf Brünhild. Der Speer flog so schnell zu Brünhild hinüber, dass sie es nicht schaffte, den Schild zu heben. Funkenschlagend traf der Speer auf ihre Brünne und warf sie um. Das war noch nie geschehen, seit Brünhild auf diesem Kampfplatz ihren Werbern begegnete, und so starrte alles schreckensbleich auf die Königin, die sich aufrichtete und abputzte und rief: «Nicht schlecht, für einen Mann von Eurer Statur!»

Grimmig stapfte Brünhild zum Stein, nahm ihn wunders

wie vor die Brust, stemmte ihn auf die Schulter und warf ihn zwölf Klafter weit. Dann sprang sie ihm nach und landete noch weit hinter dem Stein. Alles Volk jubelte, denn kein einzelner Mensch außer Brünhild war dazu imstande.

Mit seltsam ausgreifenden Schritten – denn er stand auf Siegfrieds unsichtbaren Stiefeln – ging Gunther zum Stein, den Siegfried nun unter Gunthers Händen aufhob und fortschleuderte. Doch noch während der Stein seine gut zwanzig Klafter flog, packte Siegfried Gunther und sprang mit ihm hinterher, überholte den Stein und setzte zwei Manneslängen dahinter auf.

Das Staunen der Menge zeigte Brünhild, dass es an Sieg und Niederlage nichts zu deuteln gab. Mit der ganzen Fassungslosigkeit einer Frau, die sich von einem unbegreiflichen Schicksal an einen ihr verächtlichen Mann vergeben sieht, rief sie: «Gunther hat mich besiegt! Kommt her und huldigt eurem neuen König!»

Sie ging hinüber zu ihm und fasste ihn, der noch eiskalt war vor Furcht, an den Händen und führte ihn zum Palast, um ihm die Insignien der Herrschaft über Island zu übergeben. In diesem Moment trat Siegfried, der sich seines Tarnmantels entledigt hatte, in die große Halle.

«Ihr seid ja immer noch hier», rief er in geheuchelter Überraschung. «Wann beginnt endlich das Kampfspiel?»

«Wo seid Ihr gewesen?», fragte Brünhild. «Euer Lehnsherr Gunther hat mich bereits besiegt.»

«O Mist! Ich musste noch mal nachsehen, ob unser Schiff wirklich fest vertäut war. Ich hab da so einen Flitz, dass ich immer denke, es macht sich los. Scheint aber, als hätte ich ordentlich was verpasst!»

«Ja, es grenzt an ein Wunder, welche Kräfte die Liebe zu

einer Frau verleiht», sagte König Gunther grinsend. «So habe ich mir die stolze Brünhild errungen, und sobald es geht, fahren wir mit dieser Errungenschaft zurück nach Burgund.»

«Nicht so schnell», erwiderte Brünhild. «Ich muss noch meine Verwandten und Bekannten zusammenholen, um ihnen Bescheid zu sagen, dass ich fortgehe.» Sie sandte Boten aus, und binnen weniger Tage füllten sich die Isenburg und das umliegende Land mit Männern, die aussahen, als warteten sie auf anderes denn auf Bescheid.

«Was suchen all diese Menschen hier?», fragte Hagen. «Suchen sie vielleicht Streit? Suchen sie den richtigen Zeitpunkt, um gegen uns loszuschlagen?»

Unwohl wurde den Brautwerbern, sie schliefen schlecht und wagten kaum noch, etwas zu essen, und als Gunther schon vorschlagen wollte, die Braut Braut sein zu lassen und schnellstens übers Meer zu fliehen, sagte Siegfried: «Wartet hier! Ich hole Hilfe!»

«Wo wollt Ihr hier im kühlen Norden, wo es nur Wale und Eisberge gibt, Hilfe holen?», fragte Hagen misstrauisch.

«Vertraut mir!»

«Meine Kindheit war nicht so schön wie Eure», meinte Hagen. «Wenn ich je einem Mann vertraut hätte, wär ich schon lange tot.»

«Dann quält Euch von mir aus mit Zweifeln. Ich bin morgen wieder zurück», sprach Siegfried, lief hinunter zum Hafen, warf sich den Tarnmantel um, band einen Fischerkahn los und ruderte davon. Viele Stunden ruderte Siegfried, bis er in einen Nebel kam, der so schwarz und dicht war, dass man kaum über den Rand des Bootes sehen konnte.

Das war der Packnebel, der um das Land der Nibelungen trieb, sodass niemand hingelangen oder es auch nur sehen konnte. Doch Siegfried brauchte weder Sonne noch Sterne, er konnte Wellen lesen und wusste sein Boot in jene Richtung zu steuern, aus der das Echo der Brandung kam. Bei den Nibelungen rief er mit Alberichs Hilfe, der ihm einst die Treue geschworen hatte, tausend Recken zusammen und machte sich mit einer ganzen Flotte auf den Weg zurück nach Island.

Am nächsten Morgen wussten die Isländer nicht, ob die Sonne im Osten oder im Westen aufging, weil das Meer voller strahlend weißer Segel war.

«Was ist das für eine gewaltige Flotte?», fragte Brünhild. «Wo kommt sie so plötzlich her?»

«Ich hatte das Gefühl, Ihr seid nicht ganz sicher, ob ich ein König bin, der Eurer würdig ist», erklärte Gunther. «Darum habe ich Siegfried gebeten, diese meine Flotte mit tausend kühnen unbesiegbaren Recken herbeizuholen, die ich in der Nähe zurückließ. Ist es nicht eine herrliche Streitmacht? Mit ihr könnte man ohne weiteres eine Insel von der Größe Islands einnehmen.»

«Die Botschaft ist angekommen», sagte Brünhild. «Wir können abreisen.»

Sie setzte einen Statthalter ein und ließ so viel Gold und Silber an das Volk verteilen, dass schon am nächsten Tag niemand mehr für einen roten Heller arbeiten wollte und das Brot so teuer wurde wie ein Sack Pfeffer oder Muskat. Dann nahm Brünhild Abschied von den Isländern und schiffte sich mit den Burgunden ein. Auch winkte sie und hatte etwas Glanz im Auge, als sie Burg Isenstein im Horizont versinken sah. Sie hätte ihren Tränen wohl freieren Lauf gelassen, wenn sie gewusst hätte, dass sie nie mehr wiederkehren sollte.

Die Rückfahrt war stürmisch, die hohe See warf die Schiffe der Nibelungen herum, dass nicht wenige Recken sich über Bord beugen mussten und die Wellen düngten. Gunther jedoch war froh. Als es Nacht wurde, trat er zu Brünhild in die Kammer und ließ Absichten erkennen.

«Schlagt Euch das aus dem Kopf», murrte Brünhild. «Ich habe Magendruck, und das ist Druck genug.»

Gunther redete noch von Recht und Üblichkeit des ehelichen Beilagers, versprach mit flinker Zunge gewisse Freuden, die er ihr ganz uneigennützig bereiten würde, aber Brünhild blieb verschlossen. Er nutzte schließlich auch das Schwanken des Schiffes, um wie zufällig auf sie zu fallen, aber da stieß sie ihn derart an die Wand, dass er sofort verstand. Geprellt an den Rippen wie auch um seine Liebesnacht, grübelte Gunther missmutig, wie er sich seiner Braut bemeistern könnte.

Als der Morgen kam, an dem die Schiffe mit den weißen Segeln an der Biegung des Rheins erschienen, ritten Frau Ute und Kriemhild auf ihren geschmückten Zeltern ans Ufer, um die Heimkehrenden zu begrüßen. Gunther hatte sich aufs Vordeck gestellt und die Arme ausgebreitet, weil er sich heute wie der König der Welt fühlte. Die Schiffe fuhren nun nebeneinander auf, dass sie die ganze Breite des Rheins einnahmen und man von Schiff zu Schiff über den Fluss hätte springen können. Kriemhild konnte es kaum erwarten, ihren Bruder samt Braut zu sehen, und während die Diener sich vor Frau Utes Sattel in den Staub warfen und zu einer lebenden Treppe schichteten, sprang Kriemhild vor lauter Ungeduld ganz unschicklich vom Seitsattel in den Ufersand.

Als die Schiffe festgemacht hatten, reichte Gunther Brünhild die Hand, und nach kurzem Zögern legte sie ihre Hand in seine. So schritten sie von Bord. Kriemhild ging ihnen entgegen.

«Willkommen in Burgund! Willkommen in unserem Land, das nunmehr auch Eure Heimat sein wird», sagte Kriemhild und sah sofort, dass Brünhild etwas hatte, das ihrer eigenen Schönheit fehlte. Nämlich einen Stolz, der von Verachtung kaum zu unterscheiden war. Kriemhild gab sich besonders scheu und mädchenhaft und schob mit feiner Geste den Kopfputz zurück, um Willkommensküsse zu verteilen, die Brünhild so kaum erwiderte. Wer beide sah, wie sie nebeneinander Schritt für Schritt zum Festzelt gingen, hatte mehr gesehen an Frauenschönheit, als je ein Mensch wieder sehen wird. Damit das ein für allemal klar ist.

Dem Willkommen folgten Spiel und Tafelei. Der Ufersand staubte unter den Hufen der Pferde, Lanzen splitterten beim Tjost, und das dumpfe Fallen manchen Ritters beim Buhurt sperrte die Münder der Damen auf, dass sie fast das Essen und Trinken vergaßen. Als der Abend kam und sich die Edlen in der großen Halle einfanden, trug Brünhild bereits die Krone einer burgundischen Königin. Da sagte Siegfried zu Gunther: «Ihr habt Euer Glück gemacht, Gunther, aber nun ist es an der Zeit, das Versprechen einzulösen, das Ihr dem Mann gabt, der die Hauptlast dieser Werbung trug!»

Brünhild runzelte die Stirn und fragte Gunther: «Wovon spricht er? Wer trug hier was?» Gunther aber nickte Siegfried zu und sagte dann, mehr zu Brünhild: «Ja, da hat er recht. Wir Burgunden halten unsere Eide. Ohne Wenn und Aber. Vereinbarungen sind bei uns heilig. Wenn einem Mann eine Frau versprochen wurde und die Bedingungen erfüllt sind, dann gilt das in Burgund. Und nicht nur das: Wenn die dann vermählt sind, dann wird alles gemacht, was so zwischen Mann und Frau üblich und rechtens ist. So ist das hier in Burgund. Und da lassen wir auch gar keine Luft ran.»

Bevor sich aber noch an der Tafel Getuschel ausbreitete über die möglichen Gründe dieser gereizten Wiederholungen, wandte sich Gunther ernst und gesittet wieder Siegfried zu und sagte: «Und nun zu dir, mein lieber Siegfried. Wir wollen Kriemhild holen lassen und sie fragen, ob sie mein Versprechen einlösen will.»

Kriemhild kam, und Gunther fragte sie vor den Edlen Burgunds, ob sie den tapfersten, redlichsten, unbesiegbarsten und nicht zuletzt ansehnlichsten aller Helden namens Siegfried von Xanten zum Mann nehmen wolle oder ob sie lieber eine mehr durchwachsene Partie machen wolle. Kriemhild senkte keusch die Lider und sprach mit bebender Stimme: «Jaha!», obwohl sich später Zeugen fanden, die meinten, sie hätte «Juhu!» gesagt. Siegfried, nach seiner Entscheidung befragt, bejahte ebenfalls, und da hob Gunther ganz offiziell die unsichtbaren Schranken, die vordem die beiden Liebenden getrennt hatten, und sie durften endlich und fielen sich auch in die Arme und tauschten Küsse inmitten großen Beifalls. Doch Gunthers feines Gehör vernahm eine kalte Lücke im heißen Jubel. Er sah sich um und fand sie gleich neben sich. Brünhild stand still und stumm und schüttelte nur den Kopf.

«Was ist los? Ihr freut Euch gar nicht mit den beiden, süße Brüni», meinte Gunther, der Gefallen daran gefunden hatte, seine neue Frau mit Kosenamen zur Weißglut zu treiben.

«Ihr verhökert Eure eigene Schwester an einen Lehnsmann?», sagte Brünhild. «Sie ist die schönste Königstochter der Welt und muss einen Eurer Dienstmänner heiraten? Seid Ihr noch bei Trost?»

Aus Angst, Brünhild würde das ganze Arrangement öffentlich in Frage stellen, antwortete Gunther schnell: «Das ist etwas komplizierter. Ich kann es Euch jetzt nicht erklären. Es hat jedenfalls alles seine Ordnung!»

Damit gab sich Brünhild aber nicht zufrieden. Als Gunther sich wegdrehen wollte, rüttelte sie ihn am Arm, dass ihm die Krone auf dem Kopf verrutschte. Er schob sie wieder zurecht und zischte: «Macht jetzt bitte hier keinen Aufstand! Siegfried ist ein König, ich habe Kriemhild nicht unter Wert verheiratet. Das müsst Ihr mir jetzt mal so glauben!»

Brünhild hatte aber nicht vor zu glauben. Sie wollte wissen.

Als Gunther am selben Abend ins nunmehr gemeinsame Schlafzimmer trat, gestattete er sich einen Hauch Vorfreude, als er sein schönes Eheweib nur mit einem weißen Hemd bekleidet im Bett vorfand. Doch als er sich ihr nähern wollte, sagte Brünhild zu ihm: «Wieso kann Siegfried ein König sein und gleichzeitig Euer Lehnsmann? Was war das mit Siegfried in Island? Wieso trug er die Hauptlast Eurer Werbung? Sagt es mir oder verabschiedet Euch davon, jemals zwischen meinen Beinen zu liegen!»

Jetzt auch noch in den heimischen Gemächern zurückgewiesen, jeder erhofften Freude an der berühmten Braut beraubt, wurde Gunther wütend, und er versuchte wider alle Vernunft und Erfahrung, sich Brünhild gefügig zu machen. Er riss an ihrem weißen Hemd und rang mit ihr. Doch nur kurz. Denn alles Ringen und Rangeln diente der Königin bloß zu einem Zweck. Behände zog sie ihren Gürtel heraus, der das weiße Tuch über ihrem Leib zusammenhielt. Die Vorhänge vor ihrer schneeweißen Brust öffneten sich, und Brünhild nutzte den Moment der Schwäche, den Gunther dieser Anblick bescherte, um ihn zu beugen, zu biegen und zu binden. Sie fesselte ihn an Händen und Füßen, trug ihn mit einer Hand wie eine Tasche am Henkel zur Wand und hängte ihn dort an einen Nagel.

Gunther, der nicht wagte, um Hilfe zu rufen, weil dann alle Wachen, Kämmerer und Knappen seine Schande sehen würden, bat und bettelte, aber Brünhild ließ nicht mit sich reden.

«Ich bleibe entweder eine dumme Jungfrau, oder ich werde eine wissende Ehefrau. Denn das ist ja wohl das Mark einer Ehe, dass Mann und Frau keine Geheimnisse voreinander haben», sagte Brünhild trotzig und rekelte sich extra wohlig in ihren weichen Kissen. Die Nacht ging dahin und Gunther verfluchte sein Schicksal, vor so vollen Schüsseln verhungern zu müssen. Als die Morgensonne ins Zimmer schien und die Kämmerer sich draußen schon mit Gewändern und Waschbecken zu schaffen machten, stand Brünhild auf, nahm Gunther vom Nagel herunter und band ihn los.

«Ich brauche meinen Gürtel wieder», sagte sie. «Legt Euch ins Bett, wie es sich für einen König gehört, aber wagt es nicht, auch nur den Saum meines Hemdes zu berühren!»

Und so fanden die Diener Gunther an den äußersten Rand des Bettes geklemmt, zerschunden von der Nacht, gedemütigt und verstört. Krumm und lahm ging er zur Morgenmesse in das Münster, sodass er neben der stolzen Brünhild wie ein buckliger Narr wirkte.

«Seht doch», sagten die Leute, «er kann sich kaum auf den Beinen halten, sosehr muss ihn die Isländische in der Hochzeitsnacht zuschanden geritten haben. Er hätte besser eine der Hiesigen genommen.»

Siegfried hingegen lief mit flinken Schritten die Treppe zum Münster hinauf. Er war mit Kriemhild die ganze Nacht über ein Leib und eine Seele gewesen, und jede Verausgabung hatte seine Kräfte noch verdoppelt.

«Ist das ein Wetterchen heute? Geradewegs zum Helden zeugen!», sagte er nach der Messe zu Gunther. «Ich hoffe, Ihr seid auch schon fleißig dabei!»

Der trat zur Seite in eine Nische und bedeutete Siegfried, ihm näher zu kommen.

«Ich muss von allen Sinnen verlassen gewesen sein. Den Teufel habe ich geheiratet.» Gunther berichtete von seiner Nacht am Nagel und dass er befürchte, es könne so weitergehen. Das eigene Schlafzimmer sei ihm ein Ort des Grauens geworden und jede erträumte Freude ein Schrecken.

«Das darf nicht so bleiben», sagte Siegfried sofort. «Ihr werdet Angst haben vor der eigenen Lust! Was, wenn Eure Männlichkeit darüber zu Tode erschrickt? Der Fortbestand des Königreichs wäre in Gefahr. Nein, nein, lieber Gunther. Lasst mich Euch wieder einmal helfen.»

«Ja, aber wie?», fragte Gunther. «Ihr könnt nicht für mich essen. Ihr könnt nicht für mich trinken. Und auch mein Weib muss ich am Ende selbst beschlafen!»

«Versteht sich, Schwager! Das Ding ist, sie verachtet Euch. Und das macht sie verschlossen. Lasst mich noch einen dritten Kampf mit ihr wagen! Das wird sie endlich von Eurer Qualität überzeugen!»

Gunther zögerte noch, sich in dieser privatesten aller

Angelegenheiten helfen zu lassen, doch am Ende sah er keinen anderen Ausweg.

«Na gut», sagte er zu Siegried, «Ihr dürft sie niederringen, aber ohne in sie einzudringen.»

So verabredeten sie, dass Siegfried unterm Tarnmantel ins Zimmer schlüpfen würde, wenn der letzte Kämmerer hinausging. Dann solle er sich, bei gelöschtem Licht und stockdusterer Nacht, auf Brünhild werfen und sie niederdrücken. Wenn sie endlich um Verzeihung bitte, möge er sich entfernen und die Friedensverhandlungen Gunther überlassen, der sich dafür im Eck bereithalten würde.

Als es zur Nacht ging, der letzte Kämmerer mit guten Wünschen das Schlafgemach verließ und das Königspaar von beiden Seiten das Bett bestieg, blies ein mächtiger Atem plötzlich das Licht aus. Gunther floh sofort aus dem Bett und kauerte sich in die entfernteste Ecke, da er die Riesenkräfte beider kannte und nicht zufällig erschlagen werden wollte. Von wem auch immer.

Er hörte denn auch gleich Brünhilds Stimme, die da sprach: «Aber sofort die Pfoten weg, oder Ihr hängt wieder am Nagel! Und diesmal nehme ich Euch nicht wieder ab! Das können dann Eure Diener machen!» Siegfried schwieg, denn eine Antwort hätte ihn verraten. Unmittelbar darauf wurde es gewaltig unbequem im großen Eichenbett, und die Balken knarrten, und die Latten ächzten. Siegfried hatte sich auf Brünhilds Körper geworfen und hielt ihn umklammert. Ihre Arme waren so vor ihrem Leib zusammengepresst, dass sie sich nicht mehr mit Schlägen wehren konnte. Andererseits hatte Siegfried damit seine Bommeln in Brünhilds offene Hände gelegt, und als sie diese grimmig schloss, verdankte er es nur dem Bad im Drachenblut, dass sie ihm nicht verlorengingen. Siegfried musste das Umklammern einstellen, um ihr das Kostbarste aus den Fingern zu biegen. Doch wie er auf ihr zu sitzen kam, ließ Brünhild Bommeln Bommeln sein, sprang ins Hohlkreuz und bockte ihn in die Höhe wie ein Stier. Siegfried flog kopfüber aus dem Bett auf eine Bank, die unter ihm zerbrach. Gunther in seiner Ecke fragte sich, wie lange die Leibwache vor der Tür das noch als ausgelassenes Liebestreiben deuten mochte. Denn gleich darauf war Brünhild aus dem Bett, packte Siegfried an der Gurgel und warf ihn gegen die Wand, dass ihm der Atem stockte. Der Atem sollte auch so bald nicht wiederkommen, denn Brünhild zog mit einer Hand einen ganzen Schrank heran und klemmte Siegfried zwischen Wand und Möbel ein. Mit den Füßen stemmte sie sich in den Boden, und mit dem Rücken presste sie den Schrank gegen Siegfried, dass man nicht wusste, ob es die Bretter oder die Rippen waren, die da knackten.

Heißt das jetzt, dass ich hier im Kampf gegen diese durchgedrehte Jungfrau mein Leben aushauche, fragte sich Siegfried. Dann wäre alles dahin. Sein Heldenmut, sein Ruf als Freund und Ehemann, überhaupt alles, was hätte Legende werden können.

Vor dem Schrank hörte er Brünhild wütend «Ich mach dich platt, du Ficker!» schnaufen. Da dachte Siegfried mit dem letzten Fitz Luft, den er noch in seinen Lungen auftreiben konnte: Wenn ich hier elendig verrecke, werden fortan alle Frauen glauben, sie könnten derart ihren Übermut an uns Männern auslassen! Das darf nicht sein!

Nicht für sich, nicht für Gunther, sondern für alle Männer dieser Welt sammelte Siegfried jetzt seine letzte Kraft und riss den Schrank an den Seiten auseinander, sodass

ihm Brünhild geradewegs in die Hände fiel. Neu umklammert, grub sie ihre Fingernägel in seine Arme. Auch trat sie nach seinen Füßen, und hätte sie auch nur einen Zeh getroffen, wäre bloß ein platter Lappen übrig geblieben, aber Siegfried war auf der Hut und warf sie aufs Bett. Noch einmal schaffte sie es, sich umzudrehen und mit schnellen Fingern ihren Gürtel aus dem Hemd zu ziehen, um damit Siegfried zu fesseln. Ein Handgelenk hatte sie schon umwunden, als er ihr mit der anderen Hand unumwunden den Gurtel entriss, ihn um seine Hüfte und dann eine Ecke des Bettes schlang und sich mit seiner ganzen Breite auf die Jungfrau zurrte, als wolle er das Blut aus ihr pressen. Dagegen war nun kein Ankommen mehr, und unter Schmerzen und knackenden Gelenken ächzte Brünhild: «Hör auf damit! Bitte! Willst du mich umbringen? Herrgott, dann schlafen wir eben miteinander, wenn es dir soooo wichtig ist!»

Siegfried ließ Brünhild los, sie blieb liegen und rieb sich stöhnend Schultern und Hüfte. Der Kampf hatte ihn beinahe das Leben gekostet. Da fand es Siegfried plötzlich doch angemessen und berechtigt, dass er sich noch ein bisschen mit Brünhild tummelte. Bevor sich also alles beruhigte, glitt er kurzerhand in sie hinein, und Gunther rätselte, warum die endlich Bezwungene ihre Schmerzen immer heftiger beseufzte. Doch noch ehe das Unsichtbare zu offensichtlich wurde, hielt Siegfried inne, nahm sich Brünhilds Gürtel zum Andenken und zog ihr heimlich einen Ring ab. Dann klopfte er auf die Bettstatt zum Zeichen, dass Gunther und er wieder die Plätze tauschen könnten. Dieser kam und legte sich zu Brünhild und liebkoste sie, was sie jetzt nicht nur ertrug, sondern, erhitzt vom Liebesspiel, auch noch zärtlich bemaulte.

«Hier, du böser, böser König! Kannst du mal sehen, was du angerichtet hast», sagte Brünhild. «Küss mich mal hier! Da tut es nämlich weh, du Grobian!»

Siegfried schob geräuschlos den Riegel auf, zwängte sich durch die Tür und im Schutze seines Tarnmantels an den Wachen vorbei.

Am nächsten Morgen kam Gunther froh gelaunt aus dem Schlafzimmer, während seine göttlich zerwühlte Gattin ihm noch Liebesworte hinterherschnurrte. Jetzt, wo Gunther Freude daran hatte, seine schöne Frau aus dem fernen Island vorzuzeigen, ging das Feiern erst richtig los. Vierzehn Tage lang reihte sich Turnier an Turnier, Gelage an Gelage und Gaukelei an Gaukelei. Dann war es selbst Siegfried zu viel, und er sprach davon, mit seiner Gemahlin Kriemhild ins ferne Xanten zu reisen, um sie seinen Eltern vorzustellen. So wurde Abschied genommen und Küsse getauscht, und als Kriemhild nach Jahr und Tag schwanger wurde und schließlich einem Knaben das Leben schenkte, gaben seine Eltern ihm den Namen seines Onkels Gunther. Und der burgundische König ließ es sich nicht nehmen, den Sohn, den Brünhild ihm gebar, nach seinem Schwager Siegfried zu nennen. Niemand hätte glauben wollen, dass diese Freundschaft jemals enden würde.

DER STREIT DER KÖNIGINNEN

Doch Brünhild hatte über all dem nicht vergessen, dass Gunther ihr eine Antwort schuldig geblieben war. Jedes Jahr, wenn die Zahlungen der Lehnsmänner eintrafen, wunderte sich Brünhild, warum Siegfried niemals Tribut sandte. Da Gunther jedes Gespräch darüber verweigerte, verfiel Brünhild auf eine List. Sie würde Siegfried und Kriemhild einladen und es so einrichten, dass ein jeder seinen Rang offenbaren musste. Dann würde sie ja sehen, ob Gunther wirklich der Lehnsherr war und Siegfried sein Vasall.

«Zehn Jahre ist es jetzt her», sagte Brünhild zu Gunther, als dieser gerade vor dem Kupferspiegel saß und sich vom Kämmerer die Locken mit der Brennschere einrollen ließ, «dass wir Hochzeit machten und mit Kriemhild und Siegfried so schöne Tage verlebten. Wollen wir sie nicht einmal einladen? Gerne würde ich sie wiedersehen.»

«Ja, aber die wohnen weit weg», antwortete Gunther. «Die kann man nicht einfach so einladen.»

«Siegfried ist dein Vasall. Wenn du nach ihm schickst, hat er zu kommen.»

Gunther zuckte zusammen, und es war nicht ganz klar, ob ihm nun die Brennschere an den Hals oder der Hals an die Brennschere geraten war. Jedenfalls fuchtelte Gunther den Kämmerer davon und drehte sich, nur unvollständig gelockt, zu Brünhild um.

«Du hast ja recht. Ich werde Markgraf Gere schicken. Der hat so ein einladendes Wesen. Er soll sie zur Sonnwendfeier nach Worms bitten.»

Das fand Brünhild allerliebst und entgegenkommend. Dafür nahm sie auch die Brennschere wieder aus der Glut und drehte ihrem Gemahl von eigener Hand eine großartige Innenwelle ins schulterlange Haar, dass er wieder schmuck aussah.

Der Markgraf nahm dreißig gut gerüstete Männer mit auf die Reise, auf dass alle Wegelagerer und Strauchdiebe sich besser hinter Büsche und Sträucher zurückzogen, und ritt mit diesem Trupp drei Wochen lang hinüber in die Niederlande. Dort sah man sie schon von ferne kommen und erkannte sie an ihrer burgundischen Tracht. Unruhe kam auf. Man fragte sich, wozu die Burgunden den weiten Weg genommen hatten, und machte sich auf das Schlimmste gefasst. Siegfried hielt seiner Königin Kriemhild vorsichtshalber die feuchte Hand, als Markgraf Gere das Königspaar begrüßte und sprach: «Die Trauben hingen letztes Jahr reichlich. Die Schweine fraßen Eicheln satt. Zu einem Fest sondergleichen fehlen uns Burgunden nur die liebsten Gäste von allen. Und das seid – Ihr! Kommt also und feiert mit uns die Sonnwendfeier!»

«Worms ist nicht gerade um die Ecke», antwortete Siegfried. «Wenn es um Leben und Tod ginge, würde ich für die Burgunden durch dreißig Länder reiten, aber einfach nur so, um ein olles Kalenderfest zu …?»

Er hörte rechts neben sich seinen Vater Sigismund sich räuspern, dem die Schroffheit seines Sohnes auch noch nach so vielen Jahren den Hals trocken machte.

«Also, grundsätzlich kämen wir natürlich gerne», setzte Siegfried noch mal an, «aber wir haben zurzeit sehr viel zu tun, und zwar, sag ich gleich, einen Moment, haben wir Folgendes zu tun, nämlich …»

Da mischte sich Kriemhild von links ein.

«Sagt Gunther und Brünhild bitte, dass ihre Sehnsucht kaum größer sein kann als meine, und es wäre so schön, sie wiederzusehen.» Siegfried begriff, dass er sich keine Gedanken mehr um irgendwelche Absagegründe machen sollte.

«Ich bin alt und werde vielleicht demnächst sterben», sagte jetzt auch König Sigismund. «Aber wenn ich noch einmal etwas im Leben sehen möchte, dann ist es Worms.»

Siegfried lächelte etwas gezwungen nach rechts und links und verkündete: «Ja nun! Was gibt es da viel zu reden? Wir kommen. Es ist uns eine große Ehre.»

Abends im Ehebett drehte sich Siegfried zu Kriemhild und stützte sein Kinn auf die Hand.

«Wenn wir noch einmal nach Burgund fahren, dann musst du etwas wissen, was mich und deinen Bruder Gunther und die Werbung um Brünhild betrifft …»

Sie redeten lange, aber am Ende entschied sich Kriemhild, Siegfried zu verzeihen und, mehr noch, sogar ein bisschen dafür zu bewundern, dass er immer als Sieger vom Platz ging, selbst wenn es der Platz neben Gunther war. Alles, was sie verlangte, war, dass Siegfried ihr seine Pfänder, Brünhilds Gürtel und ihren Ring, schenkte, was er gerne tat.

Als kleiner Trupp waren Markgraf Gere und seine dreißig Männer fortgeritten, als Tross mit Dutzenden Saumtieren, vollbeladen mit Geschenken Siegfrieds, kamen sie wieder heim. Mit guter Nachricht und noch besserem Botenlohn.

«Siegfried haut das Gold raus, als wäre es ihm lästig», sagte Hagen von Tronje, als er den Markgrafen und seine Begleiter auf den Hof reiten sah. «Er könnte ewig leben und würde es doch nie verbrauchen. Wahrlich, wir hätten bessere Verwendung für den Schatz der Nibelungen als dieser fleischgewordene Übermut.»

Einen Tag vor der Sonnwendfeier kamen Siegfried, Kriemhild und der alte König Sigismund in einem gewaltigen Zug den Rhein herunter nach Worms. Tausend Recken, hundert Flaggen und ein Geblitze und Geblende, dass man hinter all den kostbaren Schmuckwaffen und Zaumzeugen kaum die Reiter sah. Gunther und Brünhild, die ihnen entgegengeritten waren, wirkten neben ihnen wie einfache Leute.

«Hier ist doch was oberfaul», dachte Brünhild. «Wie kann ein Lehnsmann sich einen solchen Zug leisten?»

Doch sie schwieg und lächelte und tauschte Willkommensküsse. Sie schwieg und lächelte und hob auch an der Tafel artig den Kelch, obwohl sie bitter zur Kenntnis nahm, dass man Siegfried den Ehrenplatz am Kopf der Tafel einräumte. Sie gab sich auf das freundlichste verschwägert und plauschte auf der Tribüne mit Kriemhild, während unter ihnen die Ritter beim Lanzenstechen in den Staub flogen. Sie lobte sogar Siegfried, der beim Tjost so mechanisch Sieg um Sieg einfuhr, dass es spannender gewesen wäre, jemandem beim Holzhacken oder Fleischklopfen zuzuschauen. Doch dann sagte Kriemhild: «Mein Mann ist allen anderen hier überlegen. Er sollte eigentlich der Herrscher dieses Landes sein.»

«Ja, die Sonne scheint stark heute», erwiderte Brünhild. «Da redet man eben mal Unsinn. Siegfried ist sicher ein stattlicher Mann, aber König Gunther, Euer Bruder, ist dann doch wohl der Mächtigere von beiden. Ich war selbst dabei, damals in Island, als Siegfried sich als Vasall des Königs bezeichnete.»

«Das träumt Ihr, Brünhild. Meine Brüder müssten mich hassen, wenn sie mich, die Schönste aller Frauen, mit einem Untergebenen verheiratet hätten.»

«Das wisst nur Ihr allein. Tatsache ist, Gunther ist ein großer König von so viel Macht und Kraft, dass sogar ich mich ihm fügen musste. Und auch Siegfried kommt, wann immer ihn Gunther ruft. Denn darum seid Ihr ja hier.»

«Ihr seid ja verrückt», rief Kriemhild jetzt, «Siegfrieds Freundlichkeit und Großmut als Dienerschaft anzusehen. Ich werde Euch zeigen, wer hier Rang und Namen vor Eurem Gatten hat. Noch heute werde ich vor Euch ins Münster gehen, wie es der größeren Königin gebührt.»

Gleichermaßen empört stoben die beiden Frauen auseinander. Sie sammelten ihre Zofen, putzten sich zur Messe heraus, als wollten sie Monstranzen und Altargeräte verblassen lassen, und als die Glocken vom Turm schallten, kamen sie wie zwei feindliche Heerscharen aus gegenüberliegenden Gassen auf den Kirchplatz gezogen. Kriemhild war etwas eher losgegangen, und als sie den ersten Schritt auf die Treppe der Kirche tat, schrie Brünhild, rasend vor Wut: «Wage es nicht, Weib eines Vasallen, vor mir die Kirche zu betreten! Ich bin die Königin dieses Landes, und mir allein gebührt der Vortritt!»

Kriemhild hob den Kopf und verzog das Gesicht in einer verächtlichen Miene.

«Nenne mich nie wieder Weib eines Vasallen, du Hure! Ich gehe als Erste durch diese Pforte, so wie mein Mann Siegfried als Erster durch deine Pforte gegangen ist!»

Brünhild erblasste vor dieser ungeheuren Anschuldigung, während Kinder an ihren Müttern zupften einer Übersetzung wegen.

«Was redest du da? Niemals hat Siegfried …»

Kriemhild streckte ihren Mittelfinger gegen Brünhild, an dem ein goldener Ring prangte.

«Kennst du diesen Ring?»

«Er wurde mir gestohlen», stotterte Brünhild.

Da raufte Kriemhild kurz den Rock hoch und zeigte Brünhild ihren Unterleib, der mit einem Gürtel verschlossen war.

«Kennst du diesen Gürtel?»

Sie ließ den Rock sinken und ging, während Brünhild in sich zusammenfiel, in die Kirche.

Tränen flossen Brünhild aus den Augen. Sie ließ nach Gunther rufen, und als er kam, beklagte sie sich bitterlich.

«Deine Schwester will mir die Ehre rauben. Ungeheuerlich, was sie gesagt hat. Nicht du, sondern Siegfried hätte mich in der Brautnacht beschlafen. Dazu zeigte sie mir den Gürtel und den Ring, den ich tatsächlich damals verlor.»

Gunther wurde bleich, aber da der Platz voll von Leuten war, die alles gesehen und gehört hatten, blieb ihm nur übrig, wie ein König zu handeln. Er ließ Siegfried holen, der verwundert auf den Kirchplatz trat.

«Ich sehe die Königin weinen. Was ist passiert? Warum habt Ihr mich gerufen?»

Gunther druckste herum.

«Meine Schwester, Eure Frau, hat hier irre Sachen rumposaunt, über die man lachen müsste, wenn sie nicht so unglaublich ehrabschneidend wären. Sie sagte, Ihr hättet das Schatzkästlein meiner Braut geöffnet, noch bevor ich dazu gekommen wäre.»

Kinder zerrten erneut vergeblich an den Ärmeln ihrer

Mütter, und einige warfen sich in den Staub, weil sie wieder keine Erklärung bekamen.

«Wie kommt sie dazu, so etwas zu behaupten?», fragte Siegfried. «Wenn Ihr gestattet, schwöre ich hier vor allen Leuten, dass ich mich Eurer Frau nie allein in ihrem Schlafgemach genähert habe!»

In Erwartung dieses Schwurs schlossen die anwesenden Männer einen Schwurkreis um Siegfried, der schon die Hand hob. Gunther ging dazwischen.

«Euer Wort genügt. Wir alle kennen Siegfried als einen Mann von Redlichkeit und Benimm.»

Siegfried schaute ins Rund und erklärte dann:

«Schlimm, wenn ein Mann erst schwören muss, um den Aufruhr zu beenden, den die unüberlegten Reden der Weiber verursacht haben. Ich werde Kriemhild mit strenger Hand strafen, damit sie das nächste Mal ihre Zunge hütet.»

Das fanden alle prima, und manch einer bedauerte, nicht dabei sein zu können, wenn Siegfried Kriemhild übers Knie legte.

Nur Hagen ging langsamer fort als die anderen. Sein scharfes Auge und sein scharfer Verstand hatten die Lücken und Finten erspäht, mit denen Gunther und Siegfried den Fall erledigen wollten.

Er ging zu Brünhild, die mittlerweile fortgebracht worden war und in ihrem Zimmer weinte.

«Verehrte Königin», sagte Hagen, «was ein König mit seiner Braut tut, ist kein Geschlechtsakt, sondern ein Staatsakt. Versucht Euch, zu erinnern. Denn wenn ein Geheimnis im Fundament Eurer Ehe vergraben ist, kann es irgendwann den ganzen Bau zum Einsturz bringen!»

Brünhild sprach also von der Nacht, in der sie nicht nur ihre Jungfräulichkeit, sondern auch ihre gewaltige Kraft verloren hatte, und alsbald war sich Hagen sicher, dass Siegfried mit Gunther und dem ganzen Burgundenreich sein Spiel getrieben hatte.

«Was wollt Ihr jetzt tun?», fragte Brünhild, da sie ihn mit finsterem Blick brüten sah.

«Tatsachen kann man nicht aus der Welt schaffen», sagte Hagen endlich und fuhr in Eiseskälte fort: «Männer schon.»

Brünhild, die sich von der schönen Kriemhild betrogen sah um den einzigen Mann, der ihr jemals ebenbürtig gewesen war, nickte stumm. Denn so ist der Mensch, dass er Gerechtigkeit nennt, wenn er anderen missgönnt, was er selbst nicht haben kann.

Die burgundischen Könige hingegen zögerten, Hagens Vorschlag zuzustimmen. Wohl war Gernot dafür, aber Giselher, der jüngste und noch ungefreite, fragte: «Das ist ein dummer Streit zwischen Weibern. Wen interessiert's, wer wann bei wem zuerst gelegen hat?»

Gunther wollte das nicht so lässig nehmen, gab aber zu bedenken, dass Siegfrieds Hilfe insgesamt größer gewesen sei als die Frechheit, die er sich herausgenommen habe.

«Wenn wir unserem Verbündeten alles durchgehen lassen, nur weil er stärker ist, ist er nicht mehr unser Freund, sondern unser Herr», antwortete Hagen. «Wenn Euch ein kleiner Kämmerer das Recht an der Braut gestohlen hätte, wäre er gepfählt, gerädert und gevierteilt worden, bevor jemand von uns auch nur das Wort ‹Abwägung› oder ‹Beweiserhebung› ausgesprochen hätte. Nein, nein, Ihr Könige, nur Siegfrieds Tod wird uns die Achtung der Mitwelt wiederbringen!»

Gunther zog den Handschuh aus, um an seinen Fingernägeln zu knabbern.

«Sollen wir wegen eines Jungfernhäutchens alle sterben?», murmelte er. «Sollte Siegfried erfahren, was wir planen, wird seine Rache furchtbar sein.»

Da holte Hagen die drei Könige zu einem kleinen Kreis zusammen und sagte leise: «Siegfried ist nicht völlig unverwundbar. Es soll eine Stelle geben, die ein Speer durchdringen kann. Nur Kriemhild weiß, wo sie ist. Ich finde es heraus. Lasst uns ihn dann in eine Falle locken.»

Weil die burgundischen Könige immer noch zweifelten, enthüllte ihnen Hagen seinen Plan. Er wolle ein paar Fremde als Boten in Worms erscheinen lassen, die einen neuen Kriegszug der Sachsen und der Dänen ankündigen sollten. Da würde Siegfried, dem ewig die Schwerthand zuckt, sofort mit von der Partie sein. Hagen seinerseits werde Kriemhild in Angst und Schrecken versetzen ob dieses Krieges. So werde sie ihm sicher das Geheimnis ihres Gatten enthüllen.

SIEGFRIEDS TOD

Vier Tage später ritt ein Haufen fremder Ritter in den Hof der Königsburg, so wie es Hagen geplant hatte. Sie behaupteten, Boten der Könige Liudeger und Liudegast zu sein, und verlasen eine Kriegserklärung.

«Oh, oh», rief Gunther öffentlich, «ein Krieg zur Unzeit. Wo wir doch gerade so fröhlich feierten. Und dann wieder diese grimmigen Sachsen und Dänen! Was soll nun werden?»

Er sammelte die Edlen Burgunds um sich und hielt Kriegsrat, als Siegfried vorbeikam. Er sah Gunther die Hände ringen und fragte:

«Ihr wirkt bedrückt. Was ist Euer Kummer?»

«Ach, fragt nicht», sagte Gunther. «Was soll ich Euch mit unseren Problemen belasten? Ich habe Euch viel zu oft um Hilfe gebeten. Ihr fahrt bald wieder heim, und ich will Euch nicht den Abschied sauer machen. Was nützt es Euch, wenn Ihr wisst, in welch entsetzlicher Lage wir sind? Behaltet uns lieber in guter Erinnerung.»

Da bestand Siegfried erst recht und fast ungehalten auf Auskunft, und Gunther presste sich mit viel Verstellungskunst das Geständnis ab, es wäre wieder ein Krieg im Anzug gegen die Dänen und Sachsen.

«Das ist doch wunderbar», rief Siegfried. «Was faselt Ihr denn von Hilfe? Ihr würdet mir ein Vergnügen verweigern, wenn ich nicht mit Euch ziehen dürfte, um die frechen Dänen und Sachsen aufs Haupt schlagen. Morgen schon wollen wir mit meinen tausend Recken aus dem Nibelungenland hinüberreiten und denen alles kaputt machen.»

Das hob die Stimmung im Kreis der vielen uneingeweihten Edlen enorm, und bevor noch Gunther oder Hagen etwas dagegen unternehmen konnten, liefen sie hinaus zu den falschen Boten und prügelten sie unter höhnischen Rufen aus der Königsburg hinaus.

Am Nachmittag desselben Tages begab sich Hagen zu Kriemhild, um sie um Vergebung zu bitten, da es nicht gelungen sei, den schlachtendurstigen Siegfried aus diesem neuerlichen Krieg herauszuhalten. Kriemhild lag im Bett und erholte sich von der Auseinandersetzung mit Siegfried, der ihr den Streit mit Brünhild tatsächlich übelgenommen hatte. Geschient und bandagiert, konnte sie ein Auge schon wieder öffnen. Hagen bewunderte Siegfried insgeheim für seine Selbstbeherrschung, hatte dieser Kriemhild trotz seines berechtigten Zorns doch mit großer Umsicht versehrt. Kriemhild selbst sah das nicht anders. Liebe, ja, hohe Minne war es schließlich, die Siegfried die Hand geführt hatte, als er ihr bloß ein bisschen die Schulter auskugelte und das Bein verstauchte. Und dass hinter ihrer verquollenen Lippe noch die Zähne saßen, nahm sie als Zeichen, dass Siegfried ihr nicht wirklich böse sein konnte.

Hagen tat sehr bekümmert, betonte die Unzahl der Feinde, das unsichere Terrain und dass es diesmal für alle Beteiligten um Sein oder Nichtsein gehe. Schließlich fragte er, ob sie Siegfried nicht davon abhalten könne, in diesen Krieg zu ziehen.

«Keine Chance», sagte Kriemhild. «Ihr wisst doch selbst, was der Siegfried für einer ist. Bei der kleinsten Aussicht auf einen guten Kampf vergisst er alles um sich herum. Guckt nicht nach links und nicht nach rechts. Schont sich nicht, hält nicht inne, macht keine Pausen.»

«Die Engländer nennen das den Flow», erwiderte Hagen.

«Mag sein», meinte Kriemhild. «Ich mache mir große Sorgen. Soviel Schrecken er auch verbreitet, er kann seine Augen nicht überall haben. Was, wenn der Tod von hinten an ihn heranschleicht? Im toten Winkel?»

«Ich weiß ja nicht, wie nahe Ihr Euch schon gekommen seid, aber es gibt da eine Besonderheit», erklärte Hagen.

«Siegfried ist mit Drachenblut lackiert. Er könnte nackig in die Schlacht reiten. Ich habe gesehen, wie er einen Morgenstern aufs Auge bekam und sich danach nicht mal eine Wimper geraderücken musste.»

«Es gibt keine Stelle an Siegfried, die ich nicht schon mit meinen Küssen bedeckt hätte. Dessen seid versichert, edler Hagen.»

«Kein Wort mehr. Eure Zunge malt Bilder in meinem Kopf.»

Kriemhild hielt einen Moment inne, befragte ihr Herz erneut, ob sie dem kühnen, aber kalten Tronjer trauen könnte, setzte dann aber bekümmert an: «Siegfried ist nicht überall so hart, wie Ihr glaubt!»

Hagen von Tronje stützte sich auf den Schwertknauf und rollte mit den Augen, um sich sein Interesse nicht anmerken zu lassen. «Ja, Herrgott! Das kommt vor. Erschöpfung, zu viel Wein, plötzliche Gedanken an die liebe Mutter.»

Kriemhild wäre beinahe aufgesprungen, wenn ihre Bandagierung das nicht verhindert hätte.

«Das meine ich nicht. Er hat eine weiche Stelle. Hinten. Auf dem Rücken.»

Wie abwesend beäugte Hagen die Nieten seines linken Panzerhandschuhs und pfiff sich eins.

«Höret», rief Kriemhild, und Hagen hörte.

«Wisset» rief Kriemhild, und Hagen wusste. Zwar nicht sofort, aber dann.

«Auf eine Stelle zwischen Siegfrieds Schulterblättern fiel ein Lindenblatt und blieb kleben, als er im Drachenblut tauchte. Wenn ihn dort eine Lanze trifft …»

Hagen merkte so sehr auf, dass die rechte Braue über seiner Augenklappe erschien.

«Wenn das Eure einzige Sorge ist: Da weiß ich Rat», meinte Hagen. «Stickt einfach auf sein Kriegsgewand ein Kreuz an diese Stelle, und ich werde in der Schlacht bei ihm bleiben und seinen Rücken mit dem Schild decken.»

«Da würdet Ihr tun? Und ich hatte Euch im Verdacht, Ihr würdet Siegfried nicht mögen.»

«Ich mag alles, was dem Königreich dient», antwortete Hagen und lächelte, was sehr seltsam aussah, da er es wohl noch nie getan hatte.

Am nächsten Morgen ritten Gunther und Hagen und Siegfried mit einer schnell zusammengerufenen Truppe gen Norden, um dort dem vermeintlich einfallenden Feind zu begegnen. Doch sie waren noch keinen halben Tag unterwegs, als sie auf freier Heide Boten zu Pferde erblickten, die mit den aufgepflanzten Standarten der Dänen und Sachsen auf sie zuritten. Der Stoff war so neu, als wären die Flaggen erst vor zwei Tagen genäht worden, aber niemandem aus Siegfrieds Gefolge fiel es auf.

«Die Könige Luideger und Liudegast bitten um Entschuldigung», sprachen die Boten. «Die Kriegserklärung war ein Versehen. Schon gar nicht hätten sie Euch mit so was belästigt, wenn sie gewusst hätten, dass Siegfried von Xanten bei Euch weilt. Sie bieten Euch vollumfänglichen Frieden an und hoffen, Ihr hattet deswegen keine unruhige Nacht.»

«Na gut. Wollen wir mal nicht so sein», meinte Gunther, aber Siegfried ging dazwischen.

«Och nö», sagte er. «Das ist doch doof jetzt. Der schöne Krieg. Wer weiß, wann wieder mal einer ist? Nein, lasst uns diese Burschen hier niedermachen und einen von ihnen geteert und gefedert zurückschicken, damit da drüben klar ist, wie es weitergeht.»

«Frieden sollte man annehmen, wenn er angeboten wird», meinte Gunther. «Wir finden andere Herausforderungen. Wir wäre es mit einer Jagd im Odenwald?»

Siegfried war nicht übermäßig begeistert, ließ sich aber überreden. Die Boten, die für einen entsetzlichen Augenblick gefürchtet hatten, die Dinge könnten sich anders entwickeln, als von Hagen geplant, atmeten hörbar auf.

Als am nächsten Tag im Burghof schon die Hunde bellten und die Jäger Kessel und Zelte auf die Saumtiere luden, ging Siegfried noch einmal zu Kriemhild. Sie hatte vom überraschend abgesagten Feldzug gehört, und üble Ahnungen peinigten sie, weil sie unter dem Eindruck dessen doch Siegfrieds Geheimnis verraten hatte.

«Geh nicht auf die Jagd, Geliebter», sagte sie. «Ich träumte, zwei wilde Eber jagten dich über die Heide, und die Blumen wurden rot wie Blut.»

Siegfried aber meinte, er sei doch unter Freunden und Verwandten, die würden schon gut auf ihn aufpassen.

«Wir haben Brünhild gekränkt», sagte Kriemhild. «Und eine Kränkung verlangt nach Genugtuung.»

«Diese kleine Kränkung kann kaum so schwer wiegen wie all das Gute, das ich deinen Brüdern getan habe», meinte Siegfried und wollte gehen, aber Kriemhild griff nach seiner Hand und flüsterte: «Geh nicht! Ich werde dich nicht lebend wiedersehen. Ich fühle es.»

Siegfried küsste sie und sprach: «Ach, Gefühle! Bauchschmerzen sind auch Gefühle. Sie kommen, und sie gehen.»

So zögerlich Siegfried der Einladung zur Jagd gefolgt war, so schnell fand er an ihr Gefallen. Er ließ seinen Jagdhund Wildschweine, Wisente, Elche und Hirsche aufstöbern und hetzte sie durchs Gehölz, bis sein Speer sie niederstreckte. Er jagte so wendig und behände durch den Odenwald, dass viele seiner Jagdgenossen es nicht einmal schafften, ihre Waffe gegen das mühsam erpirschte Wild zu heben, da kam schon Siegfried aus dem Busch gesprungen und erlegte das Tier vor ihren Augen, entschuldigte sich lachend und war schon wieder davon, während seine Knappen hinter ihm mit viel Entschuldigung und «So isser halt!» die Beute einsammelten. Zu guter Letzt, als schon das Jagdhorn zum Sammeln blies, entdeckte Siegfried noch einen Bären und fand, dass dies Gelegenheit für einen herrlichen Schabernack sei. Er lief also dem Bären nach, sprang über Wurzel und Stein und warf sich auf das Tier, das vergebens biss und kratzte. Schließlich hatte er den Bären bei den Pranken und fesselte und schnürte ihn zusammen, dass er keinen Mucks mehr machen konnte. Er befestigte das solcherart verpackte Tier am Sattel und ritt damit frohgemut ins Lager.

Gunthers Leute liefen ihm entgegen, um sein Pferd zu nehmen, aber darauf hatte Siegfried nur gewartet. Er befreite den Bären, den er sich aufgebunden hatte. Der rannte brüllend durch das Lager, sofort verfolgt von einer Meute Jagdhunde, sprang ins Küchenzelt, stieß alle Kessel und Tische um, wälzte sich durchs Feuer und warf ein halbes Festmahl in den Dreck. Die Jagdgenossen, die sich eben noch gemütlich niedergelassen hatten, sprangen auseinander, griffen nach ihren Speeren und setzten dem Bären ebenfalls nach, wagten aber wegen der Menge der teuren Jagdhunde nicht, die Spieße zu werfen. Darauf hatte der Mann aus Xanten nur gewartet.

«Alle mal hersehen», rief Siegfried. «Passt mal auf, wie unsereiner das macht!» Mit dem bloßen Schwert in der Hand überholte Siegfried die hetzenden Hunde, sprang dem Bären auf den Rücken und stieß ihm die Klinge ins Genick. Siegfried packte den Bären am Kragen und schleifte ihn mitsamt der Hunde, die wütend am Luder zerrten, zurück zu den Burgunden.

Das nötigte allen Bewunderung ab. Selbst jene, die des Bewunderns müde waren, mussten ihn erneut bewundern, gleich, ob sie wollten oder nicht. So ein Held war Siegfried, dass niemand ihm seine Bewunderung versagen konnte.

Dann lagerte sich alles an der Tafel und aß die unversehrt gebliebenen Spießbraten, bis Siegfried fragte, wo Wein und Bier blieben. Gunther antwortete, es sei ihm peinlich, aber Hagen habe die Fassknechte mit den Gesöffen irrtumshalber in den Spessart geschickt.

«Das ist aber Mist», sagte Siegfried. «Ich habe mich trocken gehetzt, und mir hängt die Zunge weiter aus dem Hals als diesem Bären hier. Wo kriegen wir denn jetzt nach dem üppigen Essen was zu saufen her?»

Hagen antwortete, wenn er diesen Fehler auch nicht wiedergutmachen könne, so wisse er doch in der Nähe eine Quelle, die klares Wasser spendete. Er würde sie Siegfried zeigen, wenn er es verlange.

Siegfried schlang die letzten Bissen hinunter und winkte dann Hagen, mit ihm zu gehen. Gunther stand ebenfalls auf, und das bedeutete für allen anderen, zurückzubleiben, da ihr Rang nicht reichte, um mit dem König aus einer Quelle zu trinken.

Als sie eine Weile gewandert waren und die Quelle schon zu sehen, wenn auch noch nicht zu hören war, sagte Hagen zu Siegfried: «Dem Bären nachzurennen, muss Euch viel Kraft gekostet haben. Ich schätze, in Eurem jetzigen Zustand würden sogar Gunther oder ich einen Wettlauf zur Quelle gewinnen.»

«Da täuscht Ihr Euch gewaltig», lachte Siegfried. «Euch renne ich noch davon, wenn ich Euch Vorsprung gebe und in voller Rüstung laufe.»

Hagen guckte skeptisch. Also wie immer.

«Gut, ich lege mich jetzt hier ins Gras, und Ihr lauft los. Dann nehme ich Schwert und Speer, und Ihr werdet sehen, wer vor Euch an der Quelle ist.»

Siegfried warf sich ins Gras und verschränkte die Arme hinter dem Kopf, als genieße er den sonnigen Tag, und rief: «Na, los! Lauft!»

Hagen und Gunther liefen los, hinter ihnen Siegfried im Gras, der sich eins pfiff. Sie hatten die Hälfte der verbleibenden Strecke fast geschafft, als sie hörten, wie Siegfried mit Bogen, Schild, Schwert und Speer rasselnd hinter ihnen aufholte, an ihnen vorbeirannte und vor ihnen an der Quelle war.

«Bitte schön, mein König. Wer zuletzt kommt, trinkt zuerst!» Er zwinkerte Hagen zu, der müde die Hände hob zum Zeichen, dass gegen Siegfried nun mal nichts auszurichten sei. Gunther, ein wenig außer Atem, kniete sich hin und trank. Dann ließ er Siegfried ans sprudelnde Wasser treten. Der legte alle Waffen an einem nahen Lindenbaum nieder, ging, beugte sich über die Quelle und trank in hastigen Zügen, durstig, wie er war. Er hatte noch nicht zwei Schluck getrunken, als Hagen zum Baum schlich, die Waffen nahm und im Gebüsch versteckte. Nur den Schild ließ er liegen. Mit dem Speer in der Hand kam er wieder. Gunther drehte sich weg, um seine Erinnerung nicht mit schlimmen Bildern zu belasten. Auf Siegfrieds Rücken leuchtete das schwarze Kreuz, das Kriemhild gestickt hatte. Hagen fasste die Waffe fester, und mit der Kraft eines Mannes, der für Zweifel leider keine Zeit mehr hat, schleuderte er den Speer zwischen Siegfrieds Schulterblätter. Der Speer fuhr diesem durch den Leib, und das Blut schoss in hohem Bogen aus seiner Brust. Sofort wandte sich Hagen ab und floh, wie er noch nie geflohen war. Siegfried sprang auf, die Speerspitze vor sich aus der Brust ragend, und sah vergebens nach seinen Waffen. Und da er spürte, dass mit dem Blut auch das Leben aus ihm wich, begriff er, dass ihm nicht genug Zeit bleiben würde, um sein Schwert zu suchen. Er griff den Schild, der noch am Lindenbaum lehnte, setzte Hagen hinterher, holte ihn ein und schlug ihn mit dem Schild so heftig nieder, dass die Edelsteine aus der Fassung flogen. Der Hall dieser Schläge war noch im Lager der Jäger zu hören. Hätte Siegfried ein Schwert in den Händen gehalten, wäre Hagen der Tod in weit verstreuten Einzelteilen sicher gewesen.

Doch so schwanden Siegfrieds Kräfte, er erbleichte und sank schließlich ins Gras. Sein Blut färbte die weißen Wiesenblumen rot. Mit letztem Atem keuchte er: «Ich habe Euch selbstlos gedient in schweren Stunden, und so dankt Ihr es mir? Ihr seid keine Recken, nichts als hinterlistige Mörder seid Ihr! Eure Rache ist maßlos und Euer Zorn blind. Aber ich sage Euch: Ein schmachvoller Tod wird Euch finden!»

Gunther ergriff diese Rede sehr, und Tränen traten ihm

in die Augen. Siegfried sprach: «Verschont mich mit Euren Tränen! Was hat ein Mörder sein Opfer zu beklagen?»

Hagen sagte denn auch zu Gunther: «Es gibt keinen Grund zum Jammern. Der Speer hat ihn zu Recht getroffen. Die Schmach ist getilgt. Vorbei ist die Zeit, da wir uns auf seine Heldentaten und Wunder verlassen mussten. Ich bin stolz, dass ich es tat!»

Siegfried spürte seine Sinne schwinden. Er konnte kaum noch sprechen, also kam er zum Letzten, was ihn umtrieb: «Nichts quält mich so sehr wie die Sorge um Kriemhild. Gunther, länger, als sie meine Frau war, ist sie Eure Schwester. Jetzt, wo ich sie nicht mehr behüten kann, müsst Ihr es tun! Versprecht es mir bei all dem Guten, das ich für Euch tat!»

Dann hatte Siegfried nicht mehr genug Atem, um zu sprechen, und die Hände, die alles auf dieser Welt in den Griff bekommen hatten, öffneten sich, um sich nie wieder zu schließen. Siegfried lag tot in roten Blumen. Die Jäger aus dem Lager kamen herbei. Sie verstanden und legten Siegfried auf einen Schild, und einer von Gunthers Mannen schlug vor: «Wir sollten zu Hause erzählen, Räuber hätten Siegfried hinterrücks erschlagen, als er auf der Pirsch war.»

Hagen winkte ab.

«Was wollt Ihr mit einer Lüge, die keiner glaubt? Sagt von mir aus die Wahrheit. Warum Kriemhild schonen? Hat sie Brünhild geschont, als sie sie kränkte?»

Gunther aber war dagegen, auch nur irgendetwas zu bekennen.

«Es gibt nur eine Wahrheit, und die ist, keiner von Euch hat gesehen, wer es war. Ich habe es nicht gesehen. Und

Hagen hat es auch nicht gesehen, weil die Augen den Kopf nicht sehen, in dem sie stecken.»

Das war von so fein gedrechselter Logik, dass alle nicken mussten.

Also brachen sie die Zelte ab und kehrten heim nach Worms. In der Nacht noch setzten die Burgunden über den Rhein. Hagen befahl, den Leichnam vor Kriemhilds Tür zu legen. Dort fand ihn am Morgen ein Kämmerer.

«Herrin, Ihr solltet vorerst im Zimmer bleiben», sagte er. «Da liegt ein toter Ritter vor Eurer Schwelle.»

Kriemhild fiel in Ohnmacht. Die Kammerjungfern richteten sie wieder auf. Kriemhild schrie und tobte. Die Kammerjungfern hielten sie fest. Der Lärm weckte die Nibelungen. Mit ihren Schwertern, doch nur im Unterzeug liefen sie zu den Frauengemächern. Steif und starr vor Entsetzen ging dort Kriemhild nun auf Siegfried zu, warf sich vor ihm nieder und umfing sein bleiches Haupt.

«Ich habe dir gesagt, ich sehe dich nicht lebend wieder», schluchzte sie und nässte sein kaltes Gesicht mit warmen Tränen. «Brünhild wollte deinen Tod, und Hagen hat es getan!»

Die Kammerjungfern flüsterten ein Behüt-uns-Gott, und einer der Recken der Nibelungen fragte, ob es nicht auch im Kampf geschehen sein könne. Kriemhild riss den Schild hoch, der bei Siegfried lag.

«Siehst du einen einzigen Schwertstreich auf diesem Schild? Nein, mein Mann wurde hinterrücks ermordet. Jemand stieß einen Speer durch seine Rippen. An der einzigen Stelle, wo dies gelingen konnte.»

Die Last ihrer Schuld an Siegfrieds Tod ließ sie auf dem Leichnam zusammensinken, und sie schrie und weinte.

Endlich kam auch Sigismund hinzu und raufte sein graues Haar und verwünschte den Tag, da er die Einladung nach Burgund angenommen hatte.

So viel Verzweiflung konnten die noch schlafbehosten Recken der Nibelungen nicht still ertragen. Sie rannten davon und bewaffneten sich für Häuserkampf und Gemetzel. Doch als sie wieder erschienen in voller Rüstung und schließlich sogar Sigismund sein Schwert nahm, warf sich Kriemhild dem alten König zu Füßen.

«Lasst Euch nicht hinreißen! Wir wissen nicht sicher, wer Siegfried tötete. Man würde sich mit Recht gegen uns zur Wehr setzen. Und Gunther hat dreißigmal mehr Männer in Waffen. Es würde Euer Ende sein.»

Kriemhild stand auf und umarmte Sigismund in bitterem Schmerz.

«Ich werde herausfinden, wer sein Mörder ist», flüsterte sie. «Und meine Rache wird schrecklicher sein als jeder noch so opferreiche Waffengang, den Ihr jetzt unternehmen könntet.»

Der Gedanke an Rache hatte Kriemhild schon wieder etwas Zukunft eingeflößt. Sie bat die Recken, Siegfried aufzubahren, zum Münster zu tragen und die Glocken zu läuten. Ganz Worms kam aus den Häusern und sah den Toten an sich vorüberziehen. Da weinten viele Damen des Hofes, und als die Frauen der Patrizier dies sahen, weinten auch sie, und so auch pflichtschuldigst ihr Gesinde. Und wie das Gesinde weinte, wollten auch die Zunftgesellen und deren Meister nicht zurückstehen. Wie alles so weinte und seufzte, wischten sich endlich auch die Großen und Edlen das feuchte Auge.

Als das Trauergeschrei gar zu groß wurde, beschlossen Gunther, Gernot und Giselher als burgundische Könige an die Bahre zu gehen und ihren Schmerz zu bekunden. Zusammen mit Hagen schritten sie in das Münster und verneigten sich vor Kriemhild, die am Tor stand.

«Wir möchten dir unsere immerwährende Bestürzung übermitteln, liebe Schwester», sagte Gunther. «Wir wünschten, dieser Verlust wäre uns erspart geblieben!»

«Ihr hattet es in der Hand, uns diesen Verlust zu ersparen», sagte Kriemhild kalt. «Aber ich sage euch, es wäre besser für euch, ihr hättet mich getötet statt Siegfried!»

Gunther fuhr mit der Hand ans Herz vor Entrüstung, und auch Gernot und Giselher redeten auf Kriemhild ein, sie solle sich nicht versündigen. Aber Kriemhild wies sie an die Bahre.

«Wer unschuldig ist, soll zu Siegfrieds Leichnam gehen. Sagen doch die Alten, dass die Wunden eines Erschlagenen wieder bluten, wenn der Mörder zu ihm tritt.»

Gernot und Giselher begaben sich zum Leichnam, Gunther schließlich mit einigem Zögern auch. In gebührendem Abstand wartete Hagen. Siegfried lag auf der Bahre, bleich und schön, und schlief in Ewigkeit. Als Hagen jedoch näher kam, machte sich Stille in der hohen Halle breit, und jeder blickte auf den Leichnam. Hagen tat den letzten Schritt und stand nun an der Bahre. Da färbte sich das Leichengewand an jener Stelle rot, wo der Speer durch Siegfrieds Brust gedrungen war.

«Seht Ihr», rief Kriemhild außer sich, und große Unruhe ging durch die Trauergäste. Gunther beteuerte noch einmal vor allen, dass niemand gesehen habe, wer den Mord begangen habe, nur Hagen zuckte mit den Schultern, brummte etwas von Aberglauben und ging hinaus, weil hier nichts mehr zu tun war.

Drei Tage und drei Nächte wachte Kriemhild an Siegfrieds Bahre, drei Tage und drei Nächte flackerten die Kerzen im Münster, während Mönche Hunderte Messen sangen. Am vierten Tag trug man den Sarg zu Grabe. Die Kammerjungfern mussten Kriemhild mit kaltem Wasser besprengen, da sie vor Trauer und Erschöpfung ohnmächtig wurde. Am Grab klagte sie, man möge ihr den Sarg noch einmal öffnen, und herzte so innig das tote Gesicht ihres Mannes, dass nicht wenige fürchteten, Kriemhild könne sterben, wenn man Siegfried nun für immer in den Schoß der Erde senkte. Doch sie starb nicht.

Brünhild hingegen beschloss an diesem Morgen, den Mann zu verlassen, mit dem sie zu Unrecht vermählt worden war, und sich mit dem Mann zu vereinen, der ihr als Einziger auf dieser Welt ebenbürtig gewesen war, auch wenn dies hieß, ebendiese Welt zu verlassen. Sie ging dorthin, wo Siegfried jetzt war und wohin ihr Kriemhild, wie sie wusste, kaum aus freien Stücken folgen würde, und stürzte sich in ihr Schwert.

Am Tag nachdem man Siegfried zu Grabe getragen hatte, rüstete König Sigismund zum Aufbruch. Keinen Augenblick wollte er länger bleiben in dem Land, in dem sein Sohn den Tod gefunden hatte. Er bat Kriemhild, mit ihm zu kommen. Sie solle in Niederlanden wie eine Königin herrschen mit allen Rechten und Freuden. Tatsächlich gab Kriemhild schon Order, ihre Kisten und Truhen zu packen, als sie erfuhr, was mit Brünhild geschehen war. Sie zögerte. Wie konnte sie fortgehen, wo doch ihr Mann und diese Frau in einer Erde ruhen?

Nun kamen auch noch Gernot und Giselher, um sie zu bereden, in Burgund zu bleiben.

«König Sigismund ist alt. Er wird bald sterben. Dann bist du dort eine Fremde unter Fremden», sagten sie, aber Kriemhild entgegnete, jedes Land, in dem sie Hagen von Tronje nicht sehen müsse, sei ihr lieber als Burgund. Da versprach Giselher, er wolle dafür sorgen, dass Hagen ihr niemals unter die Augen komme, wenn sie bleibe. Und Gernot fragte, wer denn ihren Schmerz besser trösten könne als die Menschen, die ihr blutsverwandt seien. So gab Kriemhild Anweisung, ihre Kisten und Truhen wieder auszuladen.

König Sigismund stieg voller Unverständnis auf sein Pferd, als Kriemhild ihm eine gute Reise wünschen wollte. Verachtung mischte sich in seinen Blick.

«Lebt wohl, Kriemhild, wir werden uns nie wiedersehen. Ich hätte nicht gedacht, dass Ihr die Vergangenheit mit Euren Brüdern wählt statt der Zukunft mit Eurem Sohn. Ach, ich hatte Siegfried gewarnt, dass Ihr eine Blutsbande sondergleichen seid.»

«Ihr denkt schlecht von meiner Treue», sagte Kriemhild, «kümmert Euch um meinen Sohn, ich bleibe hier bei meinem Mann.»

König Sigismund verstand.

«Wenn Ihr Euch sicher seid, wer meinen Sohn erschlug, kommen die Nibelungen vielleicht doch noch einmal in dieses Land.»

Vier Jahre verstrichen. Vier Jahre, in denen Gernot und Giselher ihrer Schwester den Kummer zu lindern versuchten, denn noch immer ging sie jeden Morgen an Siegfrieds Grab und jeden Abend in die Messe, um für ihn zu beten.

Manch einer meinte, sie sei ein Wunder, da sie mehr Tränen vergoss, als sie an Getränken zu sich nahm. Mit Gunther aber sprach sie kein Wort.

Der saß eines Abends in der großen Halle und trank würzigen Wein, als ihm sinnend die Worte aus dem Munde gingen: «Manchmal denke ich, es war alles nur ein Traum mit Siegfried und mit Brünhild.»

«Es wird nicht viel mehr als ein Traum gewesen sein, wenn es Euch nicht bald gelingt, den Nibelungenhort nach Worms zu schaffen», antwortete Hagen. «Versöhnt Euch endlich mit Kriemhild und überredet sie, den Hort nach Hause zu holen, den Siegfried ihr vermachte. Der Hort ist das, was Kriemhilds außergewöhnliche Schönheit uns einbrachte. Wir hätten diesen Handel umsonst abgeschlossen, wenn der Schatz nicht zu uns käme.»

«Kriemhild spricht nicht mit mir», erwiderte Gunther. «Aber ich will meine Brüder bitten, für mich einzutreten.»

Gunther begann also, überaus eindrucksvoll zu leiden, sobald seine Brüder bei ihm waren und die Rede auf Kriemhild kam. Er lag gequält in seinem Thron, verzerrte sich das Gesicht mit Krallenfingern, stöhnte und faselte von unglücksseligen Verkettungen, unvorhersehbaren Eskalationen und unabgesprochenen Taten seines Ratgebers, die dazu geführt hätten, dass ihm seine einzige und Lieblingsschwester entfremdet worden sei. Kriemhild, die doch das Licht seines Herzens in allen Jugendtagen gewesen sei. Er erinnerte kindliche Spiele und Scherze, lachte und weinte sogleich wieder und fragte dann seine Brüder, ob die Kälte ihres Hasses vielleicht nicht mehr ganz so klirrend sei. Das blieb bei Gernot und Giselher nicht ohne Wirkung.

Bei nächster Gelegenheit bedrängten sie Kriemhild,

Gunther Verzeihung zu gewähren, ihn nicht länger leiden zu lassen für etwas, das er vielleicht nicht mit aller Macht verhindert, aber doch nicht selbst ins Werk gesetzt habe. Jeder wisse, wie eigenmächtig Hagen von Tronje bisweilen handele und dass Gunther ihm oft zu viel Spielraum lasse. So flatterten die Worte der Brüder Kriemhild um den Kopf, bis sie endlich bereit war, Gunther zu empfangen. Der ergriff ihre Hand, eine Träne gab die andere, und bald lagen sich Bruder und Schwester in den Armen. Gunther wartete geduldig ein paar Tage und Wochen, bis das Ohr Kriemhilds wieder gänzlich offen war für seine Worte.

«Eure Trauer darf Euch nicht davon abhalten, liebe Schwester, die Erbangelegenheiten zu regeln», sagte er dann. «Ich hörte, Siegfried hat Euch den Hort der Nibelungen übereignet zum Zeichen seiner großen Liebe. Ihr solltet ihn herholen, um eine Auge drauf zu haben.» Das sah Kriemhild ein, und sie sandte Gernot und Giselher mit achttausend Recken und einer Flotte dickbäuchiger Schiffe ins Nibelungenland, um den Schatz zu holen.

Als Alberich diese Streitmacht der Burgunden auf den Schatzberg zureiten sah, meinte er: «Das habe ich kommen sehen, dass ich die eines Tages kommen sehe!»

Gernot und Giselher gingen zu Alberich, überbrachten das Schreiben Kriemhilds und forderten den Hort. Die Zwerge, die den Schatz für Siegfried gehortet, geputzt und in tausendfältigen Verzeichnissen notiert hatten, wollten es verweigern, aber Alberich sagte leise zu ihnen:

«Wir müssen den Schatz rausrücken. Unser König hat ihn Kriemhild als Morgengabe vermacht. Wie man das eben so macht als Mann, wenn man sich gerade das Hirn weich gevögelt hat. Wenn ich noch meinen Tarnmantel hätte, würden die Burgunden jetzt ihr blaues Wunder erleben, aber so …»

Er erging sich in grummeligen Gedanken über Siegfried und den gestohlenen Tarnmantel und dass Menschen nur Unfug täten mit solchen Dingen, ließ aber doch den Schlüssel zum Gewölbe holen, und die Burgunden begannen, den Hort auf Wagen zu laden. Vier Tage lang waren sie ohne Unterlass beschäftigt. Zwölf Wagen fuhren dreimal am Tag vom Berg zum Hafen. Als der letzte Wagen beladen war, schüttelte der junge Giselher fassungslos den Kopf.

«Was für ein Schatz! Damit kann man die ganze Welt kaufen, und es bliebe immer noch was übrig.»

«Seltsam», meinte Alberich, «dass all seine Besitzer starben, bevor sie ihn so richtig genießen konnten! Findet Ihr nicht?»

Giselher blickte Alberich in die Augen, und da sahen ihn unwiderlegbar fünfhundert Jahre an.

Als sich die schweren Schiffe voller Gold und Edelsteine den Rhein hinaufgeschleppt hatten und schließlich bei Worms ans Ufer gezogen wurden, sprangen Gerüchte wie Ratten von Bord und verbreiteten sich im ganzen Land. Ein ungeheurer Schatz sei Kriemhild gebracht worden. Die Gerüchte wurden bald sichere Kunde, denn Kriemhild machte aus ihrem Reichtum kein Geheimnis und verschenkte ihn mit vollen Händen an jeden, der ihr einen guten Tag wünschte. Das zog viele Recken an, die Kriemhild ihre Dienste anboten. Nicht lange, und eine kleine Heerschar lagerte bei Kampfspiel und Festmahl auf der Wiese vor Kriemhilds Witwensitz, und tapfere Männer in der Form ihres Lebens huldigten ihr, wo immer sie erschien.

«So war das nicht gedacht», sagte Hagen, als er mit Gunther dem Treiben vom Burgfried aus zusah. «Sie schafft sich eine Armee mit dem Nibelungengold, und niemand weiß, was sie mit ihr vorhat. Wir sollten ihr den Hort endlich wegnehmen!»

Gunther wandte ein, dass er sich gerade mit Kriemhild versöhnt und dazu noch einen Eid geleistet habe, ihr nie wieder ein Leid anzutun.

«Ihr seid ein König und tut recht daran, Eide zu schwören», sagte Hagen. «Ein König soll repräsentieren und sich sonst um nichts kümmern. Dafür hat er Untergebene. Einer trägt Eure Koffer, einer trägt Eure Schuld. Und der Letztere bin ich.»

Gunther rief also seine Brüder Gernot und Giselher, und sie beschlossen nach Zögern und Zaudern auf dringenden Rat von Hagen, den Nibelungenhort zu stehlen und an einer geheimen Stelle im Rhein zu versenken. Ein heiliges Versprechen gaben sie einander, diese Stelle niemandem zu verraten.

Hagen spähte nach Gelegenheiten, und sie kam, als zwei Tagesritte entfernt eine große Domweihe mit der Jesu-Essigschwamm-Reliquie gefeiert wurde, zu der Kriemhild mit all ihren neuen Freunden reiste. Die drei Könige ritten derweil in betonter Unschuld auf die Jagd. So war niemand in der Burg, als Hagen mit schnell gedungenen Gesellen den Schatz aus den Kellern des Witwensitzes fortbrachte und bei Lochheim im Rhein verschwinden ließ.

Danach führte er seine Helfer an eine abgelegene Wiese nahe einem Moor, holte sie alle zu einem kleinen Kreis zusammen und zischte: «Ihr werdet niemandem davon erzählen, wo der Nibelungenschatz im Rhein versenkt wurde!»

Die üblen Burschen zwinkerten sich vielsagend an und brummten «Na, klar doch!» oder «Könnense sich drauf verlassen, edler Herr!».

Aber Hagen sah jeden Einzelnen noch einmal an, merkte sich genau, wo jeder stand, und sagte dann: «Ich wollte von euch kein Versprechen, ich wollte nur ankündigen, was jetzt geschieht!» Dann zog er sein Schwert, und keiner entkam. Er warf die Leichen ins Moor, rückte sich die Augenklappe zurecht und ritt zurück nach Worms.

Als Kriemhild nach Hause kam und sah, dass der Schatz verschwunden war, verschlug es ihr jede Klage. Sosehr auch die Könige beteuerten, den Hort während ihrer Abwesenheit nicht einmal angesehen zu haben, so leer fühlte sich Kriemhild. Mit einem Mal verspürte sie keinen Hass mehr. Doch nur aus einem Grund: weil sie selbst der Hass geworden war. Und wie ein Raubtier, das durch den Wald streift auf der Suche nach Beute, ging sie umher, und ihr Blick war fortan ohne Auskunft. Niemand wusste, was sie fühlte, was sie dachte.

So vergingen die Jahre.

ETZELS WERBUNG

Zu dieser Zeit starb im Hunnenland Königin Helche, welche die ganze Freude ihres Gatten Etzel gewesen war. Etzel war ein mächtiger Herrscher, der seinen Untertanen nichts durchgehen ließ. Entsprechend groß und umfassend war die Trauer im ganzen Reich. Wo immer Etzel vom Gram gebeugt auch hinschlurfte, warfen sich die Menschen in den Staub, zerrissen ihre Kleider und schlugen sich die Stirnen blutig an der Wand. Doch eines Morgens erwachte Etzel, sah seine rotzschnoddernden, von Tränen verquollenen Diener erschüttert die Vorhänge aufziehen, und es langweilte ihn.

«So, nu is' wieder gut», befahl er. «Trauer einstellen!»

Er ließ sich was Buntes anziehen, trank einen Humpen vergorene Stutenmilch und aß ein Honig-Mandel-Hirse-Küchlein. Dann marschierte er geradewegs in die große Königshalle, wohin seine Edlen eiligst befohlen worden waren. Etzel setzte sich auf den Thron, vor dem sich seine Heerführer eben noch die Wangen rot geklatscht hatten, um wieder lebensfroh zu wirken. Dann sagte er: «Ich will wieder heiraten! Ich höre Vorschläge!»

Die hunnischen Edlen grübelten sofort, was die Hirne hergaben. Da erlöste Rüdiger von Bechelaren die Getreuen. «Werbt um Kriemhild, mein König! Sie war die Frau von Siegfried, der einst im Drachenblut badete. Eine unerhörte Schönheit, die Eure Tafel genauso schmücken würde wie Euer Bett!»

Die Edlen stimmten eilfertig zu und übertrafen sich im Lob der Schönheit Kriemhilds, um sich keine zweite Kandidatin ausdenken zu müssen.

«Neben ihrer Schönheit ist sie auch noch eine der reichsten Frauen der Welt», ergänzte Rüdiger, «denn Siegfried vermachte ihr den Hort der Nibelungen, einen nahezu unerschöpflichen Schatz.»

«Die nehm ich!», sagte Etzel. «Du wirst mein Brautwerber sein, Rüdiger. Meine Kämmerer sollen dich hübsch ausstaffieren, so mit Pelz und Seide und Purpur und alles voller Gold und Gefunkel, und dann sollen sie dir eine Karte mit meinen Ländern mitgeben. Das macht immer ordentlich Eindruck. Wie viele Recken willst du als Begleitung?»

«Fünfhundert, denn wir müssen durch Bayern, was eine Gegend ist, in der die Räuber sich gegenseitig überfallen, so arm, wie die sind.»

So geschah es. Zwei Wochen später ritt Rüdiger von Bechelaren mit den Hauptleuten seiner Truppe auf den Burghof in Worms. Hagen stand am Fenster und sagte zu Gunther: «Das muss Rüdiger von Bechelaren sein, der Markgraf der Hunnen. Ich war zwar noch ein junger Mann, als ich ihn das letzte Mal sah, aber ich täusche mich eher selten.»

«Ein hunnischer Fürst in Prachtrobe?», fragte Gunther. «Was mag er wollen?»

Sie eilten in die Halle, um ihn gebührend zu begrüßen. Gunther erhob sich sogar von seinem Thron, als Rüdiger hereinkam, und ging ihm entgegen.

«Schön, so werte Gäste aus dem Hunnenland bei uns zu haben», sagte Gunther. «Wie geht es König Etzel und seiner liebreizenden Gattin Helche?»

«Sie ist tot», sagte Markgraf Rüdiger.

«Das tut uns leid», meinte Gunther. «Sie war eine Zierde des Frauentums. Ihr Ruf war ohne Tadel. Sie einte Liebreiz und Tugend. Den Schwachen war sie Stütze, den Starken Richtschnur tatkräftigen Wirkens …»

«Kann ich mal weitermachen?», unterbrach Rüdiger, während Gunther es insgeheim bedauerte, dass sein alter Rhetoriklehrer seine Worte nicht hatte hören können.

«Der Verlust schmerzte Etzel lange, doch jetzt hat er ausgetrauert und will sich neu verheiraten. Eine Witwe käme ihm gerade recht.»

«Wir haben hier massig Witwen», entgegnete Gunther. «In allen Formen und Farben.»

«Kriemhild!», sagte Rüdiger.

«Oh, da muss ich fragen», meinte Gunther. «Gebt mir drei Tage Zeit!»

«Ihr müsst Eure Schwester fragen, bevor Ihr sie verheiratet?», staunte Rüdiger, und da merkten die Burgunden erst, wie anders sie waren.

«Dann will ich sie lieber selber fragen», sprach Rüdiger, und das war den Brüdern ganz angenehm. Während aber Rüdiger von Bechelaren bei Kriemhild vorsprach, beriet sich Gunther mit seinen Brüdern und Hagen, was von dieser Werbung zu halten sei.

«Ich rate ab», sagte Hagen.

«Aber den mächtigen Hunnenkönig Etzel zum Schwager zu haben, stelle ich mir sehr komfortabel vor», erwog Gunther.

«Ihr kennt ihn nicht», erwiderte Hagen, «Etzel ist ein Eroberer. Der Krieg leert beständig seine Kassen. Er will Kriemhild, weil er hofft, dass Kriemhild ihm den Hort der Nibelungen verschaffen kann.»

«Ich habe Eure Missgunst und Eure ewigen Bedenken so satt», rief der junge Giselher. «Warum soll unsere Schwester nicht noch einmal einen herrlichen Fürsten heiraten?»

«Weil Eure Schwester dann endlich die Macht bekommt, sich zu rächen.»

«Das glaube ich nicht. Es war eine komplizierte Sache damals mit Brünhild, aber wir haben uns lange versöhnt», sagte Giselher.

«Aber Kriemhild hat sich nicht mit sich versöhnt», sprach Hagen scharf. «Wir wären in großer Gefahr, sobald wir einmal zu ihr ins Hunnenland kämen.»

«Dann reiten wir eben nicht ins Hunnenland», meinte Gernot. «Von mir aus soll sie glücklich werden mit König Etzel. Schön, wenn ihr noch einmal eine solche Ehre widerfährt.»

Da Hagen sah, dass Gunther einer Meinung war mit seinen Brüdern, winkte er ab und ging.

Derweil stand Rüdiger bei Kriemhild und bot ihr die Heirat mit dem Hunnenkönig an.

«Ich bin nicht mehr schön», sagte Kriemhild. «Die Trauer um Siegfried und der Gram, ihn nicht rächen zu können, haben meine Schönheit zerstört.»

«Ich weiß nicht, wie Ihr vorher aussaht», entgegnete Rüdiger, «aber einem Mann mit schwachem Herzen würde ich Euch immer noch nicht unvorbereitet vor die Augen bringen. Sollte es jemals zur Hochzeitsnacht kommen, so werde ich kalte Tücher und Riechsalz für meinen Herrn bereitstellen lassen.»

Kriemhild lächelte. Rüdiger sprach nun von den Vorteilen, die Kriemhild am Hofe Etzels hätte. Nicht nur Schmuck zu sein, sondern selber Gebieterin über Tausende Dienerinnen und Recken. Endlich eine Frau zu sein, der niemand mehr etwas zuleide tun könne. Da sah Rüdiger Kriemhilds Abwehr schwächer werden, und er sprach: «Selbst wenn Ihr bei den Hunnen niemand hättet außer mir und meinen Männern, ich würde nicht lange fackeln, jeden zu bestrafen, der Euch etwas zuleide tat.»

Kriemhild fasste Rüdigers Hand und sagte: «Schwört es! Schwört, dass Ihr Euer Schwert zieht, sobald mich jemand kränkt, und ich werde Etzels Frau!» Und Rüdiger schwor es leichthin, weil er sich nicht vorstellen konnte, dass jemals ein sterbliches Wesen eines Hunnenkönigs Gattin kränkt.

Rüdiger von Bechelaren nahm Kriemhilds Ja und trug es zu Gunther und seinen Brüdern, die nun erst recht die Hochzeit guthießen. Rüdiger sandte daraufhin sofort Boten zu Etzel, die ihm vom Erfolg seiner Brautwerbung berichten sollten, und drängte ansonsten, Kriemhild gleich mit sich zu führen, bevor noch Mitgiftgefeilsche und eitel Nachverhandlung die Burgunden heimsuchten. Es wurde geräumt und gepackt, was das Witwenhaus hergab, und Hagen von Tronje wanderte durch die Gemächer voller Kisten und achtete drauf, dass nichts zu den Hunnen reiste, was da nicht hingehörte. Hundert Jungfrauen wurden als Gesinde auserwählt, geschmückt und auf die Pferde gehoben. Gernot und Giselher begleiteten Kriemhild und Rüdiger, bis sie die Donau erreichten.

Rüdigers Reise mit der schönen Witwe und edlen Braut führte durch Passau, wo Kriemhild ihren Onkel, den Bischof Pilgrim, besuchte, der sie ermahnte, sich in der Fremde nicht dem Heidentum zu ergeben, sondern alle Kinder, so sie mit Etzel welche zeugen sollte, im christlichen Glauben zu erziehen. Dann zog der Zug weiter bis nach Tulln, wo auf der anderen Seite der Donau König Etzel auf Kriemhild wartete, der ihr von der Etzelsburg aus entgegengeritten war.

Als Kriemhild über den Fluss blickte, sah sie, so weit das Auge reichte, nichts als ein Gewimmel von Menschen, Pferden, bunten Wimpeln und Zelten. Die von den Hunnen unterworfenen Völker, die Reußen, Griechen, Polen und Awaren, Dänen, Thüringer und Walachen, alle in ihren Farben und Waffen, hatten die Landschaft geflutet und übertrafen sich zu Kriemhilds Ehren in Kampfspielen und Artigkeiten. Vor der Brücke aber stand König Etzel inmitten von tausend hunnischen Kämpfen, an seiner Seite ein hünenhafter Mann, von dem sich Kriemhild bis dahin nicht sicher gewesen war, ob er wirklich existierte oder nur eine Legende war. Dietrich von Bern.

«Das, meine Herrin», sagte Rüdiger zu Kriemhild, «wolltet ihr ausschlagen!»

Dann ritten sie zusammen über die Brücke. Etzel hob zwei Finger gegen seinen Zeremonienmeister, und von Tulln bis Wien stand alles still, damit nichts den Augenblick störe, in dem die vielgerühmte Schönheit den Schleier vom Gesicht nähme, um ihrem Bräutigam den Willkommenskuss zu geben.

KRIEMHILDS EINLADUNG

Dreizehn Jahre lebte Kriemhild im Hunnenland, wo sie alsbald König Etzel einen Sohn namens Ortlieb gebar. Sie war eine mächtigere Königin, als Helche je hatte sein wollen, und es verging kaum ein Tag, an dem nicht ein fremder König vor ihr das Knie beugte. Doch alle Macht und aller Reichtum konnten nicht verhindern, dass Kriemhild, sobald sie sich allein wähnte, ihren Gram und Groll hegte und finstere Gedanken spann. Jeden Morgen beklagte sie beim Ankleiden ihren toten Gatten Siegfried und vergoss reichlich Tränen, dass die Schminkzofen ihre liebe Not hatten beim Herstellen ihres Gesichtes.

Eines Abends, als Etzel in Ehelaune bei ihr lag und sich schon ein bisschen warm gerappelt hatte, hielt Kriemhild plötzlich inne.

«Sag, liebst du meine Brüder genauso sehr wie mich?»

Etzel unterließ es, Kriemhild weiter zu befühlen.

«Nein! Das kann ich mit Sicherheit ausschließen! Da brauchst du nichts zu befürchten!»

«Das meine ich nicht», sagte Kriemhild. «Ich meine, ob du ihnen von Herzen zugetan bist?»

Etzel verstand endlich und erklärte, ja, natürlich und überhaupt. Ihre Verwandtschaft sei ihm lieb und teuer. Dann wollte er weiterschmusen, weil Donnerstag war und Donnerstag der vereinbarte Tag.

«Es ist nämlich so», fuhr aber Kriemhild fort und raffte ihr gelüpftes Dekolleté wieder zusammen, «die Leute reden schon, was das für eine Familie sei, dass mich niemand besuchen käme. Spekulationen sind im Umlauf, meine Brüder seien keine wirklichen Könige, und ihnen fehle jede Tugend. Wollen wir sie nicht mal einladen mit allem Pomp, damit jeder sieht, aus welch edlem Haus ich stamme?»

«Was immer du willst», beeilte sich Etzel zu versichern. «Gleich morgen schick ich Wärbel und Schwämmel, meine lustigen Spielleute, auf die Reise. Die sollen sie einladen. Dann feiern wir hübsch irgendwas, und alles ist gut. Und jetzt entspann dich …»

Am nächsten Morgen gab Etzel Order, Wärbel und Schwämmel ins Burgundenland zu schicken und Kriemhilds Brüder zur nächsten Sonnwendfeier einzuladen. Vierundzwanzig auserlesene Recken wurden den Spielleuten zur Seite gestellt, damit sie heil durch das triste und nur von verzweifelten Räubern bewohnte Bayern gelangten.

Kurz vor der Abreise ließ Kriemhild Wärbel und Schwämmel noch einmal in ihre Kemenate kommen.

«Ich verdopple euren Botenlohn, wenn ihr tut, was ich euch sage. Verratet niemandem in Worms, dass ihr mich jemals traurig gesehen habt. Sprecht nur davon, wie herrlich und in Freude ich hier lebe und wie sehr ich wünsche, dass meine Brüder dies einmal erleben könnten. Sorgt dafür, dass viele meiner Verwandten mit auf die Reise kommen, denn ich will sie alle hier haben. Vor allem aber stellt sicher, dass Hagen von Tronje mitkommt. Lockt ihn mit seiner Wegkenntnis und Erinnerungen an seine Kindheit bei den Hunnen.»

Wärbel und Schwämmel versprachen es und machten sich auf den Weg. Die Reise durch Bayern verlief ganz ungestört, vielleicht auch deswegen, weil Wärbel und Schwämmel die ganze Zeit auf der Fiedel spielten und dabei Heimatlieder sangen: «O Heimatland voll Schädelpyramiden / Wie sehnt es mich nach deinem Frieden! / Aus meinen Feinden tat ich Därme rupfen / Um diese Saiten hier zu zupfen!»

Solcherart glücklich in Worms angekommen, traten sie in den Saal, entboten ihren Gruß und deklamierten die königliche Einladung des Weltenherrschers Etzel zum Sonnwendfest. Gerade Kriemhild sei es ein besonderes Anliegen, dass alle ihre Verwandten einmal sähen, wie prächtig und ausgelassen ihr Leben am hunnischen Hofe sei. Zwar sei der Weg weit, aber der treue Hagen kenne ja alle Pfade ins Hunnenland, wo viele liebe Erinnerungen seiner harrten.

Gunther dankte im Namen aller und bat die Boten, sich

eine Woche von der Reise auszuruhen. Dann werde er ihnen seinen Entschluss mitteilen. Wärbel und Schwämmel verbeugten sich, spielten noch eine kleine hunnische Weise («Eile schnell zu deinem Fürst, falls du mal gerufen würst …») und empfahlen sich in ihr Quartier.

«Niemals werden wir ins Hunnenland reiten», zürnte Hagen, kaum dass sie verschwunden waren.

«Nicht so eilig mit den Entschlüssen», sagte Gunther. «Es ist Etzel, der uns einlädt. Wenn wir ihm das abschlagen, schlägt er uns womöglich auch was ab. Zum Beispiel den Kopf.»

Hagen blieb dabei.

«Kriemhild sinnt auf Rache. Das ist alles, was sie will.»

«Macht Euch nicht lächerlich», sagte Gernot. «Das ist alles viele, viele Jahre her. Hundertmal haben wir uns seitdem vergeben und verziehen.»

«Kriemhild will unseren Tod, und sie will wissen, wo der Hort verborgen ist», warnte der Tronjer.

«Wir sind durch Heirat Verwandte des Hunnenkönigs. Er wird uns schon beschützen.»

Hagen schüttelte vor Fassungslosigkeit den Kopf.

«Für Etzel seid Ihr Verwandte, deren Erbe man einziehen kann. Wenn er erfährt, wo der Hort ist, wird er kurzen Prozess machen. Etzel weiß, dass wir ihm nur mit dem Schatz der Nibelungen die Stirn bieten können, weil wir jedes Heer damit bezahlen können, und seines noch dazu.»

«Wir fahren zu meiner Schwester», sagte Giselher. «Ihr, Hagen, könnt ja zu Hause bleiben.» Seine Brüder stimmten ihm zu. Allzu neugierig waren sie, in welchem Überfluss ihre Schwester im Hunnenreich lebte. Große Ehren erwarteten sie sich.

«Gut», sagte Hagen, und etwas in Gesicht und Haltung veränderte sich. «Fahren wir also. Aber so bald als möglich, und zwar in Waffen und mit den besten Recken.»

Er sprach wie ein Mann, der lang genug versucht hat, das Unheil abzuwehren, und nun entschieden hat, ihm entgegenzugehen. Man wartete, bis alles zur Reise gerüstet war. Dann bestellte Gunther Wärbel und Schwämmel zu sich und verkündete ihnen, dass man sich freue und die Einladung annehme. Die machten sich umgehend auf den Rückweg, denn sie waren für ihren Geschmack schon viel zu lange unterwegs und wussten, dass bei Etzel während des Wartens schnell mal die Stimmung kippt.

Am Tag, da die Burgunden ins Hunnenland aufbrachen, trat Frau Ute, die Königsmutter, zu ihren Söhnen und sprach: «Fahrt nicht! Ich habe Fürchterliches geträumt. Alle Vögel hier im Lande lagen tot am Boden.»

Hagen, dem das Pferd schon ungeduldig wurde, erwiderte: «Vielleicht habt Ihr zu Abend schwer gegessen und deshalb schlecht geträumt. Unsere Ehre heißt uns reisen, und unsere Ehre kann sich leider nicht nach Eurer Verdauung richten!»

«Keine Sorge, Mutter, wir fahren doch zu Verwandten», sagte Gunther.

«In Rüstung?», fragte Frau Ute noch, aber schon setzte sich der Zug aus tausend Männern in Bewegung.

Am zwölften Tag der Reise kamen die Burgunden an die Donau, die zu dieser Zeit Hochwasser führte. Das Wasser war über die Ufer getreten, und die Strömung war außerordentlich mitreißend. Nirgendwo war eine Fähre oder auch nur ein Kahn zu sehen.

«Lieber Hagen», meinte Gunther, «wir können hier ja nicht warten, bis der Pegel wieder sinkt. Geht doch und sucht im Fluss eine Furt, wo wir mit Mann und Pferd durchmarschieren können!»

«Ich weiß wahrlich Besseres mit meinem Leben anzufangen, als bei Hochwasser in einem Fluss zu waten. Zu viele hunnische Krieger würden ein unangemessen hohes Alter erreichen, wenn ich hier ersöffe», antwortete Hagen. «Ich gehe und suche uns einen Fährmann!»

Hagen nahm Schild und Schwert und ging am Ufer entlang, um einen Fährmann zu finden, aber so weit er auch spähte und so laut er auch rief, es war keiner zu finden. Da hörte er plötzlich unweit von sich eine Quelle rauschen und schlug sich durchs Gebüsch, um sie zu suchen. Doch er fand nicht nur die sprudelnde Quelle, sondern auch zwei Meerfrauen, die da badeten. Meerfrauen, dachte Hagen, können die Zukunft sehen. Wie konnte er sie nur dazu bringen, ihm ein bisschen behilflich zu sein? Wie zwei weiße Fischlein tummelten sich die beiden im Wasser, und eine wisperte kichernd zur anderen: «Gleich stibitzt er unsere Kleider, und wir müssen ihm wahrsagen!» Hagen, etwas beleidigt von der nun nicht weiter verwunderlichen Tatsache, dass die beiden Nixen auch ihre unmittelbare Zukunft nur allzu gut kannten, sah sich um und entdeckte die Kleider neben sich im Busch. Er hob sie mit der Schwertspitze an und trat damit ins Freie.

«Überraschung», sagte Hagen gelangweilt.

«O du Schlingel», rief eine Meerfrau. «Gib uns sofort unsere Kleider wieder!»

Hagen sah die nackigen Nixen durch das Wasser gleiten und fragte sich, ob es jemals in seinem Leben eine Zeit gegeben hatte, in der ihn das interessiert haben könnte. Ihm fiel keine ein.

«Ihr kriegt eure Kleider wieder, wenn ihr mir die Zukunft voraussagt», rief Hagen.

«Alles prima», meinte die eine, «fahrt ruhig in Etzels Land. Ich sage dir, nie sind Helden mit größeren Ehren in irgendeinem Königreich empfangen worden.»

Die Nixe winkte mit der Hand nach ihren Kleidern, und Hagen, noch ganz verwirrt von diesem allzu hellen Ausblick auf die Zukunft, reichte sie wie abwesend hinüber. Dann wandte er sich ab und ging.

Doch in diesem Moment rief die andere Meerfrau: «Glaub ihr nicht! Sie hält dich zum Narren, Hagen von Tronje! Fahrt nicht ins Hunnenland! Ihr seid nur eingeladen worden, um dort zu sterben!»

Die Anrufung seines Namens überzeugte Hagen sofort, dass diese hier die Wahrheit sprach. Er blieb stehen und sah sich um. Die Meerfrau kam langsam näher geschwommen.

«Ihr werdet alle sterben. Kein König und kein Recke wird zurückkehren! Nur euer Kaplan wird überleben!»

Hagen nahm dies regungslos entgegen.

«Gut zu wissen, aber schlecht zu sagen», erwiderte er. «Ich denke nicht, dass ich den Burgundenkönigen dies mitteilen werde! Wer sind wir, dass wir unserem Schicksal entrinnen sollten? Aber dazu müssen wir über diesen vermaledeiten Fluss. Sag mir doch noch, wie wir hinüberkommen bei diesem Hochwasser.»

Die Meerfrau sagte ihm, dass es in dieser Gegend einen Fährmann auf der anderen Seite der Donau gäbe, der aber niemanden übersetzen würde, weil sein Herr, der Markgraf Else, fürchte, damit Feinde ins Land der Bayern zu holen.

Hagen solle darum rufen, er sei Amelrich, welcher ein Held sei, der einst außer Landes getrieben worden sei und mit dessen Rückkehr gerechnet werde. Hagen dankte, so herzlich er konnte, und ging. Als er dorthin kam, wo auf der anderen Seite des Flusses das Fährhaus stand, rief er den Fährmann heraus und winkte ihm mit einem goldenen Ring als Lohn, aber der weigerte sich. Da rief Hagen: «Ich bin es, Amelrich, Elses Lehnsmann! Ich will zurückkehren in meine Heimat.» Nun ergriff der Fährmann doch die Ruder und kam mit dem Kahn herübergefahren. Doch als er fast am anderen Ufer und in Sichtweite Hagens war, stoppte er den Kahn.

«Du bist nicht Amelrich», rief er, «Amelrich ist mein Bruder!»

Er wollte wieder zurückrudern, aber Hagen nahm Anlauf und sprang mit einem gewaltigen Satz in sein Boot.

«Gut, ich gebe zu, ich habe Euch angelogen. Aber ich meine es gut mit Euch. Fahrt für mich!»

Der Fährmann griff nach dem Ruder und hob es über den Kopf.

«Meine Herren haben Feinde, und deswegen rudere ich keine Fremden! Raus aus meinem Boot, oder es setzt was!»

«Wir wollen zu den Hunnen. Wir interessieren uns nicht für Bayern. Wir sind kultivierte Leute. Nehmt um Himmels willen mein Gold und setzt uns über.»

Statt einer Antwort hieb der Fährmann zu, und es schlug Hagen längs hin im Boot. Doch rechtzeitig vor dem zweiten Hieb war er wieder auf den Beinen.

«Ihr hattet Euren Schlag», sagte Hagen wütend. «Jetzt habe ich meinen.» Dann zog er sein Schwert und schlug dem Fährmann den Kopf ab.

Er ruderte den Kahn zu den Burgunden, die stromabwärts am Ufer warteten. Sie wunderten sich ein wenig, dass Hagen ohne Fährmann kam, aber das frische Blut im Boot deutete an, dass es Unstimmigkeiten gegeben hatte, die Hagen auf seine Art geklärt hatte. Also trieb man die Pferde in den Fluss, die um ihr Leben ans andere Ufer schwammen, auch wenn sie dabei zwei Meilen abgetrieben wurden. Hagen setzte binnen eines Tages alle Recken mitsamt dem Gold, der Ausrüstung und den Waffen über. Als er bei seiner letzten Fahrt nur noch den Kaplan des Königs vor sich im Boot sitzen sah, der ängstlich seine göttlichen Gerätschaften zusammenhielt, erinnerte er sich wieder an die Weissagung der Meerfrau. Unversehens stand Hagen auf, packte den verdutzten Kleriker und warf ihn über Bord in die reißende Strömung. Dann griff er ein Ruder und drückte den Kaplan, der sich, kaum dass er wieder aufgetaucht war, planschend an den Rand des Bootes retten wollte, wieder unter Wasser. Am jenseitigen Ufer standen die Burgunden und riefen: «Was ist in Euch gefahren, Hagen? Wer soll uns die Messen lesen? Wem sollen wir beichten?»

Der Kaplan indes war abgetaucht und ließ nun vom Boot ab, übergab sich der Strömung und befahl sein Schicksal Gott. Inmitten seiner dicken Robe kreiselte der dicke Mann durchs Wasser, bis er schließlich in der Nähe des Ufers einen Ast zu greifen bekam und sich wunders wie an das verlassene Ufer ziehen konnte. Hagen sah ihn dort patschnass, keuchend und fassungslos stehen und wusste, dass die Meerfrau die Wahrheit gesagt hatte.

Hagen ruderte zu den Burgunden am jenseitigen Ufer der Donau, antwortete nicht auf die zornigen Fragen, sondern zog den Kahn an Land und ging zu einem der Saumtiere, das Werkzeug trug, nahm eine Axt, kehrte zum Boot zurück und zerschlug es in zehn Hieben. Die Reste warf er in den Fluss, der sie mitnahm.

«Warum, Bruder?», fragte Dankwart als Einziger, denn für die anderen war Hagens Tun nur noch ein Rätsel, vor dem sie verstummten.

«Jeder, der sich feige davonstehlen will, soll wissen, dass es kein Zurück mehr für ihn gibt», verkündete Hagen.

Das drückte mächtig auf die Stimmung, und Hagen merkte, dass er seinen Kämpen eine Erklärung schuldete.

«Als ich nach einer Fähre suchte, habe ich zwei Nixen getroffen. Ich stahl ihre Kleider und forderte von ihnen, in die Zukunft zu schauen. Sie haben prophezeit, dass wir niemals wieder ins Land der Burgunden zurückkehren werden. Wir würden alle sterben, nur der Kaplan käme davon. Deswegen habe ich ihn über Bord geworfen, um ihre Weissagung zu prüfen.»

«Das scheint mir nicht sauber verifiziert», meinte Gunther. «Warum hast du ihm nicht exakt den Kopf abgeschlagen? Wenn er das überlebt hätte, wüssten wir jetzt sicher Bescheid.»

«Überhaupt Nixen», warf Gernot ein, «wir sind Christenmenschen. Wir vertrauen auf Gott und nicht auf irgendwelche nackt badenden Wunderweiber!»

Das lenkte die Aufmerksamkeit der Männer und Knaben zuverlässig ab, und ihres angekündigten Verderbens ungeachtet ritten sie fort in endlosem Gerede über Gestalt und Gemüt nackter Nixen und was man anstelle fader Orakel noch alles für die Herausgabe der Kleider hätte aushandeln können.

Ein paar Tage später hatten sie die hunnische Grenze

erreicht und fanden bei Rüdiger von Bechelaren freundliche Aufnahme, was dringend nötig war, denn der Proviant war zur Neige gegangen, die Pferde brauchten Ruhe, und die Männer hatten Schwielen an den Hinterbacken vom Sitzen im Sattel. Rüdiger hatte seine Frau Gotelinde und seine Tochter angewiesen, alles für ein ausgiebiges Fest vorzubereiten, und so traf feine Speise auf hungrige Mägen, schwerer Wein auf trockene Kehlen und nicht zuletzt Jungfrauenliebreiz auf allzu lang unterwegs gewesene Recken.

Das Tafeln und Zechen löste die Männer über alle Maßen, und als Rüdigers Tochter ein neuerliches Mal hereinkam, um Wein zu bringen, rief Volker der Spielmann: «Mein lieber Rüdiger! Gott hat seinen Segen in großen Eimern über Euch ausgegossen! Eure Frau ist ja schon schön wie die duftende Rose im Morgentau, aber Eure Tochter ... Wenn ich König wäre und eine Krone trüge, ich würde glatt zu Euch sagen: Her damit!»

«Wir sind Vertriebene», sagte Rüdiger, «Etzel hat mich gnädigerweise zum Markgrafen eingesetzt. Ich habe kein eigenes Land und keine Burgen und hätte einem König nichts zu bieten. Die Schönheit hat meine Tochter also umsonst.»

Gernot stimmte Volker zu, dass sie eines Königs würdig sei, und da dachte sich Hagen, dass dies eine gute Gelegenheit sei, einen Bündnisgenossen zu gewinnen, bevor es zu Etzel ging.

«Unser junger König Giselher steht zur Vermählung an», sagte Hagen. «Warum freit er nicht Eure Tochter? Sie ist von edler Abstammung, und Land und Burgen haben die Burgunden selbst genug!»

Das hielten alle sofort für eine ganz ausgezeichnete Idee.

Die Edlen erhoben sich mit schweren Gliedern und bildeten einen schwankenden Kreis, stellten Giselher in seine Mitte und riefen das junge Mädchen, das gar nicht wusste, wie ihm geschah, obschon es Giselher fürs Erste ganz schmuck fand. Dieser schwor nun vor allen, sie zur Frau zu nehmen, und als Rüdiger seiner Tochter riet, nun auch ja zu sagen, und zwar mit Freuden, da tat sie es. Giselher umfing sie und fand so gar nichts dabei, dass er nicht wusste, wie sie hieß. Man pries das große Glück des jungen Paares, das aus nichts bestehen würde als ein paar Tagen Hoffnung.

Noch vier weitere Tage nötigte Markgraf Rüdiger seine Gäste und Anverwandten in spe, bei ihm zu bleiben und sich zu stärken, dann drängte Hagen zum Aufbruch. Als Rüdiger sah, dass er seine Gäste nicht weiter zum Rasten bewegen konnte, schenkte er Gunther zum Abschied eine strahlende Rüstung und Gernot ein scharfes Schwert, mit dem er selbst in vielen Schlachten siegreich geblieben war.

«Womit kann ich Euch eine Freude machen?», fragte er dann Hagen, und dieser wies auf einen Schild, der an der Wand hing. Als der Markgraf ihn abnahm und Hagen übergab, begann Frau Gotelinde plötzlich zu weinen.

«Was habt Ihr?», fragte Hagen.

«Das ist der Schild meines Sohnes Naudung, der von Witege erschlagen wurde», schluchzte Gotelinde.

«Das ist ein guter Schild», sagte Hagen. «Er gibt einem hundert Leben. Tröstet Euch also wegen Eures Sohnes. Witege hatte das Schwert Mimung, und wir anderen alle haben es nicht.»

Dann brachen die Burgunden auf, und Rüdiger selbst ließ es sich nicht nehmen, seine Gäste mit fünfhundert Mann bis zur Etzelsburg zu geleiten.

BEI DEN HUNNEN

Als sich der Zug der burgundischen Könige der Etzelsburg näherte, erfuhr es auch Meister Hildebrand, der Waffenmeister, und er sagte es seinem Herrn, Dietrich von Bern. Dieser war darüber sehr verwundert, und er ließ Wolfhart, Hildebrands Neffen, die Pferde holen und ritt ihnen entgegen.

«Was wollt Ihr hier?», fragte Dietrich. «Seid Ihr alle übergeschnappt?»

«Wir sind eingeladen worden. Zu einer Feier. Von Kriemhild», sagte Gunther verwirrt ob dieses spröden Empfangs durch den hochberühmten Helden.

«Ich kann mir nicht vorstellen, dass sie mit Euch etwas anderes feiern will als Eure Beerdigung», erwiderte Dietrich.

«Wisst Ihr Genaueres?», wollte Hagen wissen.

«Ich weiß, was alle ihre Diener wissen. Sie klagt und verwünscht Euch jeden einzelnen Morgen.»

«Und wennschon», meinte Volker der Spielmann, «wir sind nun einmal da. Und jetzt will ich auch wissen, wie es weitergeht.»

Dietrich musste zugeben, dass das wenn nicht die klügste, so doch die männlichste aller Antworten war. Sie ritten gemeinsam in den Hof der riesigen Etzelsburg, wo sich viel Hunnenvolk versammelt hatte, das flüsterte und deutete, wer denn unter den burgundischen Männern der grimmige Held Hagen sei, der den herrlichen Siegfried erschlagen habe. Als sie ihn entdeckten, erschraken sie vor seinem finsteren Blick, was nicht wenig war für die verschlagene Blicke gewöhnten Hunnen, und wie er absaß, breit in der Brust, mit der grauen Strähne im Haar wie ein Schreckensmal, und mit seinen langen, geraden Beinen über den Hof schritt, da bewunderten sie ihn sehr, denn niemand aus dem krummschenkligen Reitervolk konnte so gehen.

Als alle Reisenden neben ihren Pferden standen, kamen Diener und trennten die burgundischen Ritter von ihren Knappen, die gesondert untergebracht wurden. Dies geschah nicht aus Zufall, sondern um der Burgunden leichter Herr zu werden. Dankwart aber durchschaute diese Absicht und ging mit den Knappen. Unterdessen kam auch Kriemhild, um die Könige zu begrüßen. Doch nur Giselher, den Jüngsten, küsste sie.

«Sparsame Begrüßung», kommentierte Hagen und band seinen Helm fester. Kriemhild wandte sich um, wie der Panther sich umwendet, wenn seine Beute im Wald einen Zweig hat knacken lassen.

«Was habt Ihr mir denn mitgebracht, dass ich Euch herzlich willkommen heißen sollte?», fragte Kriemhild.

«Von Mitbringen war keine Rede», erwiderte Hagen.

Kriemhild trat so dicht an Hagen heran, dass ihre Nase fast seine Halsberge berührte.

«Ich meine den Nibelungenhort! Nur den hättet Ihr mitbringen sollen. Nur den!»

«Der liegt im Rhein», sagte Hagen. «Und da bleibt er auch. Ich habe an Schild und Schwert und Rüstung genug zu tragen!»

«Im Saal des Königs trägt keiner Waffen», sagte Kriemhild. «Gebt sie mir. Ich bring sie fort.»

«Netter Versuch, ich bleibe lieber eisern.»

«Euch hat doch irgendjemand was gesteckt», fauchte Kriemhild. «Wer war das?»

Sie sah sich um, wo Dietrich von Bern nur ganz kurz seinen behandschuhten Zeigefinger hob. Unter wütenden Blicken stampfte Kriemhild davon.

«So richtig zu freuen scheint sich die Königin nicht», sagte Etzel, der die Szene vom Burgfenster aus betrachtet hatte. «Wer ist noch mal dieser burgundische Held, der meine Frau eben so in Rage brachte? Er scheint sich der Freundschaft von Dietrich von Bern zu erfreuen.»

«Hagen von Tronje, mein König», antwortete ein Kammerdiener.

«O ja, an den erinnere ich mich», sagte Etzel, «der diente doch mal als Jüngling in meinem Heer? Zusammen mit Walther von Aquitanien, diesem fürchterlichen Haudegen. Der Hagen hatte so einen Flitz mit Treue und Pflicht. Fröhlichsein und Singen waren auch nicht so seins. Aber insgesamt ein guter Mann.»

Unterdessen war Hagen zu Volker dem Spielmann gegangen.

«Lass uns hier nicht mitten im Hof stehen bleiben. Ich fühle mich besser, wenn ich Euch an meiner Seite und eine Wand im Rücken habe.»

Unter den Blicken der Hunnen gingen sie hinüber zum Palast und setzten sich auf die kleine Vortreppe. Hagen nahm sein Schwert und legte es über die Knie. Kriemhild stand derweil in ihrem Zimmer und beobachtete durchs Fenster die Burgunden, die ihr Zeug abluden. Als sie sah, wie Hagen und Volker sich lässig vor den Palast setzten, verwandelte sich ihre ohnmächtige Wut in Schmerz, und

Kriemhild weinte, dass es ihren ganzen Leib erschütterte. Dies blieb nicht unbemerkt, und es fanden sich auf Bitten der Kammerzofen einige hunnische Edle ein, die den Grund dieses Schmerzes wissen wollten.

«Wer hat Euch beleidigt? Sagt es, Königin, und wir werden Euch sofort Genugtuung verschaffen», sprachen die Krieger, den Griff schon am Krummsäbel. Kriemhild nannte schluchzend Hagens Namen, und schnell war das Zimmer voll mit sechzig hunnischen Säbelschwingern, die sich im Dienst der Königin auszeichnen wollten. Kriemhild wendete sich tränentrocknend und sah die Krieger.

«Sechzig Mann sind zu wenig. Ihr seid alle des Todes, wenn Hagen und Volker ihre Schwerter zücken.»

So sammelten sich immer mehr hunnische Krieger bei Kriemhild, bis es an die vierhundert waren. Das schien ihr endlich ausreichend zu sein. Sie setzte sich die Krone auf und schritt vor ihrer Schar hinaus auf den Hof zu Hagen und Volker.

«Die Königin kommt. Lass uns aufstehen!», meinte Volker und wollte sich erheben, aber Hagen hielt ihn fest.

«Keine falschen Höflichkeiten», meinte er. «Die Hunnen werden denken, wir stünden aus Angst vor ihr auf!»

Kriemhild baute sich vor ihnen auf, und die Hunnen rückten zu einem Kreis zusammen, der eng genug war, dass keiner der beiden seitlich entkommen konnte.

«Um unser Gespräch von vorhin fortzusetzen, Hagen, sagt mir doch, wer Euch eingeladen hat?»

«Eine gesonderte Einladung war nicht erforderlich. Meine Könige waren eingeladen, und da bin ich immer mit dabei.»

In diesem Moment fiel Kriemhilds Blick auf das Schwert,

das Hagen auf den Knien hatte, mit seinem goldenen Griff und dem Knauf aus grünem Jaspis, und sie entdeckte, dass es das Schwert ihres ermordeten Mannes war. Unmittelbar verlor sie die Lust, das hier langsam eskalieren zu lassen.

«Warum habt Ihr Siegfried getötet?», schrie sie, und die Hunnen holten ihre Schwerter hervor. Hagen, dem Drumherumreden noch nie gelegen hatte, antwortete: «Ich habe Siegfried erschlagen, weil seine Frau Kriemhild meine Herrin Brünhild beleidigt hat. Das sage ich Euch geradeheraus ins Gesicht!»

«Ich habe sie nicht beleidigt, ich», kreischte Kriemhild wie von Sinnen, da die Rede wieder auf ihre Schuld kam, «ich habe die Wahrheit gesagt! Siegfried hat sie in der Brautnacht entjungfert! Das ist die reine Wahrheit!»

«Ihr habt nicht zu entscheiden, was die Wahrheit ist!», entgegnete Hagen scharf. «Was Wahrheit ist, entscheidet der Staat!»

Zu seiner Überraschung sah Hagen, wie ein paar Hunnen hinter Kriemhild sich gerade so ein «Jawoll!» verkniffen.

«Diese Männer hier», schrie Kriemhild nun, «haben gehört, wie Ihr den Mord gestanden habt. Und diese Männer werden Euch jetzt dafür richten!»

Sie trat einen Schritt zurück in die Menge, von der sie annahm, dass sie nun über Hagen und Volker herfallen werde. Stattdessen blieb es wundersam still, und nur ein einzelner Hunne trat vor.

«Eine kleine Frage, Herr Hagen. Ist dies das Schwert, mit dem Siegfried den Drachen erschlagen hat?»

Hagen nickte.

«Gut, Leute», sagte ein anderer, älterer Hunne von der Seite, «ich habe den jungen Hagen in zweiundzwanzig Schlachten kämpfen sehen. Ich will euch nicht mit Einzelheiten langweilen, aber es war jedes Mal kein schöner Anblick. Jetzt ist er um einiges erfahrener und hat Siegfrieds Schwert in den Händen. Ich will niemandem die Entscheidung abnehmen, aber das sollte man dann doch vorher wissen!»

Die Hunnen murmelten und berieten sich. Einige meinten, es gäbe gleich essen, andere hatten noch was in der Rüstkammer zu tun, und so zerstreute sich der Trupp.

Derweil gab es bei den Ankömmlingen im Hof Bewegung, denn Etzel lud in den großen Saal. Hagen und Volker ließen die so überraschend verlassene Königin stehen und gingen hinterdrein.

Etzel hatte inzwischen Order gegeben, Met und Maulbeersaft und Wein zu kredenzen, und ließ es weder an warmen Speisen noch an warmen Worten fehlen. Sogar Hagen und Volker erwähnte er als große Helden. An der Tafel gab es von allem zu viel, und den Weitgereisten fiel es bald schwer, die Augen offen zu halten. König Gunther bat darum, mit seinen Männern das Nachtquartier beziehen zu dürfen, auf dass der Morgen erfrischte Gäste sähe. Man führte die Burgunden in einen Saal, wo prächtige Betten auf sie warteten, so weich und sanft, dass man darin versank.

«Das wäre ein Leichtes für unsere Schwester, uns heute Nacht ermorden zu lassen», sagte sogar Giselher, «denn aus diesen Kissen kommt niemand so schnell heraus.»

«Schlaft unbesorgt», meinte Hagen. «Ich halte Schildwache vor der Tür. Morgen sehen wir weiter.»

Hagen stellte sich in voller Rüstung vor die Tür zum Schlafsaal. Gleich darauf gesellte sich Volker zu ihm, lehnte seinen Schild an die Wand, setzte sich auf die Treppe und begann, die Fiedel zu streichen. Das war für die müden Recken ein Wiegenlied, und bald ertönte aus allen Betten dazu das Bassgegrunze satten Schnarchens. Volker war es zufrieden und legte die Fiedel weg. Er hatte gerade seinen Schild genommen, als er ein Blinken und Blitzen wahrnahm, wie es von Helmen und Schwertern stammen mochte.

«Da sind Leute in Waffen», sagte er leise zu Hagen, aber der zischte: «Seid still! Lasst sie noch ein bisschen herankommen.»

Die Hunnen raschelten heran, aber als sie entdeckten, dass vor der Tür zum Schlafsaal zwei Männer standen, flüsterte einer: «Mist! Da stehen Hagen und Volker vor der Tür. So sind wir morgen Mittag noch am Kämpfen!»

Volker fand, die im Dunkeln harrenden Hunnen sollten wissen, dass sie entdeckt worden waren, und rief: «He, ihr Schleicher! Wissen eure Mütter, Frauen und Kinder, was für erbärmliche Feiglinge ihr seid, dass ihr in der Nacht warten müsst, bis eure Opfer schlafen und sich nicht wehren!»

Da glühte Schamröte aus der Dunkelheit herüber, und die beiden Wachen sahen, wie sich die Hunnen zurückzogen.

Als die Morgenkühle kam und die Sonne aufging, weckte Hagen seine Leute. Die sprangen aus den Betten und wollten ihre besten Festkleider anziehen, um in die Kirche zu gehen. Hagen aber riet ab. Er berichtete von dem verhinderten Anschlag der vergangenen Nacht und mahnte: «Statt Rosenkranz und seidenem Kragen brauchen wir Schwert und Halsberge. Wir werden heute noch um unser Leben kämpfen müssen. Wenn Ihr in der Kirche seid: Gesteht dem lieben Gott Eure Sünden, auf dass mir heute keine Seele mit schwerem Gepäck in den Himmel fährt.»

So kleideten sich die Burgunden auf Hagens Rat in Harnisch. Etzel, der vor der Kirche wartete, verwunderte dies sehr. Er fragte, ob jemand seinen Gästen zu nahe getreten sei, aber Hagen entgegnete, es sei in seiner Heimat Brauch, bei Festlichkeiten drei Tage lang Rüstung zu tragen. Etzel sah zu Kriemhild, ob dies wahr sei, aber sie bestritt es zumindest nicht, um nicht zu verraten, dass sie der Anlass für die Aufmachung war.

Nach der Messe sammelten sich dic Hunnen und ihre Gäste auf dem weiten Hof der Etzelsburg zum Kampfspiel. Nervös saßen die Burgunden auf und griffen ihre Lanzen, die Pferde tänzelten unruhig durch den Staub. Gunthers Männer rechneten jederzeit mit einem heimlichen Zeichen Kriemhilds an ihre Getreuen, gegen die Gäste loszuschlagen. Dietrich von Bern verbot seinen Recken, gegen die Burgunden zu reiten, da er sah, wie gereizt diese waren, und er fürchtete, es könnten echte Feindseligkeiten entstehen. Auch Rüdiger von Bechelaren brachte seine Leute davon ab, die Lanze gegen die Burgunden zu erheben. Unheil lag in der Luft.

Endlich erschienen die Thüringer und Dänen auf dem Plan und ritten munter gegen die Burgunden, dass die Lanzen splitterten und die Fräuleins auf dem Zuschauerpodest kreischten. Da mischten sich auch noch die Hunnen unter Etzels Bruder Blödel mit ein, und es wurde ein Kampfspielgetümmel, dass der Sand bis zu den Sitzen der Damen spritzte.

Doch Dietrich von Bern und Rüdiger behielten recht. Am Ende des Buhurts ritt ein besonders aufgeputzter Hunne über den Platz, der zwischen den erschöpften Recken die Aufmerksamkeit der Damen suchte. Da sagte Volker der

Spielmann, keuchend und triefend vor Schweiß: «Was wagt dieser eitle Hunne, hier so herumzustolzieren? Den haue ich jetzt weg, egal ob die Königin was dagegen hat!» Und auch wenn Gunther noch versuchte, Volker zurückzuhalten, ritt dieser brüllend los gegen den Hunnen und stieß ihm den Speer durch den Leib. Er fiel aus dem Sattel und war schon tot, bevor er den Boden traf. Die unerhörte Tat ließ sofort Etzels Männer auf den Platz stürmen, um Volker vom Pferd zu reißen und ihm den Garaus zu machen. Mit knapper Not gelang es den Burgunden, ihn in ihre Mitte zu nehmen. Als Etzel den Aufruhr auf dem Kampffeld sah, sprang er selbst unter seine Leute, entriss dem Nächsten sein Schwert und hieb sie auseinander.

«Zurück! Was fällt euch ein, die Hand gegen meine Gäste zu erheben? Kennt ihr das Gastrecht nicht? Was hat der burgundische Spielmann mit dem Tod dieses Hunnen zu tun? Jeder hat doch gesehen, dass der Mann aus Altersschwäche aus dem Sattel fiel!»

Da wurde es still, und die Wahrheit des Staates ergriff die hunnischen Gemüter. Nur ein Verwandter des Toten, dem die Hitze des Zorns den Untertanensinn verwirrt hatte, krächzte, der Tote habe doch wohl ein klaffendes Loch in der Brust.

«Das ist altersbedingt», rief Etzel, wütend darüber, dass man ihn zu weiteren Erklärungen nötigte. Diese Worte rief er mit einer solchen Donnerstimme über das versammelte Volk, dass niemand mehr widersprechen wollte.

Etzel nahm die Burgunden mit sich, denn schon war im Palast die Tafel hergerichtet und die Diener warteten mit dem Waschwasser, damit sich die verstaubten Helden säubern konnten. Kriemhild blieb zurück, etwas enttäuscht, dass dieser Vorfall nicht zu dem Gemetzel geführt hatte, das sie ersehnte. Da sah sie Dietrich von Bern mit Meister Hildebrand stehen und ging zu ihnen.

«Ich brauche Euren Beistand, verdammt noch mal! Lasst diese burgundische Mörderbande nicht ihren Mutwillen treiben! Der Tod von Siegfried muss endlich gesühnt werden! Sagt mir, wie viel Gold Ihr dafür haben wollt, und ich gebe es Euch!»

Noch ehe Dietrich von Bern etwas sagen konnte, fuhr Meister Hildebrand sie an: «Ihr könnt es nicht gut seinlassen, oder? Wie soll der Tod Eures Gatten jemals aufzuwiegen sein? Wären fünf tote Recken genug? Oder besser siebeneinhalb? Was wäre die Welt für ein Schlachthof, wenn wir nicht aufhören könnten, unsere Genugtuung zu suchen?»

Und Dietrich beschied in aller Kürze: «Ich habe keinen Streit mit Euren Brüdern. Wenn niemand Siegfried rächen will, dann nehmt es endlich hin!»

Doch Kriemhild war schon zu lange in Rachegedanken verstrickt, als dass sie ihr irgendein Mensch hätte ausreden können. Als sie kurz darauf an der Tafel saß, wandte sie sich an Blödel, Etzels jüngeren Bruder.

«Helft mir! Lasst wenigstens nicht die Mörder Siegfrieds davonkommen. Ich werde es Euch ewig danken.»

«Das scheint mir nicht in Etzels Sinne zu sein. Er ist sehr freundlich gegen Eure Brüder und würde es mir übelnehmen, wenn ich hier das Schwert zöge!», zögerte Blödel.

Aber da verriet ihm Kriemhild, dass Markgraf Rüdiger seine Tochter, nach der sich Blödel schon lange verzehrte, überraschend dem jungen Giselher versprochen habe. Das sei doch wohl nur durch dessen Tod zu ändern. Da war Blödel bereit, und Kriemhild riet ihm, zuerst Dankwart und die Knappen anzugreifen.

«Ich gehe», neigte sich Blödel Kriemhild zu, «und heute noch liegt der Schurke Hagen gefesselt zu Euren Füßen!»

Blödel erhob und entschuldigte sich, während Etzel zu den Burgunden über seinen kleinen Sohn sprach, der mit ihnen an der Tafel saß. Dieses Kind sei das Band zwischen den Völkern der Burgunden und der Hunnen. Er lobte ihn als zukünftigen Helden und empfahl Gunther, ihn mit nach Worms zu nehmen, um ihn zu einem tüchtigen Recken auszubilden.

Hagen knurrte: «Es fragt sich, ob Euer Sohn jemals das Mannesalter erreichen wird.» Und alle erschraken ob dieser Frechheit.

DER UNTERGANG DER BURGUNDEN

Währenddessen sammelten sich Blödels Männer vor der Herberge der Knappen. Es mochten an die tausend sein. Die Knappen saßen mit Dankwart zu Tisch, als Blödel mit gezücktem Schwert hereintrat.

«Macht Schluss mit Eurer Henkersmahlzeit, Dankwart! Jetzt bezahlt Ihr für den feigen Mord an Siegfried!», rief Blödel.

Dankwart legte den Löffel weg und griff nach seinem Schwert.

«Ihr seid schlecht unterrichtet, Blödel», sagte Dankwart. «Ich war noch ein Kind, als das geschah!»

«Egal», rief Blödel. «Euer Blut vergoss das seine. Wer einen Mörder seinen Bruder nennt, ist selbst ein Mörder!»

Dankwart sprang auf, warf dabei den Tisch um und rief: «Genug jetzt! Erzählt diesen Schwachsinn meinen Füßen!», und schlug Blödel den Kopf vom Hals. Da ergoss sich hinter dem fallenden Körper Blödels die Schar der Hunnen in die Herberge.

«Wehrt euch!», schrie Dankwart den Knappen zu. «Dass mir keiner kampflos stirbt!»

Die rissen die Beine aus den Tischen und Bänken und prügelten damit auf die Hunnen ein, doch einer nach dem anderen sank unter den Schwerthieben zu Boden. Als Dankwart allein in einem Sumpf aus Blut und Leibern stand, keuchte er:

«Wenn ich nur einen Boten zu Hagen schicken könnte: Er würde mich schon raushauen!»

Die um ihn herum lauernden Hunnen lachten.

«Lass uns das übernehmen! Wir hacken dir die Botschaft in den toten Leib und werfen sie deinem Bruder zu Füßen!»

Da merkte Dankwart, dass er sich den Luxus der Verzweiflung geleistet hatte, griff sein Schwert fester, hob den Schild höher und hieb sich einen Weg durch das Gestrüpp der hunnischen Krieger nach draußen. Triefend von fremdem Blut rannte er zum Palast und stieß die Türen zum Königssaal auf, wo gerade ein Trinkspruch Etzels alle Kelche in die Höhe gebracht hatte.

«Jawohl! Trinkt auf unsere tapferen Knappen», rief Dankwart, «denn sie wurden alle erschlagen!»

«Wer tat es?», rief Hagen.

«Blödel und seine Männer haben uns überfallen, als wir

arglos beim Essen saßen. Aber ich habe ihm das Haupt vom Hals getrennt.»

«Was du nicht sagst! Etwa so?», rief Hagen, zog sein Schwert und schlug dem kleinen Sohn Etzels den Kopf ab. Er ließ dem Schrecken keine Zeit, bei dieser Tat zu verweilen, sondern wendete sich gleich Wärbel dem Spielmann zu, rief: «Hier hast du noch den Lohn für die Einladung, die du uns brachtest!», und hieb ihm die Hand, die noch starr vor Grauen den Becher in die Höhe hielt, vom Arm.

Benetzt von Wein und Blut sprang Hagen auf den Tisch.

«Schließ die Tür, Dankwart! Lass keinen heraus. Wenn wir keine Knappen mehr haben, so sollen die Diener in diesem Saal bald niemand mehr haben, den sie bedienen können.»

Das riss den Hunnen die Schwerter aus den Scheiden, und sie drangen auf ihn ein. Mit einem Satz war Volker an Hagens Seite, und gemeinsam wurden sie ein vierarmiges Ungeheuer, das keinen Rücken hatte. Großzügig verteilte Hagen den Tod an alle, die ihn bedrängten, denn er hielt Siegfrieds Schwert in den Händen. Gunther sah dies alles mit Entsetzen und überlegte noch kurz, den Kampf mit Worten zu ersticken, aber dann fühlte er, dass seine Rhetorik nicht reichte, um den geköpften Sohn und den einhändigen Spielmann zu einem «bedauerlichen Versehen» zu machen. So zog er sein Schwert, seine Brüder taten dasselbe, und wo eben noch Musik erklang und einander zugetrunken wurde, ertönte jetzt der schrille Laut ineinander wetzender Klingen.

Da das Schreien und Sterben sich ihr bedrohlich näherten, rief Kriemhild nach Dietrich von Bern.

«Um Gottes willen, Dietrich, Mann der Tugend, bringt

den König und mich aus diesem Schlachthaus. Denkt an die freundliche Aufnahme, die Etzel Euch einst gewährte!» Da stieg Dietrich auf den Tisch und rief so gewaltig in den Kampf hinein, dass der Sturmwind seiner Stimme den Kriegern den Schweiß kühlte.

«Alle mal kurz herhören!»

Der Kampf erstarb, und die Krieger wandten sich um.

«Was kann ich für Euch tun, Dietrich?», fragte Gunther und zog sein Schwert aus einem Hunnen, dem er noch beim Umsinken den Mund zuhielt, um die verlangte Stille nicht mit dessen Sterben zu belästigen.

«Gebt mir freien Abzug für das Königspaar, den Markgrafen Rüdiger und seine wie meine Leute!»

Gunther erlaubte dies, doch kaum, dass diese den Saal verlassen hatten, sagte Hagen zu Volker: «Geht vor die Tür und lasst keinen herein! Dann werden wir der Hunnen Herr!» Volker ging und versperrte die Treppe zum Saal. Hagen hingegen schob sich den Schild auf den Rücken, was die Hunnen dann doch sehr beleidigte, da sie sahen, dass er sie höchstens von hinten fürchtete. Erneut erscholl das Waffengeklirr, aber nicht mehr lange. Dann stand kein Hunne mehr im Saal, und auch mancher Burgunde lag unter ihnen. Ein trügerischer Hauch von getaner Arbeit machte die Krieger matt, und viele setzten sich, wo es ging.

«Die Toten müssen raus», rief Giselher, der jung war und nicht so lang verschnaufen musste, «wie sollen wir sonst treten, wenn die Hunnen einen zweiten Angriff wagen?»

Sie trugen alle, die am Boden lagen, zur Treppe und warfen sie hinunter. Viele, die nur verletzt waren, starben dabei. Entsetzt starrten die Hunnen auf das Tun der Burgunden.

«Seid ihr zum Glotzen oder zum Kämpfen hier?», verhöhnten die Burgunden die Hunnen. «Was ist mit eurem König? Macht der jetzt erst mal Mittagsschlaf?»

Da brüllte Etzel auf und wollte mit dem gezogenen Schwert allein die Treppe zum Saal hinauf, aber seine Heerführer hielten ihn fest, und das war auch so abgesprochen. Diese oft erprobte Geste rasenden Kampfesmutes vertrieb alle Schüchternheit aus den hunnischen Scharen. Sie sprangen die Treppen hinauf und stürmten in den Saal. Keiner von ihnen sollte zurückkehren. Bis zum Abend ging das Gemetzel, dann war Stille. Nur noch das Plätschern der Bäche von Blut war zu hören, die über die Stufen flossen. Zur Überraschung Etzels wie Kriemhilds kamen die Burgunden jetzt aus dem Saal und baten um Verhandlung.

«Das zieht sich hier unangemessen in die Länge», sagte Gunther. «Wenn wir schon sterben müssen, dann unter freiem Himmel. Holt Eure Truppen zusammen, und dann sollen sie uns in offener Feldschlacht zusammenhauen, wie es sich für Ritter gehört!»

Während Etzel fast schon geneigt war, dem nachzugeben, widersprach Kriemhild heftig. Die Burgunden würden so nur neue Kraft schöpfen. Giselher mahnte seine Schwester, dass man Todgeweihten einen letzten Wunsch erfülle, und Kriemhild erwiderte: «Gebt Hagen von Tronje heraus, dann werde ich es mir überlegen.»

Die Burgunden lehnten ab.

«Ihr seid völlig besoffen von Eurer Treue und dem ganzen Eidgeschwöre», sagte Etzel, «dann behaltet Hagen und sagt uns lieber, wo der Hort der Nibelungen liegt, auf den meine Frau ja wohl Anspruch hat.»

Giselher aber sagte: «Wir haben den nicht umsonst versenkt. Der Schatz verleiht unumschränkte Macht, und das ist genau das, was Macht nicht sein sollte. Weder in Euren noch in unseren Händen!»

«Auf Philosophie und Idealgeschwätz steht bei uns die Todesstrafe», sagte Etzel, und Kriemhild befahl, die Burgunden wieder in den Saal zurückzutreiben und Feuer zu legen.

Wind blies in die Flammen, und bald brannte die Halle lichterloh. Rauch und Hitze quälten die Burgunden, dass sie das Blut der Gefallenen tranken, um ihre ausgedörrten Kehlen zu benetzen. Die Balken stürzten herab, und die Männer verbrachten die Nacht an die Wand gepresst, um nicht erschlagen zu werden. Doch als der Morgen kam, waren noch sechshundert Burgunden am Leben. Also schickte Etzel weitere tausend Hunnen in die Ruine, um den geschwächten Kriegern ein Ende zu machen. Doch diese hatten das Hunnentöten nun gelernt, sodass es diesmal gar nicht lange dauerte, bis neue Ströme von Blut die Asche aus dem Saal spülten.

Wut und Verzweiflung machten sich unter den Hunnen breit. Unter ihnen stand Markgraf Rüdiger, der stumm und starr das verkohlte Gebäude ansah und sich fragte, wie er noch Frieden stiften könne. Einer der Hunnen sah ihn an und höhnte: «König Etzel hob Euch aus dem Staub und gab Euch ein reiches Lehen, wie es kaum ein Hunne je bekam. Schande, dass Ihr Euch in dieser Stunde der Not so feige zurückhaltet!»

Da wandte sich Rüdiger um und hieb dem Mann die Faust ins Gesicht, dass er tot zu Boden fiel.

«Was erschlagt Ihr hier meine Leute?», fuhr ihn Etzel an. «Der Mann hatte doch recht! Da oben im Saal im Kampf gegen die Burgunden ist Euer Platz!» Und Kriemhild fügte an: «Habt Ihr Euren Schwur vergessen, den Ihr leistetet, als Ihr auf Brautwerbung bei mir wart? Jetzt ist die Zeit, ihn einzulösen. Steht mir bei und rächt endlich all die Kränkungen, die mir von Hagen und Gunther widerfahren sind!»

Der Markgraf schloss die Hände zum Gebet und barmte: «Erlasst mir diesen Kampf. Ich habe den Burgunden Freundschaft geschworen und Giselher meine Tochter versprochen. Wie soll ich ihr jemals wieder ins Gesicht sehen, wenn ich gegen meine Anverwandten das Schwert erhebe?»

«Ihr habt mir einen Lehnseid geschworen», erinnerte Etzel.

«Aber welche Entscheidung ich auch treffe, mit keiner könnte ich leben!», klagte Rüdiger, und Etzel erwiderte kalt: «Dann sterbt!»

Rüdiger ging, rüstete sich, sammelte seine Männer und verfügte sich mit ihnen an die Treppe zum Saal.

«Da kommt Rüdiger, der Vater meiner Braut», jubelte Giselher. «Er wird uns Frieden anbieten!»

«Dazu bräuchte er keine Rüstung und kein Schwert!», sagte Volker. «Und schon gar nicht fünfhundert seiner besten Recken!»

Rüdiger unterließ jeden Gruß, zog sein Schwert und rief: «Wehrt euch!»

Giselher sah ihn fassungslos an, aber Hagen bedeutete dem jungen König, dass Empörung nutzlos sei. Stattdessen schritt er gemächlich die Treppe zu Rüdiger hinunter.

«Hier, Markgraf, seht einmal. Mein Schild war ein guter Schild, aber er ist von den Kämpfen mit den Hunnen schon ziemlich zerhauen. Kann ich Euren haben?»

Rüdiger sah den zerhauenen Schild seines Sohnes in

Hagens Händen und tauschte wortlos den seinen dagegen ein. Wer das auch sah, egal, ob Burgunde, Hunne oder Rüdigers Mann, dem flossen die Tränen von den Wangen in die Rüstung.

«Von mir habt Ihr in diesem Leben nichts mehr zu befürchten», sagte Hagen und verschwand hinter den Kriegern, die die Tür zum Saal sicherten. Volker verneigte sich und zog sich ebenfalls zurück. Auch Giselher mochte nicht gegen den Vater seiner Braut kämpfen und reihte sich weit hinten ein. Rüdiger fasste den Schild fester, der ihm das Sterben leichter machte, und dann rannte er mit dem blanken Schwert in der Faust gegen die Burgunden.

Er wütete schrecklich unter ihnen, und seine Recken taten desgleichen. Zum ersten Mal hörte man mehr Schreie von den Burgunden als von ihren Feinden. Männer, die sich vor Tagen noch in den Armen gelegen hatten bei Speis und Trank, bohrten sich jetzt die Klingen in den Leib oder spalteten sich die Helme. Gernot wurde das Schlachten seiner Männer schließlich zu viel. Er hieb sich einen Weg zu Rüdiger und rief ihm zu: «Danke für das Schwert, dass Ihr mir geschenkt habt! Seht selbst, wie scharf es ist!» Aber noch ehe seine Waffe traf, schlug Rüdiger ihm eine tödliche Wunde. So tödlich sie war, ließ sie Gernot noch Kraft und Zeit genug, Rüdigers Schild zu spalten und ihm die Brünne durchzuschneiden, dass er weiß zu Boden sank. Da lagen sie, und ihr Blut floss zusammen. Der Tod ihres Königs erzürnte die Burgunden so sehr, dass sie Rüdigers Männer niedermähten, als wären sie Gras auf einer Bergwiese.

Die Stille, die dann eintrat, deutete Kriemhild falsch.

«Rüdiger hat uns verraten», sagte sie zu Etzel, «und mit den Burgunden Frieden geschlossen.»

«Ihr verleumdet einen Toten!», rief Volker von der Treppe herab. «Trauert lieber um einen Mann, wie Ihr ihn nicht wiederfinden werdet, bis die Welt untergeht!»

Daraufhin trugen die Burgunden den Leichnam Rüdigers an die Saaltür und zeigte ihn dem Königspaar. Da brüllte Etzel vor Schmerz wie ein Löwe, und alles Klagen, das sich bis jetzt verborgen hatte, brach aus den Hunnen hervor.

«Es klingt, als hätten die Hunnen ihren König verloren», meinte Dietrich von Bern, der in die Burg zurückgegangen war, um nicht in Versuchung zu geraten, für eine Seite Partei zu ergreifen. Dietrichs Recken, die noch nie so vielen Kämpfen tatenlos zusehen mussten, hielt es nicht auf den Bänken.

«Ich gehe und frage», sagte Wolfhart, Hildebrands Neffe.

«Du fragst, wie der Funke den Heuschober fragt», sagte Dietrich von Bern. «Auf keinen Fall lasse ich dich gehen. Wir lassen uns hier nicht in irgendwas verwickeln! Helferich soll gehen. Der bleibt allezeit klar im Kopf!»

Helferich eilte und kam wieder mit der Botschaft, dass Rüdiger erschlagen worden sei.

«Das kann nicht sein. Sie waren Freunde, ja, Verwandte», meinte Dietrich. «Das glaube ich nicht, bis ich Rüdigers Leiche mit eigenen Augen sehe.» Er schickte Meister Hildebrand, die Burgunden zu bitten, den Leichnam herauszugeben. Der war noch nicht einmal auf dem Hof, als ihn Wolfhart einholte:

«Wieso geht Ihr ohne Rüstung? Sie werden Euch auslachen!»

«Ich gehe, um zu bitten, nicht, um zu fordern», sagte Hildebrand, aber in diesem Moment sammelten sich auch die anderen Recken Dietrichs um ihn. Sie redeten auf ihn ein, dass die Burgunden unberechenbar und von ihrem Schlachtenglück übermütig geworden seien, und das verwirrte den alten Meister Hildebrand so sehr, dass er die Rüstung, die man ihm schon anschleppte, schließlich anzog. Damit nicht genug, stampften nun auch die Recken samt dem stolzen Wolfhart hinter Hildebrand zum Saal, wo die Burgunden zwischen Blut und Asche saßen und kein Morgen kannten.

«Dietrichs Männer kommen in Waffen. Das war's, Leute», sagte Volker.

Hildebrand blieb an der Treppe stehen und rief hinauf, ob es wahr sei, dass Markgraf Rüdiger erschlagen bei den Burgunden liege.

«Ich wünschte, Euer Bote wäre ein Lügner, aber es ist die Wahrheit. Rüdiger ist tot», sagte Hagen an der Tür, während sich hinter ihm die restlichen Burgunden drängten, um einen Blick auf die Männer Dietrichs zu werfen. Die sahen den heruntergekommenen und zerfetzten Haufen Krieger, und der Tod des Markgrafen schien ihnen jetzt noch sinnloser und bedauernswerter, als er es zuvor gewesen war. Ein Gesang aus Klage und aus Wut ging durch die waffenrasselnde Schar.

«Gebt ihn uns heraus, damit wir ihn ehrenvoll bestatten können», sprach Hildebrand. «Er war heimatlos wie wir und ein treuer Vasall der Hunnen gleich uns.»

«Kein Dienst ehrt euch mehr als der, den ihr Eurem Freund nach dem Tod erweist», sagte Gunther, aber Wolfhart vermeinte, darin Spott darüber zu hören, dass die Berner dem Markgrafen nicht in seinem letzten Kampf beigestanden hätten.

«Schluss jetzt! Wie lange sollen wir hier noch stehen und betteln?», fuhr Wolfhart Gunther an.

«Dann kommt doch hoch und holt ihn Euch», rief Volker.

Hildebrand breitete die Arme aus und hielt seine Männer zurück.

«Wenn mein Herr Dietrich es nicht verboten hätte, ich würde Euch für Eure prahlerischen Reden strafen», rief Wolfhart.

«Ihr könnt mir viel erzählen von Verboten», höhnte Volker. «Ich glaube, Ihr scheißt Euch einfach gerade in die Hose!»

Das rissen Hildebrands Autorität und Schranke ein, und Wolfhart stürmte an ihm vorbei die Treppe hoch. Hildebrand fluchte, sprang dann aber selbst die Stufen hinauf und war noch vor seinem Neffen an der Tür. Volker starb als Erster, weil er den Hieb Hildebrands dort parierte, wo er nicht war. Und nach ihm starben viele andere seiner Kämpen von Hildebrands tückischem Schwert, so schnell, dass die Männer vor ihnen noch fielen, während sie schon selbst der tödliche Streich ereilte. Dietrichs kleine Schar stand ihrem Meister in nichts nach. Dankwart fiel von der Hand Helferichs, dem gleich darauf der Rücken durchbohrt wurde. Wolfhart und Giselher schlugen sich gegenseitig tödliche Wunden. Die Burgunden wehrten sich verbissen, Dietrichs Recken schonten ihr Leben nicht, und binnen kurzem war alles, was Hildebrand noch hörte, das Keuchen seines eigenen Atems. Er sah sich um und sah alle Männer am Boden liegen. Nur Hagen und Gunther standen noch.

«Volker war mein Freund und mehr als das», sagte Hagen. «Dafür müsst Ihr bezahlen!» Hildebrand wehrte sich gegen die Hiebe, so gut er konnte, aber gegen das Schwert Siegfrieds war er machtlos. Hier sprang ihm das Schildgespänge ab, da zerschnitt es ihm die Brünnenringe. Er taumelte, und ehe er es sich versah, schlug Hagen ihm eine tiefe Wunde, die ihn zu Fall brachte. Doch der Sturz war lang, denn Hildebrand war bis zur Treppe zurückgewichen und fiel die Stufen hinunter. Als er in den Staub des Hofes rollte, fiel ihm ein, dass er nicht das Recht hatte, zu sterben, ohne dass Dietrich wusste, was geschehen war. Also tat er etwas, was er noch nie getan hatte. Er floh.

«Wieso seid Ihr im Harnisch, und warum blutet Ihr?», fuhr Dietrich auf, als Meister Hildebrand zu ihm hereinkam. «Ihr solltet um Rüdigers Leichnam bitten. In Würde, Anstand und mit offenen Händen!»

Hildebrand berichtete, was geschehen war, aber Dietrich weigerte sich, das Ausmaß des Geschehenen zu erfassen.

«Rüdiger ist tot, und er muss in Ehren begraben werden», sagte er, gespenstisch ins Leere blickend. «Sagt meinen Männern, sie sollen sich bewaffnen, und lasst meine Rüstung herbringen. Ich werde mit den Burgunden von Angesicht zu Angesicht reden.»

«Dietrich», sagte Hildebrand, «da ist niemand mehr. Eure Recken sind alle tot. Auch von den Burgunden leben nur noch Hagen und Gunther.»

In diesem Moment begriff Dietrich endlich, dass seine Kämpen nicht mehr am Leben waren und dass die Burgunden alles ausgelöscht hatten, was ihm in der Fremde Halt und einen Hauch von Heimat gegeben hatte, er verstand, dass seine Zukunft voller Schmerz und Reue sein würde und dass alles, was ihm etwas bedeutet hatte, jetzt schon der Vergangenheit angehörte. Seine Augen wurden finster und schmal, und seine Nasenflügel hoben sich, und da verzog sich sein Mund, und dieser Mund sprach:

«Ach, Scheiße!»

In der Kirche läuteten die Totenglocken, als zwei einzelne Männer in Rüstung und Waffen über den Hof zur Ruine des Königssaals gingen, wo Hagen und Gunther warteten.

«Da kommt Dietrich», sagte Hagen, «aber er ist mir egal wie das Wetter. Ich würde ihn fürchten, wenn ich noch Nerven dafür übrig hätte.»

Die beiden standen vor dem Saal und lehnten an der Wand, als wäre es ein guter Moment, um die Sonne zu genießen. Dietrich blieb am Treppenabsatz stehen.

«Ich war nie Euer Feind, und doch habt Ihr meine Leute erschlagen. War es nicht schlimm genug, dass Rüdiger fiel?»

Hagen antwortete, dass sie nicht allein die Schuld träfe, dass Männer in Rüstung nun mal schneller in Rage geraten und dass hier ein Wort das andere gegeben hätte und dass …

«Interessiert mich alles nicht», sagte Dietrich. «Ich bin hier, um die Welt wieder so einfach zu machen, wie sie vor Eurer Ankunft war. Eine Welt aus Gut und Böse. Schwarz und Weiß. Eine Welt, in der man sich nur zwischen zwei Dingen entscheiden muss: Also, ergebt Euch als Geiseln in meine Hand, und ich erwirke Frieden bei den Hunnen und bringe Euch wieder heim nach Worms!»

«Ich war schon mal Geisel», sagte Hagen, «mein Bedarf ist gedeckt.»

Als auch Gunther den Kopf schüttelte, redete Meister Hildebrand auf beide ein, dieses hochlöbliche Angebot wenigstens einmal richtig zu durchdenken, aber Hagen höhnte: «Für einen Feigling, wie Ihr es seid, ist wahrscheinlich alles besser als der Tod!»

Das kränkte Hildebrand bis zur weißen Wut, und er rief: «Wer saß denn tatenlos am Wasgenstein auf seinem Schild, während Walther ihm die Freunde erschlug?»

«Genau deswegen beende ich das jetzt», sagte Dietrich. «Was einmal als Streit um Ehre und Pflicht begann, ist nur noch albernes Gezänk wie von alten Weibern! Also, Hagen, Ihr wählt das Eisen, sehe ich das richtig?»

Hagen zog das Schwert der alten Götter, und Dietrich zog Eckesachs, und sie gingen aufeinander los. Dietrich merkte schnell, dass Hagen matt war vom vielen Kämpfen, und als er ihm im Gefecht eine lange Wunde in den Arm geschlagen hatte und Hagen sich kaum noch wehren konnte, dachte Dietrich: ‹So bringt mir sein Tod keine Ehre!› Er warf sein Schwert fort und überwältigte Hagen mit bloßen Händen. Er fesselte ihn und brachte ihn zu Kriemhild, die gar nicht so schnell zur Freude fand, so überraschend fiel ihr Hagen vor die Füße.

«Leben lassen», befahl Dietrich und zeigte mit dem Schwert auf sie, was nie ein Held zuvor getan hatte. «Ihr sollt Eure Genugtuung haben, aber sein Leben gehört nicht Euch!»

Dann verließ er sie wieder, um mit Gunther zu kämpfen. Es wurde ein ungewöhnlich harter Kampf, denn Gunther focht, als hätte er nun selbst den Mut aller Männer, die seinetwegen gestorben waren. Doch Dietrich hatte nicht wie Gunther zwei Tage durchgekämpft, sondern war frisch und jetzt erst richtig warm, also überwand er ihn schließlich, band ihn ebenfalls und schaffte ihn zu Etzel.

Kriemhild ging indessen im Kerker auf und ab, in den sie den gefesselten Hagen hatte bringen lassen. «Wie gut, dass ich in meinen Hass nie nachgelassen habe», sagte sie. «Sonst würdet Ihr jetzt nicht vor mir liegen.»

Dann wandte sie sich in großer Geste zu ihrem Gefangenen und rief: «Wisset!»

Aber Hagen wusste schon.

«Nie wieder kehrt Ihr zurück nach Worms, es sei denn, Ihr verratet mir, wo der Schatz der Nibelungen liegt!»

«Das kann ich nicht, Kriemhild», sagte Hagen mit kalter Vorfreude auf alles, was nun kommen würde. «Ich habe geschworen, es nie zu verraten, solange noch einer der Burgundenkönige lebt.»

«Das kriegen wir hin», sagte Kriemhild und verschwand im Gewölbe, durch das jetzt Dietrich von Bern mit Etzel und Meister Hildebrand kamen. Sie wären besser bei Gunther geblieben, denn nach einer Weile kehrte Kriemhild wieder, das abgeschlagene Haupt ihres Bruders an den Haaren haltend, und sagte:

«Jetzt sprich!»

«Ich wusste, dass du das tun würdest», sagte Hagen. «Jetzt bin ich der Letzte, der den Ort kennt, und ich werde ihn niemals verraten, denn ich kann – anders als du – ein Geheimnis für mich behalten!»

Er fiel auf die Seite und lachte wie das Kind, das auch er einmal gewesen sein musste, bevor er für immer aufgehört hatte zu lachen. Kriemhild sah ihn sich auf dem Boden wälzen, und sie sah Siegfrieds Schwert an seiner Seite. Sie riss es ihm aus der Scheide, hob es hoch und schlug ihm den lachenden Kopf ab.

Entsetzt sahen Etzel und Dietrich auf Kriemhild. Nur

Meister Hildebrand nicht. Er sah auf Hagens Leiche und sagte: «Das hat er nicht verdient, der Mann, der in tausend Schlachten stehen blieb, dass ihn eine Frau einfach so im Affekt erschlägt!»

Und er zog sein Schwert und hieb sie und ihren letzten Schrei entzwei.

So waren alle, die es sollten, unglücklich oder tot, und das nennen wir bis heute der Nibelungen Not.

WICHTIGE PERSONEN UND BEGRIFFE

Alberich, König eines Zwergengeschlechts, hütet den Nibelungenschatz, bis dieser ihm von Odin, Loki und Hörwin abgenommen wird. In der Sage von Ortnit ist er dessen Vater und Ratgeber.

Alphart ist der Neffe von Meister Hildebrand und wird von Heime und Witege ermordet.

Amelungen sind das Königsgeschlecht, dem Dietrich von Bern entstammt. Es entspricht dem historisch nachweisbaren Geschlecht der Amaler.

Berchtung von Meran rettet Wolfdietrich das Leben und wird dessen Ziehvater.

Bern ist der mittelalterliche Name des heutigen Verona und der Königssitz des Dietrich von Bern.

Blutgang ist der Name von Heimes Schwert.

Bödwild ist die Frau von Wieland dem Schmied, Tochter von König Naudung und Mutter Witeges.

Brünhild ist die unbezwingbare Königin von Island. Mit einer List und Siegfrieds Hilfe bringt Gunther sie dazu, ihn zu heiraten.

Die **Burgunden** waren ein aus Skandinavien kommender Volksstamm, der sich im 4. Jahrhundert am Rhein niederließ und ein Reich mit Königssitz in Worms gründete. Ihre Auslöschung durch hunnische Krieger im Jahre 436 bildet den historischen Kern der Nibelungensage.

Dieter ist der Onkel des Dietrich von Bern und Herzog der Harlungen. Außerdem trägt der jüngere Bruder Dietrichs diesen Namen.

Dietleib, Sohn von Biterolf und Oda, ist einer der Gefolgsmänner von Dietrich von Bern.

Dietmar, König des Lampartenlandes, ist der Vater von Dietrich von Bern.

Dietrich von Bern, König des Lampartenlandes, verliert sein Reich an seinen Onkel Ermanarich, lebt anschließend an König Etzels Hof und ist an der Schlacht zwischen Hunnen und Burgunden beteiligt, die er mit Etzel und Hagen von Tronje überlebt. Die Sagenfigur geht auf den Ostgoten Theoderich den Großen zurück.

Ecke lautet der Name des zweiten Riesen, den Dietrich besiegt.

Eckesachs heißt Dietrichs Schwert, das zuvor Ecke gehörte und von Alberich geschmiedet wurde.

Egil, Bruder von Wieland dem Schmied, ist Bogenschütze am Hofe König Naudungs.

Ermanarich ist der Onkel des Dietrich von Bern und König von Rom.

Etzel, König der Hunnen, heiratet in der Nibelungensage Kriemhild, die Witwe Siegfrieds. In der Sage um Dietrich gewährt er diesem Asyl. Die Sagenfigur geht auf den historisch belegbaren Hunnenkönig Attila zurück.

Fafnir wird vom Schreckenshelm in einen Drachen verwandelt. Er sitzt auf dem Nibelungenschatz, bis Siegfried ihn tötet. In seinem Blut badet Siegfried und wird so unbesiegbar.

Falke lautet der Name von Dietrichs Pferd.

Gernot ist einer der drei Könige der Burgunden.

Giselher ist einer der drei Könige der Burgunden.

Grim heißt der erste Riese, den Dietrich von Bern besiegt.

Gunther ist einer der drei Könige der Burgunden. Er heiratet Brünhild und wird schließlich von seiner Schwester Kriemhild ermordet.

Hagen von Tronje ist der Berater der Burgundenkönige. Er ermordet Siegfried und versenkt den Nibelungenschatz im Rhein. Am Hofe Etzels tötet Kriemhild ihn aus Rache.

Die **Harlungen** sind das Adelsgeschlecht, dem die Vettern des Dietrich von Bern entstammen. Sie werden von Ermanarich ermordet.

Heime ist der Sohn des Pferdezüchters Studas und einer der Gefolgsmänner des Dietrich von Bern, läuft später aber zu Ermanarich über.

Helche heißt die erste Frau Etzels. Sie prophezeit, dass eine Burgundin als neue Frau an Etzels Seite großes Unheil über das Hunnenreich bringen würde.

Ein **Herold** ist der offizielle Bote eines Herrschers.

Herwör ist eine Walküre und die Geliebte von Wieland dem Schmied.

Herzog Saben ist in der Sage von Wolfdietrich der Ratgeber Hugdietrichs. Von ihm stammt die Idee zur Ermordung Wolfdietrichs.

Hilde lautet der Name der Riesin, die Dietrich erschlägt.

Hildegrim heißt der Helm, den Dietrich den Riesen Hilde und Grim abnimmt.

Hildegunde ist die Tochter von König Herrich, dem

König der Burgunden, der sie als Geisel an Etzels Hof schickt. Gemeinsam mit Walther von Aquitanien flieht sie.

Hohe Minne bezeichnet die Liebe eines Ritters zu einer höher gestellten und idealisierten Dame, die diese meist nicht erwidert. Durch allerlei Heldentaten versucht der Ritter, das Herz der Angebeteten zu erobern. Ihren Ausdruck findet die hohe Minne in der höfischen Liebeslyrik, dem Minnesang.

Hönir, ein germanischer Gott, ist Bruder und Gefährte von Odin und Loki. Sie töten Ott'r und liefern somit den Ausgangspunkt der Nibelungensage.

Hreidmar erhält von Odin, Loki und Hönir den Alberich abgenommenen Nibelungenschatz als Wiedergutmachung für den Tod seines Sohnes Ott'r. Sein anderer Sohn Fafnir tötet ihn, um an den Schatz zu gelangen.

Hugdietrich ist der Vater von Wolfdietrich und beauftragt dessen Ermordung.

Die **Hunnen** waren ein asiatisches Reitervolk, das im 4. Jahrhundert in Europa einfiel. Unter ihrem König Attila, in den deutschen Heldensagen Etzel genannt, errichteten sie ein Königreich in Ungarn, das mit Attilas Tod im Jahre 453 zerfiel.

Die Mitstreiter der Sagenhelden werden **Kämpen** (niederdeutsch für Kämpfer) genannt.

Kemenate ist die Bezeichnung für die Frauengemächer auf Burgen.

Ein **Knappe** ist ein Junge oder ein junger Mann, der in Diensten eines Ritters steht, um von diesem das Waffenhandwerk zu lernen.

König Nidung ist der Widersacher von Wieland dem

Schmied. Er schneidet dessen Sehnen in Knien und Fersen durch, woraufhin Wieland sich rächt, indem er Nidungs Söhne tötet und seine Tochter schwängert.

Kriemhild ist die wunderschöne Schwester der Burgundenkönige, die entgegen ihrem Schwur Siegfried von Xanten heiratet. Nachdem dieser ermordet wird, schwört sie Rache.

Künhild ist die Schwester von Dietleib. Sie wird vom Zwergenkönig Laurin entführt und schließlich von Dietrich und seinen Männern befreit.

Das **Lampartenland** ist das Reich der Könige Dietrich von Bern, Ortnit und Wolfdietrich und liegt in Norditalien.

Der Zwergenkönig **Laurin** wird zum Vasall Dietrichs, nachdem dieser seinen Rosengarten zerstört und sein Volk besiegt hat.

Lindwurm ist die Bezeichnung für ein schlangen- oder drachenartiges Wesen. Nachdem Siegfried im Blut des Lindwurms Fafnir gebadet hat, wird er unbesiegbar.

Loki, ein germanischer Gott, ist der Bruder und Gefährte von Odin und Hönir. Sie töten Ott'r und liefern somit den Ausgangspunkt der Nibelungensage.

Machorel, König des Morgenlandes auf der Burg Montabur, ist der eifer- und rachsüchtige Schwiegervater Ortnits.

Markgraf Rüdiger, Lehnsmann Etzels, kämpft treu auf Seite der Hunnen gegen die Burgunden, obwohl er diesen freundschaftlich zugetan ist.

Die **Meerfrauen** sind Fabelwesen, die die Zukunft sehen können. Hagen wird von zwei Meerfrauen der Untergang der Burgunden prophezeit. Wieland ist Enkelsohn einer Meerfrau, von ihr bekommt er den edlen Hengst Schimming.

Meister Hildebrand ist Waffenmeister im Gefolge des Dietrich von Bern. Um diesem zu dienen, verließ er einst seine Frau und den neugeborenen Sohn.

Mime ist der Lehrmeister Wielands. Nach seiner Schmiedekunst fertigt Wieland das zauberscharfe und nach ihm benannte Schwert Mimung an.

Mimung ist der Name von Witeges Schwert. Sein Eisen wurde drei Mal geschmiedet, gemahlen, an die Tauben verfüttert und schließlich erneut geschmolzen und geschmiedet.

Ein **Mundschenk** ist bei Hofe verantwortlich für die Getränkeauswahl.

Dietrichs Schwert heißt **Nagelring**, genannt der Riesentöter, und wurde von Alberich geschmiedet.

Die **Nibelungen** sind ein Volk im Norden, Alberich ist das Oberhaupt des dortigen Zwergengeschlechts, das sich als Hüter des Schatzes versteht. Die Bezeichnung wird oft auch auf die Burgunden angewendet.

Nibelungenhort oder Nibelungenschatz wird der Schatz genannt, der einst den Hortwächtern Niblung und Schildung gehörte und dann über Alberich und den Drachen Fafnir zu Siegfried gelangte. Auf ihm lastet ein Fluch, großes Unheil zu bringen. Hagen versenkt ihn schließlich im Rhein.

Nornen sind schicksalsbestimmende Wesen in der nordischen Mythologie.

Odin, germanischer Gott, ist der Bruder und Gefährte von Loki und Hönir. Sie töten Ott'r und liefern somit den

Ausgangspunkt der Nibelungensage. Von ihm stammt Siegfrieds Schwert.

Das **Odinsschwert** ist das Schwert Siegfrieds, das dieser von seinem Vater bekommt, welcher es wiederum von Odin hat. Odin zerstört jedoch nach einem Zerwürfnis die Klinge, sodass Siegfried es mit Regins Hilfe neu schmieden muss, ehe er damit den Drachen töten kann.

Ortnit, König der Lamparten, fährt ins Morgenland, um seine Braut zu werben. Sein Vater ist der Zwergenkönig Alberich.

Osningenwald ist der alte Name für den Teutoburger Wald bei Osnabrück.

Ott'r, ein Gestaltwandler, wird im Körper eines Otters von den Göttern Odin, Loki und Hönir getötet.

Raben ist der mittelalterliche Name für das heutige Ravenna in Italien.

Die **raue Else** ist ein Meerwesen, das Wolfdietrich auf seiner Reise nach Garda das Leben rettet.

Ein **Recke** ist ein erfahrener Kämpfer.

Regin ist der Bruder Fafnirs und Ott'rs. Mit seiner Hilfe tötet Siegfried den Drachen.

Rispe heißt der Rappe Heimes, er stammt aus einem edlen Stutengarten in der Nähe des heutigen Stuttgarts.

Mit einem **Ritterschlag**, meist eine Berührung der Schulter mit dem Schwert, wird ein Knappe in den Ritterstand erhoben.

Schimming heißt das Pferd Witeges, der es von seinem Vater Wieland bekam. Wieland hatte es von seiner Großmutter, der Meerfrau Wachilde, erhalten.

Der **Schreckenshelm** stammt aus dem Nibelungenschatz

und wird vom Drachen Fafnir getragen. Wer ihn anschaut, erstarrt.

Schwertleite bezeichnet das Ritual, mit dem ein Mann in den Ritterstand erhoben wird.

Sibich ist der Ratgeber Ermanarichs und drängt diesen in den Krieg gegen seine Verwandten.

Sidrat, Prinzessin aus dem Morgenland, wird von Ortnit umworben und folgt diesem nach Garda.

Siegfried von Xanten, Sohn von König Sigismund, tötet einen Drachen und wird durch das Bad in dessen Blut nahezu unbesiegbar. Als Besitzer des Nibelungenschatzes heiratet er Kriemhild und wird aus Neid von Hagen ermordet.

Die **Tarnkappe** (auch **Tarnmantel**) ist ein Kleidungsstück, das seinen Träger unsichtbar macht. Sie befindet sich zunächst im Besitz von Alberich, später von Siegfried, der mit ihrer Hilfe Brünhild überlistet.

Thing ist eine Versammlung von germanischen Stammesangehörigen. Hier wurden Recht gesprochen und wichtige Entscheidungen getroffen.

Ein **Truchsess** ist der Vorsteher der königlichen Hofverwaltung.

Ute ist die Mutter der Burgundenkönige.

Ein **Verdopplerring** wird Alberich zusammen mit dem Rest des Nibelungenschatzes von Loki, Odin und Hönir abgenommen.

Die **Waberlohe** ist eine dichte Feuerwand, hinter der Brünhild schläft, nachdem Odin sie verzaubert hat. Siegfried befreit Brünhild schließlich.

Der Riese **Wade** ist der Vater von Wieland dem Schmied.

Walküren sind nordische Sagenwesen, deren Aufgabe es

ist, die ehrenvoll Gefallenen vom Schlachtfeld nach Walhalla zu führen.

Walther von Aquitanien wurde als Kind den Hunnen als Geisel gegeben. Er flieht gemeinsam mit seiner Verlobten Hildegunde und besiegt den Burgundenkönig Gunther.

Wergeld bezeichnet das nach germanischem Recht zu zahlende Sühnegeld für Totschlag.

Wieland der Schmied überwirft sich mit seinem Herrn König Naudung, tötet dessen Söhne und heiratet seine Tochter Bödwild. Der gemeinsame Sohn ist Witege.

Witege ist der Sohn von Wieland dem Schmied und Bödwild. Er ist einer der Gefolgsmänner des Dietrich von Bern, läuft später aber zu Ermanarich über. Schließlich tötet er Dietrichs Bruder Dieter.

Wolfdietrich reist ins Lampartenland, um Verstärkung im Kampf gegen seine Feinde zu holen. Dort tötet er den Drachen und heiratet Sidrat, die Witwe Ortnits.

Der **Zaubergürtel** befindet sich im Besitz des Zwergenkönigs Laurin und verleiht diesem die Kraft von zwölf Männern.

Die **Zwerge** sind ein Sagenvolk, dem herausragende Schmiedekünste nachgesagt werden. Ihr berühmtester Vertreter dürfte der Zwergenkönig Alberich sein.

MIX
Papier aus verantwortungsvollen Quellen
FSC® C083411
FSC
www.fsc.org

Das für dieses Buch verwendete Papier ist FSC®-zertifiziert.